CHÂTEAUX

CHÂTEAUX

Gérard Denizeau

LE GRAND LIVRE DU MOIS

Direction éditoriale
Michel Guillemot

Avec le concours de
Françoise Maistre
et de Didier Pemerle

Conception et réalisation graphique
Vincent Lecoq

Recherche iconographique
Marie-Annick Reveillon

Carte
Léonie Schlosser

Index
Agnès Combe

Fabrication
Nicolas Perrier

Photogravure
Payton, Bilbao, Espagne

« Édition exclusivement réservée aux adhérents du Club »
LE GRAND LIVRE DU MOIS
réalisée avec l'autorisation des Éditions Larousse

ISBN - 978-2-286-04365-0

Sommaire

De la place forte au château roman
(de la fin du IXe siècle au milieu du XIIe siècle)

L'époque des grands rois médiévaux
(du milieu du XIIe siècle à la fin du XIIIe siècle)

Autour de la guerre de Cent Ans
(XIVe et XVe siècles)

Renaissance française
(du milieu du XVe siècle au milieu du XVIe siècle)

L'accomplissement du classicisme
(XVIIe et XVIIIe siècles)

Introduction

Qu'est-ce qu'un château ? Forteresse médiévale accumulant hautes tours, murailles épaisses et fossés profonds, ou résidence aristocratique cernée de jardins fleuris, parcs boisés et vastes bassins, il prend indifféremment, dans l'imaginaire collectif, les traits du donjon seigneurial de Château-Gaillard ou de la demeure royale de Versailles. Mais, citadelle ou palais, marque de puissance ou signe de fortune, le château s'impose avant tout en tant que symbole monumental de l'autorité exercée par le maître du lieu sur la communauté environnante qu'il domine et qu'il protège.

Bastion militaire ou manoir patricien, le château reste donc, surtout en Europe – le Japon, autre grande terre d'architecture castrale, exige une étude particulière – un symbole de domination politique. Dans la forte disparité de ses systèmes de gouvernement et de ses institutions, le vieux continent ne l'a-t-il pas toujours placé en tête de la signalétique du pouvoir ? Sa qualité et sa nature architecturales, en revanche, ne relèvent pas de la même et limpide évidence. En tant qu'édifice, il pose de nombreux problèmes identitaires aux historiens d'art, du fait même des ambiguïtés de sa fonction et des aménagements que cette dernière lui impose. Défini de la sorte par l'histoire au moins autant que par l'architecture, il dépend, certes, de la première qui lui impose d'incessantes mutations architectoniques ; mais en retour, ces mutations influent de façon réciproque et directe sur les techniques guerrières, donc sur le dessin dynamique de la trame historique générale. Ne fondant pas, comme l'église ou l'abbaye, sa nature et sa forme sur le substrat inébranlable – bien qu'immatériel et atemporel – du Verbe sacré, le château est par définition un objet mouvant, dont toute définition globalisante engendre le risque de la lacune, de l'approximation, voire du contresens, surtout si l'on ne s'attache qu'à son enveloppe physique. D'où l'exigence d'une approche ouverte à toutes les études, à toutes les contributions, à toutes les disciplines permettant d'inscrire cet édifice millénaire au sein des obscures combinaisons de l'aventure humaine.

Prééminence du châtelain

Un château est un édifice civil qui abrite un puissant et son entourage. Au regard de cette interprétation concentrée, il est à peine exagéré d'affirmer que son premier élément de définition n'est autre que le châtelain lui-même, seigneur et maître des lieux. Car, fortifié (au Moyen Âge) ou protégé par la défense mobile de la troupe (à partir de la Renaissance), c'est avant tout en tant que résidence privée que le château se détermine. Ainsi, même s'il lui est parfois donné de couvrir la population locale le temps d'une alerte ou d'un conflit, voire d'un siège, nous le verrons toujours s'inscrire en marge de la forteresse collective ; laquelle peut d'ailleurs prendre plusieurs visages, celui de la cité, du fort ou de la caserne. Parallèlement, le château ne se présente que très lointainement comme l'héritier de l'ancien ensemble palatial dont l'archétype demeure le légendaire palais impérial de Charlemagne dans sa capitale d'Aix-la-Chapelle, vaste dispersion des bâtiments du pouvoir – salle de réunion, appartements privés, chapelle... – au cœur d'une enceinte. Cependant, si l'on s'en tenait à cette simple définition de la résidence particulière fortifiée – définition certes légitimée par l'Histoire mais d'une portée singulièrement restrictive –, nombre d'édifices prestigieux (à commencer par les palais royaux de Vincennes ou de Versailles) se trouveraient *de facto* exclus d'une catégorie monumentale dont ils offrent pourtant les plus éclatants prolongements. Il nous faut donc accepter, avec toute la prudence requise, un certain élargissement de cette signification stricte, le présent ouvrage ayant pour unique ambition une sorte de voyage idéal à travers les siècles et les régions de la grande zone terminale d'Europe de l'Ouest, comprenant globalement les territoires actuellement déterminés de la France, de la Belgique, du Luxembourg et de la Suisse. Incidemment, il n'est pas inutile de rappeler que les limites géographiques de cette errance ne doivent occulter ni la richesse du patrimoine européen dans sa diverse totalité, ni la probable influence de certaines forteresses orientales découvertes lors des croisades, ni enfin la contribution décisive de terres parfois très lointaines, au premier rang desquelles, une fois encore, le Japon. En la matière, le champ d'investigation est quasiment illimité et les lacunes à peu près inévitables, tout l'effort de l'historien tendant à ouvrir sans crainte le premier tout en réduisant autant qu'il le peut les secondes.

Solitude et utopie

Le premier caractère du château est peut-être son irréductible solitude. Dominant une contrée, une province, un pays, il en est pourtant isolé, coupé, par ses structures défensives ou par un espace naturel clos, le plus souvent un parc (« À bon château, bon râteau ! », énonce la voix commune depuis le XVIe siècle). De cette coupure avec le monde, l'étymologie rend assez bien compte, qui nous enseigne que le terme *castrum* – place forte, bourg retranché derrière un fossé opérant l'agrégation du fort et du village qu'il protège – dérive directement du verbe latin *castrare* qu'il est inutile de traduire, mais qui, par extension, signifie « amputer, couper, retrancher » ! Du *castrum*, nous passons directement à son diminutif, le *castellum*, ou chastel – poste fortifié pour la défense d'un pays, c'est-à-dire la partie du *castrum* constituant l'édifice appelé à devenir le château, dans l'acception moderne du mot. Un chastel qui se distingue déjà par sa nature privée, par son inaccessibilité à la population locale. Nul n'est besoin, en l'occurrence, de contraindre les mots à dire ce qu'ils ont vocation à taire.
Le château est coupé du monde : en Grande-Bretagne, terre où la *privacy* est sacrée, un dicton populaire n'affirme-t-il pas que « la maison d'un Anglais est son château » (version britannique du dicton français : « Ma maison est mon château, ma maison est mon Louvre et mon Fontainebleau ! ») ? C'est dans l'étymologie du mot que se découvre le plus sûrement l'essence de son génie particulier.
Ce génie qui en fit le témoin, multiple mais cohérent, d'un millénaire de civilisation, de la dislocation de l'Empire carolingien (843), qui avait créé les conditions de son éclosion, à la décennie de la Révolution française (1789-1799), qui aura ruiné ces mêmes conditions, annonçant et provoquant une disparition définitivement consommée par la catastrophe de la Première Guerre mondiale.

Un mot chargé d'histoire(s)

Les sens dérivés ou les expressions usant du mot « château » sont riches d'enseignement à ce sujet. Ainsi, le château est-il aussi, à partir des Temps modernes, le manoir, voire la maison de plaisance que s'offre la riche bourgeoisie pour y mener, précisément, une « vie de château », c'est-à-dire, en premier lieu, une existence délivrée de tout souci matériel. Ce rêve mal formulé d'une sécurité confortable (« Celui qui possède un métier est comme celui qui possède un château fort », disent les Berbères), rien ne semble devoir un jour l'affaiblir.
Certes, le bons sens populaire l'affirme : « Mieux vaut rire dans une chaumière que pleurer dans un château », mais quiconque doit s'affronter quotidiennement aux difficultés contingentes aura une fâcheuse tendance à croire qu'on rit plus volontiers dans un château que dans une chaumière ! Et qu'on y pleure

éventuellement moins souvent ! Rien, peut-être, ne précise mieux cette croyance que le célèbre proverbe russe imageant les idées de bonne et mauvaise fortune : « Ton ami te fait un château, ton ennemi un tombeau. »

D'ailleurs, le château, c'est aussi, par exemple dans la région viticole du Bordelais, un terme qui renvoie aux crus les plus prestigieux... et les plus chers ! Mieux encore, dans l'expression « châteaux en Espagne », il métaphorise l'idée même de chimère, de rivage inabordable, de rêve irréalisable vers quoi tendent pourtant toutes les énergies, le projet dût-il s'effondrer comme un « château de cartes » ou se dissoudre au premier assaut de la réalité comme un « château de sable ». La spirituelle Mme de Sévigné ne s'y trompe pas, rappelant « qu'il n'y a qu'à être en Espagne pour n'avoir plus envie d'y bâtir des châteaux » ! Même dans ses acceptions moins aristocratiques, plus utilitaires, voire techniques (château d'eau, château de navire...), le terme renvoie aux notions de domination, de pouvoir et de nécessité. Ce qui ne fait, par l'occasion, qu'en renforcer l'inaccessibilité pour le commun des mortels : « Menez la vache au château et elle s'enfuira vers l'étable », rappelle abruptement le dicton irlandais ; plus brutale encore s'élève la *vox populi* yougoslave : « Celui qui n'a jamais vu de château admire une porcherie » ! C'est au château, demeure aristocratique, que tout se décide, à commencer par le destin de la communauté qui en est exclue et qui est pourtant la première à faire les frais des aléas de l'impénétrable édifice : « château pris, ville rendue » disait-on déjà au Moyen Âge. Nulle surprise donc, si le château, au cours des siècles, s'est aussi inscrit dans la mémoire générale comme le symbole et le siège de malheurs collectifs appelés à disparaître avec lui : « Guerre aux châteaux, paix aux chaumières », n'hésita pas à proclamer lapidairement, en son temps, le pénétrant Chamfort (1741-1794), moraliste talentueux et pamphlétaire subversif. De façon plus anecdotique, mais peut-être encore plus significative, ne voit-on pas que *le Château* est le titre, nuancé d'anachronisme, qu'a choisi Franz Kafka pour son chef-d'œuvre, roman capital d'un XXe siècle englué dans l'absurdité d'affrontements décidés par des pouvoirs inscrits parmi les plus fous de l'Histoire ?

Par ailleurs, l'idée de vision unique, idéale, voire archétypale, du château relève, dans le meilleur des cas, de l'utopie, dans le pire, de la duperie. Les dessins d'enfant le disent assez, qui privilégient cet édifice tout en lui conférant une variété illimitée de formes, de lignes, de couleurs et de volumes, fidèles en cela à une réalité qui, des immensités horizontales de Versailles aux verticalités belliqueuses de Bonaguil, des rudesses cyclopéennes de Château-Gaillard aux sortilèges ciselés de Chambord, de l'écrin banlieusard de Vincennes au sauvage environnement de Montségur, reste fondée sur le cycle mouvant d'imprévisibles et incessantes métamorphoses. Le château, miroir à jamais déformant des illusions et des rêves de l'homme précaire, ne cesse de fluctuer au hasard des temps et des lieux, aussi mystérieux dans sa conception qu'imprévisible dans ses effets, à l'image du vivier mental, intellectuel, sensible et psychologique dans les ténèbres duquel il a commencé à prendre forme avant de recevoir sa vêture de pierre et de bois.

Un nouveau regard sur le château

En France comme dans presque tous les pays européens, les châteaux constituent, avec le fonds des édifices cultuels, la part la plus importante du patrimoine monumental. Pourtant, sa prise en compte dans l'histoire de l'architecture a été longtemps et inexplicablement minorée relativement à celle de l'église, au point que la « castellologie » peut se présenter comme une science neuve, bien que déjà illustrée par nombre d'éminents spécialistes, tout à la fois historiens et archéologues. Il y a là une anomalie d'autant plus flagrante, nous rappelle Jean Mesqui, maître ès fortifications médiévales, qu'« au risque de choquer les traditions historiques les plus fortement ancrées dans notre culture, l'architecture castrale ne fut jamais, au grand jamais, le parent pauvre de l'architecture religieuse » (*Châteaux forts et fortifications en France*). Que le XXe siècle, qui n'en construit plus, accorde une faveur nouvelle aux châteaux ne relève donc pas du paradoxe, mais de la simple logique historique. C'est, par exemple, en 1913, peu avant le déclenchement de la plus grande tragédie jamais connue par l'Europe contemporaine, que fut précisée et renforcée la loi de 1887, ordonnant le classement des édifices parmi les monuments historiques ou leur inscription à l'Inventaire supplémentaire des monuments historiques.

Ce nouveau regard porté sur le château a eu pour conséquence inattendue le surgissement d'une nouvelle exigence, celle de l'authenticité. Un château, soit ! mais sous quelle forme ? dans quel état ? sous lequel de ses multiples visages successifs ? Évolution, mutation, augmentation, reconstruction et restauration restent les maîtres mots en la matière. Il est des édifices qui, ayant mille ans d'âge, ne nous sont connus que sous la forme qu'a fini par leur donner le passage des siècles, principalement en fonction de l'évolution de la technique militaire ; un excellent exemple en est fourni par la forteresse de Vitré, dont la naissance est attestée au milieu du XIe siècle mais dont la seule apparence qui nous soit offerte est celle que lui a fixée le XVe siècle. D'autres châteaux n'ont même pas eu cette chance ; tôt désertés par leurs occupants, ils n'ont certes jamais été remaniés, mais ne présentent, en l'occurrence, d'autre visage que celui d'un amas de pierres informe, le plus souvent dissimulé sous la couverture miséricordieuse d'une proliférante végétation ; à la seule imagination revient alors la tâche d'en reconstituer l'antique physionomie. Une troisième catégorie est constituée par les châteaux ruinés, mais reconstruits ; le bel édifice de Pierrefonds en demeure le modèle de démonstration, qui enchante le regard des enfants mais suscite une suspicion vaguement teintée de mépris amusé chez les spécialistes. Bien d'autres éventualités demeurent : celle du château récemment détruit, mais dont reste le souvenir transmis par l'estampe (Anet) ou la photographie (Coucy), celle du château féodal transformé à l'époque renaissante (Villandry), celle du château construit au XVIe siècle mais conservant un élément médiéval (Chenonceau), etc. Pour ne rien dire des plates-formes sommitales ultérieurement couvertes de toits en poivrière, des baies percées dans les murailles initialement aveugles, des tours arasées, des fossés comblés, des terrasses nivelées, des accès transformés...

On l'aura compris, le château ne naît que pour vivre, c'est-à-dire pour évoluer au gré du vouloir des hommes et, lorsqu'il se fige enfin, il ne devient plus que la vêture de pierre d'un signe indéchiffrable. D'où le sentiment de malaise éprouvé par le visiteur appelé à découvrir, moyennant quelque sonnante et trébuchante contribution, les miracles d'une restauration ayant transformé en castel rutilant ce qui n'était, il y a peu encore, qu'un amoncellement de ruines parachevant discrètement leur mélancolique effondrement.

Personne, pourtant, ne songera à brocarder de si louables initiatives.

Les édifices anciens s'inscrivent aussi à la vaste rubrique du devoir de mémoire ; par ailleurs, la restauration et l'entretien de tels monuments supposent un financement dont il est légitime qu'une part soit assurée par la collectivité et une autre par le public intéressé. Mais demeure le problème de la fidélité relative des restitutions ; en ce sens, on ne peut que se féliciter de l'évolution récente qui conduit les maîtres d'ouvrages de ces coûteux chantiers à solliciter la compétence archéologique et historique des experts en castellologie.

Un panorama fondé sur la chronologie

Le propos du présent ouvrage est de présenter visuellement un panorama des plus beaux édifices castraux, des plus caractéristiques, des plus célèbres aussi, ayant jalonné un itinéraire presque millénaire (sensiblement parallèle à celui de la dynastie capétienne). Et c'est seulement pour documenter cette présentation que l'auteur puise chez les plus éminents archéologues et historiens (Jean-Pierre Babelon, Michel Bur, Jean Mesqui, tant d'autres...), auxquels sa bibliographie rendrait trop faiblement hommage si elle n'incitait pas les lecteurs à se référer directement à leurs ouvrages.

Dans ces conditions, la trame chronologique semble irrécusable, inévitable, même si plusieurs facteurs – influences étrangères et particularités régionales, avant tout – en perturbent la logique. À l'appui de cette position, on citera notamment l'évolution générale du plan qui, des premiers châteaux à motte aux dernières forteresses féodales, passe définitivement du cercle ou de l'ovale (encore sensible à Château-Gaillard) au carré ou au rectangle (par exemple, au Louvre), avant de renoncer peu à peu à la cour fermée pour s'ouvrir sur l'extérieur (Azay-le-Rideau), de supprimer progressivement les ailes (Maisons) et finalement de ne plus suivre qu'un axe linéaire (Saverne). Autre argument de poids en faveur de la chronologie, le total numérique considérable des châteaux qui se chiffrent par dizaines de milliers sur le seul territoire présent de la France, de la Belgique, de la Suisse et du Luxembourg (on relèvera qu'en terre de langue germanique, le château se dit *Schloß*, terme dérivant de *schließen*, « fermer » et désignant de façon homonyme la serrure !).

Au long de cet ouvrage, cinq chapitres divisent, présentent et articulent la destinée millénaire du château. Le premier traite du surgissement relativement rapide de la fortification castrale – vers le xe siècle – et de son évolution vers le modèle du château « roman » (pour autant que cette détermination stylistique, ordinairement réservée à l'architecture religieuse, conserve ici quelque légitimité). Puis vient le temps du château tel que l'auront connu et inspiré les « grands rois médiévaux », pour l'essentiel Philippe Auguste (1180-1223) et Louis IX (1226-1270), tous deux acteurs décisifs des mutations du « castel gothique ».

Le troisième chapitre est concentré autour de la guerre de Cent Ans (1337-1453), dont presque tous les sanglants épisodes auront influé de façon plus ou moins directe sur l'agencement des demeures fortifiées. Les deux derniers volets se présentent sous un jour plus aimable : le château de la « Renaissance française » (xvie siècle) n'est pas seulement l'écrin d'un nouvel art de vivre, il est aussi le champ privilégié des expériences conduisant les praticiens locaux à se libérer, en la magnifiant, de la tutelle italienne ; quant aux fastueuses réalisations participant de « l'accomplissement du classicisme » (1610-1789) pensé au profit et au service de l'absolutisme de Louis XIV, elles confèrent au crépuscule de l'aventure castrale les nuances de l'apothéose.

Les naissances du château

La première question posée aux historiens spécialisés par le château n'est autre que celle de son apparition. Aux âges anciens – c'est-à-dire mégalithiques – de l'actuelle Europe occidentale, on trouve certes de grandioses réalisations (tumulus, cairns, allées de pierres levées), mais rien qui renvoie directement à l'idée de château. Bien sûr, très longtemps avant la naissance des nations européennes, les souverains antiques disposèrent de palais fastueux, parfois considérables. Si les édifices royaux de Mésopotamie ou d'Égypte étaient fortifiés, les palais minoens, à la décoration raffinée, ne disposèrent d'aucun système de défense fixe, faute d'éventuels assaillants. Sur la Grèce continentale, en

revanche, notamment dans le Péloponnèse, les forteresses mycéniennes, apparemment moins soucieuses du confort de leurs occupants, se présentaient comme de puissantes et imprenables citadelles collectives. Leurs reliefs continuent de fasciner les visiteurs les plus avertis en matière de fortification, bien que l'effort des hommes y ait beaucoup plus porté sur l'accumulation des obstacles défensifs que sur l'ingéniosité de leur agencement.
Dans l'Empire romain, surtout au cours des trois premiers siècles après Jésus-Christ, les patriciens se firent tôt construire de luxueuses villas, lesquelles constituent d'une certaine façon la lointaine généalogie du château résidentiel, même si au long du turbulent crépuscule de Rome, elles se dotèrent fréquemment de fortifications. De l'autre côté des Alpes, les plus farouches adversaires de Rome, les Celtes, pensèrent plutôt à se protéger collectivement à l'intérieur d'une place forte, située en hauteur et entourée d'un rempart abritant édifices publics et habitations privées. Dans ses *Commentaires*, Jules César nomme *oppidum* ce dispositif pragmatique, qui sera complété par un réduit réservé à la population en cas d'attaque, le *castellum*, indéniable ancêtre du château fort médiéval.
C'est probablement en se souvenant de cette ordonnance que, de la fin du IVe siècle à celle du Xe, le haut Moyen Âge multipliera les systèmes de fortification, en bois, en terre, parfois en pierre, autour d'un bastion faisant office de garnison.

Des prémices du haut Moyen Âge à la disparition contemporaine

Le déferlement des envahisseurs venus de l'est, par franchissement du Rhin gelé, le 31 décembre 406, met officiellement fin à plusieurs siècles de *pax romana* en Europe occidentale. Un demi-millénaire va suivre, marqué par des événements et des hommes fixés dans toutes les mémoires. Souvenirs d'école, les dates du baptême de Clovis (498) et du couronnement de Charlemagne (800) ont pour grand mérite d'avoir à jamais inscrit dans notre savoir commun la marque des deux premières grandes dynasties françaises, la mérovingienne et la carolingienne. Quant aux formidables troubles et périls du temps, deux autres dates en conservent une mémoire aiguë : 451, qui rappelle la défaite des Huns aux champs Catalauniques, face à une coalition (Francs, Romains, Wisigoths, Burgondes) préfigurant de façon approximative notre Europe moderne, et 732, qui célèbre la victoire des Francs de Charles Martel sur les musulmans d'Abd al-Rahman, à Poitiers. Comment, dans de telles confusions, d'innombrables fortifications n'eussent-elles pas vu le jour ? Faut-il alors déjà parler de châteaux ? L'usage et la raison le refusent, qui ne voient dans les plus prestigieuses réalisations du haut Moyen Âge, à l'exemple – nous l'avons vu plus haut – du palais de Charlemagne à Aix-la-Chapelle, que l'héritage métamorphosé de l'antique *villa* romaine. Cependant, les ducs et les comtes, chefs de guerre héritiers des leudes, se font déjà et souvent aménager une résidence, l'*aula* (« cour » en latin puis, par extension, « palais »), formée d'un bâtiment suffisamment haut et épais pour résister à d'éventuels assaillants, tenus à distance par un fossé ceignant l'ensemble. Parmi les plus célèbres exemples, les historiens aiment à citer le palais de Quierzy-sur-Oise, près de Laon, où résidèrent Pépin le Bref et, plus occasionnellement, Charlemagne ; il ne s'agit, certes, que d'une simple « ébauche d'architecture militaire » (Pierre Rocolle) avec *aula* et locaux d'habitation donnant sur une cour intérieure, mais étendue sur une surface de un hectare et autrefois protégée, ainsi que l'ont révélé les fouilles, par un mur d'enceinte doublé d'un fossé.
Hélas ! à peu de chose près, ce haut Moyen Âge, mérovingien puis carolingien, ne nous a laissé d'autres reliefs (parcimonieux !) que religieux : baptistères,

chapelles, cryptes, oratoires. Tant de troubles l'ont agité, avant et après la mort de Charlemagne (814), puis après le partage de l'empire, tant de guerres, d'invasions, de morcellements l'ont perturbé, tant d'ennemis (Huns, musulmans, Normands...) l'ont menacé que, de toutes les constructions de ce demi-millénaire, il ne reste presque rien, hors les substructions, en matière d'édifices militaires ou civils. Lorsque donc le « château fort » apparaît, sous forme de château à motte, il est rapidement suivi, au début du XIe siècle, par les réalisations dues au célèbre Foulques Nerra (mort en 1040) qui fait élever en Anjou et en Touraine nombre de donjons en pierre puis par les forteresses de l'ère romane. Dans quelle mesure les constructions suivantes bénéficient-elles de l'apport oriental, byzantin, découvert à l'époque des croisades ? Les historiens spécialisés nous offrent à ce sujet des réponses divergentes ; Château-Gaillard, construit sur ordre de Richard Cœur de Lion à la fin du XIIe siècle, marque ainsi l'aboutissement de la tradition du château à motte tout en ayant peut-être tiré profit des leçons dispensées par certains dispositifs défensifs du Proche-Orient.

Du fait de l'éclosion d'un premier humanisme, au XIIIe siècle, l'inconfort et l'austérité de la demeure seigneuriale deviennent très vite obsolètes. Le soin porté aux appartements du maître local contraste avec la rusticité des espaces réservés à l'éventuelle protection de la population environnante en cas de siège. En ce temps, le château témoigne, dans sa réalité physique comme dans son agencement symbolique, de l'élargissement du fossé entre l'univers aristocratique et le monde plébéien. Si la « formule de Philippe Auguste », fondée sur la rationalité spatiale et l'efficacité guerrière, fait alors fureur, le goût du faste et l'aspiration au confort transforment la conception du château, les fonctions de résidence et de défense étant si intriquées qu'il est parfois malaisé d'en marquer la frontière. Et c'est ainsi qu'à la fin du Moyen Âge apparaissent les premiers châteaux de plaisance, privés de toute fonction belliqueuse, cependant que surgissent de pures forteresses militaires, notamment dans les régions frontalières du royaume. De cette évolution foudroyante, Versailles constituera l'apothéose au XVIIe siècle, à la suite d'autres chantiers prestigieux ; puis toute l'Europe s'inspirera d'un modèle si achevé. Mais lorsque la Révolution projettera l'ordre monarchique dans le passé, elle établira dans le même temps la caducité du château ; ne feront certes pas défaut les bourgeois enrichis, avides de s'accaparer les glorieuses demeures d'aristocrates ruinés, ou d'en faire réaliser d'équivoques et captieux pastiches, mais, au moins en France, le XIXe siècle réservera son génie bâtisseur à d'autres édifices, neufs (musées, gares) ou éprouvés (halles, grands magasins, écoles), à vocation collective.

Des portes de la cité à celles du château

Par nature et par fonction, le château n'est pas un édifice citadin, même si l'on en trouve une concentration remarquable dans l'espace rural le plus proche des grandes villes. Dans la plupart des cas cependant, il s'agit avant tout de grandes maisons « de campagne » régnant sur de vastes territoires agricoles (pâturages, champs, jardins, clos, vignobles) dont le principal débouché est précisément la ville la plus proche. La prodigieuse transformation de ces zones péri-urbaines au cours du XXe siècle ne permet plus au voyageur ou au visiteur de vérifier l'importance de ce patrimoine castral : aujourd'hui, on se rend en métro à Vincennes ; dans le passé, fût-on Attila ou d'Artagnan, on y faisait étape la veille de l'arrivée dans la capitale ! Il faut donc mesurer à une aune particulière les notions de ville et de campagne dès que l'on tente d'en vérifier l'application au patrimoine monumental du passé. Que le château ait été pensé comme étranger à l'idée même d'urbanisme avant la Révolution française n'est pas douteux ; ne disposons-nous pas, en l'affaire, de l'exemple particulièrement remarquable et convaincant du décret de février 1788, signé par Louis XVI en personne, à Versailles, et programmant la démolition ou la vente des châteaux « parisiens » de Vincennes, de Madrid, de La Muette... et même de Blois ? Le château et la ville forment deux univers aux exigences à peu près incompatibles, bien que leurs destinées soient souvent étroitement mêlées. Leurs parcours respectifs sont parfois susceptibles de se croiser (à l'exemple du Louvre, dont nous verrons dans cet ouvrage qu'il a longtemps constitué l'entrée occidentale fortifiée de Paris), jamais de se confondre. Pour aller à la rencontre du château, il faut donc, physiquement ou idéalement, franchir les portes de la cité et traverser l'espace qui nous sépare du portail castral.

Parvenu, donc, à la porte du château, le promeneur y vérifie au premier regard ce plaisant paradoxe qu'elle semble avant tout destinée à contrarier deux opérations : l'entrée et la sortie ! Même sans savoir nommer à coup sûr tous les éléments complexes et ostentatoires qui la composent, il a encore en mémoire quelques-uns des noms désignant les pièces de cet ensemble peu engageant : pont-levis, herse, assommoir, hourd, mâchicoulis, bretèche,... sans compter les archères et meurtrières ouvertes dans les tours qui l'encadrent comme un surpuissant étau, et sans encore prendre en compte les systèmes complémentaires que constituent le sas de la barbacane, les murailles du châtelet, dispositifs souvent contrariés par la construction de bastilles... ! On l'aura compris, la porte du château fort n'est pas de celles que l'on force sans invitation... ou alors ce sera au prix d'une rude tâche ! De ce point de vue, il n'est pas inutile de rappeler tout ce que nous apprennent les chroniques, les miniatures et les tapisseries médiévales quant aux attaques portées contre la porte fortifiée par le feu, le bélier, les haches, plus tard l'artillerie. Reste à préciser qu'en cas de siège prolongé ou de chute de la forteresse, les assiégés, contraints à une sortie subreptice ou à une fuite sans gloire, ne passent pas par la porte principale mais par une petite et discrète ouverture qui prend le nom de poterne.

Arrêtons-nous quelques instants sur un vocabulaire qu'il nous sera donné de retrouver assez souvent au long des pages qui suivent. La tour-porte, fréquente au Moyen Âge, consiste simplement en l'aménagement de l'entrée dans une tour – le plus souvent à plan carré ou rectangulaire – formant elle-même un dispositif autodéfensif. À une étape plus avancée, la porte à deux tours se situe au fond de l'espace compris entre ces deux tours ; les assaillants parvenus aux vantaux se trouvent alors sous la menace directe d'une pluie de traits jaillis des meurtrières et archères. Quand bien même ils pourraient forcer ces vantaux, les attendrait encore la terrible dissuasion de la herse, énorme grille formée par deux séries de barres, les unes verticales, les autres horizontales, parallèles entre elles et fixées aux points de croisement, et de l'assommoir, ouverture aménagée dans la chambre de la herse pour permettre le tir vertical des archers. C'est également du ciel que tombent sur les assaillants les pierres, pièces de bois et autres litres d'huile bouillante que les défenseurs du château expédient depuis le hourd (parfois improprement appelé bretèche), simple charpente en encorbellement le long du mur ou au sommet de la tour. Le hourd, trop vulnérable à l'attaque du feu, sera assez vite remplacé par le mâchicoulis, chemin de ronde percé de trous carrés ou de larges rainures horizontales, et lui aussi bâti en encorbellement.

Cette disposition devient moins utile à partir de la systématisation du pont-levis. Ce dernier présente deux dispositions principales. À treuil, il est tout simplement abaissé et relevé au moyen de chaînes enroulées autour d'un treuil placé dans un espace dominant la porte ; à flèches, il est manœuvré au moyen de poutres (les « flèches ») situées au-dessus de la porte et équilibrées par un énorme contrepoids dont une simple traction enclenche l'action ; de l'extérieur, on en trouve aisément la trace du fait du creusement dans la maçonnerie de deux larges

fentes verticales servant de logement pour les poutres. Beaucoup plus maniable que le pont-levis à treuil, le pont-levis à flèches a vu le jour dans la seconde moitié du XIVe siècle, notamment à l'occasion de grands travaux de rénovation des chantiers de Vincennes et du Louvre.
À partir du XVIe siècle, lorsque le château aura renoncé à son rôle de forteresse, la porte s'en trouvera complètement transformée ; ouvrant sur le jardin, elle contribuera à agréger le parc à l'édifice et, dans le même temps, inscrira l'ensemble dans une profonde perspective historique en se référant à des modèles antiques, avec arche et frontispice. Sera ainsi donnée l'ultime clef de cet élément essentiel de l'édifice castral, seuil de la scène du mystère et de l'illusion, ainsi qu'aime à l'évoquer la littérature du XXe siècle ; c'est dans un château rencontré par hasard et dont il a franchi la porte par accident que le Grand Meaulnes fait la bouleversante rencontre de la femme aimée, mirage d'un impossible bonheur dont la figure ne cesse ensuite de se dérober aux efforts désespérés de sa mémoire inconstante.

Nécessités et limites d'une sélection

N'ayant pas vocation à offrir un répertoire castral, ce livre est fondé sur une sélection, par essence aléatoire. Choisir un château au milieu de cent autres dont les mérites sont parfois égaux relève de la gageure. Toutefois, dans le dessein d'en réduire l'arbitraire, quelques choix ont été opérés, ayant trait à l'importance historique des édifices, à la nouveauté de leur agencement relativement à leur époque, au caractère exemplaire de leur aménagement, à la place qu'ils occupent dans l'imaginaire collectif (nous en avons vu, plus haut, quelques exemples significatifs), etc. Quant à la structure générale de l'ouvrage, elle repose sur le principe d'une double page (souvent quadruple, exceptionnellement sextuple) consacrée à chaque grand site élu. Presque toujours, le château choisi est « accompagné » par un édifice parent dont l'analyse comparée autorise une mise en perspective historique plus précise et mieux fondée. Reste, évidemment, que l'essentiel demeure la découverte visuelle de cet immense patrimoine castral, d'où l'importance de l'iconographie ainsi que la stricte égalité accordée aux longueurs respectives du texte général et des légendes de l'illustration. Le lecteur a tout loisir, dans un premier temps, de feuilleter l'ouvrage et d'en capter fugitivement les reproductions, découvrant ainsi en raccourci une évolution millénaire, avant de se pencher sur les données documentaires destinées à en approfondir la connaissance.

Derrière le château, l'Histoire

En ultime considération, il est à relever que, du fait même de la forme de cet ouvrage, un péril insidieux guette le lecteur, celui de considérer chaque château comme une pièce unique, témoin solitaire d'un moment du règne ordonnateur de l'homme, et non point comme le fragment d'une catégorie générique dont il ne constitue – même si son choix est censé en souligner la réussite, l'exemplarité et l'originalité – qu'un spécimen au milieu des autres. Car, derrière tous ces magnifiques édifices qui jalonnent le vagabondage du voyageur ou du lecteur, quelque chose palpite, d'infiniment plus grand que les plus grands édifices.
Ce n'est pas le moindre mérite de la castellologie que cette incitation à percevoir un château comme on perçoit, ailleurs, un portrait ou une symphonie, c'est-à-dire comme le fruit d'une époque disparue dont il refléterait l'invisible et transmettrait l'inaudible. Une époque qui, par ailleurs, ne serait elle-même qu'un chaînon de cette immensité que nous nommons l'Histoire.

De la place forte au

château roman

De la place forte au

Dans l'acception contemporaine du terme, l'idée du château — encore très imprécise — naît aux alentours du IXe siècle, en raison directe des désordres affectant l'Europe occidentale après le traité de Verdun (843). Dès les premières apparitions du bastion fortifié, même réduit à un dispositif élémentaire, l'idée se fait jour, progressivement mais rapidement, d'un système de défense qui, ni individuel ni universel, concernerait la collectivité locale, prendrait la forme d'un abri commun en cas d'agression extérieure tout en restant placé sous le contrôle du maître local — figure à venir du seigneur féodal.

Des premières fortifications en bois du IXe siècle à la naissance du château fort

À sa mort, en 814, Charlemagne avait légué l'Empire à son fils, Louis le Pieux ; mais la disparition de ce dernier, en 840, a ouvert une ère de succession difficile ; le traité de Verdun lui évite d'être fratricide tout en préservant ce qui peut encore l'être du grand héritage carolingien : une avancée très nette des valeurs fondatrices de la civilisation (source de la première « renaissance » de l'histoire européenne), une Église considérablement réformée et enrichie, des structures politiques efficaces ainsi qu'une nouvelle pensée sociale annonçant les principes de la féodalité. Cependant, il s'en faut de beaucoup que ces éléments d'unité l'emportent sur les causes de perturbation, voire de chaos, les trois royaumes issus du traité et distribués aux trois fils — nés de deux mariages — de Louis le Pieux connaissant des destinées bien différentes.

De la dislocation de l'Empire à l'affermissement du royaume

Lothaire hérite la « Lotharingie », soit l'Italie et son prolongement septentrional dans l'espace compris entre le Rhin et la Meuse ; de cet éphémère royaume-tampon, le lointain souvenir est transmis par l'actuelle Lorraine, qui, au XXe siècle encore, sera l'objet d'âpres affrontements franco-germaniques.
À l'est, Louis de Bavière reçoit la Germanie, c'est-à-dire les territoires qui, au-delà du Rhin, s'étendent du nord des Alpes aux rivages de la Baltique. À l'Ouest enfin, la Francia occidentalis (globalement la France actuelle, amputée de tout ce qui se trouve à l'est de la ligne Rhône-Meuse) échoit à Charles le Chauve.
On assiste ainsi à la naissance obscure de trois grandes entités européennes, la France, l'Italie et l'Allemagne ; mais ce partage ne résistera pas longtemps aux avatars de la rivalité franco-germanique, la Lotharingie disparaissant dès 870, lors de la signature du traité de Mersen qui la partage entre la France et la Germanie ; dix ans encore, et le traité de Ribemont (880) l'annexera *de facto* à la Germanie.
Seul maître du royaume franc, Charles le Chauve comprend très vite que pour conserver l'intégrité de la Francia occidentalis face aux menaces toujours plus pressantes des Normands, des Sarrasins et des Hongrois, il lui faut composer avec les principaux seigneurs théoriquement soumis à son autorité. Le 14 juin 877, quatre mois avant sa mort, il institue, lors de l'assemblée de Quierzy (Aisne), l'hérédité provisoire des honneurs et des bénéfices accordés à ses vassaux.

Il n'a jamais été possible d'identifier en toute certitude le grand empereur franc ; mais il est historiquement attesté que Charlemagne rapporta de Ravenne la statue équestre de Théodoric et décida de commander la sienne. Le visage rond barré d'une grosse moustache ne rappelle guère la légende du débonnaire « empereur à la barbe fleurie », mais il ressemble au portrait historique dessiné sur la mosaïque du Latran. Le costume lui-même renvoie à la description que nous devons à Eginhard : « Les jours de fête, il portait un vêtement tissé d'or, des chaussures décorées de pierreries, une fibule d'or pour agrafer sa chlamyde, un diadème de même métal et orné lui aussi de pierreries ». En bref, il ne s'agit ici de rien d'autre que d'un portrait d'apparat, rapporté au plus puissant souverain du haut Moyen Âge, qui porte dans sa main gauche la boule cosmique de l'univers sur lequel il a plu à Dieu de le faire régner.

STATUETTE ÉQUESTRE DE CHARLEMAGNE (747-814)
Xe SIÈCLE
Bronze fondu et doré
H : 23,5 cm
Paris, musée du Louvre

Partout dans les provinces françaises (Aquitaine, Normandie, etc.), ce sont désormais les maîtres locaux qui exercent les droits régaliens. Si l'autorité royale connaît ainsi un grave affaiblissement, il n'en va pas ainsi pour le royaume lui-même, la défense des frontières étant désormais dévolue aux troupes

hâteau roman

Charles et Louis, alliés contre leur aîné, Lothaire, lui ont infligé une lourde défaite, le 25 juin 841, à Fontenoy-en-Puisaye. Pour sceller cette alliance, ils prêtent les serments de Strasbourg, écrits en langue romane (premier document officiel rédigé en « français ») et tudesque (ancêtre de l'allemand), le 14 février 842 ; ayant à peu près oublié le latin, les habitants du royaume franc commencent à user d'idiomes différents selon qu'ils se trouvent à l'ouest ou à l'est de la Meuse. L'hostilité entre les trois frères connaît un terme provisoire lors de la signature du traité de Verdun en août 843. Louis le Germanique conserve la Francia orientalis, Charles le Chauve, la Francia occidentalis et Lothaire, la partie centrale, de l'Escaut à la plaine du Pô, en passant par le couloir rhénan et le sillon rhodanien. Cette partie centrale, la Lotharingie, suscitera la convoitise de ses voisins, Francie occidentale et Francie orientale ; en 1870-1914 encore, la Lorraine (seule survivance linguistique de la Lotharingie) sera allemande avant de redevenir française. Apparaît ici un visage prémonitoire de l'Europe occidentale avec ses deux grandes puissances, la France et l'Allemagne, mais aussi la Lombardie, dont certains dirigeants exigent, en ce début de IIIe millénaire, l'autonomie relativement au reste de l'Italie.

Portrait de Lothaire Ier (795-855) assis sur son trône entouré de deux gardes
849-851
Enluminure de *l'Évangéliaire de Lothaire*
Paris, Bibliothèque nationale de France

Portrait de Charles le Chauve (823-877)
Vers 850
Miniature du *Psautier de Charle le Chauve*
Paris, Bibliothèque nationale de France

Portrait de Louis le Germanique (v. 805-876)

locales qui dressent un barrage presque infranchissable face à tous les éventuels assaillants de l'extérieur.
C'est donc dans ce contexte troublé que la conception neuve du château fort trouve un terreau d'une incomparable fécondité. Partout, on la voit prendre forme sous l'apparence d'un grand nombre de fortifications primitives en bois, constructions massives, quadrangulaires, dressées sur une motte de terre naturelle ou artificielle et contrôlant une route, une vallée, une rivière...

Un dispositif encore rudimentaire

Certes, ces premiers édifices carolingiens ne peuvent pas encore prétendre au statut de château ; protections rudimentaires et peu efficaces d'un domaine ou d'un village contre les bandes de maraudeurs, ils sont le plus souvent réduits au dispositif élémentaire d'une palissade de bois précédée d'un fossé.
Et cependant, dans leur rustique simplicité, ils témoignent puissamment de l'organisation hiérarchique de la société proto-féodale ; une société dont on trouve moins trace dans les rares textes du tournant du millénaire que dans les reliefs des forteresses domaniales, parfois élevées sans autorisation royale. Les enceintes circulaires inspirées par les fortifications barbares du haut Moyen Âge (mais aussi, de façon moins immédiatement apparente, par toutes les dispositions adoptées pour leurs campements par les populations nomades), conservent ainsi le principe de la grande *aula* carolingienne au centre de l'espace protégé ; et lorsque cette *aula* est placée en hauteur, elle préfigure directement le château à motte, véritable innovation du xe siècle. Il y a là un élément de transition directe entre l'ancien ordre et le nouveau, dont rien ne rend un compte plus éclairant.

Au centre, la tour, symptôme de mutations profondes

C'est vers la fin du xe siècle, tandis que le royaume franc s'organise en « châtellenies », que survient la véritable naissance physique du château fort, axé autour d'une tour de bois destinée à abriter le seigneur, sa famille, une garnison et des vivres. Dès cette époque, le château médiéval constitue avant tout un refuge particulier. Fortifié pour résister aux assauts de forces hostiles et aménagé pour loger ses occupants, il ne s'explique pas plus sans le seigneur, maître du territoire dominé par sa demeure, que l'église ne pourrait se comprendre sans Dieu. Imposé à la

Cette double image démontre bien la nécessité de la citadelle. En partie supérieure, il est aisé de vérifier que les assiégés sont les premiers prisonniers d'un dispositif fortifié qui n'est conçu que pour l'abri, pas pour la défense active. En partie inférieure, ces mêmes assiégés sont contraints, probablement faute de vivres, à une reddition qui, dans la plupart des cas, était synonyme de passage au fil de l'épée !

ATTAQUE ET REDDITION D'UNE VILLE AU IXe SIÈCLE
VERS 875
Miniature du *Psautier d'or de Saint-Gall*
Saint-Gall (Suisse), Stiftsbibliothek

communauté qu'il domine par la naissance, les armes ou la fortune, le châtelain abrite en son refuge sa famille, ses proches, sa domesticité, éventuellement la population villageoise. *Stricto sensu*, ce premier édifice à motte et basse cour hisse enfin — et pour un long millénaire — le château au rang de catégorie générique architecturale. Pour en comprendre le succès immédiat et durable, il faut se reporter aux conditions de l'époque : dresser une motte de terre et la ceinturer d'une palissade de bois ne put qu'apparaître comme une solution idéale aux seigneurs du temps, l'efficacité défensive y étant conjuguée avec la modicité des coûts. La construction en pierre exigeant des moyens très supérieurs, c'est à elle qu'il reviendra d'établir, aux yeux des historiens, une hiérarchie d'une immédiate visibilité entre les châtelains possédant assez de ressources pour y recourir et leurs pairs moins fortunés.
Au sujet des plus anciennes réalisations castrales, le grand spécialiste Michel Bur a relevé, en termes dont la clarté sert la profonde érudition, que « la combinatoire des divers éléments de la défense et de la résidence est relativement élémentaire », tout restant fondé sur « la dialectique de l'enceinte-bouclier et de la tour d'habitation » (*le Château*, 1999).
Bâti sur une motte de terre de forme tronconique (parfois compliquée d'une motte secondaire), le château est entouré d'un fossé et d'un talus surmonté d'une palissade de bois, l'ensemble formant la première ligne de défense. Au sommet, le donjon carré, en bois, donc inflammable, est protégé par une chemise, autre palissade assurant sa théorique inviolabilité ; indépendamment de sa valeur défensive, il fait office de résidence pour le seigneur des lieux. De bois ou de pierre, il est vrai que ce château primitif présente toujours la combinaison assez simple d'une tour d'habitation située au cœur de l'enceinte protectrice. Cette dernière, dont le fossé interdit l'accès direct, sollicite la terre indépendamment du bois et de la pierre, et renferme l'ensemble des bâtiments utiles à l'exercice de la vie quotidienne : logis, salle de réunion, chapelle, cuisine, écurie, grange, etc.
Quant à la tour d'habitation elle-même, création probable de la seconde moitié du Xe siècle, elle se caractérise par sa hauteur, sa massivité et la faiblesse de ses ouvertures ; conçue au premier chef comme le refuge résidentiel du puissant et de sa famille, elle dépend conséquemment des autres bâtiments du château pour tout ce qui relève de l'utilitaire.
Dans ces conditions, il est aisé de comprendre que le destin du château médiéval se jouera, pour l'essentiel, dans l'articulation entre la tour et l'enceinte ou, pour user d'une terminologie usuelle (mais anachronique et insuffisante), entre le donjon et les murailles.

Importance du chantier castral

Pour une part non négligeable, nous l'avons vu, le château, en tant qu'édifice monumental inédit (y compris lorsqu'il fait seulement appel à la terre et au bois), reste une conséquence de la dislocation de l'Empire carolingien, qui, entre autres séquelles, génère la montée en puissance des aristocraties régionales. Partout, les tenants du pouvoir local affirment leur autorité en ordonnant la construction d'une vaste demeure, siège fortifié de leur résidence mais aussi symbole de leur nouvelle autorité. C'est ainsi que le château devient, dès les premiers temps de la féodalité, l'insigne monumental d'un pouvoir arbitraire et héréditaire qui confisque la justice et le ban — le suzerain s'arroge sur ses vassaux un droit permanent de convocation — et détourne à son profit une part importante de l'activité économique locale.
Pour comprendre l'immédiateté et la force de cette symbolique du pouvoir, il n'est pas inutile de se remémorer qu'au soir du premier millénaire de notre ère, la construction d'un château fort n'est pas une mince affaire. En principe, elle relève du privilège royal, ainsi que s'est plu à le rappeler, en 864, Charles le Chauve, irrité par la construction sauvage de nombreux édifices présentant tous les caractères du château à motte : « Nous voulons et faisons savoir que quiconque aura construit actuellement des *castella* ou d'autres ouvrages défensifs sans notre permission devra les avoir détruits pour le mois d'août,

car les habitants du voisinage en supportent beaucoup de dommages et de contraintes » (texte du second capitulaire de Pitres).
En réalité, cette règle dépend évidemment de la réalité des pouvoirs respectifs du roi et du seigneur, plus exactement de la relativité de ces pouvoirs, c'est-à-dire du vrai rapport de forces.
En cas de faiblesse du souverain suprême, les châteaux forts prolifèrent aussitôt ; rien n'est d'ailleurs plus révélateur que ces soudaines campagnes de construction castrale quant aux inévitables balancements des forces en présence. Mais gare au rétablissement de l'autorité souveraine, qui sera souvent synonyme de destruction sur ordre du détenteur du droit régalien !
Le morcellement du pouvoir politique qui caractérise le premier âge féodal a ainsi provoqué la multiplication des forteresses attestant, par leur surgissement, leur importance et leur éventuelle disparition, l'autonomie fluctuante du vassal.
Cependant, c'est au coût de l'édifice que se mesure la réelle puissance de son occupant ; c'est ainsi, comme nous l'avons observé plus haut, que l'usage de la pierre en lieu et place du bois finira par mettre en lumière la seule authentique hiérarchie du pouvoir. Car rares seront, hors le roi, les seigneurs en mesure de faire édifier non une simple maison forte, mais un véritable château de pierre pourvu des aménagements autorisant toutes les activités de la résidence et tous les usages de la force armée, défensive ou agressive.

Naissance de la féodalité

Avec la naissance et le développement de la féodalité, le château s'est ainsi imposé dans toutes les régions, témoin majeur des métamorphoses de la société du temps. Au cours du Xe siècle, caractérisé par l'émiettement du pouvoir politique, la perte de tout sentiment de sécurité a provoqué l'émergence de structures de défense au sein de chaque cellule féodale. Si le château à motte en a été la conséquence directe, cette émergence a aussi contribué à une nouvelle et forte prise de conscience de la topographie locale. Car, fortification rustique et élémentaire, bien que d'une évidente efficacité au regard des armements du temps, le château n'est jamais érigé que sur des sites eux-mêmes soigneusement choisis pour leurs caractères de défense naturelle (bord d'un plateau, pointe d'un confluent, sommet d'une colline...). Le château se veut avant tout imprenable, c'est là sa raison d'être et elle l'emporte sur toute autre considération, au moins jusqu'à l'an 1000.
C'est seulement dans un deuxième temps, après le passage redouté du millénaire, au cœur de la période dite « romane », que le château effectuera un bond qualitatif le hissant au rang de citadelle. C'est ainsi que naîtra le château fort, socle de tant de rêveries contemporaines, colosse solitaire cerné d'horizons sylvestres ou bucoliques, cependant que les cités et les bourgs se doteront pour leur part de nouvelles fortifications ou restaureront celles que leur a léguées le Bas-Empire.

Faiblesse du patrimoine conservé

De ces temps qui précèdent immédiatement le second millénaire de notre ère, il ne reste à peu près rien, la pierre ayant presque partout remplacé ultérieurement le bois, mais les nombreux reliefs des XIe et XIIe siècle permettent aux spécialistes d'étudier ces structures initiales : la Roche-Guyon, Loubressac, Gisors, Murol, Chinon, Najac, Villeneuve-lès-Avignon, etc. ont fourni aux archéologues d'innombrables indications complémentaires qui permettent depuis quelques décennies d'affirmer au lieu de supposer. Ainsi, dans les années 1960, la primauté chronologique du donjon de pierre de Langeais (érigé juste après 994) a été battue en brèche par la découverte inattendue d'un édifice analogue reconstruit sur le site de Doué-la-Fontaine (Maine-et-Loire), probablement à la suite d'un incendie au milieu du Xe siècle.
Cette faiblesse du legs proto-féodal n'est pas le seul fait de la France. Au rang des anciens palais laïques de Belgique, on compte également assez peu de rubriques : la résidence des comtes de Looz à Borgloon, site qui remonte vraisemblablement au XIe siècle, la résidence des comtes de Flandre à Bruges

La bataille de Fontenoy-en-Puisaye (Yonne) est méconnue de la plupart des écoliers européens ; pourtant le destin d'une bonne partie du continent s'y est joué, le 25 juin 841, lorsque l'armée de Charles le Chauve y infligea, alliée à celle de Louis le Germanique, une cuisante défaite aux troupes de Lothaire pourtant arrivées les premières devant la porte fortifiée de la petite cité, ainsi que l'atteste ce document.

LA BATAILLE DE FONTENOY : EN HAUT, L'ARMÉE DE LOTHAIRE Ier ARRIVE À FONTENOY-EN-PUISAYE EN JUIN 841 ; EN BAS, ELLE FUIT DEVANT L'ARMÉE DE CHARLES LE CHAUVE.
XIIe SIÈCLE
Enluminure des *Grandes Chroniques de France*. Paris, bibliothèque Sainte-Geneviève

Doué-la-Fontaine (Maine-et-Loire) Vestiges d'une demeure carolingienne
IXe siècle

Le site de Doué-la-Fontaine est l'un des rarissimes en France à pouvoir se réclamer d'une indiscutable authenticité carolingienne. Construite vers 900, l'*aula* de 23 x 17 mètres (pour une épaisseur de murs de 1,75 mètre) a été gravement altérée par un incendie un demi-siècle plus tard. L'édifice est alors transformé en donjon par surélévation des murs ; c'est ainsi un exemple exceptionnel de passage du palais (résidentiel) au château (fortifié) qui est offert à la sagacité des archéologues. Malheureusement, après l'aménagement d'une motte à la fin du xe siècle, la forteresse a été en partie détruite sur ordre de Foulques Nerra.

(du XIe siècle également, mais la toute première fortification carolingienne date probablement du IXe siècle), la résidence des ducs de Brabant à Tervuren (de la fin du XIIe siècle) et le château des comtes de Flandre à Veurne, dont la naissance sous forme d'une fortification carolingienne remonte au moins au Xe siècle. Pour lutter contre cette pénurie de sites conservés, les historiens se réfèrent aux sources écrites et iconographiques... quand elles existent ! Attesté par un certain nombre de récits, le château à motte est également connu par les images qu'en ont conservées diverses miniatures ainsi que la célèbre broderie de la reine Mathilde, dite « tapisserie de Bayeux ». Sur cette dernière, plusieurs édifices sont esquissés, dont le château de Bayeux, probablement assez peu fidèle à son modèle, mais riche d'enseignements quant à la conception même de l'édifice castral.

Conditions matérielles du chantier

De l'organisation et de l'importance du chantier à l'époque des châteaux à motte, nous ne connaissons guère que ce que nous apprend l'archéologie, les sources écrites étant rares et, surtout, malaisées à interpréter. Pierre Rocolle (*le Temps des châteaux forts*, 1994) relève fort justement qu'avant l'an 1000, les termes de *castellum*, *castrum* et même *oppidum* prêtent à confusion et que l'affaire se complique encore lorsque l'édifice est désigné, dans sa totalité ou dans l'une de ses parties, par les mots *munitio*, *domus fortis*, *forcia*, *curtis*, *indominicata*, *castellicius*, *castellicio*, *rocca*, *petra*... !
Pour obtenir une idée correcte des conditions matérielles des phases de construction du château à motte, il faut donc se référer aux résultats des fouilles. Si l'on admet une dimension moyenne de dix mètres de hauteur pour une butte de trente mètres de diamètre, la masse de terre nécessaire peut être évaluée à 5 000 mètres carrés ; le creusement d'un fossé large de quatre mètres et profond de trois en fournissait la plus grande partie, complétée par l'excavation du second fossé, celui qui déterminait l'espace de la basse cour. Toujours selon Pierre Rocolle, ces travaux de terrassement mobilisaient une centaine de travailleurs durant deux semaines. Intervenaient ensuite les bûcherons (à cette époque, leur rôle ne se limite pas à l'abattage des arbres) ; à une équipe exercée de sept hommes, il fallait également deux semaines pour dresser les palissades doublant la défense des fossés. La tour pouvait alors être érigée sur la motte consolidée par la disposition de couches de matériaux (pierres, tessons...) stabilisant les masses de terre fraîche ; lits de briques ou structures de madriers formaient la base de l'édifice qui comprenait un rez-de-chaussée faisant office de magasin, l'étage noble pour le châtelain et sa famille, une plate-forme supérieure permettant la surveillance des environs.
Enfin, il est loisible d'imaginer la nécessité et l'importance d'un entretien attentif d'une structure aussi fragile, menacée par les armes humaines certes, mais aussi par les assauts de la nature, l'eau des précipitations ayant pour double inconvénient de saper la motte tout en comblant progressivement les fossés.

Le château, gage et étalon du pouvoir

Voulu par un homme, fruit d'un travail collectif, le château primitif est tout à la fois le signe idéal du pouvoir et l'indice matériel de la réalité de ce pouvoir. Ducs, comtes et autres

C'est au prix de dix ans de travail que la collaboration entre historiens, archéologues, compagnons charpentiers et couvreurs a permis, à Saint-Sylvain, la reconstitution fiable d'une motte féodale qui avait existé à La Haie-Joulain, vers l'an 1000. On en distingue ici tous les éléments, la motte elle-même, la haute cour derrière les douves, la palissade, la basse cour où apparaissent les communs. Résidence seigneuriale, le château à motte protège le fief et constitue le siège du pouvoir militaire et judiciaire du maître local.

Reconstitution d'un château à motte à Saint-Sylvain-d'Anjou (Maine-et-Loire)

prélats ont à cœur de signifier leur force par l'ampleur et par le nombre des édifices qu'ils font construire, qu'ils héritent ou dont ils s'emparent. Par ailleurs, la nécessité face à laquelle ils se trouvent d'assurer la garde de ces bâtiments, parfois fort éloignés de leur résidence principale, donne une importance nouvelle au chevalier « gagé » qui, du statut de gardien de château, accède très rapidement à celui de châtelain, charge qui se transmet ordinairement de façon héréditaire. Commence ainsi à se développer une échelle hiérarchique féodale appelée à culminer au cours des deux siècles suivants et dont le critère d'évaluation le plus fiable reste précisément l'édifice castral.

Au temps des croisades

Du XIe au XIIIe siècle, le château est le plus souvent constitué d'une fortification aux dimensions et aux ambitions modestes. L'élément essentiel en est une tour, elle-même sise au cœur d'une enceinte qui abrite également le logis du maître des lieux et les bâtiments de service. Occupant une faible surface au sol, cette tour est presque toujours quadrangulaire ; ses murs sont caractérisés par leur épaisseur, souvent largement supérieure au mètre. Le premier souci du constructeur étant la solidité de son édifice, la technique mise en œuvre est celle du blocage, qui soude les pierres et offre une résistance satisfaisante aux projectiles.

Un point sur lequel les meilleurs spécialistes travaillent actuellement est le degré d'habitabilité de cette tour ; en la matière, il faut reconnaître que nous devons presque tout attendre de leur science et de leur ingéniosité au regard de la faiblesse de la documentation écrite. Reste à préciser les capacités offensives de cette tour : sans doute faut-il les limiter au jet et au tir sur les assaillants placés en contrebas.

Maçons construisant une tour
Miniature du XIe siècle

Bien que l'encyclopédie, dans l'acception moderne du terme, n'existe pas avant le début du XVIe siècle, nombre d'ouvrages se sont très tôt fixé le dessein d'exposer aux lettrés la totalité des techniques et des connaissances humaines. Loin de se référer au seul héritage antique, ces œuvres de compilation et de vulgarisation exposent les acquis récents des principales activités de la civilisation. Sous le titre fréquent de *De rerum naturis* ou *Imago mundi*, ils se présentent comme des traités illustrés, où une large part est laissée à la théorie et à la pratique. Sur ce document, par exemple, le dessin, concis et précis, donne de précieuses indications sur la conduite du chantier castral. On y découvre la logique du travail en équipe, la répartition des tâches, la nature de l'outillage, la technique d'appareillage des pierres, la tenue vestimentaire des maçons, etc. Plus éclairant encore, le choix même du sujet atteste l'importance décisive de l'édification des fortifications au XIe siècle.

Apparition du château féodal

Si les premiers châteaux en pierre ont repris le plan des châteaux à motte, un nouveau type s'impose au temps des croisades : le château féodal, dont Yèvre-le-Châtel constitue peut-être le meilleur exemple à la fin du XIIe siècle. Dans la genèse du nouvel édifice qui coïncide avec le temps des croisades, la réalité de l'apport oriental est source de polémiques entre les spécialistes. Il est cependant certain que la nécessité de répondre à des situations stratégiques particulières, en terre orientale, n'a pu que renforcer l'efficacité défensive des constructions militaires.
C'est au milieu du XIe siècle que sont apparus les premiers ouvrages faisant appel à une authentique maçonnerie, le bois restant utilisé pour les planchers et les escaliers. Afin de conserver au donjon sa fonction d'ultime retranchement, on use d'échelles amovibles en cas de pénétration de l'ennemi à l'intérieur de l'enceinte. Les escaliers en pierre, taillés dans l'épaisseur des murs dès la fin du XIe siècle, comme à Loches, sont disposés en chicane pour forcer les assaillants à traverser les grandes salles dépourvues de protection. Rectangulaire ou carré, le donjon est consolidé par des contreforts, mais il présente des angles morts, ce qui exige son flanquement par des tourelles. C'est pourquoi les bâtisseurs font bientôt le choix du plan polygonal, puis circulaire, idéal pour une défense tous azimuts qui suppose la disparition des angles morts.
Si on le compare au château à motte carolingien, le château roman propose de spectaculaires améliorations. Il dispose de séries d'enceintes — en général trois, en comptant le donjon — aux murs épais, les courtines, percées de meurtrières et couronnées d'un chemin de ronde protégé par les merlons ; des tours de flanc interdisent toute attaque rapprochée des murs. Par ailleurs, dans le dessein d'accabler les assaillants, le sommet des tours est garni de hourds de bois et de mâchicoulis. L'élément le mieux protégé de l'édifice en est évidemment l'entrée, dont les tours, les herses, les chaînes, la barbacane et les chicanes interdisent férocement l'accès.
Les enceintes délimitent plusieurs cours, qui ont pour fonction d'abriter la population locale et la garnison, lesquelles sont séparées pour éviter tout risque de collusion ou de trahison. De toutes ces nouveautés, la prestigieuse forteresse de Château-Gaillard témoignera superlativement, quelques décennies plus tard, marquant l'aboutissement d'une tradition européenne, celle du château à motte resserré autour du donjon, masse en théorie imprenable, mais aussi réduit d'où il est impossible de sortir en cas de siège.

Un château roman ?

C'est par commodité que l'on parle de châteaux romans, l'épithète étant le plus souvent réservée au patrimoine religieux. Le terme d'« art roman » a été forgé en 1818 par l'archéologue normand Charles Duhérissier de Gerville et presque aussitôt repris par un autre érudit normand, Arcisse de Caumont, dans son travail d'inventaire de l'architecture médiévale ; il passe dans l'usage courant à partir de 1835. L'expression, péjorative à ses débuts (comme c'est presque toujours le cas en matière de détermination stylistique, de « gothique » à « impressionniste »), établissait un parallèle peu flatteur entre les langues romanes, considérées comme des versions appauvries du latin, et l'architecture religieuse du début du second millénaire, perçue comme une continuation maladroite de l'art de bâtir des Romains.
Précisément, dans les manuels d'histoire de l'art, il n'est généralement reconnu à l'ère romane d'autre patrimoine que religieux. Il serait certes absurde de nier la primauté du fait religieux à l'époque ouverte par l'an 1000, mais ignorer les châteaux contemporains des églises romanes ne prive pas seulement l'amateur trop exclusif d'art médiéval de bien vives délices d'ordre visuel, elle le condamne de surcroît, ce qui est beaucoup plus grave, à une intelligence lacunaire de ce même

On trouve dans cette image les deux occurrences principales de la vie de la forteresse. À l'intérieur, vit une communauté qui s'est protégée derrière des murailles dont les tours forment le supplément défensif ; à l'extérieur, les assiégeants misent plus sur la pénurie de vivres et l'épuisement des assiégés que sur un assaut brutal presque assurément voué à l'échec. À l'échelle d'une cité particulièrement symbolique, la Jérusalem des croisés, la citadelle se trouve ainsi *castrée* du monde ; on n'y entre pas, on n'en sort pas. La seule logique, celle de l'enfermement, vaudra pour le château jusqu'à la fin du xve siècle, c'est-à-dire jusqu'à ce que le canon abatte les plus épaisses courtines.

LE SIÈGE DE JÉRUSALEM PAR GODEFROI DE BOUILLON
MINIATURE DU XIVe SIÈCLE
Londres, British Museum

patrimoine religieux auquel il réserve tous ses soins. Tant il est vrai que les plus anciens châteaux sont — de façon souvent complémentaire — aussi riches d'enseignements historiques que les édifices religieux.

L'ère romane occupe sensiblement le xie siècle et la première moitié du xiie, cette chronologie supposant quelques aménagements en fonction des nations et des régions. C'est dans le système complexe unissant les structures féodales à l'autarcie de l'économie et au rôle croissant de la religion que naissent les premiers éléments de définition de cette époque. La dislocation de l'Empire romain (476), la désagrégation de son héritier carolingien lors du traité de Verdun (843), les pressions extérieures des Normands, des Sarrasins et le couronnement d'Hugues Capet en 987 ont jalonné la période antérieure.

La faiblesse de la jeune dynastie capétienne (jusqu'à Louis VI le Gros, mort en 1137) facilite le développement du système féodal, donc la précarité de l'équilibre politique, le repliement des économies régionales et la promotion de l'Église.

Le château et la cité

Dans le domaine architectural, la construction de la maison de Dieu reste la priorité, bénéficiant du développement des communications qui autorise le transport des matériaux vers les régions mal pourvues et de l'amélioration des conditions et des techniques de la taille de la pierre. Pour l'essentiel, on construit des églises mais aussi des châteaux, chantiers considérables qui sollicitent les forces vives de la région, d'autant plus que l'économie reste largement fondée sur l'agriculture. Le donjon de pierre sur plan carré (Crest, Montrichard) ou cylindrique (Château-sur-Epte, hélas ! totalement ruiné) se dresse volontiers sur le socle d'un ancien édifice romain.

Dans le même temps que les châteaux défensifs (Chauvigny, Houdan, Provins...) se multiplient au xiie siècle, les villes commencent à développer un tissu urbain caractérisé par ses édifices à vocation collective : hospices, halles à grain, ponts, etc. Les réalisations de l'architecture militaire romane évoquent éloquemment les troubles du bas Moyen Âge, par la constante évolution de leurs systèmes de défense (Loches), le château conservant généralement un donjon circulaire dont le couronnement illustre l'art supérieur de la charpenterie médiévale. Cependant, à l'époque des premiers châteaux forts, il n'est pas certain que l'inviolabilité de la forteresse soit vitale. La prise d'une citadelle n'est pas décisive pour le dénouement d'un conflit, à l'inverse de la chute d'une cité, dont les conséquences sont ordinairement dramatiques. Ainsi, un souverain en campagne peut ne guère s'émouvoir de l'annonce d'une prise de forteresse, mais considérer une guerre perdue en apprenant que la ville qu'il a confiée à son épouse est tombée aux mains des ennemis. Évoquant, parmi d'autres, l'exemple de Louis IV confiant la garde de Reims à la reine Gerberge, Michel Bur (*le Château*, 1999) use d'une brillante métaphore : « Au jeu d'échecs, perdre une tour compromet la partie, mais perdre le roi, en dépit des efforts de la reine pour tenir les avenues et bloquer l'adversaire, aboutit à une catastrophe. »

Une quête difficile

Ultime et nécessaire précision, la recension des châteaux romans n'est pas chose aisée, tant les reconstructions et les remaniements ont transformé ceux des édifices qui ne sont pas retournés à l'état de ruines. Le lecteur attentif en découvrira une première conséquence dans le caractère prudent, mais parfois aléatoire, de la sélection opérée dans ce chapitre, diverses constructions de grand intérêt ayant été écartées pour cause de restaurations tardives autant que radicales. Sur le site de Belœil (Belgique), par exemple, l'ancienne forteresse du xiie siècle a été complètement remaniée au xvie siècle et reconstruite pour une part à partir de 1902 ; la situation est à peu près analogue pour d'autres châteaux belges (Laarne, Spontin), helvétiques (Burgdorf, Grandson, Oberhofen, Oron-le-Châtel, Spiez) ou encore luxembourgeois (Beaufort, Clervaux) ; la même observation vaut, à l'évidence, pour un nombre important d'édifices castraux situés en France. Là encore, il y beaucoup à attendre et à espérer du travail des experts dont les outils d'analyse sont de plus en plus performants et dont la marge d'erreur ne cesse de se réduire.

De la place forte au

Dates	Histoire, culture, idées	Châteaux
800	Charlemagne sacré empereur à Rome, le jour de Noël	
843	Traité de Verdun ; l'empire de Charlemagne est divisé en trois parties	
vers 900		Construction de l'*aula* de **Doué-la-Fontaine**, gravement altérée par un incendie un demi-siècle plus tard
milieu du xᵉ siècle		L'édifice de **Doué-la-Fontaine** est transformé en donjon par surélévation des murs
980-1030	Affaiblissement de la puissance publique, multiplication des châtellenies	
987	Le 3 juillet, Hugues Capet élu et sacré roi à Noyon (début de la dynastie capétienne)	
988		Fondations de l'actuel château de **Bouillon** →
995	*Histoires de Richer de Reims* : fin de la dynastie carolingienne	
996	En octobre, mort d'Hugues Capet ; son fils, Robert II, lui succède	
vers 1000-1050		Construction de la tour maîtresse du château de **Montbazon** →
1011		Début vraisemblable de la construction du château de **Loches**
1016-1037	Conquête de la Touraine par Foulques Nerra	
1026	Occupation du Maine par Foulques Nerra	
vers 1030	Mise en place du principe du « fief »	
xiᵉ siècle		Construction du château Baronnial et de l'enceinte de **Chauvigny** → 
		Présence attestée de la famille des seigneurs de **Merle** sur le site
1032	La mort de Rodolphe III fait passer l'Helvétie dans le Saint Empire	
1037	Mort d'Eudes de Blois, rival de Foulques Nerra	
1060	Mort d'Henri Iᵉʳ. Philippe Iᵉʳ est déclaré roi	
vers 1060		Début de la construction du château de **Vitré** ↓
1066	Victoire de Hastings, Guillaume de Normandie est sacré roi d'Angleterre	
1076	Querelle des Investitures qui oppose le pape à l'empereur germanique	

château roman

Dates	Histoire, culture, idées	Châteaux
1087	Mort de Guillaume le Conquérant	
1097		Ouverture du chantier du château de **Gisors** ↓
fin du xie siècle	La bourgeoisie de l'actuelle Belgique allège la tutelle princière	
vers 1100	Le principe de la châtellenie féodale se généralise	
1108	Mort de Philippe Ier, son fils Louis VI le Gros lui succède	
1109	Louis VI le Gros vainc les forces anglo-normandes menées par Henri Ier Beauclerc	
1113	Trêve de Gisors qui instaure une courte période de paix	
1114		Date approximative de la première construction du **Haut-Kœnigsbourg**
1116	Reprise des hostilités franco-anglaises	
1120	Le pape incite Louis VI et Henri Ier à une nouvelle trêve	Date supposée du début de la construction de **Houdan**
1122	Louis VI s'assure l'appui de l'Église	
1123	Troisième guerre entre Louis VI le Gros et Henri Ier Beauclerc	Henri Ier Beauclerc fait construire le donjon de **Falaise**
1129	Louis VI fait couronner son fils Philippe, qui mourra sans avoir régné	
1136	Extinction de la première maison comtale du Luxembourg	
1143	Traité de Vitry : fin du conflit franco-champenois	
1150		Date approximative du chantier de la Grosse Tour de **Provins** ↖
1180	Mort de Louis VII ; Philippe (Auguste) lui succède	
1180-1223	Règne de Philippe Auguste	
1191	Croisade victorieuse de Philippe Auguste	
fin xiie siècle		Remaniement complet d'**Yèvre-le-Châtel** → 

Bouillon

Un témoin millénaire

C'est non seulement parce que son nom est lié à celui de Godefroi, libérateur du Saint-Sépulcre et vainqueur de la première croisade, que le château de Bouillon connaît une gloire internationale, mais aussi en raison de son importance historique et de sa valeur artistique.

Sis sur une roche en surplomb d'un des principaux axes de pénétration en terre belge (divers envahisseurs aimeront à l'emprunter jusqu'au XXe siècle), le grand édifice domine la cité bâtie sur les rives de la Semois.

Entre légende et histoire

Du fait même de la seigneurie de Godefroi de Bouillon, le château homonyme relève d'une tradition légendaire. La date exacte de sa construction prête à confusion ; selon les sources les plus anciennes, un premier bâtiment aurait été érigé par un certain Turpin, sur ordre de Charles Martel, au milieu du VIIIe siècle ! La réalité de ses fortifications est établie avec certitude dès l'an 988, c'est-à-dire au moment où, en France, la dynastie capétienne vient de s'emparer d'un pouvoir qu'elle n'abandonnera qu'en 1848.

Au XIe siècle, Godefroi de Bouillon, maître des lieux, vend son château et son duché aux princes-évêques de Liège dans le dessein de financer la première croisade, entreprise en 1096. Passé dans la maison des seigneurs de Sedan, le château revient en 1594 à Henri de La Tour d'Auvergne, père de Turenne. Confisqué par Louis XIV, puis rendu à ses propriétaires, fortifié par Vauban, il conservera une fonction militaire jusqu'en 1830.

Une citadelle constamment remaniée

À Bouillon, la difficulté est de connaître la date précise des éléments qui s'offrent à la vue. Car, pour l'essentiel, la citadelle présente l'aspect qu'elle a pris du XVIe au

Bouillon
Château, espaces intérieurs
XIe siècle

Efficacité défensive et liberté de mouvement. Dans la masse défensive formée par la citadelle qui doit rester inaccessible à tout assaillant, la distribution intérieure est soigneusement dissimulée, mais obéit à une logique facilitant tous les mouvements, d'ordre domestique ou militaire. Sous ces voûtes en plein cintre dont l'appareil n'est enrichi d'aucun parement, les hommes du temps féodal ont multiplié les points d'accès et de communication entre espaces intérieurs et extérieurs de la citadelle. Au premier regard, il apparaît avec évidence que la notion de confort est encore inconnue dans l'univers castral.

987 Élection comme roi de France et sacre de Hugues Capet à Noyon **988 Fondations de l'actuel château de Bouillon** 995 Les *Histoires* de Richer de Reims relatent la fin de la dynastie carolingienne 996 En octobre, mort d'Hugues Capet ; son fils, Robert II, lui succède.

Bourscheid (Luxembourg)
Château, vue générale
XIe siècle

Un destin tourmenté. Situé sur un promontoire escarpé surplombant les rives de la Sûre, le château de Bourscheid s'inscrit dans une aire triangulaire d'une longueur de 151 mètres pour une largeur de 53 mètres. C'est vers l'an 1000 que débute la transformation d'un simple fortin de bois en château fort de pierre ; de cette lointaine époque, les seuls reliefs attestés sont le beffroi et une partie de l'enceinte, aujourd'hui sise en partie intérieure. La forteresse subit d'importants remaniements au XIVe siècle : enceinte garnie de huit tours, maison-fief dans la partie inférieure, cave gothique, four, cachot… Le XVe siècle ajoute l'actuelle basse-cour, le bastion d'artillerie et un fossé flanqué de quatre tours. Après 1512, année de la mort du dernier seigneur de la famille Bourscheid, divers remaniements sont encore opérés, mais sans pouvoir empêcher la dégradation de l'édifice qui, classé monument historique en 1936, est acquis par le grand-duché de Luxembourg, le 12 avril 1972, prélude à une magnifique restauration ayant exigé un véritable travail de reconstruction.

xixe siècle, à l'occasion de remaniements aussi constants que considérables. Ainsi de la tour d'Autriche dont la conception remonte à 1551, ou encore du logis ducal, dont les modifications perpétuelles et les altérations définitives ne permettent de reconstitution qu'hypothétique. De façon générale, le château est formé d'un ensemble de trois fortins reliés chacun par un pont-levis enjambant les failles de l'énorme socle rocheux sur lequel repose la construction. Dans l'angle sud-ouest s'élève un ouvrage d'art beaucoup plus conséquent, cœur de l'appareil défensif ; c'est dans la cour d'honneur déterminée par ces divers massifs que fut dressé le logis ducal qui assurait aux maîtres des lieux une sécurité maximale. Dans un angle de cette cour, un fragment de mur reste l'unique relief de l'ancien donjon médiéval, démoli par les occupants hollandais en 1824.

Les pièces les plus imposantes de l'ensemble sont la salle primitive aux énormes parois qui remontent au xiie siècle et la salle Godefroi de Bouillon qui, partiellement creusée dans le roc, est couverte d'une impressionnante voûte en berceau ; dans son âpre nudité, cette pièce témoigne des rudes conditions de vie en ce temps féodal. Une citerne et un puits de 54 mètres complètent l'agencement de cette sévère citadelle qui, rare témoin du premier millénaire à son crépuscule, ne reçoit plus aujourd'hui d'autres visites que celles des pacifiques amateurs d'architecture monumentale.

Bouillon (Belgique)
Château, vue générale
xie siècle

Un vestige majeur de la féodalité. Surplombant la ville moderne, le château fort de Bouillon n'est pas seulement le plus ancien vestige de la féodalité en Belgique. Il se présente aussi comme une grande démonstration de génie architectural militaire, tant l'exploitation des particularités du site naturel démontre une rare ingéniosité. En dépit de la sévérité de ses tours et courtines, il s'intègre admirablement au cadre de collines au sein duquel il se dresse. L'importance stratégique de l'éminence rocheuse sur laquelle il a été construit dès l'origine explique sa parfaite authenticité en dépit de nombreux remaniements ultérieurs.

Godefroi de Bouillon
et ses chevaliers partant
à la croisade
Manuscrit enluminé
xiiie siècle
Paris, Bibliothèque nationale

Le roi des preux chrétiens. Né vers 1061 à Baisy-Thy, près de Bruxelles, Godefroi appartient à une famille dont l'essentiel de la puissance s'établit sur le territoire actuel de la Belgique, avec, notamment, le château de Bouillon. En 1095, il répond à l'appel du pape, vend une partie de ses biens, dont la seigneurie de Bouillon, et part à la tête d'une armée de chevaliers des Pays-Bas et du nord de la France ; rejoint par les autres armées de la croisade, il traverse l'Asie Mineure et pénètre le premier à Jérusalem, lors de l'assaut donné le 15 juillet 1099. Élu seigneur de Jérusalem par les barons, le 17 juillet, il y meurt en juillet 1100 et est inhumé au Saint-Sépulcre.

Montbazon

Le temps des premiers châteaux forts

Dominant les rives de l'Indre, le site de Montbazon aurait été occupé dès la fin de l'Antiquité, ce qui atteste son importance stratégique. Pour les archéologues et les historiens, le château local présente l'intérêt majeur d'avoir été très tôt construit — peut-être même avant l'an 1000, assurément pas au-delà de la première moitié du XIe siècle.

Bien que ce point reste discuté, l'étymologie la plus courante serait aussi la plus simple, le mont rocheux de la citadelle ayant appartenu à un certain Bazon, longtemps après avoir reçu ses premières fortifications.

L'œuvre de Foulques Nerra

À l'extrême fin du premier millénaire, Foulques III Nerra (970-1040), comte d'Anjou, manifeste l'ambition de conquérir les vastes territoires de la Touraine et des régions environnantes. Pour donner corps à son projet, il ordonne la construction de forteresses de pierre, contribuant ainsi à l'éclosion du château fort médiéval tel qu'il existe encore dans la mémoire et dans l'imaginaire collectifs. Montbazon est probablement le premier fruit de cette formidable campagne, qui verra également surgir les édifices parents de Langeais, Loches, Montrésor, Montrichard, Semblançay... Il s'agit principalement de procéder à l'encerclement de la ville de Tours ; au sein de ce vaste dispositif, le donjon de Montbazon protège un gué de l'Indre.

La tour maîtresse atteint une hauteur de 28 mètres (elle en a perdu plusieurs, depuis) ; bâtie sur un plan rectangulaire, elle comporte un rez-de-chaussée et trois étages. L'épaisseur de ses murs va de 2 mètres à 2,40 mètres d'épaisseur. En dépit de ces impressionnantes dispositions, elle tombe aux mains d'Eudes, comte de Blois, dès le début des hostilités et il faudra plusieurs décennies au « faucon noir », Foulques Nerra, pour la reprendre, l'année même de sa mort.

Modifications et destructions

C'est seulement dans un deuxième temps que les façades méridionale et orientale sont pourvues de contreforts ; dans la seconde moitié du XIe siècle, le « petit donjon », œuvre de Geoffroi Martel, le fils de Foulques, vient compléter le dispositif de défense, en protégeant l'entrée de la tour principale par une structure élaborée dont il reste les pans. Il est probable que le donjon a été rehaussé, surmonté de créneaux et coiffé d'un toit à quatre pans au XIIe siècle. En 1175, Henri II Plantagenêt fait entreprendre d'énormes travaux d'agrandissement avec la construction de la tour ronde, aux maçonneries pleines, et les murailles en chemise cernant le jardin médiéval ; l'excavation des pierres nécessaires à ce chantier permet de surcroît la création d'un ravin défensif au sud.

Rattaché au royaume de France en 1205 par Philippe Auguste qui le donne au seigneur de Colombiers après avoir fait ériger la tour à archères de l'angle sud-ouest, Montbazon passe ensuite aux mains de diverses familles

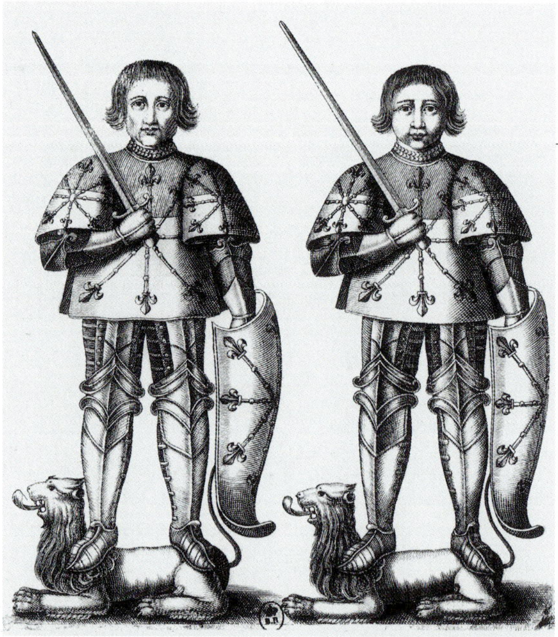

FOULQUES III NERRA ET SON FILS GEOFFROY II MARTEL
XIXe SIÈCLE
Gravure
Paris, Bibliothèque nationale

Le « noir bâtisseur ». Foulques III (970-1040), dit Nerra (le Noir), comte d'Anjou pendant cinquante-trois ans (de 987 à sa mort) fut le fidèle vassal du premier des Capétiens, Hugues Capet, situation dont il sut tirer profit. Personnage singulier, guerrier impitoyable, pèlerin à Jérusalem pour expier ses péchés, fin politique, il fonda son autorité sur le réseau de châteaux fortifiés qu'il fit dresser sur ses territoires.

1016-1037 Conquête de la Touraine et du Maine par Foulques Nerra **Vers 1000-1050 Construction de la tour maîtresse du château de Montbazon** 1180-1223 Règne de Philippe Auguste qui fait remanier les défenses du château de Montbazon en 1205.

MONTBAZON CHÂTEAU, INTÉRIEUR DU DONJON
XIe SIÈCLE

Le confort du refuge. La tour maîtresse de Montbazon est l'une des plus vieilles de France puisqu'elle remonte à la première moitié du XIe siècle, mais elle a été réaménagée au XIIe siècle. La beauté brute de son appareil monumental ne doit cependant pas abuser ; au temps féodal, son volume était divisé en étages assurant aux hommes qui y trouvaient refuge les conditions d'une vie normale, et même privilégiée (chauffage, lumière, mobilier, etc.).

(Mirabeau, Savary, Craon, La Rochefoucauld, Rohan) jusqu'à la Révolution. Entre-temps, l'édifice a été transformé, à partir de 1425, en somptueuse résidence fréquentée par plusieurs rois (Charles VII, Louis XI), mais sa destruction, en 1746, a épargné les vieux et petit donjons. Simple entrepôt au XIXe siècle, acheté et restauré par divers propriétaires particuliers qui se sont attachés à lui restituer son visage originel, le château de Montbazon constitue aujourd'hui un témoignage majeur de l'architecture castrale à l'aube du second millénaire.

MONTBAZON (INDRE-ET-LOIRE)
CHÂTEAU, VUE GÉNÉRALE
XIe SIÈCLE

Le prolongement des défenses naturelles. Dressé d'un jet sur une énorme motte calcaire, le château de Montbazon semble en prolonger les arêtes défensives. La tour maîtresse (XIe siècle) se distingue nettement, soutenue par des contreforts dressés au XIIe siècle en même temps que l'avant-corps à l'étage supérieur duquel on distingue une baie en plein cintre. Sur la droite, la haute tour circulaire constitue également un ajout du XIIe siècle. L'absence quasi totale d'ouvertures sur l'extérieur contribue pour une part non négligeable au caractère dissuasif de l'ensemble tout en attestant formellement les préoccupations défensives du temps, en cette région troublée.

LANGEAIS (INDRE-ET-LOIRE)
DONJON DE FOULQUES NERRA
XIe SIÈCLE

Au seuil de l'époque romane. Luttant pour la possession de la Touraine, Foulques III Nerra fait construire une fortification pour affronter Eudes, comte de Blois, lequel attaque en vain l'édifice, car Foulques s'est fait un allié d'Hugues Capet. Ces événements ayant lieu vers 994, c'est donc de cette époque que datent les vestiges encore visibles du donjon rectangulaire, l'une des plus anciennes forteresses en pierre de France. Dressés sur une motte à l'extrémité d'un éperon rocheux, les murs nord et est, en appareil irrégulier, sont conservés sur 12 mètres d'élévation pour une épaisseur moyenne de 1,5 mètre. Les étages intérieurs étaient délimités par des planchers, le rez-de-chaussée aveugle faisant office de cave. La nature résidentielle de cette construction, dans laquelle on entrait par le premier niveau (celui de la grande salle), est attestée par la présence d'une cheminée et de larges baies. L'étage supérieur, celui des appartements, a disparu, ainsi qu'un deuxième donjon, beaucoup plus petit et accolé à l'angle sud-est.

Loches

La clef de la Touraine

C'est au cours du conflit opposant les comtes de Blois aux comtes d'Anjou vers la fin du premier millénaire que surgit un nouvel acteur, le château fort, clef d'un canton, voire d'une région. Celui de Loches joue précisément un rôle capital au cœur du réseau de fortifications établi par Foulques Nerra en Touraine ; c'est à ce titre, mais aussi pour son importance architecturale et historique, qu'il occupe une position éminente dans le patrimoine castral français.

Foulques III Nerra (970-1040) fait donc édifier l'énorme donjon quadrangulaire de Loches entre 1011 et 1035 ; il reviendra à son fils, Geoffroi II Martel (1005-1060), d'en mener à terme le chantier, la Touraine passant finalement sous contrôle angevin en 1044. Que la position stratégique de Loches soit de première importance, le prestige des armées acharnées à l'occuper le dit assez. Ce sont d'abord, au XIIe siècle, les Plantagenêt qui renforcent ses défenses, sans pouvoir empêcher Philippe Auguste de se faire céder la forteresse par Jean Sans Terre en 1194. Richard Cœur de Lion la reprend dès l'année suivante et y procède à des travaux de consolidation. Mais Philippe Auguste, loin de se tenir pour battu, revient à Loches et l'assiège victorieusement en 1205. Désormais, Loches ne quittera plus la couronne de France, même durant la guerre de Cent Ans. Le futur Charles VII en fait sa résidence préférée avec Chinon et y poursuit l'aménagement du logis royal. Enfin, ultime titre de gloire, c'est ici que Jeanne d'Arc vient, après la victoire d'Orléans, adjurer le roi indécis d'aller se faire sacrer à Reims.

Du vieux château au Logis royal

À la pointe sud du long éperon rocheux naturel de Loches (dont le bourg est protégé par 2 kilomètres de

LOCHES CHÂTEAU, ESCALIER DES CACHOTS
XVe SIÈCLE

Les prisons souterraines. Fils aîné de Charles VII, le futur Louis XI passe son enfance dans le logis royal. Devenu roi en 1461, il transforme le vieux château en prison d'État, le connaissant assez pour avoir vérifié l'impossibilité de s'en échapper. Entre ces murs monstrueux et glacials, plusieurs prisonniers illustres croupirent des années ; le plus célèbre de ces infortunés reste le cardinal La Balue qui resta enfermé de 1469 à 1480 pour avoir trahi son souverain au profit de Charles le Téméraire. On distingue ici l'escalier menant à son cachot, sous une belle arche de pierre. L'ère carcérale de Loches n'a pris fin qu'en 1926.

996 Mort du premier roi capétien, Hugues Capet, qui a aidé Foulques Nerra à s'installer en Touraine **1011 Début vraisemblable de la construction du château de Loches** 1026 Occupation du Maine par Foulques Nerra 1037 Mort d'Eudes de Blois, grand rival de Foulques Nerra en Touraine.

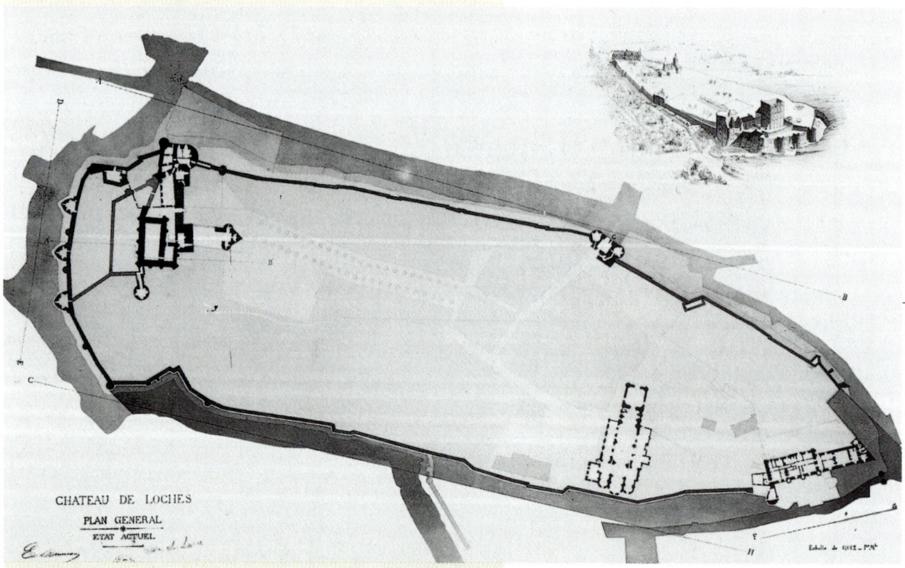

PLAN ET RECONSTITUTION DU SITE DU CHÂTEAU DE LOCHES PAR BRUNEAU
XIXe SIÈCLE

L'exploitation totale de l'aire défensive. Sur ce document, la répartition des diverses parties constitutives de Loches apparaît avec clarté. À l'extrémité gauche, c'est-à-dire au sud, le château proprement dit, avec sa tour maîtresse romane protégée par une chemise du XIIe siècle et plusieurs bâtiments environnants (la porte principale est nettement décalée et isolée sur la droite) ; à l'extrémité droite, le logis royal ; entre les deux, la masse de la collégiale Saint-Ours (jadis Notre-Dame). Le plus remarquable reste l'étendue considérable de cette plate-forme protégée par la ceinture des remparts.

murailles), se dresse la tour monumentale, entreprise aux alentours de 1011 et dont le rez-de-chaussée est aveugle, selon l'usage de l'époque. Le premier niveau abrite d'emblée la grande salle qui permet au seigneur de recevoir et de tenir justice. C'est de 1030-1035 que datent les deux niveaux supérieurs : appartements seigneuriaux et étage défensif au sommet. Ces différents espaces, dotés de cheminées, étaient desservis par les escaliers aménagés dans la muraille orientale.

Du tournant des XIIe et XIIIe siècles datent les tours en amande de l'entrée principale ; d'un diamètre de 9 mètres, elles sont percées d'archères à étriers. Une seconde entrée existait de ce côté, enjambant l'énorme fossé qui mesure 25 mètres de large sur 20 de profondeur ; elle a été supprimée au XVe siècle, époque à laquelle fut dressée la « tour Louis XI ».

C'est sous cette dernière que se trouve la geôle supposée du cardinal La Balue et à son étage supérieur que fut aménagée la sinistre « salle de la question ». Dernière contribution de Louis XI, le Martelet est une tour au sein de laquelle plusieurs cachots ont été aménagés ; Ludovic Sforza, duc de Milan, vaincu par Louis XII, y fut enfermé après 1500 et occupa sa captivité à tracer diverses fresques encore en place.

Commencé à la fin du XIVe siècle, le Logis royal domine la vallée de l'Indre. Le roi y tenait son conseil et y reçut Jeanne la Lorraine. Agrandi à la fin du XVe siècle et au début du XVIe siècle, il abrite notamment l'oratoire gothique d'Anne de Bretagne, chef-d'œuvre flamboyant aux riches ciselures.

LOCHES (INDRE-ET-LOIRE) CHÂTEAU, VUE GÉNÉRALE
XIe SIÈCLE

La puissance d'une vieille place princière. Le donjon de Loches a été construit entre 1011 et 1031, sous l'impulsion de Foulques Nerra. La tour maîtresse, érigée au XIe siècle, s'est ainsi entourée d'une enceinte supplémentaire de remparts au XIIe siècle, puis d'une troisième ceinture au XIIe. Sur ce document, on voit jaillir son corps rectangulaire qui, protégé par une enceinte polygonale et un fossé, culmine à 36 mètres. Épais de 3,60 mètres à la base, les murs atteignent une longueur de 25,30 mètres et une largeur de 15,40 mètres. À l'origine, un hourd couronnait l'édifice dont les étages supérieurs étaient percés de larges baies, presque toutes obstruées par la suite. À gauche, l'avant-corps, qui remonte probablement à 1020 présente des dimensions plus modestes : 15,50 mètres de longueur sur 7 de largeur pour une hauteur de 25 mètres. Ses murs atteignent 2,80 mètres d'épaisseur à la base. Protégeant l'entrée du grand donjon, il porte en son faîte une chapelle propitiatoire.

LOCHES CHÂTEAU, VUE DU FRONT SUD-OUEST
XIe-XIIIe SIÈCLES

Une entrée très protégée. Les deux énormes tours en amande, qui datent du tout début du XIIIe siècle, se situent au premier rang d'un système défensif qui fait également appel à deux tours semi-circulaires pleines dues à Henri II Plantagenêt. Dans le creux ainsi déterminé par ces aménagements colossaux, la petite poterne accessible par un pont-levis a été aménagée au XIVe siècle. Au fond, la tour maîtresse domine l'ensemble de sa masse monumentale.

Chauvigny

La cité aux cinq châteaux

La réputation internationale de Chauvigny, sur les rives de la Vienne, vient de son extraordinaire héritage, composé pour l'essentiel par les reliefs de cinq châteaux médiévaux situés sur l'éperon rocheux dont l'enceinte citadine suit le tracé, patrimoine qui n'a guère d'équivalent ailleurs en France.

Sur cet éperon d'une longueur de quelque 300 mètres pour une largeur oscillant de 50 à 100 mètres, ces cinq prodigieux témoins de l'architecture médiévale forment un ensemble auquel le passage des siècles a fini par offrir une réelle cohérence défensive. L'une des raisons de cette apparente unité tient à la nature de la pierre claire extraite dans plusieurs carrières voisines et qui a admirablement résisté au passage du temps. Si les cinq édifices présentent un grand intérêt, il en est trois dont l'état de conservation est exceptionnel, le château des Évêques de Poitiers (dit aussi château baronnial), le château d'Harcourt et le donjon de Gouzon.

Les deux châteaux majeurs

Le château des Évêques de Poitiers s'étend sur une longueur de 80 mètres pour une largeur de 50 mètres. C'est le plus ancien édifice de la cité, puisque la construction de son enceinte et de sa tour principale remonte au XIe siècle. Brûlé en 1569 et abandonné en 1652, durant les troubles de la Fronde, il offre aux historiens un ensemble significatif d'espaces domestiques : salles, cuisines, four, écuries, puits... Le fossé que franchit un pont-levis au nord-ouest assura pendant longtemps son inviolabilité.

À quelque distance de là, le château d'Harcourt, érigé sur ordre des vicomtes de Châtellerault, se signale par son enceinte quadrangulaire de 39 sur 29 mètres, qui remonte à la fin du XIIe siècle et par son logis, à peine plus récent. Son châtelet d'entrée place en position saillante la porte défendue par une herse. Sa puissante enceinte est percée d'archères et dominée par un chemin de ronde reliant les tours pleines qui flanquent ses angles. C'est dans sa partie orientale qu'a été dressé son massif donjon, qui fit durablement office de geôle.

Au hasard des vestiges médiévaux

Autre imposante construction, le donjon de Gouzon domine la cité du haut de ses 25 mètres, telle une apaisante sentinelle. Il a probablement été construit en deux étapes, une bâtisse de 12 mètres de côté ayant vu le jour dans la première moitié du XIIe siècle, avant une campagne d'agrandissement suivie d'une saisissante surélévation de l'édifice.

Non loin de là, la tour de Flins, qui eut pour mission de contrôler les routes d'accès à la ville, présente des dimensions modestes (8,50 sur 7,25 mètres) ; élevée au XIIe siècle, elle a été pourvue de baies au XVe siècle. Enfin, le château de Mauléon, lui aussi construit au XIIe siècle, ne subsiste que par quelques éléments de fortification extérieure.

CHAUVIGNY
VUE DU SUD AVEC LE CHÂTEAU DES ÉVÊQUES ET L'ÉGLISE SAINT-PIERRE

Le fer de lance du système défensif. C'est à l'extrémité méridionale de l'éperon que se dresse le château des Évêques, formé d'un monumental donjon-palais sur plan rectangulaire (18 mètres à 22 mètres) ; flanqué dès l'origine d'une enceinte au nord, il s'abrite au siècle suivant derrière une haute courtine, véritable fer de lance du dispositif défensif de Chauvigny, sur la pointe de l'éperon. Entre 1394 et 1405, l'édifice subit un remaniement important, sous l'impulsion de l'évêque local, Ithier de Mareuil. Un magnifique logis lui est adjoint à l'ouest, sous le nom de Château-Neuf ; il n'en reste que le haut mur occidental que l'on distingue, ruiné et solitaire, au-dessus des murailles fermant l'ensemble.

CHAUVIGNY
CHÂTEAU D'HARCOURT
XIIIe SIÈCLE

Les traces du remaniement. Dominant les rives de la Vienne, le vigoureux donjon d'Harcourt, aux lignes irrégulières, se détache nettement de l'enceinte. On en distingue ici la façade méridionale, aux évidentes traces de remaniement. De lourds contreforts épaulent le premier niveau percé seulement de quelques meurtrières, cependant que son étage, tout aussi sévère, ne laisse passer la lumière du jour que par une baie géminée, située sur la façade orientale.

CHAUVIGNY (VIENNE)
VUE GÉNÉRALE DE
LA CITÉ MÉDIÉVALE
XIe-XIVe SIÈCLES

Une ville-forteresse. La cité de Chauvigny a été édifiée sur le socle d'un long éperon rocheux, vu ici de sa façade orientale. Ainsi, de gauche à droite, on voit se succéder le château des Évêques de Poitiers (ou château Baronnial), le château d'Harcourt, les reliefs, mutilés et partiellement dissimulés, du château de Mauléon, le donjon de Gouzon au-delà de l'église Saint-Pierre et enfin, plus bas, la tour de Flins. Il est difficile d'imaginer un témoignage plus explicite de la frénésie défensive qui s'est emparée des populations dans les derniers siècles du Moyen Âge. Quatre portes seulement, ouvertes dans l'enceinte de la cité, en autorisaient l'accès : encore étaient-elles doublées par des dispositifs intérieurs de nature à décourager tout assaillant éventuel.

980-1030 Affaiblissement progressif de la puissance publique ; les châtellenies se multiplient jusque dans le domaine royal XIe siècle **Construction du château Baronnial et de l'enceinte de Chauvigny** Vers 1030 Mise en place du principe du « fief », prototype spatial de la féodalité.

CHAUVIGNY
DONJON DE GOUZON
XIIe SIÈCLE

L'image de la puissance. Le massif donjon de Gouzon occupe la pointe septentrionale de l'éperon de Chauvigny. Du fait de son exceptionnel état de conservation, il dégage une impression de puissance, encore renforcée par la robustesse du socle qui le sépare de la ville. Il présente la particularité d'avoir été construit sur un site néolithique, donc sur le siège de la plus ancienne occupation humaine du lieu. Pour l'essentiel, sa construction date du XIIe siècle, mais il a connu divers aménagements par la suite. Aujourd'hui, cet archétype de la construction médiévale abrite un espace d'archéologie industrielle qui présente les produits de la manufacture de porcelaine voisine et un fonds documentaire de premier ordre sur les carrières, moulins à eaux, fours à chaux et autres tuileries ayant longtemps assuré la prospérité de la région.

Les fortifications de Merle

Une métaphore de la féodalité

Sur un site escarpé et cerné par une boucle de la Maronne, les fortifications de Merle surprennent par l'accumulation des édifices qui proposent, sur une surface étroite (200 mètres sur 40) et inégale, une sorte de métaphore monumentale de la féodalité.

L'hypothèse d'une occupation militaire dès l'Antiquité reste plausible mais non démontrée. En revanche, la réalité d'une place forte appartenant à la famille des seigneurs de Merle est attestée précocement, dès le XIe siècle. Les nombreuses ramifications familiales (Merle, Veyrac, Pesteils, Noailles, Carbonnières) sont à l'origine de la construction d'un étonnant ensemble de bâtiments divisant le *castrum* initial en multiples parcelles et finissant par former, au hasard des siècles et des alliances, une co-seigneurie signalée par la construction successive de tours massives. Bénéficiant de cette inébranlable solidarité, inexpugnable jusqu'à l'apparition de l'artillerie lourde, la citadelle de Merle fit longtemps office de frontière entre le duché d'Aquitaine et le comté d'Auvergne.

L'apogée du XIIIe siècle

Le XIIIe siècle n'est pas seulement le « siècle des cathédrales » ; il marque aussi l'apogée du système féodal et, en conséquence, de la construction militaire. À Merle, les édifices se multiplient, succédant aux plus anciens, et cet élan déborde largement sur le XIVe siècle. Les tours quadrangulaires sont construites en hauteur pour compenser le manque de surface au sol ; plus d'une quinzaine de demeures nobles à étages voient ainsi le jour, pourvues de baies, cheminées, latrines... Se constitue de la sorte la petite « cité ardente » de Merle dont les habitants, jamais très nombreux, connaissent une paix et une aisance inaccoutumées à l'époque. Cependant, les événements conduisent cette communauté à renforcer ses défenses aux XIVe et au XVe siècles, ce qui explique l'aspect tardif des éléments extérieurs de l'architecture.

Résistance, ruine et réhabilitation

Les Anglais, présents depuis 1357 dans les bassins auvergnats et limousins, assiègent Merle en 1371, réussissent à s'emparer de la tour de Pesteils et il faut rien de moins que l'intervention du pape Grégoire XI pour que les propriétaires en retrouvent la jouissance. Une décennie plus tard, Merle subit l'assaut du routier Aymerigot Marchès qui, bien que dirigeant une troupe nombreuse, doit se résigner à lever le siège.

Deux siècles plus tard, après une longue période de prospérité, les guerres de Religion mettent fin à l'histoire de la citadelle, investie par les huguenots en 1574. Désertée par ses anciens maîtres, la forteresse abrite encore un certain temps une partie de la population villageoise, laquelle se disperse dans les

SAINT-GENIEZ-Ô-MERLE (CORRÈZE)
VUE GÉNÉRALE DU SITE FORTIFIÉ
XIe-XIVe SIÈCLES

Le labyrinthe des constructions successives. Aucune citadelle n'est plus complexe en France, aucune n'a autant conduit les maîtres successifs des lieux à marquer leur passage par l'édification d'un nouveau bâtiment. Le visiteur du site fortifié de Merle, dont les fondations remontent au XIe siècle, a ainsi toutes les chances d'être quelque peu désorienté par l'accumulation des constructions. Sur ce document, on en distingue nettement les divers éléments. En haut à gauche, les deux tours de Pesteils et de Noailles rappellent l'occupation des lieux par les familles du même nom aux XIIIe et XIVe siècles ; à leur pied, on aperçoit encore les murs ruinés d'une cour fortifiée. Un peu plus bas se dresse le bloc puissant du fort d'une autre famille, celle des Carbonnières (XIIIe-XIVe siècles) : à droite de la grande paroi percée de petites baies, on distingue le mur qui reste du fort de Saint-Basile (XIIIe siècle) et, encore un peu plus à droite, la chapelle Saint-Léger (XIIIe siècle), presque totalement ruinée. Juste au-dessus sont accolés les hauts édifices dominant l'ensemble, les châteaux de Fulcon et de Hugues de Merle (XIIIe-XIVe siècles) et le château des seigneurs de Veyrac (XIIe siècle). Enfin, en redescendant sur la droite, surgissent les reliefs du château de Pierre de Merle (XIVe siècle) et de la maison de Cofolenc (XIVe siècle) caractérisée par son relief en haut pignon triangulaire.

XIe siècle **Présence attestée de la famille des seigneurs de Merle sur le site**
1007 Overture du chantier de la nouvelle abbatiale de Saint-Philibert de Tournus en Saône-et-Loire **Vers 1100** Le principe féodal de la châtellenie, cadre de vie politique, économique et social, se généralise

SAINT-GENIEZ-Ô-MERLE
TOURS DE NOAILLES
ET DE PESTEILS
XIIIe SIÈCLE

Au sommet de l'éperon. Au premier plan, les deux tours de Noailles et de Pesteils bénéficient d'un exceptionnel état de conservation qui contraste avec la dégradation de la cour fortifiée située à leur base et des édifices en contrebas. La tour de Noailles se signale par ses latrines saillantes et le soin apporté à sa terrasse supérieure. La tour de Pesteils est un magnifique édifice sur plan carré du XIIIe siècle ; la rudesse de son agencement est adoucie par la course horizontale de deux moulures en saillie faisant office de larmiers, c'est-à-dire de gouttières.

communes environnantes vers la fin du XVIIIe siècle. Commence alors l'histoire d'une ruine dont la réputation locale se fera toujours plus sinistre, jusqu'à la réhabilitation du XXe siècle. Restauré, sauvegardé, mis en valeur par de multiples animations, le site de Merle s'inscrit désormais parmi les joyaux du patrimoine médiéval de France.

La Roche-en-Ardenne (Belgique)

XIe-XIVe siècles

Une citadelle au destin tourmenté. Construit sur une puissante éminence rocheuse du Deister, le château de La Roche-en-Ardenne remonte au XIe siècle, mais a subi plusieurs remaniements aux XIIIe et XIVe siècles. Érigé pour l'essentiel avec des matériaux locaux, l'édifice s'accorde harmonieusement à son environnement naturel et conserve presque intacte sa structure médiévale. Bien que la datation en soit très complexe, la tour des Sarrasins est dressée sur un socle appareillé dont la mise en place remonterait aux derniers siècles de l'Empire romain. Durant tout le bas Moyen Âge, la citadelle a joué un rôle de premier plan dans la stratégie défensive de la région. Tombé aux mains de Louis XIV le 10 août 1681, le château, définitivement abandonné à la fin du XVIIIe siècle, offre aujourd'hui le spectacle d'une forteresse médiévale historique, remarquable notamment par ses salles voûtées.

Gisors

Les traces de l'interminable conflit franco-anglais

Constitué de trois ensembles distincts, le château de Gisors témoigne, par les étapes successives de sa construction (du XIIe au XIIIe siècle), de l'évolution des techniques guerrières et des progrès de l'architecture militaire jusqu'à la fin du Moyen Âge qui coïncide avec la victoire définitive de l'artillerie sur les citadelles de pierre.

C'est en 1097 que Guillaume le Roux, régent du duché de Normandie, décide de fortifier la frontière de sa province, choisissant, sur les rives de l'Epte, l'éperon en surplomb de la cité de Gisors ; la première réalisation n'est autre que la motte tronconique qui, haute de 30 mètres et d'un diamètre approximatif de 70 mètres, a survécu à tous les aléas de l'Histoire.

Agrandissements et aménagements

Nous ne connaissons pas avec certitude le premier état de l'ensemble fortifié, mais il est probable qu'il se composait d'une tour de bois cernée d'une palissade, dispositif léger qu'un lourd donjon octogonal remplace peu à peu dans les premières décennies du XIIe siècle ; une haute chemise polygonale, flanquée au nord-ouest de trois tours quadrangulaires, complète cet ensemble. La tour maîtresse est ensuite surélevée, vers 1170-1180, et butée par les contreforts qui sont demeurés. De 1145 à 1161, le château est confié à la garde des Templiers, source de nombreuses légendes locales relatives à la dissimulation de leur trésor !

Autour du noyau central fondé sur un schéma circulaire, Henri II Plantagenêt fait ensuite construire une muraille entourée de fossés et flanquée de tours percées d'archères à niches qui assurent la protection des courtines. Deux portes y sont ménagées, celle du Gouverneur au sud, celle des Champs au nord ; une chapelle dédiée à saint Thomas Beckett voit le jour à la même époque. Maître de la forteresse en 1193, Philippe Auguste y renforce l'angle sud-est par une tour circulaire d'un diamètre de 13,80 mètres et d'une épaisseur de muraille à peine inférieure à 4 mètres, pour une hauteur de 28 mètres (dans son état actuel) ; les murs de cette tour, dite « du Prisonnier », sont couverts de graffitis qui rappellent l'infortune de quelques détenus, dont Jacques de Molay, maître de l'ordre des Templiers, prisonnier en 1314.

Le château de Gisors ne connaît plus ensuite de changements majeurs, hors quelques aménagements au XIVe et au XVIe siècles, destinés à la fonction carcérale et à l'usage des armes à feu.

Heurs et malheurs de Gisors

Sis sur l'Epte, qui marque depuis 911 la frontière entre la France et la Normandie, le château se trouve tout naturellement placé au cœur des conflits franco-anglais. Louis VI le Gros et Henri Ier Beauclerc s'y rencontrent dès 1113, pour mettre un terme à la guerre qui les oppose depuis 1109. En 1158, le traité de Gisors est signé par Henri II Plantagenêt (qui reçoit le Vexin en dot) et Louis VII. Mais c'est avec le duel de géants opposant

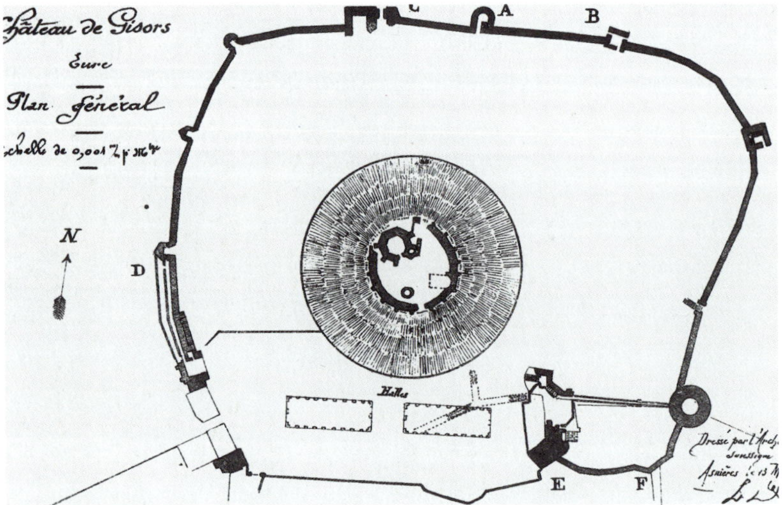

PLAN DU CHÂTEAU DE GISORS
PAR DARCY
1903
Paris, médiathèque du Patrimoine

Exploitation rationnelle de la motte. Le plan du château de Gisors est des plus simples. Au centre, le premier cercle, très étroit abrite la tour maîtresse, elle-même circulaire, et, sur la droite, la chapelle Thomas Beckett. La chemise défensive se développe autour de ce massif fortifié. L'enceinte générale exploite de façon rationnelle les courbes de la motte sur laquelle est dressé l'édifice. En bas à droite, la basse cour occupe l'espace étroit compris entre la porte du Gouverneur et la tour circulaire du Prisonnier. À gauche, la tour Philippe Auguste occupe l'autre extrémité de l'espace fortifié. Diverses autres tours rythment la course de cette enceinte ; au sommet du croquis (au nord), la porte des Champs est aménagée entre deux massifs renforcés.

GISORS
CHÂTEAU, VUE GÉNÉRALE
XIe-XIIIe SIÈCLES

Protection et vigilance. La forteresse de Gisors porte très clairement les traces des combats sans fin ayant opposé Français et Anglais dans les derniers siècles du Moyen Âge. La protection de la citadelle est assurée par sa puissante enceinte semi-circulaire du XIIe siècle, jalonnée de douze tours qui la flanquent à intervalles réguliers. Atteignant une hauteur de 20 mètres, le donjon central domine toute la région dont il forme un point de surveillance idéal. Érigé au XIIe siècle, remanié au XIIIe, il se développe sur plan polygonal et reçoit le flanquement d'une chemise défensive.

Philippe Auguste à Richard Cœur de Lion que le conflit parvient à son intensité maximale. Les deux monarques finissent par signer un traité de paix à Gaillon, le 14 janvier 1196 ; la route de Rouen se trouvant désarmée, Richard Cœur de Lion ordonne aussitôt la construction de Château-Gaillard.

GISORS (EURE)
CHÂTEAU, PARTIE BASSE
XIIe SIÈCLE

Le cercle et le carré. Les schémas élémentaires du cercle et du carré règlent les édifices de la partie basse du château de Gisors. Au premier plan, les jardins dominent les anciennes caves, devant la porte du Gouverneur qui ouvre sur la basse cour et de part et d'autre de laquelle se dressent les reliefs de bâtiments datant, comme elle, du XIIe siècle. Au fond, la silhouette cylindrique de la tour du Prisonnier domine la perspective.

1076 Querelle des Investitures qui oppose le pape à l'Empereur germanique 1087 Mort de Guillaume le Conquérant **1097 Ouverture du chantier du château de Gisors** 1108 Le 29 juillet, mort de Philippe Ier ; son fils Louis VI (le Gros) lui succède.

VIANDEN (LUXEMBOURG)
CHÂTEAU, VUE GÉNÉRALE
XIe-XIVe SIÈCLES

Quatre siècles d'histoire féodale. Construit sur les substructions d'un fort romain puis carolingien, le château de Vianden est protégé par un puissant système de courtines et de hautes tours, dont la tour Blanche au nord-ouest et la tour Noire au nord-est, les portes fortifiées, le pont-levis et la herse renforçant ses capacités défensives. Trois éléments y sont agrégés, le Petit Palais, le Grand Palais et la chapelle. Le rez-de-chaussée du Petit Palais enchaîne la salle du Capitaine et la salle d'Armes sous une voûte aux superbes clefs de voûte ; à l'étage, la salle Byzantine se signale par ses baies trilobées. C'est au Grand Palais que l'on trouve l'imposante salle des Chevaliers (30,30 × 9,60 m), au-dessus de la grande cave taillée à même le roc. Quant à la chapelle, elle est formée d'un oratoire double avec ouverture centrale permettant au peuple d'assister au culte à l'étage inférieur, les châtelains ayant pris place à la tribune. Enrichi au XIVe siècle par le quartier de Juliers, au XVIIe par celui de Nassau, le château est devenu propriété de l'État en 1977.

Haut-Kœnigsbourg

Perception contemporaine de la forteresse

La restauration du château du Haut-Kœnigsbourg, réalisée entre 1900 et 1908 par l'architecte allemand Bodo Ebhardt, a suscité d'innombrables polémiques, qui ne sont pas toujours éteintes. Cette singulière entreprise aura eu le mérite, au moins, d'obliger l'amateur contemporain à s'interroger sur sa propre perception du château féodal et sur la part d'imaginaire collectif qui risque d'en dénaturer l'apparence.

Le Haut-Kœnigsbourg est à l'origine une forteresse fondée par la dynastie impériale des Hohenstaufen dans la première moitié du XIIe siècle. Bien que conservant nombre de vestiges de cette époque, à commencer par son donjon carré à bossage et son palais aux baies en arcade, elle subit de profonds remaniements dès le XIIIe siècle, puis au tournant des XVe et XVIe siècles, lorsque ses maîtres du moment l'adaptent aux exigences défensives imposées par l'artillerie moderne, en l'abritant derrière un épais mur-bouclier et en usant d'un système de piliers-contreforts contrebutés par des voûtes, ce qui décharge les murs et neutralise les effets de leur ébranlement par les boulets.

Une chronologie difficile à établir

Le château du Haut-Kœnigsbourg fut commencé après 1114 et avant 1138, sur ordre de Frédéric II de Hohenstaufen (mort en 1147), duc de Souabe, maître de l'Alsace, surnommé « le Borgne ». La citadelle est très tôt partagée entre l'empereur Conrad III (1138-1152) et Frédéric III de Hohenstaufen, fils et héritier de Frédéric le Borgne, les deux forteresses distinctes étant séparées par un fossé et dotées de leur propre enceinte, ainsi que d'un donjon carré. Aux mains de Frédéric III « Barberousse », elles reviennent ensuite aux Ratsamhausen et aux Hohenstein, qui lassent si bien leurs voisins qu'une expédition vient raser l'ensemble en 1462. Reconstruit à partir de 1479 par les comtes de Thierstein, le château haut tombe à nouveau sous les coups des Suédois en 1633, lors de la guerre de Trente Ans. Quant au château bas, du XIIIe siècle, il est tombé en ruine dès 1445.

Deux forteresses aux reliefs bien différents

En dépit de la reconstruction de l'ensemble, le plan initial du château a été reconstitué. Pour l'essentiel, il consistait en une enceinte reliant deux tours résidentielles sur plan rectangulaire. Un fossé ayant fait césure au milieu de cet ensemble au XIIIe siècle, le château oriental est enrichi d'une haute tour carrée qui, reconstruite, demeure le plus spectaculaire monument du Haut-Kœnigsbourg ; à l'extrémité orientale de l'arête rocheuse, une seconde tour-beffroi renforce le système de surveillance. Les remaniements des siècles suivants et le relèvement de Bodo Ebhardt exigent cependant une certaine prudence quant à l'évaluation exacte de l'apport médiéval. Le problème ne se pose pas, en revanche, pour le château bas qui n'a pas bénéficié des faveurs de son illustre voisin et nous livre seulement les reliefs de son enceinte polygonale et de son logis palatial.

HAUT-KŒNIGSBOURG
CHÂTEAU, JARDIN SUPÉRIEUR
XIIe SIÈCLE

Les espaces intermédiaires. Si la restauration contemporaine ne permet pas toujours de séparer les parties anciennes de celles qui ont été reconstituées, le jardin supérieur, contre le logis ouest, ne souffre d'aucune ambiguïté ; il a été refait dans un style néo-Renaissance rappelant sa création du XVIe siècle, en tant qu'espace de loisir — ce dont témoignent le puits, le banc et la balustrade — et de défense tout à la fois interne et externe. C'est aussi l'occasion de remarquer qu'aucun château plus que celui-ci n'accepte l'intrusion de la flore naturelle en son enceinte, ce qui ajoute au caractère fusionnel de cette austère architecture en son écrin sauvage.

HAUT-KŒNIGSBOURG
CHÂTEAU, ESCALIER HEXAGONAL
XIIe SIÈCLE

Un espace complexe. Lorsque Guillaume II confie la restauration du Haut-Kœnigsbourg à Bodo Ebhardt (1865-1945), le château est dans un état pitoyable et sur le point d'être transformé en carrière de pierres par des affairistes avisés. Au regard de l'extraordinaire disposition spatiale de l'escalier hexagonal tel qu'a pu le reconstituer l'architecte, il faut convenir que sa vision possède des mérites au moins égaux à ceux de Viollet-le-Duc à Pierrefonds.

Haut-Kœnigsbourg (Bas-Rhin)
Château, vue générale
XIIe siècle

Un plan complexifié par le passage des siècles. La grande forteresse médiévale est plantée au sommet d'une éminence rocheuse. Construite en grès rose, pierre alsacienne par excellence, elle présente un plan assez complexe. Au centre, se situe le noyau originel du château, aujourd'hui complètement dissimulé par le logis dressé au xve siècle et dont la haute tour a été intégralement reconstituée au xxe siècle ! Sur le flanc occidental (au fond), on distingue le château secondaire renforcé par deux tours à canons cylindriques (fin xve siècle). Du côté oriental, l'enceinte d'artillerie forme une cour qui contrôle l'accès au bâtiment principal. Jadis, la totalité de l'enceinte était couronnée par un chemin de ronde à mâchicoulis sur corbeaux.

1109 Dès le début de son règne, Louis VI le Gros se heurte durement et victorieusement aux forces anglo-normandes menées par Henri Ier Beauclerc, fils de Guillaume le Conquérant 1113 Louis VI le Gros et Henri Ier Beauclerc signent la trêve de Gisors qui instaure une courte période de paix **1114 Date approximative de la première construction du Haut-Kœnigsbourg** 1116 Louis VI et Henri Ier Beauclerc reprennent le combat, avec des fortunes diverses, les forces étant à peu près égales.

Tarasp (Suisse, canton des Grisons)
Château, vue générale
XIIe siècle

Un édifice profondément remanié. Si le château de Tarasp est attesté très tôt, c'est dans la première moitié du xiie siècle que la famille du même nom connaît son apogée. Érigé sur un plateau rocheux escarpé, il a conservé nombre d'éléments médiévaux en dépit de sa totale restauration au début du xxe siècle. Sa conception initiale, une élévation irrégulière depuis le mi-flanc de la colline jusqu'au bâtiment d'habitation au sommet du promontoire rocheux, a été respectée. Néanmoins, la division en trois grande zones (entrée, avant-corps, logis) est le résultat d'une évolution plusieurs fois séculaire. Le complexe des bâtiments centraux a été plusieurs fois agrandi, notamment aux xvie et xviie siècles, mais aussi a perdu des éléments distinctifs, tels ses chemins de ronde saillants. Après la disparition des barons de Tarasp, vers 1170, le château passe aux sires de Reichenberg, puis aux barons de Matsch. En 1803, Tarasp est attribué au nouveau canton des Grisons et le château, délabré puis restauré, connaît plusieurs propriétaires privés.

Le donjon de Houdan

Force et vigilance

Le donjon de Houdan présente une silhouette d'une incontestable originalité, pourtant exactement inscrite dans les canons de la tradition architecturale qui, de la fin du XIe siècle au milieu du XIIe siècle, gouverne presque toutes les grandes réalisations monumentales à caractère défensif.

Érigé sous le règne du comte Amaury III de Montfort (1105-1132), le haut donjon a pour premier objectif d'assurer la surveillance et la protection de la partie occidentale du domaine royal, particulièrement sujet aux attaques des ducs normands qui règnent à la même époque sur l'Angleterre. Ce seul fait explique tout à la fois son plan, son élévation, sa massivité et l'épaisseur de ses murs (3 m environ). Le léger effilement de la partie supérieure assure à l'édifice une inébranlable assise.

L'abri d'une garnison

Dans sa conception même, l'édifice de Houdan se prête bien mieux à l'abri d'une garnison qu'à l'accueil d'une famille seigneuriale. Au rez-de-chaussée, qui consiste en une grande salle octogonale de 9 mètres sur 9 pour une hauteur de 5,50 mètres, l'éclairage est assuré, de façon minimale, par les deux baies des murs sud-ouest et sud-est et par une petite ouverture latérale. À l'origine, la communication entre les différents niveaux est assurée par des escaliers ménagés dans l'épaisseur de la muraille. Pour entrer dans le donjon, il faut passer par une porte située à 6 mètres du sol ; donnant sur un entresol, cette porte est, de surcroît, munie d'un pont volant dont la mobilité est la première garantie d'inviolabilité de la forteresse. L'accès à l'étage est assurée au

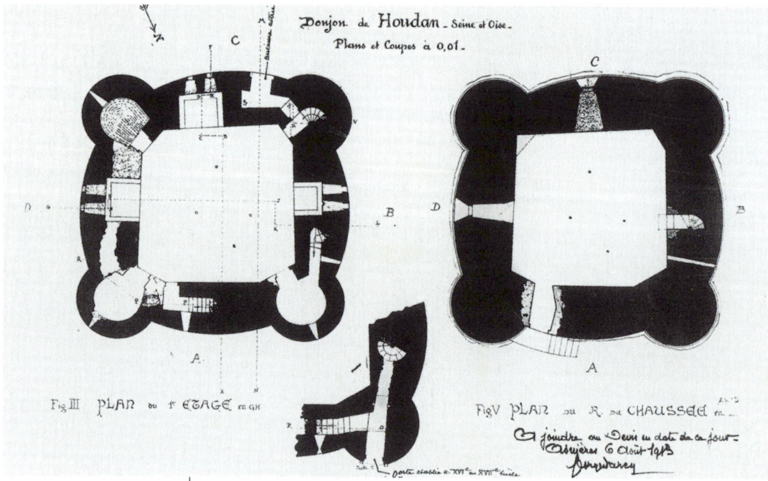

PLAN ET COUPE DU DONJON DE HOUDAN
PAR DARCY
1913
Paris, médiathèque du Patrimoine

Protection externe, organisation interne. Des capacités défensives de Houdan, le plan donne une juste idée. Mais l'intérêt de l'édifice tient aussi à l'ingéniosité de son agencement intérieur. On passe du rez-de-chaussée (à droite sur le document) à peine éclairé et plafonné par un plancher, à l'étage supérieur (à gauche) par un escalier accessible par un couloir à partir de la tour nord (en bas à droite). À ce niveau, trois loges sont ménagées dans les tourelles ainsi que trois petites chambres au milieu de chacun des murs. En bas à gauche, on distingue l'étroit couloir qui conduit aux latrines.

1120 L'intervention du pape conduit Louis VI et Henri Ier à signer un accord pour déposer les armes **1120 Date supposée du début de la construction de Houdan** 1122 Menant une expédition en Auvergne, Louis VI prend le parti de l'évêque de Clermont contre Guillaume IX d'Aquitaine et s'assure ainsi l'appui de l'Église.

SENLIS (OISE)
LE PALAIS ROYAL
XIIe SIÈCLE

La plus ancienne demeure royale des Capétiens. Sur les restes de fortifications gallo-romaines, l'ancien palais de Senlis a été complètement reconstruit sur ordre de Louis VI dans les années 1130. Formé d'un gros donjon (dont ne subsiste que le rez-de-chaussée) et d'un vaste logis, composé par trois corps de bâtiments enchaînés le long du rempart, il reste, malgré sa ruine partielle, la plus ancienne demeure royale capétienne connue. Sur cette vue, on distingue la partie la mieux conservée de l'ensemble palatial. Au premier plan, la chapelle se distingue par sa haute tribune à arcatures ; au fond, la grande salle, qui donne sur d'autres espaces de la vie de cour, est flanquée par une tour gallo-romaine. Les murs du rez-de-chaussée sont percés de baies mettant en communication la cuisine, les celliers et la cour ; à l'étage, les arcatures aveugles sont supportées par des colonnettes en faisceau.

HOUDAN (YVELINES)
DONJON, VUE EXTÉRIEURE
XIIe SIÈCLE

Une forme-mère, le cylindre. Extérieurement, le donjon de Houdan se présente sous forme d'une tour (pas tout à fait) cylindrique de 25 mètres de hauteur pour un diamètre approximatif de 16 mètres ; à chacun des points cardinaux, une tourelle semi-circulaire de 4,80 mètres de diamètre complète son dispositif. Peut-être sa plus spectaculaire caractéristique tient-elle à son absence presque totale d'ouvertures.

moyen d'une porte rectangulaire qui ouvre sur un espace de même largeur que le rez-de-chaussée mais plus haut sous plafond (7 m environ). Il est probable que cet étage était le quartier réservé du chef de la garnison et peut-être le siège de cérémonies ponctuelles.

Au deuxième étage enfin, auquel on parvient par un escalier aveugle situé dans la tourelle ouest et suivi d'un corridor coudé qui débouche lui-même sur une ouverture située plusieurs mètres au-dessus du niveau du sol (d'où la nécessité d'une échelle), l'éclairage est assuré par trois petites fenêtres rectangulaires ouvertes aux extrémités des fronts nord-ouest, sud-ouest et nord-est. Une telle complexité dans la distribution intérieure, de nature à dérouter un assaillant qui aurait trouvé le moyen d'entrer, atteste à nouveau le caractère strictement militaire du donjon.

Une colossale sentinelle

Dans cette région de plaine, la hauteur de la tour assure une surveillance très large, notamment à l'ouest, direction probable de la venue des envahisseurs anglo-normands. Ce dispositif (proche de celui de la première forteresse de La Sarraz) fut complété, en 1145, par la construction de la forteresse de Bû (aujourd'hui disparue) qui pouvait communiquer par signaux à feu avec le grand donjon. Mais, après la défaite anglaise au XVe siècle, Houdan perd toute utilité militaire ; le donjon fera donc office de prison, passera ensuite dans les mains de divers particuliers et reviendra à la ville de Houdan en 1903.

LA SARRAZ (SUISSE, CANTON DE VAUD)
CHÂTEAU, FAÇADE DE L'ENTRÉE PRINCIPALE
XIe SIÈCLE

Sur la route de l'Italie. L'histoire du château de La Sarraz est complexe, non seulement du fait des aménagements qui ont transformé son apparence depuis le XIe siècle, mais aussi en raison de l'obscurité de ses débuts. Occupé jusqu'au XXe siècle par la même dynastie comtale, il a été construit pour protéger la voie commerciale vers l'Italie (son étymologie renvoie à « serrure »). Selon les plus anciennes sources, le château, construit autour de 1049, ne survivrait aujourd'hui que par sa tour principale. Au cours des siècles, l'édifice a connu de nombreux aléas, notamment à l'occasion des guerres bourguignonnes de la fin du Moyen Âge. En 1928, Hélène de Mandrot, propriétaire de l'édifice, y organise, avec l'aide active de Le Corbusier, le premier Congrès international d'architecture moderne (CIAM) qui, destiné à promouvoir une architecture et un urbanisme fonctionnels, réunit 28 grands architectes européens.

Falaise

Le verrou de la Normandie médiévale

Symbole des grands châteaux fortifiés normands du XIIe siècle, Falaise offre aussi une puissante démonstration des préceptes défensifs imposés par Philippe Auguste au début du XIIIe siècle. Son aspect actuel est dû à une récente et très active campagne de restauration qui a suscité de vives polémiques chez les archéologues et les architectes spécialistes de la période médiévale.

L'édifice est construit sur une éminence rocheuse dominant les vallons de l'Ante, petite rivière normande. Sur ses flancs moins abrupts, une puissante muraille protectrice a été établie, dont demeurent quelques beaux reliefs.

L'œuvre d'Henri Ier Beauclerc

Un château occupait déjà le site au XIe siècle, lieu de naissance, en 1027 ou 1028, de Guillaume le Conquérant. C'est au fils cadet de ce dernier, Henri Ier Beauclerc, que revient la construction du nouvel édifice, la date d'ouverture du chantier étant traditionnellement fixée à 1123. L'élément principal en est le « grand donjon », tour quadrangulaire à contreforts plats ; bien qu'ayant perdu son niveau supérieur, celui qui abritait probablement les appartements seigneuriaux, il a été l'objet d'une scrupuleuse restauration. Son plan au sol occupe un rectangle de 26,60 mètres sur 22,80 et l'épaisseur de ses murailles est supérieure à 3 mètres.

Comme le veut l'usage de l'époque, le rez-de-chaussée est cerné de murs aveugles et fait office de cellier et de cave pour les denrées périssables qui assurent l'approvisionnement de la forteresse en cas de siège.

Pour entrer dans le château de Falaise, il fallait franchir la porte située au niveau du premier étage, celui précisément occupé par les maîtres du lieu. Les deux principaux espaces y étaient la grande salle, héritière de l'*aula* carolingienne et la chapelle, toutes deux éclairées par de hautes baies géminées.

Le « petit donjon » qui fait saillie sur la face occidentale de la forteresse est un peu plus récent et se présente sous forme d'une tour rectangulaire de modestes dimensions. L'ensemble est complété, au XIIIe siècle, par Philippe Auguste qui, désormais maître de la Normandie, impose sa marque à l'édifice en exigeant la construction

FALAISE (CALVADOS)
LE CHÂTEAU VU DU SUD
XIIe SIÈCLE

Le magistère de la tour philipienne. En surplomb au-dessus de la cité, le château de Falaise est dominé, au sud, par l'énorme « tour Talbot », construite sur ordre de Philippe Auguste ; elle mesure quelque 30 mètres de hauteur pour un diamètre extérieur de 15 mètres, l'épaisseur de ses murs atteignant 4 mètres. Ses six étages voûtés en pierre n'étaient accessibles, selon l'usage, qu'à partir du second niveau grâce à un raccord avec le « petit donjon » défendu par une herse et de nombreuses archères ; ici encore, la restauration du XIXe siècle a été menée avec un zèle extrême, notamment dans la partie supérieure.

FALAISE
CHÂTEAU, VUE INTÉRIEURE DU PETIT DONJON
VERS 1900

Une zone intermédiaire. L'adjonction d'un édifice secondaire au grand donjon a probablement été justifiée par la nécessité d'augmenter la capacité d'accueil du château. Rectangulaire, ce deuxième bâtiment, dit « petit donjon » a été profondément remanié, notamment dans ses ouvertures, au XVe siècle ; ouvert dans la muraille, son escalier de pierre assure la communication avec les espaces voisins.

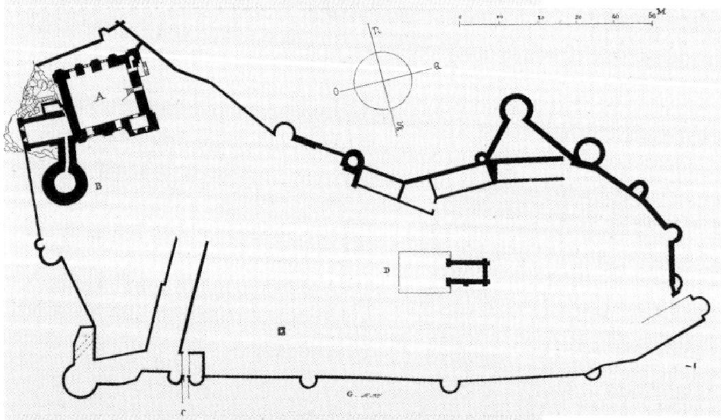

PLAN GÉNÉRAL DU SITE DE FALAISE PAR EUGÈNE VIOLLET-LE-DUC

Au cœur d'un énorme appareil défensif. Le plan général de la forteresse de Falaise révèle une vaste enceinte irrégulière flanquée d'une quinzaine de tours sur plan circulaire ou semi-circulaire ; jadis occupée par les logis résidentiels, les communs et les espaces cultivés, cette immense basse cour est bornée en son extrémité nord-ouest par le château proprement dit. Le carré (à gauche) forme la tour maîtresse initiale, celle de l'âge roman ; dans son angle sud-est, on distingue le plan de la chapelle qui lui était accolée. Sur le front occidental, le rectangle indique l'emplacement de la tour secondaire cependant que, détachée au sud, la tour circulaire (dite Talbot) est due à Philippe Auguste.

d'une haute tour cylindrique pourvue d'archères ; cependant, sa partie supérieure, la plus spectaculaire avec son couronnement de mâchicoulis, remonte au XVe siècle. Au-delà, les enceintes de la basse cour et de la cité offrent, en dépit de leurs mérites, un moindre intérêt.

Ruines et restaurations

Falaise a connu autant de sièges que de modifications, même si le noyau primitif a été globalement préservé. Les canons de la guerre de Cent Ans ont failli lui être fatals, notamment en 1418, lorsque la place dut se rendre aux troupes du roi anglais Henri V après cinq mois de siège, Charles VII ne parvenant à la reprendre qu'en 1450, à la suite de la victoire de Formigny. Plus tard encore, en 1590, Henri IV y obtient la reddition des Ligueurs qui s'y étaient retranchés.
Délaissé, transformé en carrière de pierres, le château est relevé dès le XIXe siècle, puis à nouveau maltraité par les bombardements de 1944 ; à partir de 1993 enfin, une campagne de restauration a permis de lui donner son actuel aspect.

1123 Début d'une troisième guerre entre Louis VI le Gros et Henri Ier Beauclerc, qui s'allie à l'empereur Henri V ; l'été suivant, en 1124, une trêve est conclue, qui durera trente ans **1123 Henri Ier Beauclerc fait construire le donjon de Falaise** 1129 Le 14 avril, de retour d'une expédition en Flandre, Louis VI fait couronner son fils Philippe, qui mourra deux ans plus tard sans avoir régné.

Étampes (Essonne)
Château, tour Guinette
XIIe siècle

Au cœur du domaine capétien. À la croisée des grands axes Paris-Orléans et Sens-Chartres, au cœur du domaine capétien, Étampes possède un château dès le Xe siècle, mais son actuel donjon y est érigé entre 1130 et 1150, probablement sur ordre de Louis VII. Philippe Auguste fait dresser, en fin de XIIe siècle, une enceinte carrée flanquée de quatre tours ; une deuxième enceinte carrée, également flanquée de quatre tours, sera ajoutée, puis une dernière ceinture défensive aux lignes brisées adaptée aux déclivités du socle naturel. Le grand édifice subira ensuite les désastres de la guerre de Cent Ans, des guerres de Religion, de la Fronde... et de l'affairisme des marchands de pierres au XIXe siècle ! La forme quadrilobée du donjon — quatre cylindres accolés de 13 mètres de diamètre — semble moins dictée par des raisons militaires que par volonté de signifier la puissance royale. Citadelle ou emblème monarchique, le donjon joue tout aussi efficacement son rôle de prison, notamment pour la femme répudiée de Philippe Auguste, l'infortunée princesse danoise Ingeburge.

Provins

La force au service de la richesse

Réputée à travers toute l'Europe médiévale pour son opulence marchande attestée par les célèbres foires de Champagne, la cité de Provins a su tôt se protéger par de solides remparts, érigés au cours des XIIe et XIIIe siècles, agencement complété par la construction de bâtiments castraux dont la fonction n'est pas toujours aisée à définir, mais dont le parfait état de conservation offre un champ d'étude exceptionnel aux historiens.

Dès l'an 802, la place de Provins reçoit la visite des *missi dominici* de Charlemagne ; c'est probablement à cette époque que surgissent les traces d'une première architecture militaire à Provins. Aux alentours de l'an 1000, sous le règne d'Hugues Capet, les restes de saint Ayoul sont découverts dans les environs, ce qui assure la venue de nombreux pèlerins ; désormais, tout est en place pour que les comtes de Champagne fassent de leur cité une capitale économique.

Une richesse à protéger

La rapide prospérité de la cité attire immédiatement les convoitises, d'où l'élévation rapide d'une ceinture de remparts qui succède à l'antique *castrum* dont nous ne savons presque rien, hormis la forme ovale, mais dont plusieurs éléments ont été à l'évidence conservés dans les parties basses des fortifications ultérieures. La Grosse Tour (dite « de César ») est édifiée vers 1150 ; des autres éléments fortifiés dressés avant 1200, les reliefs les plus clairs demeurent l'importante motte tronconique du XIe siècle et les murs d'une grande salle et d'une chapelle construites sur ordre de Henri le Libéral, dans la seconde moitié du XIIe siècle.

Il paraît assuré qu'une nouvelle enceinte est lancée dès 1216, pour englober les deux quartiers principaux de Provins, ville basse et ville haute. De cette réalisation subsistent encore la tour aux Engins (20 mètres de hauteur pour une épaisseur de murs de 3 mètres), la tour de la Folle, avec son éperon à glacis saillant, et la tour des Oublis, entamée aujourd'hui par une large brèche.

Les ouvertures les plus caractéristiques de l'ensemble fortifié de Provins sont la porte Saint-Jean et la porte de Jouy ainsi que la petite poterne Faneron, point de départ d'un autre rempart, dont il n'est resté qu'un court tronçon. Gardée par deux tours dont les seules ouvertures sont les étroites archères permettant de frapper d'éventuels assaillants, la porte de Jouy témoigne des préoccupations sécuritaires qui agitaient la ville au temps de sa prospérité commerciale. Attestant une maîtrise supérieure dans la taille de la pierre, la grande et double arcade de pénétration est magnifiquement appareillée. Pour nombre de visiteurs de la cité champenoise, elle forme la meilleure introduction au patrimoine monumental de Provins.

L'ÉVÊQUE BÉNIT LA FOIRE DU LENDIT
MINIATURE EXTRAITE DU *PONTIFICAL DE SENS*
1300-1399
Paris, Bibliothèque nationale de France

Commerce et religion : une harmonieuse rencontre. Du milieu du XIIe siècle à la fin du XIIIe siècle, le comté de Champagne est le centre des échanges commerciaux du monde occidental, la plus ancienne foire, celle de Provins, remontant à 999. Si les Flamands fréquentent la cité dès avant 1137, les Italiens ne s'y rendent qu'à partir de 1170. La foire du Lendit de Saint-Denis prenait place entre la foire de mai de Provins et celle de la Saint-Jean de Troyes. Les Flamands y vendaient draps et toiles, les Italiens soieries et épices orientales, les Méridionaux des cuirs de Cordoue, les Bourguignons du vin, les Allemands des fourrures et des cuirs... le tout sous la bénédiction épiscopale !

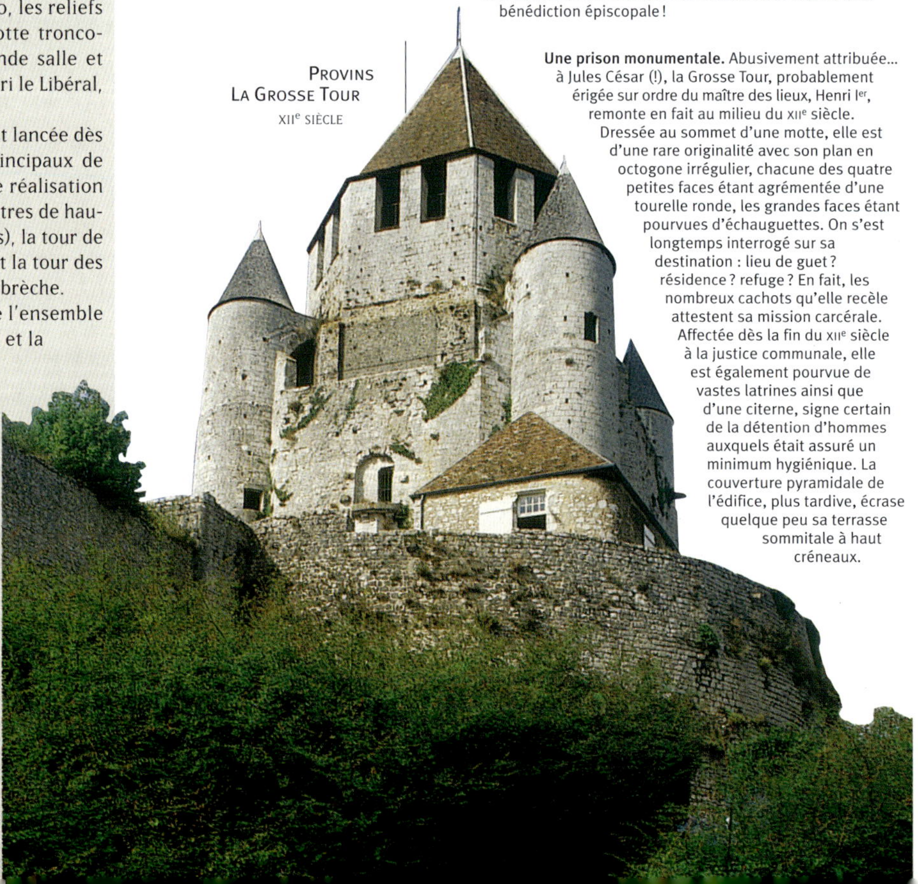

PROVINS
LA GROSSE TOUR
XIIe SIÈCLE

Une prison monumentale. Abusivement attribuée... à Jules César (!), la Grosse Tour, probablement érigée sur ordre du maître des lieux, Henri Ier, remonte en fait au milieu du XIIe siècle. Dressée au sommet d'une motte, elle est d'une rare originalité avec son plan en octogone irrégulier, chacune des quatre petites faces étant agrémentée d'une tourelle ronde, les grandes faces étant pourvues d'échauguettes. On s'est longtemps interrogé sur sa destination : lieu de guet ? résidence ? refuge ? En fait, les nombreux cachots qu'elle recèle attestent sa mission carcérale. Affectée dès la fin du XIIe siècle à la justice communale, elle est également pourvue de vastes latrines ainsi que d'une citerne, signe certain de la détention d'hommes auxquels était assuré un minimum hygiénique. La couverture pyramidale de l'édifice, plus tardive, écrase quelque peu sa terrasse sommitale à haut créneaux.

Mais, dans la seconde moitié du XIIIe siècle, les foires des Flandres et de la vallée du Rhin font concurrence aux foires locales, annonçant l'inéluctable déclin économique du comté de Champagne. D'autres chantiers, plus modestes, continuent cependant à s'ouvrir jusqu'au XVIe siècle, complétant le saisissant appareil architectural militaire, civil et religieux conservé à Provins.

PROVINS (SEINE-ET-MARNE)
LES REMPARTS DE LA CITÉ
XIIe-XIIIe SIÈCLES

Précocité et monumentalité. Les deux kilomètres qui restent des remparts de Provins (sur un total initial de cinq) constituent un exemple archétypal en matière de construction médiévale défensive. Très précoces, remontant en quasi-totalité aux XIIe et XIIIe siècles, ils témoignent d'un exceptionnel état de conservation, même si certains historiens de l'architecture regrettent parfois le zèle déployé à l'occasion des restaurations. Tout au long de la puissante courtine, les hautes tours, alternativement circulaires, à éperon, rectangulaires, carrées, polygonales, etc., flanquent régulièrement le dispositif de protection. Un fossé sec, de 20 à 30 mètres de largeur, accentue le caractère spectaculaire de cette disposition monumentale.

1143 Traité de Vitry qui met fin au conflit opposant Louis VII, roi de France, aux comtes de Champagne **1150 Date approximative du chantier de la Grosse Tour de Provins** 1253 Mort de Thibaud IV de Champagne, dit « le Chansonnier », vassal de Philippe Auguste et de Saint Louis, et grand acteur de la prospérité médiévale de Provins.

DOMFRONT (ORNE)
LA TOUR MAÎTRESSE DU CHÂTEAU VUE DU SUD
XIe SIÈCLE

Le colosse mutilé. Occupant une position stratégique entre le comté du Maine et le duché de Normandie, la place de Domfront est l'objet de terribles conflits durant la première moitié du XIe siècle, Guillaume II de Normandie, futur roi d'Angleterre, l'annexant à sa principauté en 1052. Son fils, Henri Ier Beauclerc, fait édifier dans le premier quart du XIIe siècle le grand donjon rectangulaire toujours visible de nos jours. Le château, qui tombe aux mains de Philippe Auguste en 1204, occupe l'extrémité d'un promontoire en grès et dessine une enceinte polygonale flanquée de tours circulaires disparues. Au sud-est de la cour se dressent les imposants vestiges du donjon roman quadrangulaire, dont les murs atteignent 3 mètres d'épaisseur et qui comportait à l'origine cinq niveaux, le premier étant aveugle selon l'usage du temps ; l'entrée s'effectuait par une ouverture ménagée en hauteur, dans la façade occidentale soutenue par des contreforts plats.

Yèvre-le-Châtel

Une évolution archétypale

D'une certaine façon, Yèvre-le-Châtel constitue l'archétype du château à motte, cerné de fossés et dominant une vaste basse cour, schéma idéal de la forteresse médiévale à partir du XIIe siècle. Certes, il met au jour les canons de la forteresse du temps roman, mais aussi les mutations apportées à cette même forteresse sous le règne de Philippe Auguste, notamment la disparition de la tour maîtresse au profit d'une enceinte invulnérable, placée sur l'ancienne motte.

Sis sur un éperon rocheux en surplomb d'une petite rivière, Yèvre a été occupé et fortifié dès l'âge romain. En 1112, Louis VI le Gros se rend maître du fief, ayant décidé de le transformer en châtellenie royale. Rattaché au domaine de la couronne, le château est complètement remodelé, très probablement à la fin du XIIe siècle, sous l'impulsion de Philippe Auguste. Le souverain français entend bien s'assurer une place forte en cette terre qui occupe une position stratégique et la faire profiter des perfectionnements de l'architecture militaire qu'il a découverts à l'occasion de la croisade (1191) ; si l'on en croit la tradition, l'architecte du nouvel édifice aurait pour nom Gilon Du Tournel.

Une forteresse imprenable

Il est malheureusement difficile de connaître l'état exact de la forteresse avant cette reprise qui la métamorphose ; dans le même temps, en France d'abord, dans toute l'Europe ensuite, une nouvelle esthétique s'affirme avec la phase classique du style gothique (le chantier de Chartres est ouvert en 1194, soixante ans après celui de Saint-Denis, avant-courrier de cet immense cycle de mutations). Il eût donc été du plus haut intérêt de procéder à une analyse comparative, comme il est d'usage pour les édifices cultuels. Ne fût-ce que pour démontrer à quel point le château est en soi porteur de nouveautés perpétuelles, mais aussi en quoi il se sépare précisément de l'église, en dépit des fréquentes confusions typologiques.

Toujours est-il que le nouveau château d'Yèvre adopte un plan en losange, avec quatre tours semi-circulaires placées aux angles. Soutenues par de grands arcs dont la portée va de tour à tour, les courtines présentent un nombre minimal d'ouvertures ; on entre dans la citadelle par deux portes accessibles par des rampes mobiles en bois et protégées par une herse doublée d'un assommoir.

Les tours, ouvertes sur l'extérieur par leurs seules archères à ébrasement en forme de triangle, sont distribuées par des escaliers, à vis ou ménagés dans l'épaisseur de la muraille. À l'intérieur du logis, l'étage inférieur est réservé aux usages domestiques, l'étage supérieur aux maîtres du lieu et la compartimentation générale est réglée par la disposition de deux grands murs en refend. Quant à la basse cour, elle reçoit un système de fortifications plus léger, dont le plus spectaculaire élément est la porte d'entrée flanquée de deux tours et renforcée, elle aussi, par une herse et un assommoir.

YÈVRE-LE-CHÂTEL
CHÂTEAU, FAÇADE OCCIDENTALE
FIN DU XIIe SIÈCLE

Une surveillance permanente. Dans la partie supérieure de la courtine occidentale, de hautes baies permettent d'éclairer les salles du logis. Au fond, la tour nord-ouest dispose d'archères protectrices. On accède aux logis, à voûtes en croisées d'ogives, par un escalier taillé dans l'épaisseur du mur, avec ouvertures de surveillance donnant sur l'intérieur et l'extérieur.

EGUISHEIM (HAUT-RHIN)
VUE AÉRIENNE DU SITE
XIe-XIIIe SIÈCLES

Plusieurs châteaux en un. Le site d'Eguisheim, vision saisissante de trois donjons dominant un univers castral ruiné sur les substructions d'une fortification romaine, est aussi complexe qu'ancien. Vers l'an 1000, le socle rocheux reçoit les bâtiments du logis comtal, les édifices annexes se situant en contrebas. C'est au milieu du XIe siècle qu'est érigée la chapelle Saint-Pancrace, consacrée par le pape Léon IX. Quant au donjon du centre, il voit le jour vers le milieu du XIIe siècle, mais il a été remanié au XIIIe siècle, le rocher étant creusé pour installer un logis seigneurial, restauré au XIVe siècle. Puis, à l'extrémité septentrionale du site, un nouveau palais est édifié à l'extérieur de l'aire primitive, sur une plate-forme aménagée en contrebas du rocher ; le style roman tardif de la cheminée et des fenêtres ont conduit les historiens à le dater d'après 1200. Il est séparé du château du milieu par un fossé. Au XIIIe siècle enfin, une tour dont tous les éléments indiquent la recherche d'une efficacité guerrière maximale est dressée à la pointe méridionale.

L'efficacité de telles dispositions sera démontrée au cours de la guerre de Cent ans, Yèvre-le-Châtel étant la seule citadelle du nord de la Loire, avec Montargis, à résister victorieusement aux Anglais comme aux Bourguignons. Puis, du fait de l'extension du domaine royal et des progrès de l'artillerie, le grand château tombera peu à peu en ruine.

YÈVRE-LE-CHÂTEL (LOIRET)
CHÂTEAU,
FAÇADE ORIENTALE
FIN DU XIIe SIÈCLE

Entrée interdite. À gauche, au pied de la tour, on distingue la porte qui, par une passerelle mobile, permettait d'accéder à la cour haute en passant sous la courtine de laquelle les assiégés pouvaient expédier divers projectiles sur les assaillants, système complété par une herse et une porte à deux vantaux bloqués par des barres. À la base des tours très saillantes, le glacis constitue une cible idéale pour les archers postés dans les meurtrières ; enfin, ultime précaution, la courtine est supportée par un arc de décharge (invisible ici) qui rend inutile tout travail de sape et ruine tout espoir d'effondrement des murailles.

1180 Le 19 septembre, mort de Louis VII ; son fils Philippe (Auguste) lui succède **Fin XIIe siècle** **Remaniement complet d'Yèvre-le-Châtel** 1191 Le 13 juillet, Saint-Jean-d'Acre capitule devant Philippe Auguste qui, ayant mené à bien la croisade, décide de rentrer en France où les troubles se multiplient.

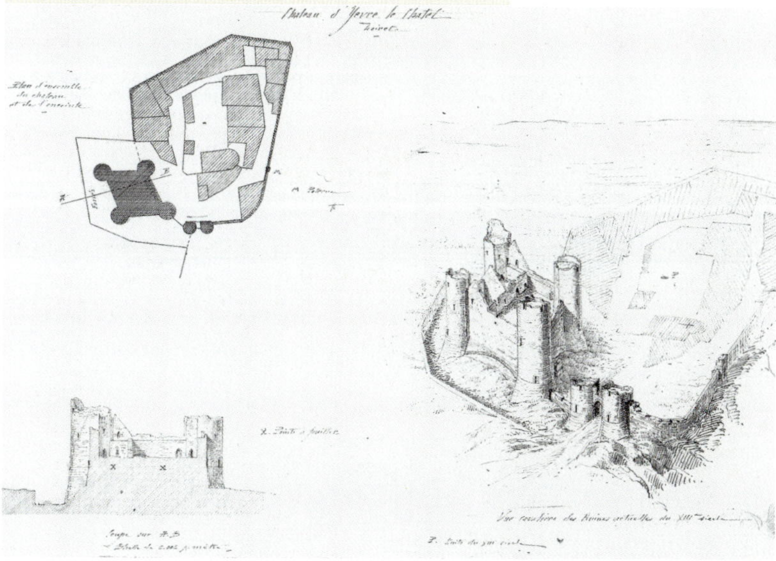

PLAN ET ÉLÉVATION DU CHÂTEAU D'YÈVRE-LE-CHÂTEL
XIXe SIÈCLE
Paris, médiathèque du Patrimoine

Château haut et basse cour. Le plan restitue la juxtaposition du château, à gauche, et de la basse cour. En bas, légèrement écartée, la porte fortifiée donnait accès à cette dernière (on en voit le dessin sur le croquis de l'élévation, dans le coin inférieur droit du document) ; on y accédait par franchissement du fossé sur un pont mobile. Dans le château lui-même, la haute cour était pour moitié occupée par le logement de la garnison, et pour une autre moitié par le logis, signalé par ses cheminées et par les grands arcs, sur colonnes à chapiteaux sculptés, qui soutenaient le plancher de l'étage. Du côté de la porte fortifiée, au sud, le fossé sec séparait la motte artificielle du plateau sur lequel elle avait été élevée, avec la terre excavée de ce fossé. Au nord une sortie de secours, dans la muraille, et un souterrain avaient été aménagés.

Vitré

Du remaniement à la métamorphose

L'extraordinaire intérêt du château de Vitré tient moins à son ampleur et à sa beauté qu'au processus de métamorphose qui a fait d'un simple bastion fortifié du XIe siècle la formidable citadelle que nous a directement transmise le crépuscule du Moyen Âge, au XVe siècle.

De ce point de vue, la comparaison est édifiante avec les autres châteaux nés, comme lui, au seuil du second millénaire. Là où l'on ne trouve ordinairement que ruines émouvantes, Vitré propose un ensemble d'une telle perfection et d'un tel achèvement que la question de son authenticité devient primordiale. Ce n'est pas là une surprise pour les historiens de l'architecture castrale, qui sont les premiers à connaître la capacité du château à agréger et à assimiler les formes les plus nouvelles de son temps.

Et c'est à ce titre que Vitré clôt le chapitre consacré à l'époque romane, de laquelle, cependant, il n'a presque rien conservé.

Cinq siècles de mutations

Le château de Vitré tire son origine du fort érigé vers 1060 sur l'éperon rocheux dominant la ville, sur ordre du baron Robert Ier. De cette étape initiale, il n'a guère conservé que son plan triangulaire, d'ailleurs repris au XIIe siècle. Pour l'essentiel, ses treize tours et tourelles ont été édifiées aux XIVe et XVe siècles, et parfois encore remaniées par la suite. Les chroniques bretonnes nous rappellent qu'il fut assiégé et réduit dès le XIIe siècle, qu'en 1487 Guy XV de Laval le céda sans condition aux troupes d'occupation françaises, que le parlement de Bretagne s'y installa lors des grandes épidémies de peste de 1564 et 1582, qu'en 1589 enfin, il soutint victorieusement un siège de cinq mois du duc de Mercœur.

Au cours de ce demi-millénaire, l'édifice s'est littéralement métamorphosé. Dès le début du XIIIe siècle, un nouveau plan établi par André II et André III de Vitré en transforme radicalement la conception. Puis, au début du XVe siècle, Guy de Laval (mort en 1412) met en chantier une nouvelle campagne de reconstruction, couronnée par la construction de la tour de la Madeleine, en 1420. Haute de 46 mètres, la tour Saint-Laurent date également de cette période, mais reçoit divers perfectionnements ultérieurs, destinés à améliorer sa capacité de résistance à l'artillerie. Au total, l'historique de ce château se décline en termes de mutations perpétuelles, jusqu'à la reconstruction de la façade septentrionale au début du XXe siècle.

À la recherche d'un passé dénaturé

Dès qu'il a franchi l'entrée par le pont-levis et le châtelet flanqué de ses deux tours à mâchicoulis, le visiteur sera surpris par le bâtiment de l'hôtel de ville, construit en 1913, dans le plus pur style néogothique. Tout ayant quasiment disparu de l'ordre ancien, ce sont les tours qui sollicitent l'attention. On y découvre notamment un symptôme remarquable des mutations défensives du XVe siècle : l'évolution des meurtrières et archères vers

1060 Mort du roi de France Henri Ier le 4 août ; son fils, Philippe Ier, âgé de huit ans, est déclaré roi **Vers 1060 Date probable des premières fortifications dressées sur l'éperon de Vitré** 1066 Victoire de Hastings, Guillaume de Normandie sacré roi d'Angleterre **1400-1425 Remaniement complet du château de Vitré** 1485 En Bretagne, début d'une période de conflit avec le royaume français ; le mariage d'Anne de Bretagne avec Charles VIII en marque la fin en 1491.

Vitré (Ille-et-Vilaine)
Château, façade occidentale
XIIIe-début XVe siècle

La nécessité du changement. Ce magnifique enchaînement de six tours circulaires ou quadrangulaires – dont le détail est donné dans le commentaire du plan – revient presque entièrement au XVe siècle, même si le socle en est bien plus ancien. À la différence du lieu de culte, le château, espace de retraite et de défense, ne peut survivre qu'au prix de remaniements qui finissent par totalement transformer son apparence initiale.

Vitré
Château, châtelet d'entrée
XIIIe-début XVe siècle

Une forteresse dissuasive. La tour de droite, appareillée en schiste, date du XIIIe siècle, sa jumelle a été complètement reprise dans les années 1400 par le seigneur local, Guy XII. Avec ce châtelet, le château de Vitré entend exercer un effet dissuasif sur les assaillants que n'aurait pas rebutés la massivité du château lui-même.
Là encore, les progrès de l'artillerie réduiront à néant les espoirs placés dans ces nouveaux dispositifs par leurs concepteurs.

les fenêtres à grille ; la ceinture de mâchicoulis et l'élargissement du chemin de ronde ont également pour particularité de favoriser le caractère résidentiel de l'édifice tout en renforçant sa protection. Sur la droite de la cour, enfin, un admirable portail roman ouvre sur la tour carrée qui fut peut-être la chapelle du château ; remontant au XIIe siècle, il constitue le plus ancien élément autonome conservé ici, avec ses trois voussures aux claveaux alternativement clairs et sombres.

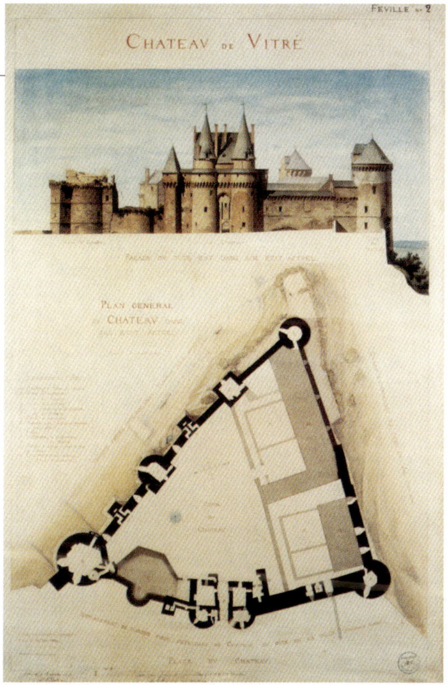

PLAN ET COUPE DU CHÂTEAU DE VITRÉ
XIIIe-DÉBUT XVe SIÈCLE
Paris, médiathèque du Patrimoine

À la pointe de l'éperon. Si la forteresse de Vitré a pris naissance au XIe siècle, la forme triangulaire de son plan a été déterminée de façon définitive au XIIe siècle, selon les lignes naturelles de son socle de roche. Au bas du croquis, la façade orientale (celle dont on voit la coupe, dans le compartiment supérieur de l'image) est ouverte en son milieu par le châtelet d'où partent les courtines menant à la tour Saint-Laurent (à gauche) et à la tour de la Madeleine (à droite), toutes deux complétées au début du XVe siècle. Au sommet du triangle, la tour de Montafilant (également du XVe siècle) complète le dispositif. Le long de la courtine gauche, on relève, de bas en haut, la tour des latrines, la tour de l'Argenterie, la tour carrée et la tour de l'Oratoire, dont le plan quadrangulaire procède peut-être d'un remaniement du XVIIIe siècle. À droite (donc au nord), la muraille a été reconstruite, entre 1908 et 1912. À l'intérieur de la cour, les plans des salles, cuisines, galeries... dans l'angle gauche enfin, la petite marque sombre isolée indique l'emplacement du puits.

THOUNE (SUISSE, CANTON DE BERNE)
VUE AÉRIENNE
XIIe-XIIIe SIÈCLES

Un état de conservation exceptionnel. Le château de Thoune, caractérisé par les quatre tourelles d'angle flanquant son donjon roman, a probablement été construit en deux temps, du XIIe au début du XIIIe siècle. La tour maîtresse, dressée sur plan quadrangulaire (13 × 20 m), culmine aujourd'hui à 42 mètres au-dessus du sol, mais sa construction a été progressive. Dès le XIIe siècle, la salle des chevaliers, située à une hauteur de 14 mètres et accessible uniquement par une échelle avant la construction d'un escalier, constitua le centre vital de l'édifice. Par la suite, elle fut surmontée d'un étage, puis d'un autre, remarquable par ses baies en plein cintre. Enfin, la silhouette de l'ensemble fut complétée par les quatre tourelles d'angle à couronnement octogonal et par la haute structure pyramidale du toit. Si le château de Thoune a subi quelques remaniements au XVe siècle, il a conservé l'essentiel de son apparence originale, particularité exceptionnelle et attestée par le dessin qu'en a transmis le premier sceau de la cité, frappé en 1250.

L'époque des grands

rois médiévaux

L'époque des grands

Le château féodal connaît un développement exceptionnel en France au soir du XIIe siècle et tout au long du XIIIe, plus particulièrement sous les règnes de Philippe Auguste (1180-1223) et de Louis IX (1226-1270).
C'est que de profonds changements politiques influent de façon directe sur son destin ; le pouvoir monarchique s'affirmant progressivement et irrésistiblement, les souverains se font en conséquence construire ou aménager de grandes forteresses pourvues de toutes les commodités d'habitat, imités en premier lieu par les hauts dignitaires du royaume de retour des croisades, mais aussi, à échelle plus modeste, par les petits seigneurs locaux.

De nouveaux dispositifs défensifs

Le Louvre, Coucy, Dourdan, les châteaux cathares et les forteresses des templiers s'inscrivent parmi les plus convaincants témoignages de ces mutations. Les courtines sont désormais protégées par des chemises en pierre interdisant toute approche de l'assaillant, de longues archères donnent au manieur d'arc une ouverture inconnue au temps des simples meurtrières, les hourds (charpentes en encorbellement au sommet d'une tour) et les mâchicoulis font appel à de nouveaux et ingénieux dispositifs.

1189 est une année triomphale pour Philippe Auguste qui, dans sa lutte contre les prétentions des Plantagenêt, s'empare du Maine, de l'Anjou, de la Touraine et du Perche. C'est en réduisant les places fortifiées (on le voit ici assister à la chute de Tours), à l'occasion de cette campagne militaire, qu'il conçoit de nouveaux principes de fortification dont son château du Louvre sera le premier bénéficiaire dès l'année suivante. Surtout, cette fortification formera désormais le signe majeur du pouvoir monarchique, lequel s'affirmera en même temps que Paris deviendra la véritable capitale d'un royaume encore en construction.

Siège et prise de Tours par Philippe Auguste en 1189
Miniature médiévale
Paris, Bibliothèque nationale de France

À la source de ces mutations, on découvre une exigence guerrière : à partir du règne de Philippe Auguste, il devient en effet nécessaire de passer de la défense passive à la défense active pour contrer le redoutable travail de mine et de sape.
Les châteaux du XIIIe siècle, « à la Philippe Auguste », sont ainsi construits de telle façon que chaque tour peut se défendre de façon indépendante, ce qui fait perdre sa prépondérance absolue au donjon et lui confère, à son tour, une autonomie inconnue, au point qu'il se situe parfois hors de l'enceinte (comme à Dourdan par exemple). Salles de garnison, écuries et casemates sont distribuées autour d'une cour complètement dégagée, donc apte à toutes les manœuvres. Dans le même esprit, le chemin de ronde circule tout autour de l'édifice et la porte centrale est doublée de poternes qui permettent à la garnison une succession rapide d'actions intérieures et extérieures. Philippe Auguste dote par ailleurs de tours rondes, plus faciles à défendre, la muraille dont il entoure Paris, ainsi que le Louvre.
Dans de nombreuses villes du royaume, dont Carcassonne, il applique ce modèle, ouvrage de défense et emblème du pouvoir royal. C'est ainsi que des améliorations significatives dans la construction de la cité — on ne parlera pas encore d'urbanisme — viennent directement de la conception et de la construction du château gothique.

Naissance de la vie de cour

Dans le même temps, l'aristocratie songe à s'aménager un cadre de vie plus confortable que celui de l'austère et glacial donjon des siècles précédents. Tout ce qui est nécessaire à la vie quotidienne (mobilier, vaisselle, etc.) se place désormais sous le signe d'un luxe nouveau, un soin particulier est porté au chauffage et à l'éclairage, la musique et la danse animent les soirées et les banquets. En un mot, on assiste à la naissance de la vie de cour.
Une conséquence remarquable en est l'exclusion de la population locale, le château perdant son rôle de refuge pour la population des alentours, dont l'aristocratie se détache définitivement.
Ce phénomène ne se vérifie pas seulement en France ou dans les pays qui lui sont voisins (en Suisse, par exemple, les châteaux de Bulle, Morges, Murten, Romont, Yverdon… en témoignent éloquemment), mais dans toute l'Europe ; beaucoup plus que l'église, destinée à l'exercice d'un culte millénaire et à peu près immuable, le château médiéval annonce ainsi l'immense cycle des métamorphoses du temps gothique.

Émergence progressive de l'ingénieur

Si le nom de Philippe Auguste est si fermement lié à l'évolution spectaculaire du château médiéval au XIIIe, c'est en raison directe de l'apparition d'un nouveau personnage dont le rôle est immédiatement déterminant, l'ingénieur militaire. Ce dernier, loin de limiter son ambition à la solidité de l'édifice, voire à l'équilibre de ses masses ou à l'harmonie de ses formes, est confronté à des problèmes inédits, nés de l'apparition de nouveaux engins de guerre, et d'abord le trébuchet, redoutable machine de jet à contrepoids, capable de catapulter de lourdes pierres contre les murailles et d'y ouvrir de larges brèches par lesquelles peuvent s'engouffrer les assaillants. Jusqu'à la fin

du XIVe siècle, le trébuchet restera la terreur des assiégés et son usage ne deviendra caduc qu'avec l'avènement de l'artillerie lourde. Selon un paradoxe qui n'est qu'apparent, ce sont les concepteurs eux-mêmes du trébuchet qui sont le plus à même d'en réduire la désastreuse efficacité. Mais, pour subtiles qu'elles soient, leurs solutions ne frappent guère les yeux et les imaginations ; on observe seulement que la forme et l'espacement des tours ne cesse de se modifier, particulièrement en ce qui concerne les tours flanquantes, chargées de protéger directement les courtines desquelles elles se détachent.
Une autre modification d'importance, mais à peu près invisible de l'extérieur, affecte les caches défensives du château, archères et meurtrières pour l'essentiel ; désormais l'espace aménagé dans la muraille ne doit plus en affaiblir la solidité, que le défenseur tienne son arme verticalement (arc) ou horizontalement (arbalète). D'une façon générale, la tour est désormais dressée sur plan circulaire, réduisant *de facto* l'impact des plus lourds et des plus rapides projectiles.
Tout cela transforme en profondeur la conception du château, mais finalement assez peu son apparence. De ces « châteaux d'ingénieurs », il est à observer qu'ils coïncident assez mal, du fait même de l'ingéniosité nouvelle de leur conception, avec le mystère romantique dont notre époque aime à parer les citadelles médiévales.
Grand spécialiste de l'architecture militaire médiévale, Michel Bur donne un éclairage magistral à cette réticence de l'imaginaire quant à la séduction des châteaux fondés sur l'expérience et la raison : « Leur structure rationnelle sollicite davantage l'intelligence. Les plus formidables illustrent, au même titre que les cathédrales gothiques, les progrès de la raison scolastique et l'essor des arts mécaniques » (*le Château*, 1999). On ne saurait mieux souligner l'irréductibilité de la raison à la fascination — et vice versa ! Peut-être est-ce précisément pour avoir négligé la part qui revient au pur génie mécanique dans la construction du château médiéval que l'imagination a vêtu ce dernier d'une aura de mystère assurant l'essentiel de son charme... mais au détriment d'une correcte appréciation de son rôle dans l'histoire de l'art, et plus particulièrement de l'architecture.

Contre le bois de l'Arche, il semble bien que l'homme médiéval ait fait le choix de la pierre de Babel ! Car la pierre est l'indice de la guerre, une guerre qui suppose une protection collective vers quoi tendent toutes les énergies, toutes les compétences et tous les talents de la cité. C'est sous le regard des souverains, à gauche, que les maîtres maçons et tailleurs de pierre dressent les tours de la grande porte fortifiée destinée à contrôler toutes les entrées... et toutes les sorties ! La nécessité de se garder explique aisément pourquoi, du Xe au XVe siècle, le château est resté un extraordinaire laboratoire de formes architectoniques et d'aménagements de l'espace vital.

Construction d'une ville devant trois rois
XIIIe siècle
Miniature du *Psautier de Cantorbéry*
Paris, Bibliothèque nationale de France

Au crépuscule du XIIe siècle

Dans les dernières décennies du XIIe siècle, les seigneurs féodaux se font construire des résidences dignes de leur rang, exigeant notamment un soin nouveau dans le décor et un confort encore inédit, surtout en ce qui concerne l'éclairage, jusque-là dispensé par de faibles ouvertures en ébrasement extérieur. Avec ses grandes baies merveilleusement ouvragées et son formidable système militaire, le château de Druyes reste l'un des meilleurs exemples de cette association des fonctions de défense et de résidence, sans rien réduire de sa symbolique du pouvoir.
À titre de contre-exemple, le puissant donjon de Niort, bloc militaire coupé du monde et privé de tout élément décoratif, exclut délibérément toute idée de vie résidentielle.
Au hasard des régions, bien d'autres traces monumentales demeurent, de cette transformation du château. À Uzès, le curieux complexe castral est dominé par trois tours

respectivement réservées à l'aristocratie locale, à la monarchie et à l'épiscopat ; sont ainsi dressés par-dessus les toits de la cité les trois signes colossaux qui renvoient autant à la coercition du pouvoir arbitraire qu'aux ressources défensives dont bénéfice la population en cas d'agression extérieure.
Très loin de là, en marge du royaume de France, le château de Fougères agrège harmonieusement la fonction dissuasive, attestée par les tours et les douves, à la fonction résidentielle, dont le logis seigneurial transmet l'incertain souvenir. Mais l'exemple le plus achevé des transformations du château à la fin du XIIe siècle reste celui du Louvre, demeure royale par excellence, dont Philippe Auguste décide la construction en 1190, pour compléter l'enceinte de la capitale ; le nouvel édifice présente un appareil militaire fortement intimidant tout en aménageant des espaces susceptibles d'accueillir la suite royale, à l'image de la grande salle du corps de logis occidental.
C'est à Château-Gaillard qu'il revient, dans les toutes dernières années du siècle, de clore cette étape décisive de la mutation de la forteresse du XIIe siècle. Dominant la Seine, le colossal bastion répartit ses espaces et ses volumes (bastille triangulaire, courtines assises sur le roc, donjon à double chemise, fossé...) autour de l'énorme donjon qui atteint 8 mètres de diamètre intérieur pour une épaisseur de paroi d'environ 4 mètres. Usant avec intelligence de l'escarpement qui forme une défense naturelle, Château-Gaillard développe dans tous ses paramètres une technique défensive d'avant-garde, donnant à sa garnison un rôle actif en rupture avec le principe d'attente passive qui, depuis deux siècles, avait toujours formé le socle de la stratégie de résistance des assiégés.

Le XIIIe siècle : religion, humanisme, conflits...

En marge des grandes cathédrales (en 1200, les chantiers de Chartres et de Bourges viennent de s'ouvrir), l'âge gothique se signale, au XIIIe siècle, par diverses manifestations profanes (chanson courtoise, portrait aristocratique, construction d'édifices civils, etc.) affirmant le développement d'un nouvel humanisme, au moment même où font rage tant de conflits internes et externes dont les châteaux forts restent les plus sûrs témoins.
Si la France fait alors figure de puissance majeure, c'est que l'affermissement de l'autorité royale s'y accompagne d'un déclin parallèle des autres nations. La monarchie anglaise connaît toute une série de revers, Espagne et Italie sont morcelées en minuscules États, souvent sous contrôle étranger, et l'Empire germanique ne cesse de s'affaiblir face à la papauté à partir de la défaite de Frédéric Barberousse contre la Ligue lombarde à Legnano, en 1176. Les croisades ayant promu les échanges entre Occident et Orient, l'artisanat et le commerce font la prospérité de cités (Bruges, Anvers, Venise, Gênes, Lyon, Dijon, Provins) dont la force collective battra bientôt en brèche les ultimes prétentions féodales.
C'est dans ce contexte de mutation complexe du monde occidental (mutation dont rend aussi compte la fondation des premières universités) que continuent de surgir de nombreux châteaux forts, également contraints de se transformer pour survivre. Au Coudray-Salbart, réalisation précoce du XIIIe siècle, le renforcement des six tours reliées par des courtines surmontées d'un chemin de ronde et percées d'une galerie de circulation couverte d'un berceau brisé, la gaine, sollicite l'énergie des constructeurs durant plusieurs décennies, la disparition progressive des angles étant obtenue par une exploitation ingénieuse et variée du plan sur cercle ou en amande.
Autre construction rendant compte de la profondeur et de la rapidité des changements en matière de construction militaire, le château de Parthenay voit sa principale tour (vers 1200) reprise vingt ans plus tard, son diamètre doublé et son plan élargi du cercle à l'ellipse. Au gré d'autres forteresses (Ribeauvillé, Montségur, Bressuire, Chinon, Fère-en-Tardenois, Chenaux, Puilaurens, Annecy, etc.) nous découvrons, toujours renouvelé, cet impératif d'évolution.

L'impulsion philippienne

C'est à Dourdan, dont le château fut probablement érigé en 1220-1222, que se lit ensuite une nouvelle pensée défensive, fondée sur la connexion de fossés et de courtines flanquées de tours, le donjon à plan circulaire étant dressé en marge de l'ensemble. Il s'agit, dans l'esprit de Philippe Auguste, de ceinturer le domaine royal de forts abritant les garnisons ayant pour mission de mater toute tentative d'envahissement ou de soulèvement ; la tour maîtresse de Dourdan, d'un diamètre de 13,60 mètres pour 30 mètres de hauteur, reste ainsi l'archétype de la tour philippienne, élément nodal d'une citadelle dont elle est pourtant isolée.
À partir de Dourdan, les principaux bastions fortifiés du royaume évoluent sous le double signe du renforcement et de l'efficacité. Boulogne-sur-Mer ou Saint-Émilion en témoignent avec force, mais la grande démonstration en est opérée à Coucy, impressionnant colosse (hélas, dynamité par l'armée allemande en mars 1917) doté du plus puissant donjon d'Europe et ceint d'une courtine flanquée d'une douzaine de tours circulaires, d'un diamètre approximatif de 8 à 9 mètres et percées d'archères. Contemporains de Coucy, les châteaux de Beaucaire, Carcassonne, Angers, constituent autant de chefs-d'œuvre de l'architecture castrale de l'époque, tout comme le Castel Grande de Bellinzona ou la forteresse de Najac dont les courtines, sises sur une éminence naturelle en fort surplomb, culminent à 26 mètres.

Du fort résidentiel à la résidence fortifiée

Dans toutes les régions, même les plus reculées, la densité de la trame castrale ne cesse jamais de surprendre. Des horizons pyrénéens (Peyrepertuse) aux rives du lac Léman (Chillon), de la riche Bourgogne (Montbard) au florissant Médoc (Blanquefort), des rivages de la Méditerranée (Aigues-Mortes) aux fraîcheurs du Massif central (Bourbon-l'Archambault), la liste est à peu près illimitée des grandes constructions abritant les potentats locaux et assurant la protection théorique de la population environnante. Nul ralentissement n'est décelable au soir du XIIIe siècle.
Les châteaux continuent de surgir, de se transformer, de s'adapter aux nouvelles armes offensives : Arques et son enceinte quadrangulaire entourant le donjon central ; Villandraut,

Un banquet royal
Miniature médiévale

À l'intérieur de la forteresse, la salle des repas n'est pas seulement le cadre du plaisir le plus coutumier de la vie de château. Elle est aussi le symbole d'une hiérarchie sociale dont elle forme la plus aimable couronne. Le souverain est servi en marge, sur la droite, et c'est à genoux que l'on officie devant lui. Avec le bal et la chasse, le banquet est l'une des trois grandes occurrences du loisir seigneurial tel que le château fortifié en autorise le libre exercice. Dans les douves de nombreux édifices d'importance, les archéologues ont trouvé d'innombrables reliefs leur permettant de reconstituer les modes d'alimentation de l'époque féodale.

qui opère la fonte définitive de la défense et de la résidence ; Villeneuve-lès-Avignon, caractérisé par son enceinte elliptique ; Tourbillon, dont le plan pentagonal assure la disparition des angles morts, etc.

Lorsque s'ouvre le XIVe siècle, qui verra les débuts d'un conflit — la guerre de Cent Ans (1337-1453) — appelé à faire subir une évolution encore plus radicale au château fortifié, un ultime chantier, celui de Roquetaillade propose une comparaison particulièrement démonstrative entre ses deux parties constitutives, le château Vieux, ancien réduit protégé, et le château Neuf, avant tout résidence familiale, certes doté d'une formidable ceinture de tours et de courtines autour du donjon central, mais abritant aussi des espaces intérieurs qui attestent avec force la volonté des occupants de se ménager un agréable cadre de vie.

Au même titre que les expressions artistiques et littéraires du temps, le château fort confirme ainsi que la guerre reste peut-être la première activité de l'homme gothique, mais n'est plus sa seule préoccupation.

L'époque des grands

Dates	Histoire, culture, idées	Châteaux
1147	Suger devient régent du royaume en l'absence de Louis VII, parti en croisade	
1149		Ouverture du chantier du château de **Druyes**
1152	Aliénor d'Aquitaine épouse Henri II Plantagenêt	
1161	Début probable de la construction du chevet de la cathédrale Notre-Dame de Paris	
1170		Début de la construction du donjon de **Niort** → 
vers 1170	*Erec et Énide*, roman de Chrétien de Troyes	Date de la construction de la tour Bermonde à **Uzès**
1180	Mort de Louis VII, début du règne de son fils Philippe (Auguste)	
vers 1173		Construction du donjon de **Fougères** → 
1185-1189	Conquêtes de Philippe Auguste	
1190		Ouverture du chantier du **Louvre** sur ordre de Philippe Auguste
1197		Début de la construction de la forteresse de **Château-Gaillard** pour contrôler la vallée de la Seine
1199	Le 6 avril, mort de Richard Cœur de Lion	
vers 1200		Début de la construction du **Coudray-Salbart** Construction de la tour d'Harcourt du château de **Parthenay** Construction du château de **Saint-Ulrich** à **Ribeauvillé**
1202	Philippe Auguste envahit la Normandie	
1204		Construction du château (détruit en 1244) de **Montségur**
1205		← Construction du donjon de **Chinon**
1206		Construction du château de **Fère-en-Tardenois**
1208	Innocent III appelle à la croisade contre les albigeois	
1209	Début de la croisade des albigeois	
1211	Ouverture du chantier de la troisième cathédrale de Reims ; l'intérieur ne sera achevé qu'en 1285	
1214	Le 27 juillet, victoire de Philippe Auguste à Bouvines	
1217		Occupation attestée du site de **Puilaurens** ↑

ois médiévaux

Dates	Histoire, culture, idées	Châteaux
1219		Première mention du château d'**Annecy** 
1220	Début des travaux de la cathédrale gothique d'Amiens sur le site de l'édifice roman détruit par un incendie en 1218	
vers 1220		Début de la construction de **Dourdan** →
1223		Projet de reconstruction du château **de Boulogne-sur-Mer**
1225		Ouverture du chantier du château de **Coucy**
1226	Début de la régence de Blanche de Castille (3 novembre) ; mort de Louis VIII (8 novembre) ; sacre de Louis IX à Reims (29 novembre)	↖ Seconde enceinte et château de **Carcassonne** Le château de **Beaucaire** est puissamment renforcé
1230		Remaniement complet du château d'**Angers**
1236	Première partie du *Roman de la Rose*	
1240		Construction du bourg fortifié de **Bellinzona**
1242		Restructuration complète du château de **Peyrepertuse**
1243	Vaincu, Henri III d'Angleterre signe une trêve avec Louis IX	
1248	Louis IX s'embarque à Aigues-Mortes pour la septième croisade	
1255		Le château de **Chillon** prend son aspect définitif →
1270	Mort de Louis IX à Tunis (le 25 août) ; son fils Philippe III le Hardi lui succède	Renforcement défensif du château de **Blanquefort**
1277		Construction des trois tours de façade de **Bourbon-l'Archambault**
1284		Date probable de la construction du château d'**Arques**
1286	Le 6 janvier, sacre de Philippe le Bel	
1292		Philippe le Bel autorise la construction du château de **Villeneuve-lès-Avignon**
1298	Marco Polo rédige le *Livre des merveilles*	
1306		Ouverture du chantier du château Neuf de **Roquetaillade** ↑

Druyes

Un grand palais du XIIe siècle

L'intérêt capital du château de Druyes-les-Belles-Fontaines se découvre moins dans ses courtines ou dans les reliefs de ses tours que dans les vestiges de son complexe résidentiel centré autour d'une grande salle, elle-même flanquée de deux chambres. Nous est ainsi parvenu, à titre exceptionnel, le cadre monumental d'une vie palatiale remontant au XIIe siècle.

Du château fort ayant succédé à un édifice de bois ne restent que l'enceinte flanquée de tours et l'imposante tour-porte dont la construction, plus tardive, reflète les principes architecturaux du Moyen Âge finissant. Mais les vastes dimensions et la beauté de ces reliefs suffisent à conférer au site une aura particulière. Son plus illustre occupant, Pierre II de Courtenay, y signa en 1188 la charte d'affranchissement libérant les bourgeois d'Auxerre de l'obligation de la mainmorte, et y reçut en 1216 les ambassadeurs venus lui offrir la couronne de l'empire latin de Constantinople (abusé, l'infortuné terminera en Orient son existence, au fond d'un cachot).

Durant la guerre de Cent Ans, le château perd peu à peu de son prestige, passant aux mains des comtes de Flandre, des ducs de Bourgogne en 1369 (de 1378 à 1388, Philippe le Hardi procède à d'importants remaniements), de la famille de Mantoue, enfin. Acquéreur du domaine — encore altéré par les guerres de religion — en 1659, Mazarin le lègue à son neveu Mancini.

Divers propriétaires se succèdent alors, laissant la demeure se dégrader ; vendu comme bien national en 1795, l'édifice a été partiellement restauré dans la seconde moitié du XXe siècle.

Fort et palais

Il est difficile de connaître la date exacte du château de Druyes, mais les spécialistes l'attribuent en toute certitude au troisième quart du XIIe siècle, du fait de l'agencement de ses éléments de défense et du style de ses parties décoratives.

Construit sur une plate-forme naturelle dominant la campagne environnante, le château se développe sur un plan carré de 52 mètres de côté. Ses angles sont flanqués par des tours cylindriques tandis que les deux courtines orientale et occidentale sont pourvues, en leur milieu, d'une tour sur plan rectangulaire. Complétant ce dispositif, une énorme tour-porte carrée, probablement ajoutée au château à la fin du XIVe siècle, forme le seul accès du château, sur le flanc nord de l'édifice.

Le long de la courtine sud, un vaste bâtiment à deux niveaux a été construit, côté cour, pour offrir une résidence digne de leur rang aux comtes de Nevers. Il n'en reste que le magnifique décor d'arcades romanes abritant les fenêtres géminées à colonnettes et chapiteaux. Le logis était compartimenté en cinq éléments : grande salle centrale éclairée par six fenêtres, deux chambres pourvues chacune d'une baie, deux accès aux latrines.

1147 Louis VII étant parti en croisade, l'abbé Suger devient régent du royaume **1149 De retour de croisade, Guillaume III de Nevers ne tarde pas à ouvrir le chantier du château de Druyes** 1152 Le 21 mars, le concile de Beaugency annule le mariage de Louis VII et d'Aliénor d'Aquitaine.

DRUYES (YONNE)
CHÂTEAU, VU DU SUD-EST
XIIe SIÈCLE

Une citadelle au cœur de la nature. Comme jaillie de la houle des frondaisons, la courtine méridionale du château se signale à l'attention par ses hauts contreforts, son rang de baies supérieures et les deux puissantes tours circulaires qui flanquent ses angles. Sur la gauche, la masse quadrangulaire de la tour de la chapelle assure la protection de la courtine orientale. Dominant largement l'ensemble, la haute tour d'entrée est une adjonction du XIVe siècle ; son mâchicoulis repose sur des consoles très allongées et sa terrasse supérieure est couverte par un pavillon dont la constuction fut encore plus tardive. L'accès à cette tour d'entrée était surtout défendu par une lourde herse ; dans sa partie supérieure, la tour communiquait directement avec le chemin, assurant ainsi une distribution immédiate et efficace de tous les moyens de défense.

DRUYES
CHÂTEAU, ARCADES DE LA SALLE PALATIALE
XIIe SIÈCLE

Le signe d'un luxe rare. Druyes associe à merveille les fonctions de défense et de résidence qui caractérisent les forteresses du temps. La grande salle, notamment, adossée à la courtine méridionale, fut l'une des plus fastueuses de son siècle. La pénétration de la lumière y était assurée par une rangée de six baies groupées par trois, des arcades aveugles divisant leur répartition. Au centre de chaque ouverture, une fine colonnette ajoutait au raffinement du décor. De part et d'autre de la grande salle, les deux chambres seigneuriales étaient reliées aux latrines placées en encorbellement au sommet des tours d'angle. Tout ici a été pensé pour l'organisation d'une vie de cour fondée sur la symbolique du pouvoir et la hiérarchie sociale. Il est probable qu'un vaste escalier assurait une transition directe entre cet espace aristocratique et la cour, mais aucune trace n'a encore pu en être découverte.

C'est sur la face nord-est que se dressait la chapelle, dont le chevet était engagé dans la maçonnerie de la grande tour barlongue ; voûtée en berceau, elle recevait un éclairage discret, dispensé par de faibles ouvertures en ébrasement extérieur.

LENZBURG (SUISSE)
CHÂTEAU, VUE AÉRIENNE
XIIe SIÈCLE

Mille ans d'histoire. Dominant la cité qu'il protège, le château fort de Lenzburg se dresse sur une éminence rocheuse. Si une première source atteste l'existence du comte de Lenzburg dès 1036, il est probable qu'à cette époque le château n'était composé que de quelques bâtiments de bois, la pierre ne commençant à intervenir que vers la fin du XIe siècle. Au XIIe siècle, la famille de Lenzburg élargit considérablement son pouvoir et fait agrandir sa demeure, chantier poursuivi aux XIIIe et XIVe siècles. C'est en 1433 que la ville de Berne achète l'édifice pour en faire la demeure du bailli et le siège de son pouvoir ; aujourd'hui, le château est la propriété du canton d'Argovie dont il abrite les magnifiques collections historiques. Les parties les plus anciennes en sont le donjon méridional sur plan carré, le corps de logis qui lui est adossé et le donjon septentrional, à l'est du principal accès.

Niort

Le crépuscule de la forteresse romane

En dépit de son imposant caractère, l'actuel château de Niort est réduit à son donjon, la puissante forteresse d'origine, à seize tours, ayant été démantelée avec le passage des siècles. Mais le seul relief de ce donjon double, constitué de deux tours jumelles qui n'ont été reliées par un haut bâtiment (remplaçant les anciennes courtines) qu'au XVe siècle, illustre admirablement le génie de la construction militaire médiévale.

Érigées à la fin du XIIe siècle, sous le règne d'Henri II Plantagenêt, roi d'Angleterre et époux d'Aliénor d'Aquitaine, maîtresse du Poitou, les deux monumentales tours carrées sont cantonnées de tourelles cylindriques et flanquées, en leur milieu, de hauts contreforts semi-cylindriques. Âprement disputée entre Anglais et Français durant plusieurs siècles (dès 1204, elle entre dans les possessions du royaume), la citadelle ne sera définitivement acquise à la couronne de France qu'après la fin victorieuse de la guerre de Cent Ans. Aujourd'hui, la réussite achevée de sa restauration permet d'y étudier les effets de la construction romane tardive lorsqu'elle se préoccupe moins de servir Dieu que de protéger les hommes contre les assauts de leurs semblables.

Le mystère des deux tours

Rien n'a survécu du château primitif, mentionné avant même l'an 1000. Son plan cependant est connu ; il montre que l'enceinte, qui descendait jusqu'à la Sèvre, était flanquée de grosses tours circulaires et abritait en son cœur un complexe résidentiel d'une ampleur inaccoutumée.

Probablement commencé vers 1170, l'actuel donjon place les historiens face à un problème inhabituel : comment expliquer la construction simultanée de deux tours maîtresses seulement jointes par des courtines ?

NIORT
DONJON, FAÇADE SUD-OUEST
XIIe SIÈCLE

Un bloc carcéral. Vu du sud-ouest, le donjon de Niort est encore plus impressionnant, du fait de la rareté des ouvertures et de l'absence de tout élément décoratif. Excluant toute idée de vie résidentielle, il se présente comme un formidable bloc militaire, fermé au monde extérieur, accréditant ainsi l'hypothèse selon laquelle il aurait d'emblée été conçu comme une inexpugnable prison ; en l'absence de sources précises, on ne voit guère, en effet, d'autre raison à cette frappante densité architecturale.

NIORT (DEUX-SÈVRES)
DONJON, ANGLE NORD-EST
XIIe SIÈCLE

Deux forteresses en une. Survivance du château construit au XIIe siècle sur ordre d'Henri II Plantagenêt, le donjon de Niort est formé par l'énorme agrégat des deux tours construites sur plan quadrangulaire et placées à distance de 16 mètres. À l'origine, toutes deux étaient surmontées d'une terrasse crénelée et la liaison entre elles, avant la construction de l'édifice intermédiaire au XVe siècle, était assurée par de hautes courtines entre lesquelles s'étendait la cour intérieure pavée. Le donjon nord, au premier plan, s'élève à une hauteur de 23 mètres. Partiellement effondré en 1749, il a été aussitôt reconstruit. Le donjon sud, qui culmine à 28 mètres, conserve les arcades du mâchicoulis, dispositif d'une exceptionnelle précocité.

1152 Répudiée par Louis VII le 21 mars, Aliénor d'Aquitaine épouse Henri II Plantagenêt en mai, lui apportant d'immenses territoires, dont le Poitou, en dot 1154 Le 19 décembre, Henri Plantagenêt est couronné roi d'Angleterre 1169 Les entrevues de Montmirail et de Montmartre marquent une suspension des conflits entre la France et l'Angleterre **1170 Date probable du début de la construction du donjon de Niort.**

DIVORCE DE LOUIS VII ET D'ALIÉNOR D'AQUITAINE (MARS 1152)
MINIATURE DES *CHRONIQUES DE SAINT-DENIS*
1325
Londres, British Library

Un règne-clef de l'histoire de France. Sur cette miniature, on distingue la figure de Louis VII (1120-1180) dont le long règne (1137-1180) a été décisif dans l'histoire du royaume français. Ayant épousé à seize ans l'héritière d'Aquitaine, Aliénor, il rénove, sur les conseils de l'abbé Suger, le domaine royal, favorisant notamment l'émancipation des serfs et accordant des chartes de bourgeoisie aux villes actives de son domaine. En délicatesse avec le souverain pontife, il part en croisade, confiant la régence à Suger. Ayant divorcé d'avec Aliénor en mars 1152, il voit cette dernière se remarier avec Henri II Plantagenêt, futur roi d'Angleterre, comte d'Anjou, duc de Normandie. Le conflit est inévitable entre les deux hommes, mais aucun des deux ne parvient à prendre un avantage décisif. Louis VII meurt après quarante-trois ans de règne, ayant associé son fils (Philippe Auguste) à la monarchie pour assurer la continuité dynastique.

Le plus vraisemblable est que l'une était destinée au souverain lui-même, Henri II Plantagenêt, l'autre à son fils, Richard, duc d'Aquitaine à partir de 1669.
Entre les deux édifices, la cour était fermée par deux hautes courtines, sur lesquelles il suffira de lancer, au XVe siècle, une charpente pour obtenir un vaste logis. À l'intérieur, les différents niveaux recevaient le chiche éclairage des rares ouvertures en fente et des archères à simple ébrasement triangulaire, ce qui contredit à nouveau l'hypothèse d'une véritable vie de cour à Niort. La communication entre les étages était assurée par un escalier à vis logé dans une tourelle.
L'admirable état de conservation des salles basses, à voûtes sur plan barlong, de la tour nord s'explique par leur complète reconstruction dans la seconde moitié du XVIIIe siècle. Pour pénétrer dans le donjon de Niort, une petite porte avait été aménagée dans la section de la façade sud-est protégée par la tour semi-circulaire du centre. La curieuse étroitesse de cette poterne atteste définitivement l'absence de toute vraie vie courtisane en cet énorme monument, dont toute la mémoire n'est chargée que de faits guerriers et répressifs, en dépit des fastes des deux couronnes auxquelles il appartint.

NEMOURS (SEINE-ET-MARNE) CHÂTEAU, VUE DE LA FAÇADE SUR LE LOING
XIIe SIÈCLE

Résidence et forteresse. Le château de Nemours est surtout remarquable par sa tour maîtresse à fonction résidentielle (à gauche) et sa haute tour défensive du Guet. La tour maîtresse, érigée vers 1170, est un magnifique bâtiment érigé sur plan rectangulaire et flanqué à ses angles de tours circulaires ; elle présente une élévation de trois étages au-dessus du rez-de-chaussée, inaccessible de l'extérieur. La vie de cour se tenait au second étage, au niveau duquel était aménagée une belle chapelle à voûtes d'ogives de la fin du XIIe siècle. La tour du Guet, à l'angle nord-est de l'enceinte est dressée sur plan carré ; reliée à la tour maîtresse par une haute galerie sur courtine (ici dissimulée par un arbre), elle date probablement des dernières années du XIIe siècle.

Uzès

Le reflet altéré de la féodalité

Le panorama urbain d'Uzès est dominé par trois hautes tours qui symbolisent les trois puissances ayant longtemps gouverné la cité : aristocratie locale (château ducal), monarchie (château du Roi), épiscopat (tour de l'Évêque). Mais seul l'édifice ducal, désigné par le nom de « Duché », relève vraiment de la catégorie castrale.

Ayant subi nombre de remaniements au cours des siècles, le château ducal n'est certes pas un exemple d'architecture homogène, mais il conserve un noyau qui remonte au XIIe siècle et permet, par comparaison, de suivre les grandes étapes de la construction défensive, de l'époque féodale aux Temps modernes. C'est à l'angle sud-ouest de la cour que se situe la tour Bermonde, ainsi nommée pour avoir été construite sur ordre du seigneur local, Bermond, vers 1170. Son état actuel est tributaire des altérations du XIXe siècle qui, dans le dessein de lui conférer une plus noble apparence, l'ont abusivement enrichie d'un crénelage et de hautes échauguettes.

Aléas d'une demeure aristocratique

Érigé en vicomté par Charles IV en 1328, Uzès donne à sa demeure souveraine une allure plus propre à sa nouvelle dignité. Formant le nouveau côté méridional de la cour, le logis principal (« de la Vicomté ») est bâti dans les décennies qui suivent ; la distribution des étages est assurée par l'escalier logé dans la tour qui flanque l'ensemble. Transformé au temps de l'absolutisme, il est enrichi d'une chapelle à l'angle nord-ouest, remaniée elle aussi au XIXe siècle, toujours dans le but de donner plus de solennité à la grande demeure.

En 1486, Uzès passe, par alliance, dans la maison de Crussol. C'est le prélude à de nombreuses péripéties plus ou moins tragiques, provoquées pas les désordres des guerres de Religion, les Crussol appartenant au parti protestant. Tout s'arrange en 1565, lorsque l'érection de la vicomté en duché par Charles IX persuade la farouche famille des bienfaits du catholicisme ! C'est à cette occasion qu'est construite l'aile ouest du château qui prend appui sur la tour Bermonde. La façade intérieure en est le fleuron : du rez-de-chaussée à l'attique, les trois ordres classiques y sont disposés régulièrement et les baies couronnées de frontons triangulaires ou curvilignes. Armoiries, trophées, frises et scènes mythologiques en complètent l'appareil décoratif.

Transformé en école par la Révolution française et voué à la charge d'apprendre aux enfants du peuple à compter, écrire et lire (« L'humanité lisant c'est l'humanité sachant », V. Hugo), le château est recouvré par la famille ducale lors du retour de la monarchie et revient à son état de résidence privée et aristocratique. Curieusement redevenu école publique dans la première moitié du XXe siècle, il est définitivement récupéré par l'actuelle famille possédante en 1951, prélude à sa restauration, due au classement de l'édifice par l'État français en 1964.

LA ROCHE-GUYON (VAL-D'OISE)
CHÂTEAU, VUE AÉRIENNE

Un complexe castral à trois éléments. Tout comme celui d'Uzès, le château de la Roche-Guyon est formé de trois éléments très distincts. C'est vers 1190-1200 que Guy de La Roche, ayant pris le parti du jeune Philippe Auguste contre les Anglo-Normands, fait construire une nouvelle forteresse sur le plateau dominant le site de l'ancien château troglodytique. On en remarque ici la tour maîtresse cylindrique à éperon, au sein d'une double chemise assurant son inaccessibilité. D'une frappante sévérité, l'édifice contraste avec le château bas qui n'a vu le jour qu'au XIIIe siècle et a été, de surcroît, profondément modifié par la suite : à l'extrémité droite du bâtiment, on distingue la courtine surmontée d'un mâchicoulis qui, reliant le long corps de logis à la falaise, complète l'ingénieux système défensif de ce vaste ensemble.

UZÈS (GARD)
LES TOURS,
VUE AÉRIENNE

Trois tours au-dessus de la cité. L'ensemble monumental des châteaux d'Uzès apparaît sous forme de trois hautes tours dominant les toits de la cité. Au premier plan, le château du Roi prend la forme d'une tour assez faiblement élevée, mais couronnée par un mâchicoulis d'un dessin très original. En retrait, la tour de l'Évêque est dressée sur plan rectangulaire et use de puissants contreforts pour les façades les plus longues. Elle rivalise de puissance et de hauteur avec la tour Bermonde qui, au fond, domine l'ensemble du château ducal. Ce dernier, développé sur un plan en trapèze, est surtout remarquable par son aile méridionale qui forme une muraille compacte de plusieurs bâtiments connectés. La tour Bermonde est flanquée de contreforts et d'une tourelle d'escalier en vis rectangulaire ; faiblement ouverte, elle a conservé plusieurs archères sur ses flancs.

LE CHÂTEAU DE LA ROCHE-GUYON
HUBERT ROBERT (1733-1808)
Huile sur toile
Rouen, musée des Beaux-Arts

Une représentation du XVIIIe siècle. Placé sur l'autre rive de la Seine dont il restitue les reflets animés, le peintre met au jour la tripartition de l'ensemble de La Roche-Guyon par des effets de lumière et de couleur : au bord du fleuve, le château bas à toitures bleues, remanié jusqu'au XIXe siècle, en haut la masse grise du donjon du XIIe siècle, et au milieu la falaise blanche dans laquelle avait été aménagé le premier château local.

1161 Ouverture du chantier de la cathédrale Notre-Dame de Paris, apogée de la phase « primitive » du style gothique Vers 1170 *Érec et Énide*, premier roman conservé du plus grand auteur médiéval, Chrétien de Troyes **1170 Date approximative de la construction de la tour Bermonde à Uzès.**

Fougères

Une fortification complexe et singulière

Aux portes de la Bretagne, Fougères occupe une position stratégique qui justifia très tôt la construction d'une citadelle sur le promontoire rocheux dominant le site. Plusieurs fois remanié en profondeur, le château de Fougères propose un parcours singulier dans l'univers de la fortification militaire, de la fin du XIIe siècle jusqu'à celle du Moyen Âge.

Curieusement sis en contrebas de la cité installée sur le roc, le château est cerné par les méandres aménagés du Nançon. Son enceinte colossale ne compte pas moins de treize tours jointes par une courtine enveloppante, ce qui en fait l'une des toutes premières places fortes d'Europe. Développant 320 mètres de courtines, elle a longtemps été défendue par la tour carrée de Coëtlogon, aujourd'hui en ruine. On pénètre dans la vaste cour par l'avancée orientale, la barbacane construite vers 1230 et gardée par trois tours serrées. Un peu plus loin, la tour de Coigny, en demi-cylindre, porte les traces du remaniement du XVIIe siècle. En progressant à l'abri des créneaux, on accède à la tourelle de Guibé (XIVe siècle), construction cylindrique en encorbellement qui permet de surveiller toute la longueur du rempart nord.

Sur la courtine sud, la tour carrée à pans obliques, dite du Cadran, conserve une cheminée romane qui atteste la présence du premier logis au XIIe siècle. En poursuivant sur le chemin de la courtine, on rencontre les deux puissantes tours Raoul et Surienne, destinées à résister à l'artillerie tout en abritant des canons protégeant les douves. Le « réduit » enfin, noyau initial de la forteresse, forme le dernier carré fortifié, avec ses deux hautes tours disposées autour de l'ancien donjon aux soubassements polygonaux.

Une histoire millénaire

L'histoire du château de Fougères commence à la fin du Xe siècle, sous la forme d'un simple donjon dressé derrière de hautes palissades, sur un îlot rocheux. Lui succède une forteresse de pierre, défendue au XIIe siècle par Raoul II (1130-1194) contre les visées du roi anglais Henri II Plantagenêt, maître de la Normandie. Investi et démantelé, le donjon est rasé en 1166, mais Raoul II, nullement découragé, entreprend vers 1173 la construction d'une nouvelle forteresse, hérissée de tours.

Pièce maîtresse à l'orée du duché breton, Fougères connaît de nombreuses vicissitudes, le seigneur local étant souvent en délicatesse avec le souverain français. Au point que Saint Louis en personne doit intervenir, se liant d'amitié avec Raoul III, son compagnon d'armes lors de la septième

FOUGÈRES
CHÂTEAU, TOUR DU GOBELIN
XIIe-XVe SIÈCLE

Force et monumentalité. Commencée dès le XIIe siècle, l'impressionnante tour du Gobelin, remarquable par son léger amincissement conique a été remaniée au XVe siècle ; elle domine la poterne gardée par les tours jumelles d'Amboise qui jaillissent du roc à dix mètres au-dessus du précipice, et dont l'accès était autorisé par un pont-levis.

croisade. Fille de Raoul III, Jeanne de Fougères donne une nouvelle impulsion à la ville à partir de 1256. C'est à cette occasion que le château s'enrichit des deux célèbres tours, Mélusine et du Gobelin, tandis que la cité se dote de puissantes fortifications. Mais, en 1307, la baronnie de Fougères est confisquée par Philippe le Bel et tombe donc aux mains de la couronne.

FOUGÈRES (ILLE-ET-VILAINE)
CHÂTEAU,
VUE GÉNÉRALE DU SUD-OUEST
XIIe-XIVe SIÈCLES

Accumulation des éléments défensifs. Dominant cette formidable accumulation d'éléments, la tour Mélusine (au centre, à gauche de la tour du Gobelin), a été dressée sur ordre des Lusignan au XIVe siècle. Puissant cylindre couronné par une vaste plate-forme d'où les vigies peuvent scruter tous les horizons, elle se présente comme un chef-d'œuvre de l'architecture militaire du Moyen Âge finissant. Son premier niveau, sombre prison décourageant toute tentative d'évasion, est surmonté par quatre étages formés d'autant de salles de garde hexagonales, aux grandes cheminées de granit ; un escalier à vis en assure la distribution.

FOUGÈRES
CHÂTEAU, VUE AÉRIENNE

Un développement continu et cohérent. Le plan du château propose un enchaînement traditionnel de trois zones défensives. En haut à droite, la puissante barbacane protégée par trois tours et une douve en eau interdit l'accès à la forteresse.
Au centre, la basse cour forme le cadre de la vie quotidienne en temps de paix et offre un abri à la population en cas de conflit. En haut à gauche, le « réduit » abrite les pièces maîtresses du grand ensemble fortifié, notamment les plus hautes tours. En partie inférieure, les tours Surienne et Raoul, qui datent du XVe siècle, détachent nettement leur plan en fer à cheval de la courtine, plaçant sous le feu de leurs canonnières tout éventuel assaillant.

La guerre de Cent Ans vient encore compliquer cette destinée ; le valeureux Du Guesclin, connétable de Charles V, rend Fougères à Pierre d'Alençon en 1373, mais, en 1428, Jean II d'Alençon, prisonnier des Anglais, vend le château qui tombe ensuite aux mains du mercenaire Surienne, à la tête d'une troupe britannique. Il faut attendre la fin de cet interminable conflit, et donc la victoire française pour assister à la reddition de Surienne, auteur de nombreuses atrocités contre la population locale.
Se développe alors la dernière grande campagne de construction du château de Fougères. Les progrès de l'artillerie sont à l'origine de la construction des deux tours dites « la Françoise » et « la Tourasse » (aujourd'hui Raoul et Surienne).
Cependant, la Bretagne est de plus en plus convoitée par le royaume français ; un nouveau conflit embrase la région en 1488 et Fougères cède à La Tremoille, lieutenant général des armées royales. Trois jours plus tard, ce même La Tremoille défait l'armée bretonne sur la lande de la Rencontre, près de Saint-Aubin-du-Cormier. C'en est fini de l'indépendance bretonne.
C'en est aussi fini du rôle actif du château de Fougères dans l'histoire belliqueuse de sa région. Attribué à Diane de Poitiers de 1547 à 1566, occupé par le duc de Mercœur qui ne rend la ville qu'après l'abjuration d'Henri IV (1593), le château est disputé entre royalistes et républicains à la fin du XVIIIe siècle. Force étant restée à la loi, la citadelle tombe peu à peu dans un mélancolique assoupissement, n'étant plus saluée que par les poètes et les artistes (Chateaubriand, Balzac, Hugo, Musset, Nerval...).

FOUGÈRES
CHÂTEAU, VUE INTÉRIEURE
XIIe SIÈCLE

Derrière la barbacane. Remarquable système défensif que ce complexe placé à l'extrémité basse du château ! La façade est gardée par les trois tours que l'on distingue au fond, chapeautées d'ardoise : de gauche à droite tour du Hallay, tour de la Haye Saint-Hilaire, tour de Guémadeuc. La tour de la Haye Saint-Hilaire, carrée et massive, date de la toute fin du XIIe siècle dont elle forme un précieux témoin monumental ; elle commande le passage, obligeant les assaillants à passer sous la pluie des traits décochés par ses archers. Mission d'autant plus délicate qu'il fallait dans le même temps subir les volées de flèches venues des deux tours voisines. Et, en cas de franchissement victorieux des deux herses successives de la tour, restait à sortir vivant de la traversée de la douve, protégée par la tour Coigny !

FOUGÈRES
CHÂTEAU, RUINES DU LOGIS SEIGNEURIAL
XIVe SIÈCLE

Les faibles indices d'un pouvoir disparu. Dégagé par les fouilles de 1930, le logis seigneurial construit au XIVe siècle n'a laissé que de faibles indices (cuisine, chapelle...) des fastes seigneuriaux, le plus notable étant la salle d'apparat à colonnes, qui fut le véritable siège de la vie de cour.

FOUGÈRES
CHÂTEAU,
PORTE SAINT-JACQUES
XVe SIÈCLE

En amont du château. À quelques pas du château, dont l'entrée fortifiée est discernable sur la gauche, la porte Saint-Jacques formait un premier et redoutable obstacle de nature à décourager toute velléité d'envahissement de la cité bretonne.

Vers 1173 **Construction du donjon de Fougères sur ordre de Raoul II** 1177 Après de nombreuses années de guerre, la paix de Nonancourt est signée entre Louis VII et Henri II 1180 Le traité de Gisors assure la paix entre Français et Anglais.

GAND (BELGIQUE)
CHÂTEAU
DES COMTES
DE FLANDRE
XIIe SIÈCLE

La beauté retrouvée de la forteresse médiévale. Succédant à un fortin romain, à une résidence médiévale derrière palissade, à un édifice de pierre du IXe siècle, enfin à un château à motte détruit par un incendie en 1176, le château des comtes de Gand, sur les rives de la Lys, est érigé à partir de 1180. La motte renforcée reçoit une tour maîtresse de 30 mètres de haut, protégée par un châtelet d'entrée prolongeant la courtine flanquée de 24 tours saillantes. Une nouvelle église y est consacrée le 30 juin 1216, prélude au remplacement de toutes les dépendances en bois de la haute cour par des bâtiments de pierre. Cette cour reste une enclave des comtes dans la ville lorsque cette dernière en envahit l'espace par de nouvelles constructions. Centre administratif où l'on bat monnaie et siège du tribunal, le château s'enrichit de bâtiments fonctionnels qui dénaturent peu à peu son aspect initial. Les fouilles et restaurations du XXe siècle ont redonné au grand édifice son visage. Aujourd'hui, avec son donjon, ses courtines, sa barbacane, sa chapelle, ses échauguettes, sa galerie romane à baies géminées, ses écuries, sa crypte avec puits et voûte d'ogives, le château des comtes de Gand figure parmi les plus belles forteresses médiévales de Belgique.

Château médiéval du Louvre

Mort et résurrection d'une grande demeure royale

Le promeneur arpentant la cour Carrée du Louvre se doute rarement que ses pas le mènent au-dessus de l'ancien château fort qui inaugura, à la fin du XIIe siècle, la longue histoire de l'ancienne demeure royale désertée par Louis XIV au profit de Versailles dans la seconde moitié du XVIIe siècle. De cette première forteresse, d'une importance capitale dans l'évolution de l'architecture castrale, l'histoire et l'aspect nous sont bien connus grâce à la grande campagne de fouilles menée en 1983-1985.

Parce qu'il reste la demeure royale par excellence (Vincennes, Chambord, Fontainebleau et Versailles ont partagé cet honneur, mais de façon bien plus précaire), ce qui lui a valu une destinée complexe, le Louvre exige un historique d'autant plus précis que son actuel aspect ne révèle rien de son lointain passé. Car de la forteresse du XIIe siècle, celle qui nous intéresse ici, aucun élément n'est demeuré en surface ; pour en découvrir les parties basses restaurées, il faut donc parcourir les galeries aménagées par les archéologues au pied de ses anciennes murailles. Surgissent alors les reliefs d'une puissante citadelle à vocation tout à la fois défensive et résidentielle.

Huit siècles d'Histoire

L'histoire du Louvre commence en 1190, lorsque Philippe Auguste décide la construction d'une forteresse destinée à protéger l'ouest de Paris, complément de l'enceinte qui, dressée autour de la capitale, est achevée en 1202. Adossé à la muraille de la cité, le nouvel édifice militaire ne présente que de faibles symptômes de sa fonction secondaire de palais royal. La science et le talent des archéologues ont permis au public d'en découvrir les restes, mais aussi d'en connaître l'aspect général au moyen de plans et de maquettes scientifiquement établis.
Il faut ensuite attendre l'année 1360 et la construction d'une nouvelle enceinte de la ville pour assister, sous l'égide de Charles V, à la transformation du Louvre en véritable résidence royale. L'architecte Raymond du Temple fait ouvrir de nouvelles fenêtres et dresser un vaste corps de logis ; une bibliothèque est même installée dans la tour dite « de la Librairie ».
Survient la catastrophe de la guerre de Cent Ans, marquée par l'occupation anglaise de Paris en 1420-1436. Le Louvre est alors quasiment abandonné, faisant office, à l'occasion, de prison ou d'arsenal. Lorsque souffle le vent de la Renaissance, au XVIe siècle, François Ier fait construire Chambord et aménager Fontainebleau avant de décider, en 1528, de s'installer en son « chastel du Louvre ». Les travaux de rénovation sont si considérables qu'il faut parler de remplacement plutôt que d'aménagement : le donjon est démonté, les fossés sont comblés, l'édifice médiéval disparaît au profit d'une nouvelle bâtisse, plus somptueuse et plus aimable.
En 1546, le grand architecte Pierre Lescot, chargé de l'élimination du Louvre ancien, dont il ne garde que le

PARIS
CHÂTEAU MÉDIÉVAL DU LOUVRE,
SOCLE DU DONJON PENDANT LES TRAVAUX
EN 1984

La célèbre « tour du Louvre ». Le donjon du Louvre est entouré d'un fossé qui atteint une largeur de 10,20 mètres dans sa partie la plus élevée pour une circonférence de 103,60 mètres à la base du mur de contrescarpe ! Le diamètre de la tour elle-même est de 18 mètres à la base du socle et de 15 mètres à son sommet (qui se situe à 5,80 mètres alors que la construction atteignait initialement une hauteur d'une trentaine de mètres).

PARIS
CHÂTEAU MÉDIÉVAL DU LOUVRE,
SALLE SAINT-LOUIS
XIIe-XIIIe SIÈCLES

Le plus beau vestige du palais de Philippe Auguste. Voûtée au milieu du XIIIe siècle (ce qui explique sa dénomination), cette grande salle dont les piliers ont reçu de somptueux chapiteaux, constitue le plus beau vestige du corps de logis occidental construit sur ordre de Philippe Auguste. Sur ses côtés, la maçonnerie d'origine a été entaillée pour recevoir les culots des supports de la voûte gothique.

1180 Mort de Louis VII le 19 septembre ; son fils Philippe (Auguste) lui succède 1185-1189 Philippe Auguste obtient, par les armes ou par la diplomatie, le Vermandois, l'Artois, la Bourgogne, le Maine, la Touraine, l'Anjou et le Perche **1190 Ouverture du chantier du Louvre sur ordre de Philippe Auguste, qui part pour la croisade le 4 juillet.**

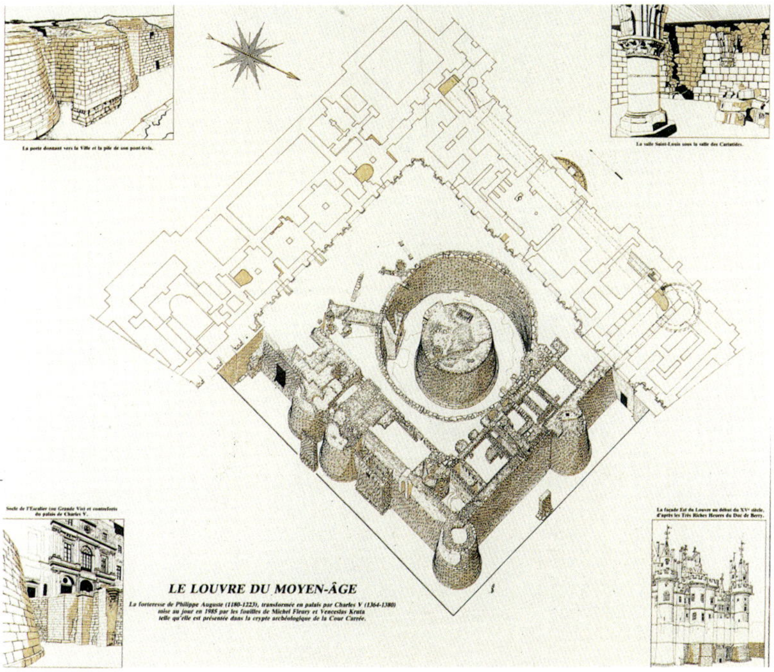

Le Louvre du Moyen Âge
François Lagarde
Vue axonométrique des fouilles

Sous les pavés... Sous les pavés de la cour Carrée, le château médiéval a conservé ses ailes nord et est ; cette dernière (à gauche), adossée à l'enceinte, ouvrait sur la ville par une porte monumentale dont le dessin est restitué dans le coin supérieur gauche du document. Les courtines et les tours rondes remontent au règne de Philippe Auguste, les aménagements des logis intérieurs à celui de Charles V. On distingue parfaitement ici l'isolement du donjon central cerné par un fossé dont le fond est dallé et dont le mur de contrescarpe est presque vertical.

plan en quadrilatère, fait dresser les ailes ouest et nord ensuite. Au XVIIe siècle, la longueur en est doublée, les constructions du nord et de l'est sont rasées (1625 et 1660), fossés et substructions disparaissant définitivement dans le sous-sol de l'actuelle cour Carrée. Les bâtiments s'étendront vers les Tuileries jusqu'au XIXe siècle et l'installation d'une pyramide de verre en 1983 sera à la source d'une dernière polémique, à la veille du IIIe millénaire !

La fouille exemplaire d'un Louvre caché

Préconisée dès 1977, la fouille du Vieux Louvre débute en novembre 1983 par diverses opérations de sondage faisant apparaître, d'une part, que les anciennes constructions affleurent à la surface du sol de la cour Carrée, d'autre part que leur état de conservation est globalement satisfaisant. Il est donc possible de mettre au jour tout ce qui subsiste du château de Philippe Auguste, d'autant plus que les sondages ne révèlent aucune trace d'occupation avant le XIIe siècle, hors quelques indices de présence gallo-romaine.

La méthode de fouille se révèle très vite d'une extraordinaire efficacité et suscite un intérêt international. Tous les dépôts sont analysés, tous les espaces sont reconstitués, tous les volumes sont évalués. Mais la cour Carrée doit être repavée et le château retourne à la nuit, une nuit toutefois dissipée par les lumières de la grande crypte que des millions de visiteurs ont eu tout loisir de parcourir depuis la clôture de ce chantier de fouilles qui restera un modèle pour tous les archéologues du Moyen Âge.

PARIS
CHÂTEAU MÉDIÉVAL DU LOUVRE, PORTE DE LA VILLE
XIIe SIÈCLE

Une protection maximale. Ouvrant directement sur la cité, la porte fortifiée bénéficiait d'une protection maximale. On en voit ici le soubassement : en retrait, les deux tours rondes l'encadrant se rejoignent presque à leur base ; au premier plan, la pile dressée verticalement recevait le pont-levis menant à une ouverture d'environ 2 mètres de largeur sous laquelle passait une canalisation destinée à évacuer les eaux de pluie (une gargouille est conservée à la base du fossé).

Paris
Château médiéval
du Louvre, face est
XIIe siècle

Une enceinte dissuasive. Par sa massivité, l'enceinte du Louvre était de nature à dissuader les éventuels assaillants de la capitale du royaume. Au premier plan, se détache ici la tour de la Taillerie qui occupait l'angle nord-est de la forteresse ; l'épaisseur des murs est partout égale à 2,60 mètres et la maçonnerie en est admirablement conservée. Dans le fond, se détache la construction avancée de la porte qui donnait sur la ville.

Poitiers (Vienne)
Palais ducal, grande salle
Vers 1200

L'archétype de la « grande salle » à la française. Dans le château médiéval, la grande salle a un rôle administratif et institutionnel : le seigneur y rassemble sa cour, y rend justice, y reçoit ses visiteurs de marque. Mais c'est aussi un lieu convivial, généralement situé au premier étage, voûté d'une charpente à lambris et soigneusement chauffé en hiver. À Poitiers, la grande salle d'une surface supérieure à 800 mètres carrés (50 × 16,85 m) date du tout début du XIIIe siècle, mais le duc Jean de Berry y ordonna, en 1386, la construction du haut pignon qui clôt son extrémité sud par la superposition, sur l'estrade ducale, d'un rang de trois vastes cheminées et d'une immense verrière. Sur les côtés, de hautes arcatures y sont ouvertes par les baies placées dans le compartiment supérieur. La grande charpente a été complètement refaite au milieu du XIXe siècle.

Château-Gaillard

Le symbole précoce du conflit franco-anglais

Aucune silhouette n'est plus emblématique du génie de l'homme belliqueux que celle de Château-Gaillard, forteresse qui, dominant la vallée des Andelys, fut en son temps la clef des communications entre le territoire de la couronne et la province normande. Du fait même de cette position, le grand édifice a été le creuset d'étonnantes nouveautés en matière d'architecture castrale.

Succédant à une abbaye créée après 511 par sainte Clotilde et toujours active en 884, une première place forte voit le jour au XIe siècle ; objet d'âpres affrontements entre Normands et Français, elle est victime d'un raid de Louis VII le Jeune en 1167. Mais le véritable acte de naissance de l'actuelle forteresse est le traité de Gaillon (1196), par lequel Richard Cœur de Lion reconnaît à Philippe Auguste la propriété du Vexin normand contre quelques places fortes des régions du Centre ; ce traité contraint, en effet, Richard à repenser la ligne de défense de la Normandie ; moyennant la rétrocession de Dieppe à l'archevêque de Rouen, il fait ériger un château colossal sur la roche dominant le site d'Andeli en 1197, pour une somme évaluée à plus de 10 000 livres.

Destiné à contrôler la vallée de la Seine, le puissant bastion est installé sur un éperon qui domine un méandre du fleuve et complété par une fortification placée sur l'île. Dominant le fossé, les ruines de la chapelle, percées de baies, précèdent la seconde enceinte dont les segments des tours tangentes assurent un efficace flanquement. Maître de la citadelle, l'énorme donjon ceinturé de contreforts atteint 8 mètres de diamètre intérieur et ses parois mesurent quelque 4 mètres d'épaisseur. Aujourd'hui encore, bien que partiellement

LES ANDELYS
CHÂTEAU-GAILLARD, LE DONJON
FIN DU XIIe SIÈCLE

La disparition des angles morts. Le donjon de Château-Gaillard, cylindrique à éperon triangulaire, est flanqué d'un logis et entouré d'une double et formidable enceinte ; apparemment imprenable de l'extérieur, la citadelle n'ouvre aucun angle mort aux assaillants placés dans l'incapacité d'approcher la base des hautes murailles.

RICHARD CŒUR DE LION
AFFRONTANT
PHILIPPE AUGUSTE
À GISORS
EN AOÛT 1198
MINIATURE DES *CHRONIQUES DE SAINT-DENIS*
VERS 1325
Londres, British Library

Un duel de titans. Au soir du XIIe siècle, la France se découvre un très grand souverain en la personne de Philippe Auguste, mais l'Angleterre n'est pas moins bien servie avec Richard Cœur de Lion. L'affrontement des deux hommes est le prélude à un conflit marqué par les fluctuations de la fortune et d'incessants retournements d'alliance. Ce premier duel de géants n'aura pourtant qu'une faible durée, Richard Cœur de Lion étant tué au siège de Châlus, en Limousin, le 6 avril 1199. Lui survivant plus de vingt ans, Philippe Auguste aura tout loisir de réduire les positions anglaises en France et d'agrandir considérablement le domaine de la couronne.

détruit, il laisse encore clairement entrevoir son ordonnance intérieure : salle ronde du rez-de-chaussée, accessible depuis le premier étage, puis trois étages reliés par des escaliers de bois. Sur le flanc de la tour, les appartements du commandant de la garnison dominent l'escarpement qui forme une défense naturelle ayant autorisé le percement de baies. Château-Gaillard peut ainsi se prévaloir d'une technique défensive d'avant-garde qui donne à tous ses défenseurs un rôle actif et rompt avec le principe, jusque-là privilégié, de l'attente passive.

Un destin tragique

En 1202, Philippe Auguste décrète la confiscation de la Normandie par la couronne et entre en campagne dès le printemps 1203. Aisément victorieux de nombreuses places fortes, il met le siège sous la citadelle de « Roche Gaillard » en août. Effrayée, la population locale se réfugie dans la basse cour ; la garnison, qui compte trois cents soldats dirigés par Roger de Lascy, chasse les infortunés. Philippe, après avoir ordonné de refouler les malheureux, donne finalement à ses troupes l'ordre de les laisser passer et même de les nourrir.

Dans le même temps, le souverain français fait construire autour du fort des retranchements, des palissades et des tours de surveillance. Ordre est ensuite donné, en février 1204, de combler le fossé, ruinant ainsi ce qui assure l'invulnérabilité d'une forteresse, son éloignement des assaillants (lesquels, sinon, peuvent saper ou miner les plus solides ouvrages). D'énormes brèches sont ouvertes dans la maçonnerie cependant que la forteresse est soumise à un pilonnage continu, grâce à la construction de tours dominant les courtines.

Les Andelys (Eure)
Château-Gaillard,
vue aérienne

La claire disposition des espaces défensifs. Vu des hauteurs du plateau ou de la vallée de la Seine, le site de Château-Gaillard est l'un des plus beaux de France, mais c'est seulement par la vue aérienne qu'on en découvre la disposition spatiale. Épousant les formes du promontoire escarpé qui domine la vallée, la forteresse, qui se présente sous les traits d'un ouvrage militaire échelonné en profondeur, est dominée par l'énorme donjon, dont les parois dépassent l'épaisseur de 4 mètres. À droite, la bastille de forme triangulaire, dite « le Châtelet », constitue une première protection avec sa ceinture flanquée de cinq tours (il n'en reste qu'une, ainsi qu'un fragment de courtine) ; par surcroît de précaution, elle est séparée du corps principal par un large fossé.

Plan de
Château-Gaillard
relevé par Malençon
XIXe siècle

Un plan ingénieux mais inefficace. Le complexe défensif du site de Château-Gaillard présente un plan inédit, avec sa bastille triangulaire (à droite) qui assure théoriquement une première défense sur le plateau, en avant-garde de la forteresse proprement dite. Dans l'intervalle des deux pièces fondamentales du dispositif se trouvent la basse cour, la chapelle, le puits et les communs, également protégés par les courtines assises sur le socle rocheux. Puis vient le donjon, dont la double et ingénieuse chemise était censée assurer l'inviolabilité. Par une curieuse ironie de l'Histoire, aucune citadelle n'aura aussi peu longtemps résisté à son premier assaut !

Les assiégés se défendent avec vigueur, mais sans pouvoir empêcher la prise du châtelet. Contraints de se réfugier au sein de la seconde enceinte, ils en seront bientôt délogés, certains assiégeants ayant réussi, à la suite d'un certain Bogis, à y pénétrer par le seul endroit non surveillé, les latrines ! Reste certes le donjon, mais la garnison démoralisée et laissée sans secours par le souverain anglais, Jean sans Terre, ne le défend qu'un bref moment, préférant une capitulation somme toute honorable au sac de troupes exaspérées ! Philippe Auguste assure ainsi sa mainmise sur la Normandie, posant les premiers jalons d'un puissant État centralisé.

Devenu prison royale, le grand château est tristement célèbre pour s'être refermé sur Marguerite et Blanche de Bourgogne, épouses adultères des princes Louis de Navarre et Charles de la Marche, fils de Philippe IV le Bel, à partir de 1314. Marguerite meurt dès l'année suivante ; plus résistante Blanche quitte sa prison en 1325 pour entrer au couvent ! Par la suite, Château-Gaillard connaîtra encore plusieurs sièges, notamment au cours de la guerre de Cent Ans. Mais c'est en 1591 qu'il tombe aux mains de son bourreau, le futur Henri IV qui ordonnera sa destruction en 1603, tâche achevée sous le règne de Louis XIII, en 1616.

CHÂTEAU-GAILLARD, VUE GÉNÉRALE
FIN DU XIIe SIÈCLE

Une sentinelle géante. Dominant les immensités planes de la Normandie et de l'Île-de-France, la sentinelle monumentale de Château-Gaillard reste le plus puissant symbole des interminables conflits anglo-français.

CHÂTEAU-GAILLARD, LA TOUR CENTRALE
FIN DU XIIe SIÈCLE

Une disposition inédite. Faisant preuve d'une rare ingéniosité, les constructeurs de Château-Gaillard ont donné une forme ondulée inédite à la chemise de la tour centrale, la rendant ainsi à peu près inaccessible aux traits des assaillants.

Brancion (Saône-et-Loire)
Château, vue aérienne
xiie-xive siècles

Les fastes de l'architecture ducale en Bourgogne. Situé au beau milieu du vignoble bourguignon, attesté dès le xe siècle, mais totalement remanié en diverses occasions, le château de Brancion est formé de deux parties distinctes. En haut, le noyau de la forteresse se répartit autour d'une toute petite cour protégée au nord par les masses puissantes de deux tours carrées encadrant la grande salle. Plus bas, le second logis est constitué d'un bâtiment de la seconde moitié du xiiie siècle, probablement construit sous le règne du duc Philippe le Hardi et flanqué à ses extrémités par deux tours circulaires pourvues d'archères.

Brancion (Saône-et-Loire)
Château, façade sud de la grande salle
xiiie siècle

Une sévérité atténuée par l'ornement. Le château de Brancion est surtout remarquable par sa grande salle, dont on distingue ici la face sud. Située entre deux tours maîtresses, elle est accessible par la porte rectangulaire du rez-de-chaussée située en léger retrait de la magnifique fenêtre à cordon saillant qui forme le plus bel ornement de la paroi, sous le grand degré menant à l'étage supérieur. Au fond, la tour haute carrée, presque totalement privée d'ouvertures, date probablement de la première moitié du xiiie siècle, mais elle a été très largement restaurée au xixe siècle.

1194 Début de la guerre entre Philippe Auguste et Richard Cœur de Lion allié à son frère, Jean sans terre **1197 Érection de la forteresse de Château-Gaillard sur ordre de Richard Cœur de Lion** 1198 Le 28 septembre, défaite de Philippe Auguste à Courcelles 1199 Le 6 avril, mort de Richard Cœur de Lion au siège de Châlus 1202 En juin, Philippe Auguste envahit la Normandie.

Le Coudray-Salbart

Un laboratoire défensif monumental

Dominant les rives de la Sèvre niortaise, le Coudray-Salbart demeure l'une des plus imposantes forteresses médiévales de France, avec sa puissante enceinte quadrangulaire flanquée de six tours rondes. Reliées par une gaine (couloir ménagé dans l'épaisseur de la muraille) et érigées sur des plans différents, ces dernières abritent un bel ensemble de salles voûtées, défendues par des archères.

Selon les rares sources dont nous disposons, le château fort a été construit sur ordre du seigneur Hugues Ier de Parthenay (1182-1218), au tout début du XIIIe siècle. Un tel chantier exige des fonds considérables, qui sont fournis en partie, dès 1202, par Jean sans Terre, roi d'Angleterre et comte de Poitou, dont le clan de Parthenay a pris le parti, contre le souverain français. Contrôlant tout à la fois le passage sur la Sèvre et la frontière sud des terres des Parthenay, le nouveau château occupe une position stratégique de premier ordre, d'autant plus qu'il est secondé par quelques forteresses voisines, dont Secondigny ou Champdeniers.

La violence des conflits et le voisinage des châteaux ennemis des sires de Lusignan expliquent l'évolution rapide du Coudray-Salbart, transformé au moins jusqu'en 1228, voire 1242, en véritable laboratoire des dernières techniques défensives.

Mais, dès la fin du XIIIe siècle, il connaît un rapide déclin, même si une garnison y est maintenue jusqu'au début du XVIe siècle. En 1460, le Coudray-Salbart cède aux assauts d'une végétation qui accélère sa ruine. Classé en 1952, il est depuis lors l'objet d'une active campagne de restauration et de promotion touristique, signe concret de l'intérêt toujours grandissant du public pour le patrimoine castral.

Un bâtiment en évolution rapide

Le Coudray-Salbart a connu, dès sa conception, une évolution d'une insolite rapidité. De la première basse cour occidentale, il ne reste que l'emplacement, le rempart la délimitant ayant été abattu et quelques vestiges de fortifications rappelant la première phase de construction du château. De la partie ouest qui ouvrait sur l'édifice, nous connaissons la disposition par une chronique du XVe siècle, mais presque tout en a disparu : les communs, la chapelle, la forge, le four, etc.

Aujourd'hui, c'est par un pont de bois reconstitué et jeté sur le fossé ouest que l'on accède à la tour du Portal, qui ouvre elle-même sur la cour. Cette dernière est flanquée de six tours qui n'ont cessé d'être renforcées au cours du XIIIe siècle : tours du Portal et Saint-Michel au milieu des deux longs côtés, tours du Moulin, Grosse, Double et de Bois-Berthier aux quatre angles. Toutes sont reliées par des courtines surmontées d'un chemin de ronde et percées d'une galerie de circulation couverte d'un berceau brisé, la gaine.

La grande salle se trouve dans la Grosse Tour dont la destination n'est pas absolument claire ; peu propre à la fonction résidentielle, elle est intégrée à l'enceinte mais

Échiré
Château du Coudray-Salbart, façade sud
XIIIe siècle

Un cycle précoce de mutations. Au premier plan apparaît la Grosse Tour, en amande, au fond, la tour du Moulin ; reliés par la courtine, ces deux édifices se dressent sur la zone la plus ancienne du château, lequel fut très rapidement agrandi vers le nord. Car le Coudray-Salbart se signale par l'étonnante rapidité de ses mutations, dès le XIIIe siècle. Ainsi, la tour du Moulin, forte de ses 7 mètres de diamètre, figure désormais parmi les plus minces de l'ensemble, cependant que la Grosse Tour a, en fait, succédé à un bâtiment de bien plus faibles dimensions. On observe encore, de place en place, la trouée de la gaine qui reliait la plupart des tours à l'intérieur de la muraille. L'appareillage des murs est particulièrement soigné et les ouvertures réduites au minimum, la fonction militaire prévalant sur toute prétention palatiale.

Vers 1200 **Début de la construction du Coudray-Salbart** ; première version en prose du *Lancelot*, prélude au cycle de la Table ronde ; première mention en Europe de la boussole, qui jouera un rôle capital dans les mutations de l'intelligence médiévale de l'Univers 1202 En avril, le souverain anglais Jean sans Terre est condamné par la cour des pairs.

Bourdeilles (Dordogne)
Château, vue de la façade occidentale
Fin du XIIIe siècle

Le rôle dominant de la tour maîtresse. La tour octogonale qui écrase l'édifice constitue l'élément le plus spectaculaire du château de Bourdeilles, construit vers la fin du XIIIe siècle sur ordre de Géraud de Maumont. Au sommet de cette haute tour dont tous les étages sont voûtés d'ogives, le mâchicoulis présente un dispositif original et élégant, sous forme d'arcs en plein cintre retombant directement sur les consoles. En avant de la tour se dresse la façade de la grande salle à deux niveaux dont la position dominante, relativement aux toits de la cité, s'explique par le fait qu'elle est dressée jusqu'à l'extrémité de l'éperon rocheux qui supporte tout le bâtiment ; ce qui explique aussi son étroitesse : 11 mètres seulement pour une profondeur de 38 mètres !

non reliée aux autres espaces par la gaine. Les autres tours possèdent des salles voûtées d'ogives, de berceaux ou de coupoles, nouvel indice de l'esprit expérimental ayant présidé à la conception de la forteresse.

ÉCHIRÉ (DEUX-SÈVRES)
CHÂTEAU DU COUDRAY-SALBART, VUE GÉNÉRALE
XIIIe SIÈCLE

Un univers de tours aux formes variées. Le Coudray-Salbart est bâti sur un plan trapézoïdal de 55 mètres sur 35. Pour le visiteur, la première surprise vient de la variété formelle des six tours qui varient sur le thème du cercle et de l'amande, dans le dessein de faire complètement disparaître les angles en cas d'assaut par des troupes hostiles.

ATTAQUE D'UN CHÂTEAU FORT
MINIATURE DE L'*HISTOIRE DU GRAAL*, ATTRIBUÉE À ROBERT DE BORON
XIIIe SIÈCLE
Paris, Bibliothèque nationale de France

Le génie destructeur de l'homme. On peut ici admirer l'ingéniosité de l'homme en matière de destruction de ses plus solides ouvrages. Le secret de la chute de la forteresse n'est autre que la sape de ses murailles ; encore faut-il approcher ces dernières, ce à quoi s'opposent évidemment les assiégés que l'on voit ici, en armes, sur le chemin de ronde, ou dans la grande salle, attendant les ordres du seigneur. Sur la droite, les chevaliers aux destriers caparaçonnés s'apprêtent à donner l'assaut. Face à un tel déploiement, rares sont les châteaux qui, avant même l'invention de l'artillerie, réussiront à préserver leur inviolabilité.

Parthenay

À la recherche d'une sécurité maximale

Le château de Parthenay forme un intéressant champ d'études, peu d'édifices rendant aussi clairement compte de l'évolution des moyens défensifs, du XIIIe au XVe siècle. En deux cents ans, on passe ici des tours circulaires de flanquement, permettant la protection des courtines par les traits des archers, aux « boulevards » talutés chargés de résister au feu des canons, signe d'un progrès considérable.

Au cœur de la Gâtine, la châtellenie de Parthenay, documentée dès le début du XIe siècle s'affirme, au cours des XIIe et XIIIe siècles, comme l'une des principales places fortes de la région poitevine. Le château se dresse sur un éperon rocheux formant en soi une défense naturelle renforcée par la boucle de la rivière locale, le Thouet. À faible distance, mais toujours sur le socle rocheux, se développe la « citadelle », quartier seigneurial et bourg castral, qui comprend les halles, la cure, etc. Au pied de l'éminence, enfin, se déploie la vaste enceinte urbaine qui ceinture la ville basse et dont le plus bel élément reste la porte Saint-Jacques.

Le château, signe de puissance et de prospérité

Du fait de sa position géographique, Parthenay occupe une place stratégique au cœur de la lutte opposant la monarchie française aux Plantagenêt pour la possession du Poitou. C'est précisément grâce aux fonds versés par Jean sans Terre que la ville peut s'entourer de remparts assurant la protection de son activité artisanale et défiant le souverain français ; le château proprement dit, la « citadelle » (édifiée sur le *castrum* primitif) et la ceinture fortifiée constituent alors l'un des plus beaux ensembles défensifs de France.

PHILIPPE AUGUSTE REÇOIT LES CLEFS DE LA VILLE DE ROUEN
MINIATURE EXTRAITE DES *CHRONIQUES DE NORMANDIE*
XVe SIÈCLE
Paris, Bibliothèque nationale de France

Le temps de la reconquête. Après la chute de Château-Gaillard, Philippe Auguste s'empare de toute la Normandie ; la ville de Rouen revient ainsi à la couronne en 1204, au grand dépit de Jean sans Terre qui voit lui échapper la base de l'occupation anglaise en France. Nous sommes là au seuil de la longue et difficile reconquête des territoires occupés par les Anglais, entreprise ardue dont le terme sera officialisé, presque trois siècles plus tard, par le traité de Picquigny (1475).

1200 Le 23 mai, Louis, fils de Philippe Auguste, épouse Blanche de Castille **Vers 1200 Construction de la tour d'Harcourt du château de Parthenay** 1202 Premier document financier conservé (le compte général des recettes et dépenses des bailliages et sénéchaussées de l'année).

PARTHENAY
CHÂTEAU, LA PORTE SAINT-JACQUES
FIN XIIIe SIÈCLE

Sur la route de Compostelle. Admirable ensemble de deux tours sur plan en amande autour d'une porte charretière, la porte Saint-Jacques remonte probablement à la fin du XIIIe siècle, mais a été remaniée au XVe siècle. Son nom lui vient de sa position, sur la route du pèlerinage vers Saint-Jacques-de-Compostelle. Elle ouvre sur la rue de la Vau-Saint-Jacques, dont la course sinueuse constitua l'axe principal de la cité au Moyen Âge, traversant du nord au sud le labyrinthe des ruelles qui a été partiellement conservé. Les maisons à pans de bois qui subsistent rappellent le temps du grand pèlerinage vers Saint-Jacques-de-Compostelle, dont Parthenay fut longtemps une étape renommée.

En 1419, le dauphin Charles acquiert le domaine pour le donner aussitôt à son compagnon Arthur de Richemont, futur duc de Bretagne et puissant homme de guerre, lequel renforce le château tout en veillant à maintenir la prospérité de Parthenay, fondée sur le commerce et la production de drap de laine. Passé en 1458 aux mains de la famille Dunois-Longueville, le château de Parthenay subira ensuite nombre d'altérations.

C'est surtout sur le front occidental que le visiteur retrouve la disposition originale des fortifications ; à l'extrémité sud, la tour du châtelet dresse sa masse puissante, dont l'équivalent se découvre au nord, avec la tour d'Harcourt ; toutes deux ont été érigées dans les premières années du XIIIe siècle et élargies peu de temps après. Entre ces deux pièces maîtresses, la courtine est renforcée, en son milieu, par une autre tour à plan semi-circulaire, dont les parties hautes ont disparu.

La principale entrée se situait à l'angle sud-est ; accessible par un pont fortifié, elle est aujourd'hui partiellement éclipsée par la bastille de Richemont, érigée au soir du Moyen Âge et destinée à réduire autant que possible les effets offensifs de l'artillerie lourde. Le reste de l'édifice n'a subsisté qu'à l'état de ruines dont la restauration fait l'objet d'une polémique entre spécialistes.

PARTHENAY (DEUX-SÈVRES)
CHÂTEAU, LA TOUR D'HARCOURT
XIIIe SIÈCLE

Mutations du principe initial. À l'angle nord-est de la forteresse, la tour d'Harcourt est le fruit d'une double campagne de construction. Érigée vers 1200, elle a été reprise quelque vingt ans plus tard, son diamètre doublé et son plan élargi du cercle à l'ellipse. Les archères à niches formant l'essentiel de ses ouvertures sont destinées à assurer la couverture défensive des courtines en retour.

ISSOUDUN (INDRE)
CHÂTEAU, LA TOUR MAÎTRESSE
XIIIe SIÈCLE

Un édifice de transition. La tour d'Issoudun est le fruit d'une longue et indécise querelle entre Richard Cœur de Lion et Philippe Auguste. Le dernier mot étant resté au souverain français, celui-ci ordonne, en 1202, le remaniement complet de cette forteresse dont le corps principal est formé d'un énorme cylindre de 15 mètres de diamètre, relié par un chaînage à un éperon à angle droit ; sur ce document, on distingue nettement le raccord vertical du chaînage entre la tour (à gauche) et l'éperon (à droite) ainsi que la couronne sommitale des orifices d'encastrement du hourd. À l'intérieur, ce ne sont pas moins de quatre niveaux qui sont superposés, pour une hauteur totale de 27 mètres. Commencé par les Plantagenêt, mais achevé par Philippe Auguste, l'édifice illustre admirablement les principes défensifs prônés par le roi français à l'aube du XIIIe siècle.

Ribeauvillé

Une tripartition délibérée

Le château de Ribeauvillé présente la rare particularité d'être divisé en trois unités distinctes, non point du fait des hasards et aléas de la guerre et de la paix, mais en conformité avec les volontés de la puissante famille locale des Rappolstein, qui étagea au cours des siècles ce triple siège de son pouvoir sur les flancs boisés des collines dominant le site de la petite ville alsacienne.

Pour le voyageur parcourant le val rhénan, il est peu de panoramas aussi puissamment suggestifs que celui de ces trois édifices agrégés dans l'immensité de leur décor sylvestre et ruinés depuis le XVIe siècle. Tout au sommet des proches hauteurs, le Haut-Ribeaupierre, dit aussi Altenkastel, domine les ruines du Grand-Ribeaupierre, dit aussi Haut-Rappolstein ou château de Saint-Ulrich, et celles du château de Girsberg, qui jusqu'en 1316 était appelé Pierre de Rappolstein. C'est dans le second, le Grand-Ribeaupierre, d'assez loin la plus vaste construction, que se situe le berceau de la seigneurie ayant longtemps gouverné la contrée.

Trois unités autonomes et diverses

Il est difficile de parler de cohérence stylistique, concernant Ribeauvillé. L'histoire commune de ces trois édifices très différents permet difficilement de les agréger en un tout unitaire. Le Grand-Ribeaupierre est lui-même composé de deux ensembles castraux aux délimitations encore très visibles. Le château primitif est au nord et rassemble une tour maîtresse à plan carré ainsi que le logis seigneurial. En retrait vers le sud, le second ensemble possède, à l'ouest, une autre tour maîtresse, dont on voit encore l'élévation sur quadrangle irrégulier. À l'est, les traces de la grande salle constituent la plus belle part de l'ensemble ; entre ces deux pièces essentielles, une chapelle a été dressée, devant la cour.

Situé à la même hauteur que le Grand-Ribeaupierre, le château de Girsberg (ou Petit-Ribeaupierre), paraît beaucoup moins massif, plus élancé. L'élément principal en demeure la tour maîtresse sur plan pentagonal qui domine de très haut la basse cour protégée par une muraille, laquelle prolonge la protection naturelle de la falaise environnante.

Le plus haut site, celui du Haut-Ribeaupierre, est apparemment le plus simple, mais ses origines restent incertaines. Composé pour l'essentiel d'une tour maîtresse dressée sur plan circulaire, à forts bossages et continuée par le logis seigneurial, il semble postérieur aux deux autres, mais son implantation est peut-être le prolongement d'une occupation militaire bien plus ancienne, antique, voire préhistorique, comme on en trouve trace sur d'autres éminences alsaciennes. Protégé sur presque tous les côtés par des défenses rocheuses naturelles, il a été anciennement isolé au sud par un système complexe de fossés successifs. Au pied du logis, la cour prend la forme d'un incertain rectangle. Si presque tout a disparu de son aménagement initial, l'ensemble des reliefs a été habilement restauré au début du XXe siècle.

1200 Philippe Auguste accorde ses premiers privilèges à l'université de Paris **Vers 1200** **Construction du château de Saint-Ulrich (Grand-Ribeaupierre)** 1204 Le 12 avril, les croisés s'emparent de Constantinople.

RIBEAUVILLÉ
CHÂTEAU DE GIRSBERG
XIIIe SIÈCLE

La leçon de la nature. Au château de Girsberg, l'homme copie la nature, se contentant de prolonger vers le haut la formidable impulsion de la falaise rocheuse sur laquelle il a installé sa citadelle. Le château prend ainsi des allures de beffroi, tant les éléments de la cour et du logis y semblent subordonnés au jaillissement de la tour, du sommet de laquelle se découvre une immense aire de surveillance.

Ribeauvillé (Haut-Rhin)
Château de
Grand-Ribeaupierre
(ou de Saint-Ulrich)
xiie-xiiie siècles

Un amoncellement de ruines. Au premier regard, l'amas des éléments ruinés peut déconcerter. Pourtant, l'organisation des espaces et des volumes est restée d'une grande clarté. Sis sur un promontoire rocheux, le Grand-Ribeaupierre connecte deux édifices aux plans voisins : tour maîtresse, logis et basse cour. C'est au début du xiiie siècle qu'a été construit le plus important édifice, celui qui domine le site au sud, mais le château antérieur du xiie siècle conserve divers beaux restes, notamment sa tour maîtresse, quelques admirables fenêtres romanes moulurées et, dans le logis, une superbe cheminée. Du château du xiiie siècle, on admire surtout l'extraordinaire enchaînement des baies géminées de la grande salle et le haut pignon de la chapelle Saint-Ulrich.

Ribeauvillé
Vue générale du site
des trois châteaux
xiiie siècle

Les pointes fortifiées du triangle seigneurial. Sur ce document, l'étagement des trois forteresses prend toute sa signification au cœur de son décor naturel. Au sommet, la tour du Haut-Ribeaupierre, à peine détachée de la forêt qui la cerne ; plus bas, le Grand-Ribeaupierre (ou château de Saint-Ulrich, sur la gauche) et le Petit-Ribeaupierre (ou château de Girsberg, sur la droite) sont placés à peu près au même niveau d'altitude, mais diffèrent considérablement par la silhouette et l'importance. La forte dénivellation entre les trois angles de cette aire de puissance laisse perplexe. De fait, la commodité contingente y semble beaucoup moins prise en compte que la signalétique d'un pouvoir local destiné à perdurer plusieurs siècles.

Ribeauvillé
Châteaux de Saint-Ulrich et de Girsberg
xiiie siècle

À portée de vue et de voix. Si magnifiquement sauvage qu'apparaisse l'implantation du triple château de Ribeauvillé, elle obéit néanmoins à certains impératifs humains, à commencer par celui du contact, visuel ou sonore, qu'il est nécessaire de garder entre les différentes pièces de l'ensemble, ne fût-ce que pour envoyer les signaux de détresse ou d'alarme. Le château de Girsberg, en retrait, reste ainsi à portée de vue et de voix de la citadelle principale du Haut-Ribeaupierre. De cet édifice, on admire ici les superbes reliefs de la tour maîtresse, du logis largement restauré et de la chapelle aux belles ouvertures. Si tout y paraît conçu pour la sauvegarde de ses occupants, on peut voir que le caractère résidentiel de l'architecture n'a pas été négligé !

Montségur

Sur les ruines cathares

Au cœur du département de l'Ariège, non loin de Foix, se dresse le rocher grandiose (le *pog* en langue locale) qui a supporté le château légendaire de Montségur. Aucun édifice n'a suscité plus de gloses et d'hypothèses, qu'il faut bien qualifier de fantaisistes. D'autant que la beauté du site suffit à lui assurer un rang enviable au sein du patrimoine monumental de France.

Érigé sur un socle qui culmine à 1 207 mètres, le château de Montségur dont la ruine est visible aujourd'hui *n'est pas* celui que Raymond de Pareille, vassal du comte de Foix, fit édifier en 1204, sur le site d'une forteresse plus ancienne, pour y abriter une garnison dépassant légèrement la centaine d'hommes. Cet édifice, détruit lors du siège de 1243-1244, a été complètement reconstruit dans la seconde moitié du XIIIe siècle. Le village protégé par le premier château était sis sur le versant nord et protégé par des chicanes. Une importante population cathare s'y était établie.

Relativement épargnée jusque-là par la croisade albigeoise, cette communauté s'attire les foudres de l'Église romaine, à l'occasion d'un raid vengeur en mai 1242, contre l'inquisiteur Guillaume Arnaud ; un an plus tard, le concile de Béziers ordonne la prise sans délai de Montségur. Une armée de quelque six mille hommes commandés par l'archevêque de Narbonne, Hugues des Arcis, et par le sénéchal du roi de France à Carcassonne, Pierre Amiel, met le siège devant la place forte dès le mois de mai.

Les cathares sont persuadés du caractère inexpugnable de leur citadelle. Mais, à l'extrémité orientale du formidable socle rocheux, une porte, protégée par une barbacane, donne sur la crête du *pog*, suivie d'un sentier qui permet s'atteindre le roc de la Tour, défendue par un ouvrage surplombant les gorges profondes du Lasset. C'est cette tour, précisément, qui tombe la première aux mains des assaillants, par une glaciale nuit de décembre 1243.

Pour l'armée royale, il suffit alors de faire preuve de patience, tout en accablant le fort de boulets et en spéculant sur l'inéluctable fin des vivres. Le 1er mars 1244, la forteresse tombe et un bûcher est bientôt dressé pour plus de deux cents hommes et femmes qui, refusant d'abjurer leur foi, sont brûlés dans le sinistre « champ des Cramats ». Selon une légende persistante mais peu fondée, quatre parfaits seraient parvenus à s'échapper de la place la veille de la reddition, porteurs du trésor monétaire des cathares ! Il est à noter que les atroces représailles menées contre les malheureux assiégés ne furent pas le fait de l'armée mais de l'Inquisition, soucieuse d'en finir avec cette hérésie mettant imprudemment en lumière les abus de la hiérarchie romaine. Après le tragique épisode du bûcher, le château de Montségur revient à Gui de Lévis.

Le bûcher de Montségur
1880
Gravure sur bois

Au nom du Christ. Il n'est pas de conflits plus atroces que les guerres religieuses, pour la bonne raison qu'elles évacuent toute notion de responsabilité individuelle, voire humaine. C'est au nom du Christ, mort sur la Croix pour avoir dispensé son message d'amour, que des dizaines de victimes ont été hissées sur le bûcher en 1244, au pied de la grande citadelle. Significativement, la croix brandie par le bourreau s'inscrit au cœur de l'image.

Montségur
Une croix cathare
XIIIe siècle

Un emblème discuté. Les historiens spécialisés hésitent quant à la forme et même à la réalité d'une croix cathare. Aucun texte relatif aux procès d'Inquisition n'affirme de façon explicite que les parfaits aient eu recours à un symbole cruciforme d'une nature particulière, l'hypothèse la plus généralement admise étant que la croix cathare serait une simple croix grecque aux extrémités pattées telle qu'on la découvre sur cette stèle de pierre. Selon d'autres sources, il y aurait bien eu usage d'une croix grecque, mais enrichie de divers ornements aux significations mystérieuses. La prudence reste de mise !

MONTSÉGUR (ARIÈGE)
CHÂTEAU, VUE AÉRIENNE
XIIIe SIÈCLE

Le site disparu du mythe. Après la chute de Montségur, le site, passé dans le domaine royal, est donné à Guy II de Lévis, sur ordre du roi ; le nouveau propriétaire, conscient de la valeur stratégique du lieu, fait raser l'ancienne forteresse et dresser un nouvel édifice, dont les vestiges continuent de solliciter les imaginations en dépit du faible rapport qu'elles entretiennent avec le mythe cathare. Car les remaniements ont été trop considérables pour qu'il soit possible de se faire une idée du château initial.

Un site apparemment imprenable

Si le château des cathares a disparu, la forteresse érigée sur ordre de Lévis reprend son schéma général. Une enceinte polygonale dépourvue de toute ouverture suit les aspérités du formidable piton calcaire culminant à plus de 1 200 mètres d'altitude. Au pied des courtines, un talutage accroît leur efficacité défensive. C'est à l'extrémité occidentale que se dressait le donjon, en lieu et place de l'actuelle tour maîtresse. La distribution en était assurée par un escalier à vis et l'alimentation en eau de la garnison dépendait d'une citerne.
Il est difficile de savoir quelles étaient les conditions de vie à l'intérieur de l'enceinte. L'espace y était particulièrement étroit, mais une certaine forme de confort existait, ne fût-ce qu'en ce qui concerne le chauffage, attesté par la persistance des cheminées. La petite cour pavée semble avoir été le siège d'une activité tout à la fois artisanale et militaire, exercée dans des bâti-

MONTSÉGUR
CHÂTEAU, FACE SUD
DE LA MONTAGNE
DE MONTSÉGUR
XIIIe SIÈCLE

Une sentinelle à jamais silencieuse. Formidable citadelle, le château de Montségur n'a jamais abrité que de faibles effectifs. S'il a survécu presque deux siècles à l'épopée cathare, ce fut uniquement pour loger une petite garnison dont la manifeste inutilité devait conduire à son abandon définitif à la fin du Moyen Âge. Cette désertion, suivie d'un silence cinq fois séculaire, n'est évidemment pas étrangère à la puissante séduction de la forteresse.

ments de bois et protégée par le chemin de ronde crénelé qui courait au sommet de la courtine. C'est légèrement en contrebas que se trouvait le village primitif, abritant la communauté victime du siège de 1244 et des foudres de l'Inquisition.

Des fouilles, menées dans la seconde moitié du XXe siècle, ont permis d'en comprendre l'aménagement en terrasses successives et donc de mieux préciser le rôle protecteur de la forteresse cathare. Reste à préciser que Montségur n'est pas une citadelle isolée ; au même titre que tous les autres « châteaux cathares » répartis autour de la cité de Carcassonne (Puilaurens, Quéribus, Peyrepertuse, etc.), le château appartint longtemps au maillage défensif de cette région proche de l'Espagne, donc sujette à de fréquents désordres.

1204 **Construction du château (disparu) de Montségur** 1209 Début de la croisade des albigeois en juillet ; Simon de Montfort prend Béziers 1244 Chute et destruction de Montségur, remplacé par l'actuel château.

Montségur
Château, la tour maîtresse (ci-dessus) et la cour intérieure (page ci-contre)
XIIIe siècle

Une simplicité toute militaire. À l'extrémité de la cour polygonale, la puissante tour maîtresse érigée par la famille de Lévis possède encore ses archères à ébrasement simple, mais elle a perdu son agencement intérieur, en niveaux superposés et reliés par un escalier d'angle en vis. De cette bâtisse purement militaire, l'appareil est fruste mais régulier.

Le théâtre étroit d'une brûlante tragédie. Étroite et couverte de dalles directement extraites du socle rocheux, la cour à ciel ouvert de Montségur était entourée à l'origine de divers bâtiments permettant l'exercice d'une vie collective et laborieuse. Trois escaliers permettaient d'accéder au chemin de ronde et aux ouvertures défensives tenues par les hommes d'armes de la garnison.

Montségur
Château, l'entrée
XIIIe siècle

Massivité et rusticité. Deux portes donnent accès au château. D'une grande simplicité de facture, elles traversent le mur-bouclier dont l'épaisseur n'est pas inférieure à 4 mètres. La voûte est en plein cintre et les claveaux de l'arc d'une séduisante régularité. Aucun dispositif particulier n'en protège l'approche, signe de la faible dangerosité du site… en conséquence de quoi l'inutilité du fort lui-même s'imposera rapidement aux autorités locales et nationales et provoquera l'abandon de la petite citadelle !

Bressuire (Deux-Sèvres)
Château, vue générale
XIIIe siècle

Une évolution inutile. Le château de Bressuire occupe un espace considérable, mais nous n'en distinguons ici que le noyau principal ; la partie saillante sur la gauche constitue la porterie du XIIIe siècle, la tour de flanquement du premier plan datant du XVe siècle et constituant un excellent exemple de l'inutilité des progrès de l'architecture défensive avec l'apparition de l'artillerie au soir du Moyen Âge. De toutes les épreuves subies par la grande forteresse, la plus célèbre reste le siège victorieux de Du Guesclin en 1371. Par la suite, l'abandon et la ruine l'amèneront près de la disparition au XIXe siècle. Acquis par la commune en 1975, classé depuis 1996, il présente une première enceinte elliptique flanquée de sept tours cylindriques pleines et une seconde ceinture de fortifications qui s'adaptent aux irrégularités du sol sur quelque 700 mètres, balisés de quarante-trois tours du début du XIIIe siècle, pleines ou à double niveau d'occupation, qui ont presque toutes disparu. Située au nord-est, la porte principale fut initialement protégée par une double tour, reprise ensuite en un seul volume.

Chinon

Le souvenir de Jeanne d'Arc

Si nombre de souverains anglais et français ont occupé la citadelle de Chinon qui, de 1427 à 1450, obtint même le statut de palais royal du fait de la résidence de la cour de Charles VII, sa légende reste dominée par la venue de Jeanne d'Arc en 1429, prélude à l'une des plus extraordinaires épopées de l'Histoire.

C'est sur un long éperon dominant la Vienne et détaché du plateau par une vallée sèche que fut installé le *castrum* initial, mentionné pour la première fois au ve siècle. Possession des comtes de Blois et de Tours, il devient l'un des fleurons de la dynastie Plantagenêt dans la seconde moitié du xiie siècle, jusqu'au siège installé par Philippe Auguste en 1204.

Du château primitif restent des fragments de murailles que l'on peut identifier à l'extrémité occidentale du site. Bien sûr, les rois Plantagenêt renforcent considérablement ses défenses sur tout son pourtour, faisant notamment élever une douzaine de tours circulaires sur base carrée ou rectangulaire ; la plus spectaculaire, sur le front occidental, demeure la tour du Moulin. Mais c'est sur le côté est que les maîtres anglais de Chinon font surtout porter leur effort ; autour de la tour maîtresse un mur à archères est ajouté et, de l'autre côté du fossé, Henri II fait dresser le fort Saint-Georges, à vocation exclusivement défensive.

Le nouveau symbole de la puissance française

Toutes les précautions anglaises se révèlent vaines. Lorsque Philippe Auguste s'empare du château et devient maître de la Touraine, son premier soin est de faire séparer, au moyen d'un fossé, le fort du Coudray du reste de l'édifice. Une puissante courtine, renforcée en son milieu par une tour maîtresse circulaire, en assure la sécurité. Un peu plus tard, le système de protection est encore amélioré par la construction de la tour de Boisy, sur le front méridional. De l'autre côté, au nord, trois autres tours voient le jour, dont celle dite

CHINON
CHÂTEAU, INTÉRIEUR DE LA TOUR DE COUDRAY
XIIIe SIÈCLE

Une prison royale. Le donjon, ou tour maîtresse du Coudray, a été érigé sur ordre de Philippe Auguste après qu'il se fut emparé de la forteresse en 1205 et que ses victoires sur la coalition anglaise lui eurent assuré la primauté sur le comte d'Anjou et la maîtrise du royaume de France. Ce cachot colossal fait appel à un appareillage assez rustique, mais sa voûte ogivale atteste la grande habileté de ses architectes.

CHINON
CHÂTEAU, LA TOUR DE L'HORLOGE, FAÇADE OUEST
XIIIe-XIVe SIÈCLE

Le plus élégant édifice de Chinon. Érigée au xiiie siècle, la tour de l'Horloge a été surélevée au xive siècle. Atteignant la hauteur de 22 mètres pour seulement 5 mètres de largeur, elle comprend trois niveaux auxquels est superposé le lanternon abritant la cloche qui a donné son nom à l'édifice : nommée « Marie Javelle », probable référence à une dame du lieu, cette cloche a été fondue en 1399, ce qui en fait une des plus anciennes de France.

« des Chiens », qui reprend la conception de la tour de Boisy. Désormais, ce nouveau symbole de la puissance de la monarchie française ne change plus d'aspect extérieur. Tout au plus note-t-on, dans la seconde moitié du XIVe siècle, un remaniement des mâchicoulis et la surélévation du massif d'entrée, la célèbre tour de l'Horloge.

En revanche, les logis connaissent une considérable expansion lorsque Charles VII y installe sa résidence à partir de 1427. Le souverain fait ainsi construire une grande salle dont ne subsistent aujourd'hui que le grand pignon, enrichi d'une cheminée, et les substructions. Un second ensemble résidentiel abrite les appartements royaux ; distribuées par une grande vis sur plan carré, la chambre de parement et la chambre du roi, cette dernière pourvue de latrines chauffées par une cheminée, sont contiguës.

Sur le front nord, une ultime fortification est érigée en fin de XVe siècle, par Philippe de Commynes, chroniqueur et capitaine du château ; sa tour en U renonce aux archères au profit de longues fentes destinées à l'usage des armes à feu. Ayant perdu toute importance, le château tombe peu à peu en ruine, n'étant sauvé que par les campagnes de restauration du XXe siècle.

CHINON (INDRE-ET-LOIRE)
CHÂTEAU, VU DE LA VIENNE
XIIIe SIÈCLE

Une puissante forteresse. Sur l'éperon étiré le long des rives de la Vienne, le château de Chinon se compose de trois fortifications distinctes étendues d'est en ouest sur près de 400 mètres, le fort du Coudray, le château du milieu, dont l'extrémité est dominée par la tour de l'Horloge, et le fort Saint-Georges, non visible sur ce document. L'ensemble de la forteresse, bien conservé jusqu'au XVIIe siècle, a subi ensuite de sérieuses dégradations ; de récentes restaurations lui ont rendu sa grandeur médiévale.

ARRIVÉE DE JEANNE D'ARC
AU CHÂTEAU DE CHINON
XVe SIÈCLE
Tapisserie allemande
Orléans, musée historique de l'Orléanais

Une visite historique. Au cours de l'hiver 1428, Jeanne d'Arc fait la connaissance de Robert de Baudricourt qui sollicite pour elle une rencontre avec le dauphin Charles, demande agréée le 13 février 1429. Le 8 mars 1429, Jeanne, vêtue en homme, est reçue par le dauphin au château de Chinon ; elle se dirige sans hésiter vers lui alors qu'elle ne le connaît pas et qu'il est au cœur d'une assemblée. Convaincu, Charles lui accorde sa totale confiance. Le 14 mars 1429, la Pucelle et le dauphin quittent Chinon pour Poitiers où la jeune fille subit un examen... destiné à prouver sa virginité !

1205 **Construction du donjon de Chinon, sur ordre de Philippe Auguste** 1207 Villehardouin commence à rédiger sa *Chronique de la quatrième croisade*, ouvrage d'une inestimable valeur documentaire sur l'époque 1209 Les foires de Champagne sont placées sous la sauvegarde de Philippe Auguste.

Fère-en-Tardenois

Les marques de l'innovation défensive

Bien que se réclamant clairement des préceptes imposés par Philippe Auguste en matière de construction défensive, le château de Fère-en-Tardenois se signale par sa capacité à innover. La base en roue dentée de ses tours et l'aménagement de son entrée entre deux tours pentagonales en sont l'illustration ; à ces réalisations guerrières médiévales succédera, au temps de la Renaissance, la construction du célèbre pont-galerie.

Au cœur du Soissonais, dont il fut un oppidum réputé, le site de Fère-en-Tardenois aurait été donné à sainte Geneviève par Clovis. La sainte patronne de la capitale en ayant fait don à saint Remi, évêque de Reims, la seigneurie passe ensuite aux comtes de Champagne, puis aux mains de familles prestigieuses (Lusignan, Châtillon, Montmorency, Bourbon-Conti), jusqu'à la branche d'Orléans.

Repères historiques

Le château de Fère-en-Tardenois se dresse sur une très ancienne butte. C'est dans les dernières années du XIIe siècle que Robert, frère du roi Louis VII, rachète la terre de Fère aux archevêques de Reims, successeurs de saint Remi. Son propre fils, Robert II, comte de Dreux et de Braine, mais aussi époux de Yolande de Coucy, richement dotée, ouvre le chantier de la nouvelle forteresse en 1206. De ce château fort initial subsiste, au sommet de la motte renforcée de diverses maçonneries, l'enceinte aux sept tours dont la base est ornée d'un dessin en roue dentée d'une facture totalement inédite. Le 23 mars 1395, le domaine est acheté par Louis d'Orléans ; après la mort de ce dernier, en 1407, son capitaine, Alardin de Monzay défend le château contre les Anglais jusqu'en 1424.

C'est au XVIe siècle que sera construit, sur ordre d'Anne de Montmorency (qui a reçu la seigneurie des mains de François Ier en 1528), le fastueux pont à double galerie qui enjambe le large fossé entre la poterne fortifiée et le châtelet d'entrée. Dans cette conception aussi décorative que monumentale, nombreux sont les historiens de l'architecture qui découvrent la préfiguration directe de la galerie jetée par Catherine de Médicis sur le Cher, au château de Chenonceau (1570). En 1632, Louis XIII fait décapiter Henri II, dernier duc de Montmorency, à Toulouse. Confisqué, son château est donné à Henri II de Bourbon, prince de Condé. En 1752, Louise Henriette de Bourbon l'apporte en dot à Louis-Philippe d'Orléans. Il reviendra à leur fils, futur Philippe-Égalité, d'ordonner son démantèlement et la vente de ses matériaux pour 16 400 livres, en 1779.

Un dispositif sans pareil

En cours de restauration depuis plusieurs années, le château de Fère-en-Tardenois présente un dispositif défensif d'une indéniable originalité. Sa rude courtine, régulièrement flanquée de tourelles semi-circulaires, couronne une haute motte recouverte d'un talus de

FÈRE-EN-TARDENOIS (AISNE)
CHÂTEAU, VUE GÉNÉRALE
XIIIe SIÈCLE

Tradition et progrès. La première forteresse du site de Fère-en-Tardenois, érigée au tout début du XIIIe siècle sur une butte tronconique et, pour une part, artificielle, développe un plan polygonal. Sur un puissant socle pavé et renforcé de maçonneries au XVe siècle, la colossale base des sept tours se présente toujours comme une formidable ceinture, dont le caractère le plus original, voire le plus étrange, demeure le dessin, en partie inférieure des tours, d'une roue horizontale aux dents d'engrenage. De ce curieux principe de la roue dentée, la fonction semble avoir été avant tout décorative ; mais certains spécialistes y découvrent une ingénieuse combinaison défensive destinée à contrecarrer le travail de sape d'éventuels assaillants. En ce cas, leur efficacité aurait été directement liée à la présence des archères supérieures, bouchées dans la première moitié du XVIe siècle par le connétable Anne de Montmorency.

FÈRE-EN-TARDENOIS
CHÂTEAU, PONT-GALERIE
XVIe SIÈCLE

L'œuvre d'un esthète visionnaire. Anne de Montmorency, intime de François Ier, puis de Henri II, se veut aussi mécène et esthète passionné d'art italien. Collectionneur enragé, il profite de sa colossale fortune, encore accrue par son mariage avec Madeleine de Savoie, pour se constituer un impressionnant patrimoine (à sa mort, en 1567, il ne possédera pas moins de 130 châteaux). Hanté par l'esprit d'innovation, il est à l'origine de spectaculaires réalisations à Écouen ou à Chantilly, mais le pont-galerie de Fère-en-Tardenois, qu'il a commandé en 1555-1560 à Jean Bullant, demeure la plus étonnante réalisation qui lui soit due. Sa fonction est purement signalétique ; véritable entrée royale, il atteste la puissance et le faste du propriétaire des lieux et offre un curieux contraste avec les rudes fortifications féodales vers lesquelles il conduit.

1206 **Construction du château de Fère-en-Tardenois, sur ordre de Robert II** 1208 Le pape Innocent III appelle à la croisade contre les albigeois après l'assassinat de son légat, Pierre de Castelnau 1210 Otton de Brunswick, couronné empereur, doit combattre les ambitions de son rival, Frédéric de Hohenstaufen, soutenu par le pape Innocent III et par Philippe Auguste.

maçonnerie au XVe siècle. Par ailleurs, l'absence de donjon constitue un trait remarquable de l'ensemble. Enfin, l'accès à la cour avait été conçu entre deux tours pentagonales à éperon, ce qui lui assurait une sécurité maximale ; encore s'agissait-il là de la seule porte charretière, une entrée piétonnière ayant été directement aménagée dans le flanc du châtelet, signe d'une vigilance et d'une ingéniosité sans faille.

CHENAUX (SUISSE, ESTAVAYER-LE-LAC)
CHÂTEAU, VUE GÉNÉRALE
XIIIe-XVIe SIÈCLES

La marque de l'esprit médiéval. La forteresse de Chenaux est attestée avant le XIVe siècle, mais la quasi-totalité de ses parties visibles est nettement plus tardive, à l'image de sa superbe entrée latérale, presque complètement reconstruite en 1450, et de ses élégants mâchicoulis ; c'est en 1503, par ailleurs, qu'ont été érigées les deux hautes tours rondes de brique destinées à remplacer les anciennes tourelles en encorbellement de l'âge féodal. Historiquement, c'est en 1432 qu'Humbert le Bâtard, demi-frère du duc Amédée VIII, a fait l'acquisition de la seigneurie de Chenaux et qu'il a décidé de transformer le château ruiné en une puissante forteresse, enrichie de tours et d'un châtelet d'entrée, importante campagne de travaux terminée en 1441. Quelques années encore et Jacques d'Estavayer rachète le château au duc de Savoie en 1454, mais l'édifice et son fief reviennent à Fribourg en 1536. Passé aux Dominicaines en 1687, le château bénéficie d'un exceptionnel état de conservation, mais son intérieur a été réaménagé.

Puilaurens

L'archétype de la forteresse cathare

Puilaurens, le mieux conservé des châteaux cathares, occupe le sommet d'un énorme piton rocheux, le mont Ardu, qui culmine à 697 mètres. La partie la plus émouvante de ces ruines reste probablement l'ensemble des cavités naturelles sous le corps du donjon, réserves et issues secrètes qui ouvrent sur la vertigineuse paroi nord du site.

De ce nid d'aigle, le premier occupant connu est, en 1217, un certain Pierre Catala, vassal du vicomte de Fenouillet, même si la construction d'une fortification remonte probablement à 985. C'est à l'occasion de la première croisade albigeoise que Puilaurens entre dans l'Histoire, abritant de nombreux cathares. La place forte tient bon et passe ensuite sous administration royale, Louis IX exigeant du sénéchal de Carcassonne la consolidation du site en août 1255.

Devenu le siège d'une garnison royale après le traité de Corbeil (1258), le château retrouve une importance stratégique face à la menace du royaume aragonais, complétant le dispositif défensif des « cinq fils de Carcassonne » avec Aguilar, Peyrepertuse, Quéribus, et Termes ; en 1259, sa garnison, placée sous les ordres d'Odon de Montreuil compte vingt-cinq hommes. Après quelques travaux d'aménagement en 1263, Puilaurens subit de nouvelles modifications en 1270-1285 sous le règne de Philippe le Hardi ; c'est à cette occasion qu'est construite la tour dite « de la Dame-Blanche » (référence à Blanche de Bourbon, petite-nièce du souverain). Victorieuse du siège des Catalans en 1473 et 1495, la forteresse est encore restaurée au début du XVIIe siècle, mais la signature du traité des Pyrénées en 1659 lui ôte tout rôle militaire, prélude à une longue période d'oubli.

Une citadelle irréductible

Située en contrebas du donjon et du logis constituant le château supérieur, l'enceinte de Puilaurens se développe sur un approximatif quadrilatère de 70 mètres × 30 mètres. Son seul accès est un chemin à chicanes débouchant devant la porte protégée par un assommoir. Au-delà de ce dispositif, la basse cour s'étend aux pieds de la courtine

PUILAURENS
CHÂTEAU, COURTINE SUD
XIIIe SIÈCLE

Une citadelle consubstantielle à sa terre. Depuis le donjon ruiné, la basse cour du château apparaît comme un espace dévasté par le passage des siècles, mais dont tous les reliefs accuseraient précisément, mieux qu'au temps de leur usage, une origine immédiate. C'est du terrain rocheux qu'elle domine qu'ont été directement extraits les blocs de pierre agençant les courtines, les tours, les créneaux et les murs intérieurs de la farouche citadelle. Comment ne pas comprendre qu'en un tel décor, les hommes en marge de la profonde corruption des bourgs et des cités se soient crus plus proches de la perfection divine ? Et qu'ils aient persisté en cette espérance jusque sur le bûcher ?

1209 Début de la croisade contre les albigeois 1211 Ouverture du chantier de la cathédrale de Reims 1214 Le 27 juillet, Philippe Auguste vainc l'armée anglo-germano-flamande à Bouvines 1217 **L'occupation du site fortifié de Puilaurens est attestée.**

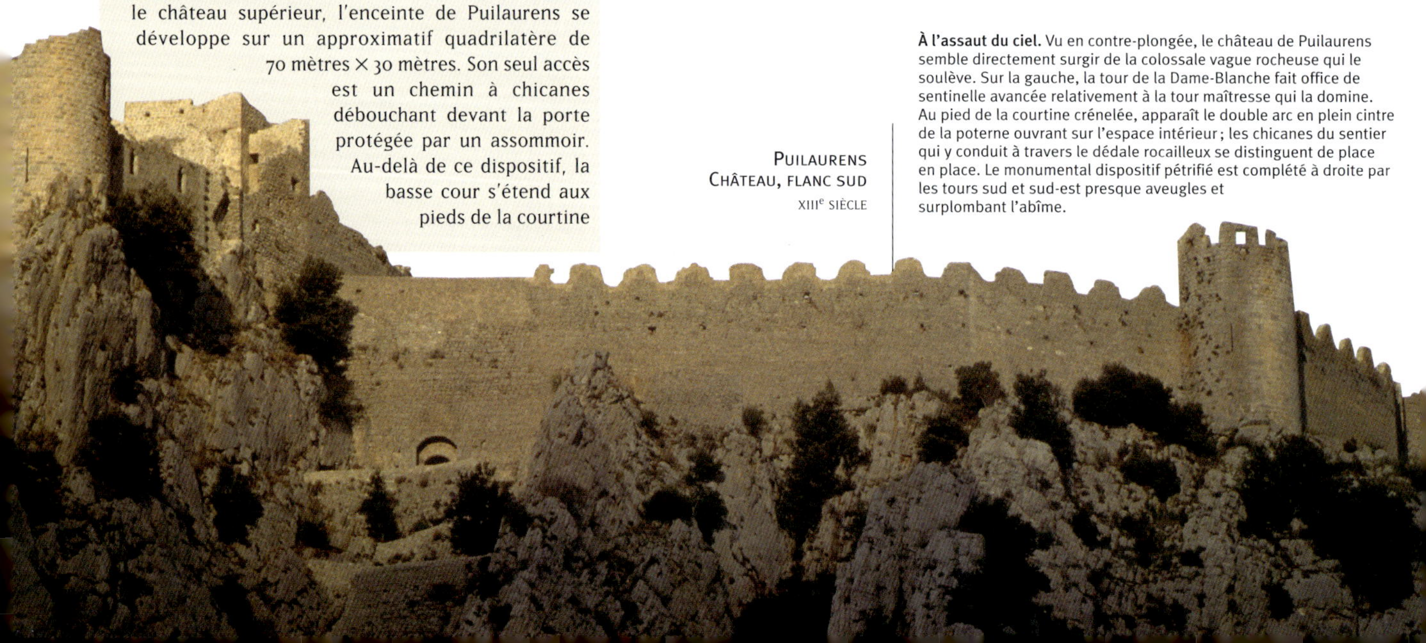

PUILAURENS
CHÂTEAU, FLANC SUD
XIIIe SIÈCLE

À l'assaut du ciel. Vu en contre-plongée, le château de Puilaurens semble directement surgir de la colossale vague rocheuse qui le soulève. Sur la gauche, la tour de la Dame-Blanche fait office de sentinelle avancée relativement à la tour maîtresse qui la domine. Au pied de la courtine crénelée, apparaît le double arc en plein cintre de la poterne ouvrant sur l'espace intérieur ; les chicanes du sentier qui y conduit à travers le dédale rocailleux se distinguent de place en place. Le monumental dispositif pétrifié est complété à droite par les tours sud et sud-est presque aveugles et surplombant l'abîme.

crénelée et parcourue par un chemin de ronde ; au sud et au sud-est, deux tours à bossage flanquent les angles de la muraille qui atteint parfois une hauteur de 10 mètres pour une épaisseur d'environ 1,20 mètre. Des traces de logis demeurent au nord-est, là même où une citerne a été aménagée. Il est possible de sortir de cette cour sans utiliser l'entrée principale, grâce à deux poternes qui se trouvent au pied de la tour sud-est et à proximité de la citerne.

Au nord, l'édifice culmine par son donjon qui commande la place ; pour y accéder, il faut franchir une porte, également défendue par un assommoir. L'édifice principal en est la tour maîtresse carrée ; à son côté, une seconde citerne permet aux assiégés de résister en cas de prise de la basse cour. Du côté du précipice, deux tours circulaires flanquent la courtine ; la plus occidentale, celle de la Dame-Blanche, présente un superbe appareillage à bossage. Des espaces de circulation permettent d'accéder aisément aux nombreuses archères aménagées dans les murs.

PUILAURENS (AUDE)
CHÂTEAU, VUE AÉRIENNE
XIIIe SIÈCLE

Une couronne de pierres. Épousant les aspérités de l'énorme socle rocheux, la basse cour développe sa puissante couronne de murailles ; au premier plan, la tour sud domine un à-pic vertigineux ; à droite, la poterne sud-est se trouve cachée à la base d'une seconde tour. Adossés au mur nord-est, quelques fragments de construction marquent l'emplacement de la citerne de la basse cour. Au fond, le château supérieur est dominé par sa tour maîtresse carrée, au centre, et par la tour de la Dame-Blanche, à son extrémité gauche ; entre les deux édifices, on observe le creux d'une autre citerne. C'est dans le flanc chaotique gauche du massif rocheux qu'est ouvert le chemin en chicanes successives menant à la forteresse dans laquelle on pénètre au moyen d'une porte discrète, placée au point de jonction du donjon et de la basse cour.

PUILAURENS
CHÂTEAU, ESPACES DE CIRCULATION
XIIIe SIÈCLE

Les retranchements du château supérieur. Dans cet univers labyrinthique de pierre, tout semble conçu pour le retranchement et la défense. Les allées d'archères permettent une efficace circulation des hommes de la garnison et les escaliers distribuent les divers niveaux du château supérieur. La succession des portes et l'étroitesse de leur ouverture relèvent également de ce système de protection dont l'Histoire devait pourtant rapidement montrer les limites. Il est d'ailleurs à relever que l'appareil est d'une relative simplicité, les concepteurs de la forteresse comptant plus sur la massivité des dispositifs mis en place (les murs du donjon à plan carré atteignent une épaisseur de 1,20 mètre) que sur l'ingéniosité de leur agencement.

Annecy

En marge du royaume de France

Progressivement agrandi du XIIe au XVIe siècle, le château d'Annecy, demeure des comtes de Genève et des ducs de Genevois-Nemours, se signale par l'étonnante variété de ses volumes dans un espace massivement unitaire. Pour l'essentiel, il est constitué par quatre corps de logis flanqués de hautes tours quadrangulaires.

C'est seulement lorsque les comtes de Genève font d'Annecy leur capitale régionale, préférant cette modeste cité à la grande ville suisse, que l'édifice seigneurial acquiert son statut de puissante forteresse, étant pour la première fois mentionné en 1219.

Du premier état de la construction, au XIIIe siècle, ne subsiste guère que la tour de la Reine qui assure la protection du front sud-ouest du château. C'est un énorme bâtiment sur plan carré, de 16 mètres de côté, défendu par diverses archères à ébrasement simple. Il est difficile de suivre les étapes de sa construction, les parties basses, du XIIIe siècle, semblant avoir servi de socle aux compartiments supérieurs, dressés probablement à la fin du XIVe siècle ou au début du XVe siècle.

Les archéologues estiment par ailleurs que les substructions de ce massif sont encore antérieures à l'actuel rez-de-chaussée, une fortification primitive ayant vraisemblablement existé au XIIe siècle, indépendamment d'une hypothétique tour maîtresse qui aurait été installée au centre de la cour, à peu près au niveau de la jonction du Vieux Logis et du logis Neuf.

Comtes de Genève et ducs de Savoie

La citadelle d'Annecy a pour première fonction de défendre les rives du lac Léman. Si la tour de la Reine en est la plus ancienne partie, c'est autour du Vieux Logis qu'est réparti l'ensemble des bâtiments. De ce Vieux Logis, qui remonte au début du XIVe siècle, l'aspect initial a été profondément modifié par Amédée VIII (duc

JACQUES DE SAVOIE, DUC DE NEMOURS
ÉCOLE FRANÇAISE DU XVIe SIÈCLE
Huile sur bois
Versailles, musées des châteaux de Versailles et de Trianon

Le portrait d'un héros romanesque. Jacques, duc de Genevois et de Nemours (1531-1585), quitte le château d'Annecy pour rejoindre la cour du roi de France à l'âge de quatorze ans. Il combat dans les troupes d'Henri II contre les armées impériales, faisant preuve d'un courage à la hauteur de son intelligence. Toute sa vie se passe sous le double signe de la fureur des champs de bataille et de la conquête des cœurs féminins. Ce qui explique qu'il soit passé à la postérité sous le visage du héros de *la Princesse de Clèves* de Madame de La Fayette, roman dont toute l'intrigue a pour décor la cour d'Henri II.

ANNECY
CHÂTEAU, COUR INTÉRIEURE
XIVe-XVIe SIÈCLES

Des ajouts séculaires. Dans la cour du château d'Annecy, le visiteur est placé face à une curieuse juxtaposition d'édifices renvoyant à autant d'époques différentes. Au centre, le Vieux Logis voulu par les comtes de Genève remonte aux alentours de 1333. Sa façade a été reprise un siècle plus tard ; à l'intérieur, la grande salle développe un quadrilatère de 25 mètres sur 13. Sous la grande arche de gauche est abrité le puits d'une quarantaine de mètres de profondeur ; il a été creusé en 1371. Tout à fait à gauche, le logis Nemours, flanqué par la tour du Trésor, a été édifié sur ordre de Charlotte d'Orléans, duchesse de Genevois-Nemours, en 1545. Le logis Neuf, enfin, bâti de 1562 à 1571 pour l'abri d'une garnison, vient équilibrer sur la droite cet ensemble, terminé par le massif Perrière, non visible ici, qui remonte au XVe siècle.

de Savoie qui s'est emparé du comté de Genève en 1401) à partir de 1430 : au-dessus de la salle « aux quatorze piliers », la grande salle proprement dite est alors voûtée d'un admirable plafond, chauffée par une vaste cheminée (remaniée à l'époque Renaissance) et distribuée par une grande vis, qui représente un état avancé de la technique de l'escalier.
À l'extrémité nord du château, le logis Perrière, construit à partir de 1445 sur ordre d'Amédée VIII (élu pape sous le nom de Félix V en 1430), est dominé par une haute tour carrée de 12 mètres de côté, probablement destinée à abriter les appartements du prince. Elle était reliée aux logis adjacents par une vis qui, aménagée dans la maçonnerie, distribuait tous les niveaux.
Passé aux mains de la famille Genevois-Nemours au XVIe siècle, le château est alors enrichi des deux corps de bâtiment entourant le Vieux Logis : logis Nemours au sud, logis Neuf au nord. Transformé en caserne au XVIIIe siècle, plusieurs fois victime d'incendies, peu à peu abandonné avant d'abriter divers réfugiés sans logis en 1949, le château est acquis par la ville d'Annecy en 1953 et restauré avec l'aide des Monuments historiques. Il abrite désormais un musée mais aussi, depuis 1993, l'Observatoire régional des lacs alpins

1219 Première installation des franciscains à Paris, à la suite des dominicains **1219 Première mention du château d'Annecy**
1220 Début de la construction de la cathédrale d'Amiens.

ANNECY (HAUTE-SAVOIE)
CHÂTEAU, VUE GÉNÉRALE PAR-DESSUS LES TOITS DE LA CITÉ
XIIIe-XVe SIÈCLES

Le rude symbole de la cité alpestre. Dans cette région de haute montagne aux hivers rigoureux, la puissante silhouette du château d'Annecy domine la ville dont il demeure le plus prestigieux symbole. De gauche à droite, sont enchaînées la tour Perrière sise non loin de la rive du lac, puis la tour Saint-Pierre qui, construite de 1340 à 1393 mais complètement remaniée en 1430, forme, avec la tour Saint-Paul, la façade extérieure du Vieux Logis. À l'extrémité droite enfin, la massive tour de la Reine, qui remonte au XIIIe siècle, constitue la partie la plus ancienne de cet imposant ensemble.

ANNECY
CHÂTEAU, PORTE PRINCIPALE ET TOUR DE LA REINE
XIIIe SIÈCLE

La plus ancienne partie du château. Depuis la cour intérieure, la porte semble de toute petite taille. Elle est directement ouverte dans la muraille surmontée d'un chemin de ronde qui prend appui, à gauche, sur la tour de la Reine (ainsi nommée depuis le XVIIIe siècle, en remplacement de son ancien nom de Grande tour). Ces reliefs très anciens (ils remontent pour une part au XIIIe siècle) permettent de retrouver l'aspect initial de la forteresse avant sa transformation en résidence de cour. Fruit d'une restauration attentive à la fin du XIXe siècle, ce fort massif est dominé par la tour de la Reine dont les murs atteignent une épaisseur de 4 mètres et dont le rez-de-chaussée est aveugle, deux signes de sa vocation foncièrement défensive.

Dourdan

L'accomplissement de l'architecture philippienne

Probablement érigé vers 1220, le château de Dourdan constitue un très bel exemple de forteresse militaire du XIIIe siècle, avec l'organisation de son système défensif formé de fossés et courtines flanquées de tours, la pièce principale en demeurant cependant le donjon à plan circulaire dressé en marge de l'ensemble, témoin majeur de la grande mutation castrale opérée sous l'impulsion de Philippe Auguste.

Au soir du premier millénaire, un édifice castral a vu le jour ici, probablement sous Hugues Capet, la châtellenie de Dourdan appartenant d'emblée au domaine de la nouvelle dynastie. Mais l'actuelle forteresse n'a rien conservé de ce bâtiment primitif. Construit sur ordre de Philippe Auguste, la demeure fortifiée passera en diverses mains royales (celles de Louis IX ou Philippe le Bel) avant d'entrer dans le domaine des comtes d'Évreux en 1307, puis de revenir aux ducs de Berry au XVe siècle ; durant la guerre de Cent Ans, Dourdan subit rudement le sac des Anglais (1428), et la cité ne doit qu'à Louis XI de réintégrer le domaine royal en 1477.

Un siècle plus tard, les guerres de Religion provoquent de nouveaux saccages (notamment lors du siège protestant de 1591), auxquels met fin le règne d'Henri IV ; successivement acquis par Sully, Louis XIII, Marie de Médicis, Louis XIV et Anne d'Autriche (peu d'édifices peuvent se prévaloir d'une telle lignée), le château passe enfin à Philippe d'Orléans lequel transforme la forteresse médiévale en prison royale.

Acheté par le département de Seine-et-Oise en 1792, redevenu propriété privée en 1852, vendu à la ville en 1961, puis classé monument historique trois ans plus tard, le château de Dourdan a été l'objet de diverses et importantes campagnes de restauration depuis 1972.

La volonté de Philippe Auguste

En faisant construire ce puissant bastion, Philippe Auguste manifeste clairement sa volonté de doter son domaine d'une ceinture d'imprenables citadelles, aptes à offrir un refuge aux grands du royaume, mais surtout à recevoir des garnisons qui assureront la pacification des environs immédiats.

Le bâtiment apparaît sous la forme d'un quadrilatère fortifié de quelque 70 mètres de côté, protégé par un fossé d'une largeur atteignant 12 mètres. Les quatre coins sont protégés par une tour d'angle sur plan circulaire, celle du nord (le « donjon ») étant de surcroît isolée de l'ensemble par un fossé particulier. Les quatre courtines sont renforcées, en leur milieu, par une tour semi-cylindrique, remplacée au sud-est par un châtelet fortifié.

DOURDAN
CHÂTEAU, TOUR MAÎTRESSE
XIIIe SIÈCLE

La vêture monumentale du symbole monarchique. À Dourdan, la tour maîtresse, d'un diamètre de 13,60 mètres, atteignait à l'origine une hauteur d'une trentaine de mètres. Isolée du reste de l'édifice, elle passe pour l'archétype de la tour philipienne, élément principal (mais isolé) de la citadelle ; elle donne sur la cour et sur l'extérieur par deux pont-levis retombant sur une pile aménagée dans le fossé et accédant directement à l'étage. Le premier niveau, réservé aux services, a été couvert d'une voûte d'ogives et pourvu d'une cheminée ainsi que d'un puits. On accède au second niveau, également pourvu d'une cheminée et d'ogives retombant sur des culots historiés, par un escalier aménagé dans l'épaisseur du mur. Au dernier étage, le renforcement d'un hourd est attesté, mais toute trace en a disparu. Une singularité de cette tour tient à l'absence d'ouvertures meurtrières ; d'où la conclusion que son rôle, dans l'esprit de Philippe Auguste, ressortissait plus à la symbolique du pouvoir monarchique qu'à la pure pratique défensive.

LE MOIS D'AVRIL ET LE CHÂTEAU
ENLUMINURE EXTRAITE DES *TRÈS RICHES HEURES DU DUC DE BERRY*
XVe SIÈCLE
Chantilly, musée Condé

Le château des ducs de Berry. Le merveilleux tableau de cette renaissance de la nature au sortir de l'hiver a pris pour décor le château de Dourdan, qui appartient aux ducs de Berry depuis le début du XVe siècle. On en distingue très clairement la tour maîtresse et les principales fortifications au sommet de la petite colline de l'arrière-plan. À ses pieds coule l'Orge, modeste rivière locale ; sur la droite, les maisons du bourg se serrent au pied de ses murailles. Au premier plan, une scène de fiançailles : deux jeunes gens échangent leur anneau sous le regard ému des parents. Plusieurs hypothèses ont été formulées quant à l'identité des personnages ; la plus vraisemblable retient le nom de la douce Bonne, petite-fille du duc de Berry, âgée de onze ans et fiancée à Charles d'Orléans, qui n'en a que seize à l'époque (il chantera plus tard les charmes de son épouse, « gracieuse, bonne et belle »). Car c'est à Dourdan qu'eut probablement lieu la rencontre des deux fiancés, avant le mariage célébré en grande pompe à Gien, quatre mois plus tard.

Si les éléments purement défensifs ont bien supporté l'épreuve du temps, il n'en va pas de même des anciens logis qui, adossés aux murailles côté cour, ont presque complètement disparu quand ils n'ont pas été purement et simplement reconstruits. Les plus beaux espaces résidentiels étaient répartis le long des flancs nord-ouest et sud-ouest, c'est sur la gauche de l'entrée principale (au sud-est) que nous en trouvons les plus vieux témoignages, sous forme de deux grandes salles ruinées, peintes à fresque au XVIe siècle.

Dourdan (Essonne) Château, vu du nord-est
XIIIe siècle

Un quadrilataire parfait. Le château de Dourdan est tout à la fois le dernier chantier lancé par Philippe Auguste et sa réalisation la plus accomplie. Au premier plan, la tour orientale flanque les hautes courtines qui conduisent au châtelet d'entrée, sur la gauche, et vers la tour maîtresse, au fond à droite. Cette tour maîtresse, elle-même isolée par un fossé particulier possède deux accès protégés par des ponts-levis, l'un vers le château, l'autre vers la campagne.

1220 Installation des vitraux de la cathédrale de Chartres, financés par les corporations de la ville ; **c'est approximativement à cette date que commence la construction de la forteresse de Dourdan ;** par testament, Philippe Auguste lègue à parts égales (300 000 livres) une fortune considérable pour la défense du royaume de France et de la Terre Sainte.

Dourdan Château, châtelet d'entrée
XIIIe siècle

Un élément majeur de l'appareil défensif. Sur le flanc sud-est, le châtelet d'entrée est constitué par la connexion de deux tours semi-circulaires, atteignant chacune un diamètre extérieur de 9 mètres et entourant une porte protégée par une herse et un assommoir. Détail significatif de l'évolution des systèmes de protection, les archères du XIIIe siècle ont été élargies en leur milieu, de manière à devenir des archères-canonnières au temps de l'artillerie (XVe siècle). Scrupuleusement restauré, le puissant massif témoigne aussi bien de la science architecturale des maîtres maçons médiévaux que de la précellence hiérarchique des maîtres du lieu.

Boulogne-sur-Mer

Aux confins septentrionaux de la terre de France

Le robuste château de Boulogne-sur-Mer figure parmi les fortifications médiévales les mieux conservées de France. Joyau de sa cité et de sa région, il se signale par une belle homogénéité architecturale, mais aussi par l'ingénieuse répartition de ses différents éléments de circulation et de défense.

Les origines de Boulogne sont particulièrement anciennes, les Romains y ayant créé un port pour leur flotte de la Manche dès 55 av. J.-C.Un *castrum* en protège l'accès, renforcé à la fin du IIIe siècle par une muraille de 3 mètres d'épaisseur et flanquée de tours. La transition est floue, ensuite, entre la disparition du camp antique et l'apparition du comté médiéval. Les comtes de Boulogne se sont illustrés avant même l'an 1000, mais leur véritable gloire date de l'expédition franco-normande d'Angleterre en 1066 ; fidèle et efficace allié de Guillaume le Conquérant à Hastings, Eustache II, époux d'Ide de Lorraine, n'est autre que le père de Godefroi de Bouillon, chef légendaire de la première croisade en Terre Sainte en 1099.

Lorsque, beaucoup plus tard, en 1214, Philippe Auguste triomphe de la coalition anglo-germano-flamande (dont fait partie le comte de Boulogne) à Bouvines, c'est à son fils, Philippe Hurepel, « le Hérissé », qu'il attribue le comté de Boulogne. Le nouveau maître des lieux n'en prend vraiment possession qu'en 1223, et s'attache presque aussitôt à faire complètement reconstruire le château. Il faut cependant attendre quatre ans encore pour voir s'ouvrir le chantier, en ces

LA BATAILLE DE BOUVINES
ENLUMINURE EXTRAITE DES *GRANDES CHRONIQUES DE FRANCE*
XVe SIÈCLE
Paris, Bibliothèque nationale de France

La première victoire « nationale ». Déjouant le piège du roi anglais, Jean sans Terre, qui, débarqué à La Rochelle, voulait l'éloigner de Paris, Philippe Auguste laisse son fils Louis sur la Loire et remonte à Péronne, où il lance un appel aux communes pour qu'elles lui fournissent des troupes, alors que Louis vainc Jean sans Terre à Chinon. De retour à La Rochelle, le roi anglais enjoint l'empereur Otton de passer à l'attaque. L'affrontement a lieu le 27 juillet 1214, près de Bouvines, sur le plateau de Cysoing. La victoire française marque le triomphe d'une monarchie ayant fondé toute son action sur le renforcement de sa défense, comme l'attestent les silhouettes des châteaux forts visibles sur ce document.

BOULOGNE-SUR-MER
CHÂTEAU, SALLE DE LA BARBIÈRE
XIIIe SIÈCLE

Une splendide voûte gothique. Si la vêture extérieure du château de Boulogne est sans réel rapport avec la première forteresse médiévale, la salle de la Barbière a été préservée en même temps que l'ensemble des parties basses de l'édifice. Placée sous la grande salle, elle est formée de quatre travées couvertes d'ogives qui retombent sur de curieux chapiteaux à dessin octogonal. On y accède de la cour par un escalier monumental à volée droite. La forte brisure des arcs et la répartition régulière des quatre voûtains autour de la clef atteste une maîtrise des formes et des techniques gothiques dont on ne trouve alors l'équivalent que sur les grands chantiers des cathédrales.

temps troublés de la minorité de Louis IX (dont la mère, Blanche de Castille, assure la régence du royaume).

Un édifice complexe aux fonctions mutantes

Rapidement menés, les travaux sont clos en 1231 ; la nouvelle unité fortifiée prend place dans l'angle nord-est de l'enceinte de la ville, qui repose elle-même en partie sur la muraille romaine du IVe siècle. Isolé par de larges et profonds fossés (comblés à la fin du XVIIe siècle), le château fort, relié à la cité par un pont de pierre, ne possède pas de donjon résidentiel, étant totalement dévolu à la défense de la ville nordique, rôle qu'il assume avec brio, notamment contre les Anglais, du XIVe au XVIe siècle. C'est un édifice complexe qui présente un total de cinq plans annulaires à l'intérieur d'une haute courtine polygonale flanquée de neuf tours circulaires. Ses bâtiments sont répartis autour d'une cour intérieure d'une inhabituelle ampleur.

Il est cependant difficile, aujourd'hui, de se représenter l'état initial de la grande forteresse boulonnaise, du fait de ses nombreux remaniements et de la diversité de ses usages à l'époque moderne ; jusqu'en 1973, elle a fait fonction d'édifice carcéral, son plus illustre prisonnier n'étant autre que le prince Louis Napoléon Bonaparte, enfermé derrière ses murs après une tentative avortée de coup d'État, le 6 août 1840. Acheté par la ville en 1984, classé monument historique, le château de Boulogne-sur-Mer abrite aujourd'hui les admirables collections du musée local.

1223 Le 14 juillet, mort de Philippe Auguste ; son fils, Louis VIII, lui succède **1223 Projet de reconstruction complète du château de Boulogne-sur-Mer** 1224 En juillet-août, siège victorieux de Louis VIII devant La Rochelle.

BOULOGNE-SUR-MER (PAS-DE-CALAIS) CHÂTEAU, LA PORTE DE LA VILLE
XIIIe SIÈCLE

Une disposition classique. Le château de Boulogne-sur-Mer est accessible par deux entrées, la « porte de la ville » et la « porte des champs ». Du fait des profonds remaniements des XVIe et XVIIIe siècles, il est malaisé de retrouver l'aspect premier de la forteresse. Ici, la disposition est des plus classiques avec les deux hautes tours qui assurent une protection maximale à la poterne centrale. Le pont de pierre du XVIIIe siècle a remplacé avantageusement le dispositif médiéval et de grandes baies ont été ouvertes pour faire passer les obscurs espaces intérieurs du statut de simples réduits défensifs à celui de belles salles résidentielles. La partie haute des tours et murailles médiévales a été rasée et totalement reprise au XVIIe siècle. Sur la gauche se développe le bâtiment dont la partie inférieure forme la célèbre salle de la Barbière à voûte gothique et dont la partie haute n'est autre que la « grande salle », remarquable relief de la résidence médiévale : couverte d'une chapelle lambrissée, elle ouvre sur l'extérieur par de belles fenêtres à colonnettes sous arc brisé. Sur la droite, le logis atteint désormais la hauteur des tours après les surélévations des XVIe et XVIIIe siècles.

SAINT-ÉMILION (GIRONDE) CHÂTEAU, VUE GÉNÉRALE
XIIIe SIÈCLE

Une tour pour quel souverain ? À qui, de Louis VIII, roi de France, ou Henri III, roi d'Angleterre, est dû le château de Saint-Émilion, l'une des plus anciennes constructions militaires d'Aquitaine ? Le souverain français a certes la priorité, ayant fait part de sa décision d'ériger une fortification locale par une charte de 1224, mais les travaux ne commencent qu'en 1237, à la demande d'Henri III, nouveau maître de la région. Toujours est-il que l'édifice, en marge de la cité et protégé par un fossé creusé dans le roc, se présente sous la forme d'une tour sur plan carré de 9 mètres de côté (hauteur 14,50 mètres ; épaisseur des murs 2,25 mètres). À son sommet, la terrasse est surmontée de deux petites tours de guet. L'intérieur, dépourvu de tout confort, compte trois niveaux, le rez-de-chaussée et deux salles, reliés par un escalier à vis puis à volée droite.

Coucy

Le symbole de la démesure féodale

Détruit par les Allemands en mars 1917, le château de Coucy fut longtemps l'une des plus impressionnantes forteresses médiévales du monde. Aujourd'hui, ses ruines sont à l'échelle de son ancienne splendeur et rappellent le fol orgueil du plus célèbre membre de l'illustre famille et promoteur de l'immense construction, Enguerrand III, défiant le souverain français : « Roi ne suis, ne prince, ne duc, ne comte aussi. Je suis le sire de Coucy ! »

Sans doute l'occupation du site de Coucy est-elle très ancienne, mais nous ne possédons que d'incertains souvenirs de la forteresse primitive, probablement de terre et de bois, érigée au xe siècle. C'est vers la fin du xie siècle que la seigneurie passe à Enguerrand de Boves, dont le descendant, Enguerrand III (1182-1242) ferraille bravement à la bataille de Bouvines (1214) aux côtés de Philippe Auguste.

Bâtisseur-né, Enguerrand entreprend de remonter ses diverses maisons, mais il s'attache surtout à lancer un gigantesque chantier dans sa seigneurie de Coucy. Par la suite, la châtellenie passe aux descendants de la famille jusqu'à l'ultime héritière, Marie de Coucy, qui vend la forteresse au prince Louis d'Orléans, frère du roi Charles VI (1380-1422). Après quelques aléas dus aux désordres militaires du temps, Coucy joue encore un rôle politique durant la Fronde, abritant imprudemment des troupes rebelles à Mazarin ; n'étant pas homme à oublier, le rusé cardinal fait démanteler le château par l'ingénieur Métezeau, en 1652. Le donjon est miné, les voûtes internes s'écroulent.

Par la suite, le lieu devient une véritable carrière de pierres, jusqu'à son rachat par Louis-Philippe d'Orléans en 1829, opération suivie par l'intervention d'Eugène

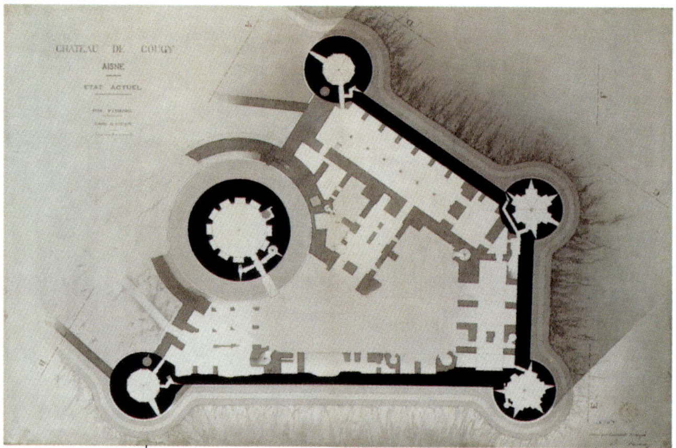

Plan général du château de Coucy établi par Bruneau
1878
Paris, médiathèque du Patrimoine

Une fortification géante. Au nord de la vaste basse cour dont il est séparé par un fossé sec, le château proprement dit est puissamment installé sur l'extrémité du promontoire rocheux formant son gigantesque socle. Son schéma est celui d'un trapèze dont les quatre côtés, du plus long au plus court, se déploient respectivement sur 92, 80, 50 et 35 mètres. Les tours cylindriques des quatre angles ne sont pas égales en volume, mais toutes approchent un diamètre de 20 mètres et s'élevaient à une hauteur d'environ 40 mètres ! Ces dimensions donnent le vertige et, pourtant, l'immense donjon placé sur la courtine sud écrasait toute la forteresse avec ses 54 mètres de hauteur pour un diamètre de quelque 30 mètres ! En pointe sur le côté le plus vulnérable de la citadelle, il était protégé par une demi-chemise sur la moitié de sa hauteur. Ses trois étages voûtés en pierre déterminaient d'énormes espaces intérieurs, la plate-forme sommitale étant placée sous combles.

Coucy
La cour du château
XIIIe siècle

Un chaos de pierres blessées. Au nord du château de Coucy, se dressent encore les reliefs colossaux des bâtiments résidentiels ; les logis des Preuses et des Preux étaient reliés par une tour d'angle, une vis assurant la distribution des différents étages et permettant notamment l'accès aux grandes salles d'apparat. Réunis pour la première fois sous la plume de Jacques de Longuyon en 1312, dans les *Vœux du paon*, les neuf héros se recrutent équitablement dans l'Antiquité gréco-latine (Hector, Alexandre, César), biblique (Josué, Judas Maccabée, David) et l'Histoire plus ou moins légendaire (Charlemagne, Godefroi de Bouillon, Arthur). Presque un siècle plus tard, leur seront associées neuf « Preuses », moins connues (Teuta, Lampeto, Étiope, Penthésilée, Déipyle, Sinope, Sémiramis, Hyppolite, Tomyris) et susceptibles d'être remplacées ; Jeanne d'Arc fut ainsi parfois associée à ses lointaines aînées.

Viollet-le-Duc pour le consolider. La fin du château de Coucy intervient au cours de la Première Guerre mondiale, les ennemis occupant le site durant trois ans et dynamitant la colossale citadelle le 27 mars 1917 (vingt tonnes d'explosifs, dit-on, sont nécessaires pour abattre le château). Il ne reste qu'un amas de ruines en lieu et place du grand donjon, qui demeure cependant un lieu de mémoire et d'Histoire attirant des visiteurs toujours plus nombreux.

Le plus haut donjon d'Europe

S'étant longtemps enorgueilli de posséder le plus puissant donjon d'Europe (une hauteur de 54 mètres pour une circonférence de près de 100 mètres !), le château de Coucy occupe le faîte d'une éminence rocheuse en marge de la cité, avec laquelle il communiquait par une porte fortifiée encore en place, bien que très altérée. L'ensemble castral est divisé en deux grandes parties d'importances inégales. La première est formée par une très vaste basse cour qui suit les lignes fluctuantes d'un incertain rectangle. Elle est ceinturée par une courtine flanquée autrefois d'une douzaine de tours circulaires, dont plusieurs ont subsisté. D'un diamètre approximatif de 8 à 9 mètres, ces tours étaient percées d'archères qui permettaient aux soldats d'interdire toute approche des murs aux éventuels assaillants.

Dans cette basse cour, divers communs assuraient l'exercice de la vie quotidienne : écuries, cuisines, chapelle, etc. Tous ont disparu, mais les archéologues en ont retrouvé les plans d'implantation. Au nord de cette basse cour, le château était constitué d'une formidable

COUCY (AISNE)
CHÂTEAU, VUE AÉRIENNE
ET PHOTOGRAPHIÉ EN 1914

Le colosse massacré. C'est vue des airs que la destruction de la grande citadelle (phototgraphiée ci-dessous trois ans avant d'être dynamitée) prend sa plus tragique dimension. Les parties inférieures des courtines et des tours semblent ramper au sol, impuissantes à restituer l'impression que produisit, des siècles durant, le colosse de pierre sur tous ses visiteurs. Ici, l'éperon nord n'est plus matérialisé que par les substructions de la tour de pointe, à l'extrémité du seul mur à peu près préservé, celui du logis des Preuses. En retrait, la disparition de la tour maîtresse est irrémédiable ; c'est tout juste si l'on peut encore désigner l'amas pierreux que la végétation cherche à couvrir.

Coucy
Château,
vu de l'ouest

Une paradoxale fragilité. Malgré l'état des ruines de Coucy, les historiens en tirent de précieuses indications quant à la conception de la construction féodale ; le visiteur y verra surtout la métaphore de la fin du monde médiéval et d'une morale sociale fondée sur un orgueil démesuré, celui que les dieux finissent toujours par punir.

enceinte en trapèze flanquée de quatre tours circulaires, toutes dominées par l'énorme donjon qui chevauchait la courtine sud. Les logis étaient adossés aux murailles nord, ouest et est. Il en reste de nombreuses traces, notamment celles des communs situés à l'est et, surtout, les parties basses, dont le fleuron est une colossale cave voûtée qui se trouve sous la grande salle orientée à l'ouest.

Quant aux appartements des maîtres du lieu, ils se situaient au sud, probablement pour bénéficier du meilleur ensoleillement. Une chapelle partait à l'équerre de la grande salle (58 × 14 m !), étant située au même étage qu'elle. Les aménagements intérieurs sont cependant complètement repris par Enguerrand VII dans la seconde moitié du XIVe siècle (il y ajoute en particulier des cheminées monumentales), puis par Louis d'Orléans au seuil du XVe siècle. C'est notamment de cette époque que datent, placés en angle au nord-ouest du château, le logis des Preux et celui des Preuses, ainsi nommé pour avoir abrité les niches contenant les statues des neuf héros... et de leurs homologues du sexe faible ! Cet ensemble de logis et grandes salles constitue par ailleurs le relief le moins ruiné du château de Coucy.

1225 **Ouverture du chantier du château de Coucy** ; éclosion de la littérature romanesque médiévale avec la *Queste del Saint-Graal* et les versions en prose du *Tristan* ; bien qu'âgé seulement de trente-huit ans, Louis VIII règle sa succession en juin.

Le siège de Coucy
Enluminure extraite des
Grandes Chroniques de France
XIVe siècle
Londres, British Library

Affirmation de la suprématie royale. Au cours de son long règne (1108-1137), Louis VI le Gros dut s'affronter rudement au seigneur de Coucy, Thomas. Si le dernier mot revint au suzerain suprême, son orgueilleux rival n'abdiqua jamais ses prétentions, justifiées par l'énormité de la forteresse.

COUCY
CHÂTEAU, LES TOURS
DE LA BASSE COUR
XIIIe SIÈCLE

L'annexe défensive du château. Relativement au reste de l'édifice, les tours et la courtine de la basse cour ont été épargnées sur une portion non négligeable. Elles permettent de mesurer la réalité du pouvoir des Coucy si l'on songe qu'elles n'ont à défendre que la partie annexe de la grande citadelle des fiers seigneurs du lieu !

COUCY
CHÂTEAU,
CAVE SOUS LA
GRANDE SALLE
XIIIe SIÈCLE

Les survivances souterraines. Ayant survécu à toutes les campagnes de destruction, les parties basses de l'édifice témoignent d'un raffinement dans la construction dont il est malaisé de retrouver la trace extérieure. Relativement à la fonction discrète de ces parties inférieures, de simples caves, les volumes internes sont remarquablement harmonieux et l'appareil d'une étonnante perfection.

Beaucaire

Deux millénaires de vigilance

La découverte du château de Beaucaire est toujours nuancée de surprise et de regret. D'une part, le visiteur ne peut que vivement ressentir la puissance de cette redoutable citadelle et, d'autre part, il déplore tout aussi profondément les blessures irrémédiables du démantèlement partiel de 1632, ordonné par Louis XIII et Richelieu.

La position même du château de Beaucaire indique sa fonction : il s'agit de surveiller le cours tumultueux du Rhône, qui fit si longtemps frontière avec la Provence. Mais les archéologues ont démontré que le site a des origines remontant bien au-delà du Moyen Âge. Déjà les Romains avaient créé le poste fortifié d'Ugernum sur l'énorme rocher surplombant le fleuve. Cet édifice semble avoir survécu jusqu'au haut Moyen Âge, et même avoir été considérablement renforcé puisqu'il résista en 1216, treize semaines durant, au siège installé devant ses murs par l'un des plus éminents hommes de guerre du temps, Simon de Montfort.

C'est à la suite de ce siège que Raymond VI, comte de Toulouse, donne à la foire locale une importance internationale, ce qui le conduit à lancer un nouveau chantier de fortifications, dont la pièce maîtresse n'est autre que la tour triangulaire de la façade orientale du château. Peu de temps après, en 1226, année du couronnement de Louis IX, Beaucaire, forteresse dressée face à la Tarascon provençale comme un défi, devient citadelle royale. Fortifiée en conséquence, elle traverse les sièges jusqu'à la funeste date de 1632 qui marque la démolition de toute sa partie fortifiée, côté ville, sur ordre du trône.

BEAUCAIRE
CHÂTEAU, VU DE L'ÉPERON MÉRIDIONAL
XIIIe SIÈCLE

La partie la mieux conservée du château. À l'extrémité méridionale de l'éminence rocheuse sur laquelle est sis le château, l'ensemble fortifié jouit d'un état de conservation enviable. Sur la gauche, en particulier, la tour-porte sud de l'édifice est encore très nettement dessinée ; elle domine la roche au pied de laquelle fut installé un second châtelet, poste de défense avancé et complément indispensable de l'énorme dispositif militaire.

REPRÉSENTATION DE DEUX CITÉS, DONT L'UNE AVEC SES HABITANTS
MINIATURE EXTRAITE DU *LIBRO DE REGIMENTO DEI PRENCIPI*
XIIIe SIÈCLE
Paris, Bibliothèque nationale de France

Gouverner, protéger. Cette miniature atteste (le texte en fait foi, qui renvoie à la notion d'unité communale de la cité) la permanence du souci défensif dans la ville médiévale. À gauche, le caractère idéal de la forteresse, à droite, son occupation par les hommes qu'elle a pour charge de protéger.

Un héritage mutilé mais grandiose

Du site romain ne reste guère que l'emplacement, au sud-est, sur la partie la plus élevée du socle rocheux. Ce qui demeure du château lui-même est suffisant pour frapper l'imagination, mais aussi pour donner de grandes leçons en matière d'architecture militaire médiévale. La basse cour occupait la moitié septentrionale de l'approximatif rectangle dessiné par le plan général ; en subsiste la grande tour circulaire érigée, après 1226, à l'extrémité nord-ouest. La pièce la plus spectaculaire du site reste la tour maîtresse à plan triangulaire, qui surmonte, du côté du Rhône, un châtelet permettant de rapides mouvements d'entrée et de sortie.

Au sud, les restes sont nettement plus conséquents qu'au nord, avec de forts reliefs des courtines, une tour circulaire, une tour-porte à bossages et la chapelle adjacente Saint-Louis (initialement Saint-Michel) ; l'un des édifices les plus difficiles à dater est précisément cette chapelle qui, bien que romane, semble avoir été tardivement érigée. Dans l'enceinte de la cour du château haut étaient disposés nombre de logis adossés aux courtines ; ces dernières étaient garnies d'archères dont la forme indique qu'elles datent du remaniement exigé par les souverains français au XIIIe siècle. On doit aux archéologues la remise au jour du grand escalier qui desservait cette cour et dont l'accès, de l'extérieur, était conditionné par le passage d'une porte à herse, d'un assommoir et des murs percés d'archères !

BEAUCAIRE (GARD)
CHÂTEAU, LA TOUR MAÎTRESSE
XIIIe-XIVe SIÈCLES

Plan exceptionnel et mutations à long terme. Dominant de façon spectaculaire les rives du Rhône et faisant frontière entre le château haut et la basse cour, l'extraordinaire tour maîtresse de la forteresse de Beaucaire est dressée sur un plan triangulaire d'une insigne rareté. Bien que présentant un visage presque monolithique, elle a, depuis longtemps, attiré l'attention des spécialistes par des détails de maçonnerie mettant en évidence une succession de campagnes de construction. Le bâtiment initial remonte vraisemblablement au début du XIIIe siècle, durant la décennie ayant suivi le siège de Simon de Montfort en 1216 ; c'est à cette première phase que les archéologues attribuent notamment la conception des angles en bossage. Après 1226 et l'annexion à la couronne française, l'édifice a été surélevé, de façon à permettre l'agencement d'un chemin de ronde hourdé, progressivement remplacé par le mâchicoulis (le hourd est un balcon de bois couvert, plaqué contre la courtine et soutenu par des poutres ; les orifices de son plancher permettent d'accabler les assaillants de traits verticalement tirés). Un troisième remaniement de la tour intervient au XIVe siècle ; il consiste en l'ajout de deux niveaux voûtés et d'une terrasse dont le mâchicoulis rend caduc l'usage du hourd.

1226 **Beaucaire devenant forteresse royale, son château est puissamment renforcé ;** Louis VIII participe à la croisade albigeoise ; siège d'Avignon et prise du Languedoc en mai ; le 8 novembre, mort de Louis VIII ; le 29 novembre, sacre de Louis IX à Reims.

Carcassonne

Entre château et citadelle

On ne comprend pas le château de la cité de Carcassonne, hérissé de neuf tours et véritable catalogue de la forteresse médiévale avec ses escaliers, chicanes, poternes, courtines, fossés, chemins de ronde, etc. sans comprendre la cité elle-même, ensemble monumental de trois kilomètres de remparts, quarante tours, deux grandes portes... sur une acropole qui domine d'une cinquantaine de mètres la rive droite de l'Aude.

Sans doute le site fut-il occupé dès le ve siècle avant notre ère et la création, par Auguste, de la Colonia Julia Carcaso. Coïncidant avec l'actuelle enceinte intérieure, les fortifications de l'oppidum romain sont formées d'une muraille flanquée de tours semi-circulaires et percées de petites fenêtres. Site préhistorique, oppidum romain au ier siècle, cité wisigothique au vie siècle, Carcassonne agrandit son palais vicomtal au xiie siècle. Survient alors le triste épisode de la croisade albigeoise. Vainqueur de la cité en 1209, Simon de Montfort en fait son quartier général. En 1226, la ville revient définitivement à la couronne de France. Maîtres du lieu, les souverains français font construire une seconde enceinte en 1226-1239 et renforcent l'ancienne à partir de 1280, pour mieux assurer la sécurité de leur frontière face au royaume d'Aragon.

C'est entre ces deux enceintes que se développe le chemin des Lices, jalonné d'énormes tours rondes et compliqué de fortins et courtines crénelées. Parmi les sites les plus impressionnants, on relève le passage qui conduit de la tour des Lices à la porte d'Aude, mais aussi, lourd, imposant, adossé à la muraille et surveillant la plaine environnante, le château comtal. La signature, en 1659, du traité des Pyrénées qui repousse le domaine espagnol au-delà du Roussillon, prélude au déclin de la ville-forteresse, qui ne retrouvera sa splendeur qu'au xixe siècle, grâce à la prodigieuse campagne de restauration conduite par Eugène Viollet-le-Duc.

Des origines lointaines et obscures

À l'origine du château de Carcassonne, l'hypothèse d'une demeure seigneuriale due aux comtes de l'époque carolingienne (Pépin le Bref prend possession de la cité vers 752) est la plus vraisemblable, mais elle n'est étayée par aucun relief archéologique. Au regard des mœurs de l'époque, il ne pouvait s'agir que d'une simple agglomération de bâtiments de bois adossés aux anciennes fortifications gallo-romaines.

Au xie siècle, le vicomte Bernard Aton Trencavel entame la construction d'une nouvelle résidence, implantée à l'ouest de l'éperon rocheux et prenant appui sur l'enceinte antique dont trois tours (de la Chapelle, de la Poudre et Pinte) sont surélevées. Deux tours maîtresses, l'une à plan carré, l'autre en équerre, dominent l'ensemble, enrichi vers le milieu du xiie siècle d'une chapelle (Sainte-Marie) sur le côté nord.

C'est au tournant des xiie et xiiie siècles que la salle voûtée du donjon est peinte à fresque, offrant la représentation d'une frise animalière et d'un combat de

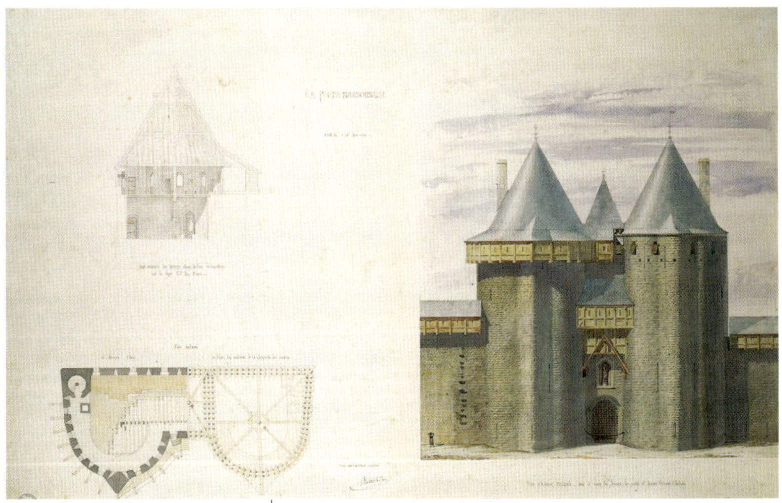

La porte Narbonnaise de Carcassonne avant et après la restauration

Aquarelles d'Eugène Viollet-le-Duc (1814-1879)

Paris, Centre de recherches des monuments historiques

Des documents d'une inestimable valeur. Ces vues de la porte Narbonnaise mettent au jour toutes les difficultés de l'immense restauration entreprise par le grand architecte. Sur le premier, nous voyons la coupe de l'entrée monumentale qui, située au faîte d'une éminence naturelle, a assuré le passage des foules depuis presque un millénaire. Méditant sur les circonstances historiques ayant provoqué la construction de ce formidable appareil défensif, Viollet-le-Duc puise par ailleurs dans son immense culture les souvenirs qui lui permettront de redonner à l'ensemble son aspect initial. C'est ainsi que les deux tours en « U » retrouvent leurs éperons en accolade, leur passage à deux herses et archères à niche et sont coiffées en poivrière.

cavaliers francs et sarrasins. De 1204 à 1209, le château comtal prend une nouvelle apparence du fait de la construction, côté ville, d'une grande enceinte rectangulaire englobant tous les bâtiments précédents, et ménageant au-devant d'eux une ample cour d'honneur exigeant la disparition de la chapelle.
Plus avant dans le cours du XIIIe siècle, du fait de la création de la sénéchaussée royale après la mainmise de la couronne sur le site, la forteresse est complètement réaménagée ; de 1228 à 1239, le château reçoit une chemise armée de créneaux et de tours rondes munies

CARCASSONNE (AUDE)
VUE DE LA CITÉ
XIIIe SIÈCLE

L'environnement naturel préservé. La cité de Carcassonne est implantée dans un magnifique site naturel globalement très bien préservé. La discrétion de sa position après la signature du traité des Pyrénées (1659) et son assoupissement de plusieurs siècles ont joué, à long terme, en sa faveur, lui permettant de parvenir, gravement altérée par le passage du temps mais nullement transformée, au seuil d'un XIXe siècle qui, après avoir hésité à la démolir, lui redonnera, au prix d'une longue campagne de restauration, un prestige international, attesté par le classement sur la liste du Patrimoine mondial de l'UNESCO.

CARCASSONNE
CHÂTEAU COMTAL, CÔTÉ VILLE
XIIIe SIÈCLE

Un péristyle de colosses. Tel qu'il apparaît ici, le château de Carcassonne prend l'allure d'un temple colossal dédié aux dieux de la défense collective. Si sa datation relève de la gageure au regard des innombrables modifications qu'il a subies, on peut néanmoins estimer que le principal de son agencement revient à la campagne de travaux ouverte en 1226-1228 après la prise de possession de la cité par la couronne française. Adossé à la muraille occidentale de la ville, il dresse régulièrement ses tours sur la totalité de sa ceinture ; au sommet de la tour intermédiaire — entre la puissante fortification de l'entrée (tour double prolongée par un pont de pierre jusqu'à la barbacane masquée par les maisons) et l'angle nord-est de l'enceinte —, un hourd a été reconstitué de façon à restituer l'intelligence défensive du colosse de pierre.

d'archères. Son vaste périmètre (environ 80 × 40 m) est désormais protégé par une porte encadrée de tours jumelles à l'est et par une porte charretière à l'ouest. L'installation d'une garnison royale à partir de 1242 impose un nouvel agrandissement au château; pour l'essentiel, il consiste en la construction d'un nouvel étage et, contre le mur méridional, d'un nouveau logis comprenant une grande salle et divers appartements. Le système défensif est amélioré dans le même temps par la construction d'une barbacane semi-circulaire crénelée sur le fossé oriental.

C'est sous cette forme que le château de Carcassonne traverse les siècles. Simple caserne sous l'Empire, il est voué à la démolition au XIXe siècle, lorsque l'action conjuguée de Prosper Mérimée, inspecteur des Monuments historiques, et du grand architecte Viollet-le-Duc le sauve de la disparition et lui redonne, de 1852 à 1879, un visage médiéval.

CARCASSONNE
VUE AÉRIENNE DE LA CITÉ
XIIIe SIÈCLE

Un schéma répétitif. Carcassonne demeure la plus belle cité fortifiée d'Europe médiévale, et assurément la mieux conservée. On distingue nettement ici les deux enceintes de hauteurs différentes; entre ces parois colossales court la chaussée des Lices. L'enceinte intérieure, appareillée en bossages rustiques, s'est appuyée sur des soubassements antiques, avant d'être doublée par la ceinture extérieure, beaucoup plus homogène et flanquée de quatorze tours circulaires. En dépit des différences de conception, le schéma général demeure le même pour les deux structures gardiennes, soit l'établissement d'un mur continu, régulièrement ponctué de tours et couronné par un chemin de ronde protégé.

CARCASSONNE
CHÂTEAU, VUE EXTÉRIEURE
XIIIe SIÈCLE

L'ingéniosité au service de la défense. Sur l'enceinte intérieure, les accès au château ont été remaniés à diverses, de façon à aménager de savantes défenses en amont de la forteresse. Ici, par exemple, l'agencement d'un long couloir crénelé qui court au pied des courtines rend à peu près impossible l'accès aux portes du bâtiment comtal.

Carcassonne
Entrée de la cité côté ville
XIIIe siècle

La défiance du pouvoir monarchique. Du côté de la ville, une imposante barbacane se dresse en avant de la grande porte du château, dont elle est séparée par un large fossé sec. De la sorte, l'édifice, équitablement défendu de l'intérieur et de l'extérieur, devient une citadelle dans la citadelle. Probablement un tel luxe de précaution est-il justifié par la défiance séculaire manifestée par la garnison royale à l'endroit de la population locale. Le pont de pierre qui franchit le fossé date du XVIIe siècle.

1226 **Ouverture du chantier de la seconde enceinte et du château de Carcassonne** 1227 Coalition des barons de Bretagne, de Champagne et de la Marche contre la régente, Blanche de Castille 1228 Deuxième coalition des barons, menée par Philippe Hurepel, frère de Louis VIII contre la régente.

Carcassonne
Une baie géminée
XIIIe siècle

Force et raffinement. Au soir du Moyen Âge, une certaine douceur de vivre nuance sensiblement les préoccupations purement défensives. L'ornementation des baies au arabesques trilobées en demeure l'un des plus sûrs témoignages.

Carcassonne
Remparts et tours de la cité
XIIIe siècle

Le génie de la restauration. Sur le pourtour ouest des murailles de Carcassonne, le surgissement du château atteste le génie de Viollet-le-Duc, qui ne s'est pas contenté de relever ce qui était abattu et de reconstruire ce qui était détruit, mais a su également redonner à l'ensemble le caractère puissamment dissuasif qui fut la règle de ses constructeurs médiévaux.

Angers

Du bastion militaire au palais ducal

Remarquable par son implantation naturelle comme par l'ampleur de son complexe défensif, le château d'Angers se présente de surcroît comme un monumental raccourci d'architecture castrale, de l'âge des fortifications romaines jusqu'aux derniers éclats du gothique flamboyant.

C'est vers l'an 275 que le promontoire dominant la Maine a reçu sa première enceinte, une simple muraille de pierre de 5 mètres d'épaisseur à la base pour 3 mètres au sommet, dont les reliefs ont été mis au jour en 1953. Angers faisant frontière entre Armorique et Gaule romaine, l'antique bastion conserve sa fonction contre les Wisigoths, les Bretons, les Normands enfin, à partir de 849. Une forteresse est bien érigée ensuite, probablement en bois, mais se révèle inopérante contre des assaillants décidés ; un incendie la détruit en 1131.
Tout change en 1154, lorsque le comte d'Anjou devient roi d'Angleterre sous le nom d'Henri II Plantagenêt, seuil des interminables conflits franco-anglais. Quand Philippe II Auguste, après 1204, s'empare du Maine et de l'Anjou, il songe à doter Angers d'une nouvelle forteresse, mais n'en a pas le temps. C'est donc sur ordre de Louis IX qu'est édifiée, entre 1230 et 1240, la muraille de schiste aux dix-sept tours couvertes de poivrières en ardoise. Le château adopte un plan pentagonal à quatre courtines, le cinquième côté étant formé par le rocher dominant la rivière.

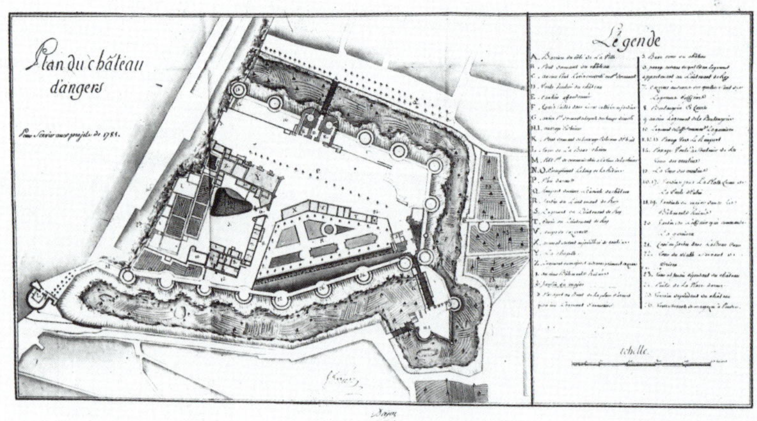

PLAN DU CHÂTEAU D'ANGERS
XVIIIe SIÈCLE

Le château aux dix-sept tours. L'élément le plus spectaculaire du château d'Angers reste sa formidable ceinture de dix-sept tours remontant au XIIIe siècle. En bas à gauche, légèrement à l'intérieur de l'enceinte, se situait la première fortification gallo-romaine. C'est à partir de là, au-dessus du fleuve, que s'est développé l'ensemble des bâtiments castraux, grande salle, chapelle Saint-Jean-Baptiste, logis royaux, chambres résidentielles, cuisines, etc.

ANGERS
CHÂTEAU, VUE AÉRIENNE

Le verrou de la Maine. Du haut de son formidable socle de roche, le château d'Angers contrôle la Maine, dont le cours, précisément à cet endroit, est particulièrement étranglé. À peu près imprenable depuis la terre ferme, la forteresse constitua ainsi longtemps la clef d'accès au pays d'Anjou, âprement disputé entre les monarchies française et anglaise durant les derniers siècles du bas Moyen Âge.

Après 1375 vraisemblablement, Louis Ier d'Anjou, frère de Charles V, fait dresser un nouveau logis et passe commande de la célèbre *Tenture de l'Apocalypse*, fleuron de l'art textile médiéval. Maîtres du château à partir de 1402, Louis II et Yolande d'Aragon font pour leur part construire un nouvel édifice destiné à remplacer la chapelle Saint-Laud, disparue lors des travaux ordonnés par Louis IX ; abritant une relique de la vraie Croix, la chapelle Saint-Jean-Baptiste est remarquable par ses trois somptueuses clefs de voûte et par son oratoire seigneurial qui, ouvrant sur la nef par une baie en pierre, permet à la famille ducale de suivre l'office sans se mêler à la foule !

C'est sous le règne de la troisième maison d'Anjou, celle du roi René, qu'Angers connaît son apogée en matière artistique ; un excellent symptôme en est fourni par la galerie que René commande en 1453, galerie purement ostentatoire qui permet au maître des lieux de profiter de son jardin sans quitter sa demeure. Mais, à la mort de René, en 1480, l'Anjou revient définitivement à la couronne et Louis XI nomme Jean Bourré (le constructeur du Plessis-Bourré) gouverneur de la place.

Viennent ensuite les guerres de Religion qui provoquent une grave altération de la forteresse dont les tours sont découronnées. Le château d'Angers aurait pu alors disparaître sans l'initiative du gouverneur Donnadieu de Puycharic, qui fait transformer les courtines en terrasses — sur lesquelles il installe des canons — et les archères en canonnières. Caserne ensuite, prison puis entrepôt militaire, le bel édifice a été totalement et magnifiquement restauré au lendemain de la Seconde Guerre mondiale.

ANGERS (MAINE-ET-LOIRE)
CHÂTEAU, PORTE DES CHAMPS
XIIIe SIÈCLE

Le fleuron de l'enceinte. Bien que désaffectée, la porte des Champs demeure le plus bel élément de l'ensemble castral d'Angers. Constituant peut-être la plus ancienne partie du château, elle correspondait avec l'extérieur au moyen d'un pont-levis, prolongé vers l'intérieur par un couloir à sas. Sur les deux tiers de sa hauteur, les deux puissantes tours qui la composent sont construites en calcaire clair, n'adoptant l'alternance ardoise-calcaire que pour leur couronnement.

PRISE D'ANGERS,
MORT DE LOUIS VIII,
SACRE DE SAINT LOUIS
MINIATURE EXTRAITE
DES *GRANDES CHRONIQUES DE FRANCE*
XVe SIÈCLE
Paris, Bibliothèque nationale de France

Le roi dans la ville, la ville dans le royaume. S'il ne faut pas songer à retrouver une quelconque vérité archéologique dans cette vision de Jean Fouquet, il reste possible d'y découvrir une étonnante leçon relative à cette signalétique du pouvoir médiéval dont le château demeure l'image emblématique. En 1231, la prise d'Angers par Louis IX (à peine âgé de dix-sept ans) marque l'entrée de l'Anjou dans le domaine de la couronne et, corollairement, de Saint Louis dans la légende.

1229 Menacé par l'alliance de Pierre Mauclerc et de Henri III d'Angleterre, le jeune Louis IX convoque l'ost royal **1230 Remaniement complet du château d'Angers sur ordre de Louis IX** 1234 Majorité de Louis IX qui épouse Marguerite de Provence et vainc Pierre Mauclerc 1236 Guillaume de Lorris rédige la première partie du *Roman de la Rose*.

TENTURE DE L'APOCALYPSE
ATELIER DE NICOLAS BATAILLE, SUR DES CARTONS DE HENNEQUIN DE BRUGES
APRÈS 1375
Angers, musée de la Tapisserie

Bande dessinée. La *Tenture de l'Apocalypse* est un ensemble monumental de tapisseries tissées sur ordre de Louis Ier d'Anjou, de 1375 à 1382, d'après les cartons de Hennequin de Bruges. Tout en commentant en images saisissantes l'Apocalypse de saint Jean, elle rend assez fidèlement compte des mœurs françaises à la fin du XIVe siècle. D'une hauteur de 4,50 mètres, la tenture se développe sur environ 106 mètres, en compartiments à fonds alternativement rouges et bleus. Construite en 1952 sur l'emplacement de bâtiments de service de la cour seigneuriale, la galerie de l'Apocalypse a été réaménagée en 1996, de façon à offrir des conditions optimales de découverte au visiteur.

ANGERS
TENTURE DE L'APOCALYPSE,
DÉTAIL : LE RÈGNE DE LA BÊTE
ATELIER DE NICOLAS BATAILLE, SUR DES CARTONS DE HENNEQUIN DE BRUGES
APRÈS 1375
Angers, musée de la Tapisserie

Visions d'avenir. Suite d'images fantastiques, l'Apocalypse de Jean met notamment en scène la bête infernale qui soumet les hommes à son pouvoir. Sous son dais, à gauche, Jean assiste, impuissant, à son triomphe : « Puis je vis monter de la mer une bête qui avait dix cornes et sept têtes, et sur ses cornes dix diadèmes, et sur ses têtes des noms de blasphème. La bête que je vis était semblable à un léopard ; ses pieds étaient comme ceux d'un ours, et sa gueule comme une gueule de lion. [...] Et il lui fut donné de faire la guerre aux saints, et de les vaincre. Et il lui fut donné autorité sur toute tribu, tout peuple, toute langue, et toute nation. »

Angers
Château, porte de la Ville
XIIIe siècle

Du côté de la ville. Les tours du château sont remarquables par leur appareil qui alterne les schistes ardoisiers avec le tuffeau, créant ainsi une dynamique alternance, du sombre au clair. En dépit de divers remaniements, la porte de la Ville a conservé cette disposition chromatique si caractéristique de l'enceinte du château angevin.

Un bastion à l'échelle d'une citadelle

Courant le long de l'énorme éperon rocheux, les murs, de 3 mètres d'épaisseur environ, protègent une surface de quelque 2,5 hectares, leur parcours n'étant interrompu que par le colossal escarpement rocheux qui domine le cours de la rivière. La partie la plus spectaculaire en demeure l'ensemble des dix-sept tours de l'enceinte, voûtées d'ogives et percées d'archères à forte plongée et disposées en quinconce ; espacées d'une quinzaine de mètres, d'un diamètre oscillant de 11 à 13 mètres, elles se signalent par la beauté d'un appareil alternativement sombre et clair.

Le logis comtal, édifié à l'angle nord-ouest de la cour aux XIe et XIIe siècles, a laissé des vestiges prouvant l'existence d'une grande salle d'une quarantaine de mètres de longueur (l'*aula*), flanquée de pièces plus petites, d'une chapelle romane dédiée à Saint-Laud (elle était initialement adossée à l'enceinte gallo-romaine) et d'une cuisine dont on retrouve l'agencement à l'abbaye de Fontevraud. Obéissant à la norme définie par Philippe Auguste, deux entrées (porte de la Ville et porte des Champs) assurent la circulation entre la basse cour et l'extérieur. Aujourd'hui, les constructions les mieux conservées du site sont la chapelle Saint-Jean-Baptiste (XVe siècle), le logis royal, prolongé par une charmante galerie à deux niveaux sur arcades, et le châtelet à décor flamboyant construit en 1450 sur ordre de René d'Anjou.

Albi (Tarn)
Palais de la Berbie, vue de la façade d'entrée
XIIIe siècle

La forteresse de l'évêque. L'entrée du palais de la Berbie est dominée par l'énorme massif formé, au second plan, par la connexion de la tour Saint-Michel et de la tour Sainte-Catherine. C'est entre 1228 et 1308 que le palais épiscopal a pris cette allure de citadelle dressée face à la cité, à deux pas de la cathédrale Sainte-Cécile. La tour Saint-Michel, qui surplombe directement l'entrée, a été dressée vers 1250 et flanquée de deux tourelles cylindriques. En fin de XIIIe siècle, la tour Sainte-Catherine, contrebutée par quatre tourelles, donne son visage définitif à cette forteresse de briques ayant pour fonction de loger l'évêque du lieu, notamment aux temps troublés de l'hérésie cathare.

Les châteaux de Bellinzona

Une vallée verrouillée par trois forteresses

Les trois châteaux suisses de Bellinzona sont indifféremment désignés par leurs patronymes italiens (Castel Grande, Montebello, Sasso Corbaro) ou germaniques (Uri, Schwytz, Unterwald). Bien qu'ayant subi nombre de remaniements et de restaurations jusqu'au XXe siècle, ils présentent un intérêt exceptionnel tout en rehaussant le magnifique panorama qui leur sert de cadre.

Si Montebello et Sasso Corbaro, très largement restaurés, forment un patrimoine d'une indéniable importance, c'est surtout la citadelle de Castel Grande — habitée depuis l'époque romaine selon les archéologues qui, par ailleurs, ont mis au jour les fondations d'une tour carrée du IXe siècle — qui retient l'attention des historiens. Sis sur un promontoire rocheux qui fait office de barrière naturelle au milieu de la vallée du Tessin, il témoigne, certes, de l'importance de l'architecture médiévale suisse, mais aussi des nécessaires évolutions exigées pour l'efficacité de toutes les places fortifiées. Relié à la cité par plusieurs escaliers, il a longtemps été accessible par une entrée principale ouverte dans la partie sud-est de l'enceinte.

Au-delà de cette porte, une vaste cour servit d'emblée de support à une église castrale dont les origines semblent antérieures à la forteresse elle-même, une forteresse dont les plus vieilles parties remontent au XIIIe siècle.

Un édifice colossal

Au premier regard, les dimensions du Castel Grande frappent par leur ampleur, l'édifice ne mesurant pas moins de 200 mètres dans son axe diagonal. C'est à l'extrémité méridionale du plateau que les fortifications sont les plus anciennes, le site étant plus vulnérable ici qu'au nord, où de hautes parois rocheuses ont depuis toujours opposé leur verticalité aux assaillants. Quant au chemin de ronde et à la ceinture crénelée, ils ont été refaits au XVe siècle, mais sur des supports bien plus anciens.

Jusqu'à l'aube du XIIIe siècle, Castel Grande a été la véritable fortification de la vallée. Mais, avec la construction du nouveau bourg de Bellinzona à partir de 1240, d'autres ouvrages de défense voient le jour, les conflits qui opposent l'Empire germanique à la papauté et le développement des communications après l'ouverture du Gothard (1230) ayant rendu la zone particulièrement sensible. De nouveaux murs protecteurs apparaissent, les patriciens de la cité se font construire des tours, et le verrouillage de la vallée est complété progressivement par la construction des fortifications de Montebello et de Sasso Corbaro.

Au début du XIXe siècle, les trois édifices principaux de Bellinzona deviennent propriété de l'État suisse. Le Castel Grande est réaménagé en profondeur pour faire office de prison et d'arsenal, en 1820. Par la suite, de considérables travaux de restauration (comparables à ceux de Pierrefonds en France) seront menés à bien; c'est à eux que nous devons de pouvoir encore admirer cet ensemble unique par son ampleur et son originalité.

BELLINZONA
VUE GÉNÉRALE DES TROIS CHÂTEAUX

Le formidable effet rebond des fortifications. Sur ce document, la forteresse triple de Bellinzona occupe les hauteurs circonvenant la cité qu'elle protège. Au premier, plan le château de Sasso Corbaro, érigé pour protéger le flanc gauche de la vallée, est d'origine relativement récente puisque la première tour du site fut édifiée au début du XVe siècle. Mais c'est seulement à partir de 1478 qu'ont été ajoutés les tours et le corps de logis ayant donné son actuel aspect à l'ensemble. Au centre, le château de Montebello surplombe directement le lit central de la vallée. Au fond, enfin, le château de Castel Grande reste la plus ancienne et la plus importante construction médiévale de la région. Une imposante tour carrée, la Torre Nera, domine l'espace de sa vaste cour; trois murs intérieurs la relient à l'enceinte extérieure, divisant l'ouvrage en autant de secteurs distincts. Légèrement sur la droite, on aperçoit la Torre Bianca, plus mince et protégée à sa base par un bloc défensif.

NAJAC (AVEYRON)
CHÂTEAU, VUE AÉRIENNE
XIIIe SIÈCLE

Des ruines éminemment suggestives. Si Najac a été le site d'un château fort dès le XIe siècle, l'actuel édifice doit son aspect à la campagne de construction menée de 1253 à 1266 sous les ordres du frère de Louis IX, Alphonse de Poitiers. Il est érigé sur une hauteur dominant la petite cité et juxtapose une basse cour (ici, au premier plan) et le donjon, trapèze imposant (36 mètres dans sa plus grande longueur sur 20 mètres de largeur environ). On remarque la tour maîtresse à plan carré de l'angle sud-ouest, qui contraste avec la très haute tour cylindrique et crénelée de l'angle nord-ouest. Mais le plus impressionnant à Najac demeure la hauteur tout à fait inhabituelle des courtines qui, culminant à quelque 26 mètres, créent un effet d'autant plus dissuasif qu'elles s'accrochent aux flancs d'une hauteur en fort surplomb naturel.

BELLINZONA (SUISSE, CANTON DU TESSIN)
CHÂTEAU DE MONTEBELLO, VUE AÉRIENNE
XIIIe SIÈCLE

Un chef-d'œuvre d'architecture militaire. Le château de Montebello présente une structure assez classique : au centre, la tour maîtresse domine l'ensemble des constructions protégées par une première enceinte qui est prolongée par des murailles annexes sur l'enceinte générale. L'austérité du matériau, l'harmonie des formes, l'orientation des courtines, la répartition régulière des tours de flanquement, l'aménagement des chemins de ronde et la position dominante du site confèrent à ce château tous les caractères d'une grande réussite architecturale et militaire.

1236 Reprise de Cordoue par les armées catholiques de Ferdinand III 1239 En juin, départ de la « croisade des barons » qui permettra la réoccupation de la ville sainte de Jérusalem en mars 1241 **1240 Construction du bourg fortifié de Bellinzona sur un ancien bastion.**

BELLINZONA
CHÂTEAU DE MONTEBELLO
XIIIe SIÈCLE

Au cœur des vignes. Aujourd'hui qu'il a renoncé à toute prétention belliqueuse, le château de Montebello s'inscrit dans un cadre balisé par les horizons montagneux et humanisé par les rangées de vignes dont les rangs s'alignent au pied de ses murailles couronnées d'un élégant mâchicoulis.

Peyrepertuse

En marge des conflits

Archétype du « château cathare », Peyrepertuse développe la longue et étroite silhouette de sa forteresse sur un impressionnant massif rocheux du massif des Corbières. Épargné par la plupart des conflits locaux, notamment ceux de la croisade albigeoise, ce château n'en reste pas moins l'un des plus évocateurs des tumultes de l'époque de sa construction.

Il est difficile de remonter aux origines du site de « Perapertusa » (« pierre trouée ») qui semble avoir été occupé dès l'Antiquité et peut-être même avant. Toute la période du haut Moyen Âge reste obscure à son sujet. En revanche, nous avons la certitude qu'une forteresse en occupait déjà le sommet au début du XIe siècle ; un document essentiel, le testament de Bernard Ier, comte de Besalu, la signale en effet dès 1021 et sa réalité est attestée par la suite. Passée en 1111 à la maison des comtes de Barcelone, elle devient une place forte de la ligne de défense que le comte Alphonse II de Barcelone, roi d'Aragon en 1162, fait dresser à la frontière nord de son territoire. Puis ce sera l'épisode tragique de l'épopée cathare et de ses massacres.

Peyrepertuse échappe à la fureur des assaillants, son gouverneur, un certain Guillaume (ou Guilhelm), préférant sagement négocier sa reddition auprès de Simon de Montfort en 1217. La forteresse est jointe aux biens de la couronne dès novembre 1239, moyennant une somme de 20 000 sols melgoriens, versée par Louis IX. Aussitôt (en 1242, vraisemblablement), on procède à une reconstruction presque totale du site, le château bas étant dédoublé, flanqué de tours nouvelles, et une seconde citadelle étant érigée plus haut (château San-Jordi). Perdant sa position de poste-frontière après le rattachement du Roussillon à la France, le château conserve néanmoins une petite garnison jusqu'à la fin du XVIIIe siècle, avant de sombrer dans l'oubli.

Une tripartition déterminée par le relief

Le site de Peyrepertuse se développe en trois parties parfaitement distinctes, le château Bas, le château San-Jordi et la vaste esplanade au relief chaotique qui les sépare. Sur cet espace intermédiaire, précisément, où les fouilleurs ont mis au jour les fondations probables de divers édifices d'un usage commun, prirent peut-être place les premiers occupants du lieu. Le château Bas (ou Vieux Château) remonte pour l'essentiel au XIIIe siècle, époque de son complet remaniement. Enfermé dans une enceinte triangulaire déterminée par les aspérités du relief, il se laisse pénétrer par une poterne ouverte dans la courtine nord. On se trouve alors dans un espace étroit aux murs flanqués de plusieurs tours circulaires percées d'archères.

C'est dans l'angle sud-ouest que se trouve le noyau de l'édifice, constitué par le logis du gouverneur, la tour maîtresse avec sa citerne et la chapelle romane Sainte-Marie (attestée dès 1115). Le bel arc d'une porte coincée entre de hautes maçonneries mène au chemin continué par un escalier qui hisse le visiteur jusqu'au château San-Jordi.

SIMON DE MONTFORT, COMTE DE LEICESTER (1165-1218)
XIXe SIÈCLE
Gravure

Un impitoyable homme de guerre. Simon de Montfort reste la principale figure de la tragédie des albigeois ; ayant participé à la quatrième croisade, il devient en 1209 chef de l'armée levée contre les cathares, puis vicomte de Béziers et de Carcassonne. En 1213, il défait l'armée du roi Pierre II d'Aragon, qui est tué, à la bataille de Muret. En conflit avec l'archevêque de Narbonne, Arnaud Amaury, il assiège sans succès Beaucaire, puis Toulouse qui, le 13 septembre 1217, a ouvert ses portes à Raymond VII de Toulouse. Le 25 juin 1218, au cours d'une sortie des assiégés, Simon est tué par une pierre ; son sanglant souvenir reste synonyme d'impitoyable fanatisme guerrier.

1241 Invasion de l'est de l'Europe (Pologne, Silésie, Hongrie, Moravie) par les Mongols **1242 Restructuration complète du château de Peyrepertuse par l'administration royale** 1243 Henri III d'Angleterre, vaincu par les armes, signe le 12 mars une trêve de cinq ans avec Louis IX 1248 Le 25 août, Louis IX s'embarque à Aigues-Mortes pour la septième croisade.

CASTELNAU-DE-LÉVIS (TARN)
VESTIGES DU CHÂTEAU
XIIIe-XVe SIÈCLES

Une insolite vigie. En 1235, Sicard Alaman, ayant reçu le fief de Raymond VII, comte de Toulouse, y fait dresser, sur un fort éperon rocheux, la « bastide Castelnau-de-Bonnafous », premier nom du château qui compte alors cinq tours et un impressionnant dispositif d'entrée avec porte à herse et assommoir. Passé aux mains des Lévis, puis du vicomte de Comminges, la fortification est transformée en carrière après 1820 et presque complètement démantelée. N'en restent que la tour semi-circulaire du XIIIe siècle flanquée d'une haute tourelle de guet sur plan carré, terminée au XIIIe siècle (l'accès au sommet exige l'escalade des 196 marches de l'escalier en vis !) et, à gauche, la grosse tour circulaire, ajoutée au XVe siècle, qui fit probablement office de logis noble ; elle a conservé une belle salle voûtée en berceau brisé.

Peyrepertuse (Aude)
Château Bas, vue aérienne
XIIIe siècle

Une concentration de moyens défensifs. Sur cette photographie, prise du château San-Jordi, on mesure le caractère inexpugnable de la forteresse, tant par l'agencement de tous les éléments de défense qui semblent ramassés sur l'étroite arête rocheuse que par sa parfaite adéquation aux aspérités du site naturel ; face à un tel dispositif, la reddition qui en marqua la chute reste surprenante pour nombre d'historiens. Devant l'éperon terminal du château, on distingue l'espace intermédiaire qui le sépare de San-Jordi, plateau irrégulier qui semble avoir reçu les plus anciennes constructions du lieu.

Peyrepertuse
Châteaux Bas et San-Jordi
XIIIe siècle

Une forteresse cernée d'abîmes. Le château San-Jordi (que l'on distingue à l'arrière-plan) créé sur ordre de Louis IX dans la décennie 1240-1250, a été dressé sur la pointe terminale et sommitale de l'énorme arête rocheuse de Peyrepertuse. Il complétait ainsi le formidable dispositif militaire du lieu, le transformant en fort inexpugnable, de nature à décourager toute attaque extérieure. Dominant largement le château Bas, il culmine à près de 800 mètres, au cœur d'un environnement naturel vertigineux. Une puissante enceinte, une tour maîtresse, un logis résidentiel et une chapelle (Saint-Louis) en formaient l'essentiel. Pour y accéder, un escalier, dit « de Saint-Louis », serpente à travers les parois de la falaise.

Chillon

Le symbole du Moyen Âge helvétique

Édifié sur un socle de calcaire bordant le lac Léman, le château de Chillon est l'une des plus belles forteresses médiévales d'Europe. Très ancien, mais souvent remanié et restauré, il s'organise autour de trois cours répondant à sa triple fonction de symbole politique, d'ouvrage défensif et de lieu de résidence aristocratique.

La situation stratégique de Chillon sur la route de l'Italie, non loin du col du Grand-Saint-Bernard, favorise l'occupation du site dès l'âge du bronze. Probablement fortifié par les Romains, le roc reçoit son premier donjon carré au début du IIe millénaire de notre ère. Propriété initiale des évêques de Sion, il passe aux comtes de Savoie à partir de 1150, mais ne prend son aspect actuel qu'à partir de la campagne de reconstruction ouverte en 1255. Bernois de 1536 à 1798, il revient au canton de Vaud dès son indépendance en 1798. Le pont qui lui donne accès ne remonte qu'au XVIIIe siècle, époque à laquelle il a remplacé l'ancien pont-levis.

Au XIXe siècle, Chillon connaît une gloire européenne au travers des écrits de Percy B. Shelley, Victor Hugo, Alexandre Dumas, et surtout de Byron, dont *le Prisonnier de Chillon* se joue alors de toutes les frontières. Le merveilleux tableau qu'en a légué Gustave Courbet, banni de France en fin de vie, a également contribué de façon décisive à son immense célébrité. Grâce à une restauration exemplaire, entreprise dès la fin du XIXe siècle et menée à terme au XXe siècle, le château restitue fidèlement l'image de la forteresse féodale qu'il fut au temps de sa splendeur.

CHILLON
CHÂTEAU, CACHOT DE BONIVARD
XIIIe SIÈCLE

Un lieu immortalisé par Byron. Cachée dans les parties souterraines du château de Chillon, cette admirable salle à deux nefs voûtées d'ogives et creusée en grande partie dans le roc jouit d'une célébrité mondiale pour avoir été le « cachot de Bonivard ». Jeté en prison de 1532 à 1536 par le duc de Savoie, François de Bonivard (1496-1570) n'aurait pu certes prétendre à une telle popularité sans l'intervention du poète anglais George Gordon, lord Byron (1788-1824) qui, inspiré par sa mésaventure, écrit en 1816 le célèbre poème *The Prisoner of Chillon*, à la suite d'une visite lui ayant permis de graver son nom sur le troisième pilier du cachot. Cet hymne à la liberté, rédigé en quelques jours à Ouchy et vite admiré dans toute l'Europe, transforme Chillon en lieu de pèlerinage pour tous les acteurs du mouvement romantique. Lorsque le projet de chemin de fer exigera, en 1860, la destruction du château, le poème de Byron jouera un rôle non négligeable dans la sauvegarde du monument.

CHILLON
CHÂTEAU, SALLE DU CHÂTELAIN
XIIIe SIÈCLE

Le mariage accompli du bois et de la pierre. La grande salle du Châtelain est probablement la plus belle pièce du château de Chillon. Occupée en son centre par de splendides colonnes de chêne couronnées de chapiteaux à crochets du XIIIe siècle, dues au génie savoyard du travail du bois, elle se déploie sous un plafond à caissons datant du XVe siècle, tout comme sa monumentale cheminée. Due pour l'essentiel à l'architecte Jacques de Saint-Georges, elle fit office de salle résidentielle pour les comtes puis les ducs de Savoie, avant de devenir l'habitat permanent des baillis du Chablais.

Un édifice à la hauteur de son cadre

Le cadre naturel du château de Chillon ne constitue pas le moindre de ses charmes. Dressé sur les rives du lac Léman, cerné de puissants horizons alpestres, l'édifice propose une double face : côté terre, il développe d'imposantes fortifications ; côté lac, il se signale par son caractère de résidence princière. Les tours sur plan carré se situent en retrait de l'enceinte flanquée d'autres tours, semi-circulaires, couronnées de hauts mâchicoulis et reliées par un chemin de ronde. Au cœur de la forteresse, le haut donjon à plan quadrangulaire se termine par une terrasse couverte accessible par un escalier étroit et permettant la surveillance d'un immense espace.

Dans les volumes intérieurs, le visiteur est surtout frappé par le caractère tout à la fois luxueux et chaleureux des grandes salles, dont celle « du châtelain » au plafond à caissons somptueux que supportent de curieuses colonnes de chêne. D'autres très remarquables pièces (salle des Fêtes des châtelains, salle des Chevaliers, chambre du Duc, etc.) attestent, au même titre que l'élégant mobilier, cette volonté d'offrir au maître des lieux un confort maximal et un train de vie digne de son rang princier. La chapelle Saint-Georges, aux délicates peintures murales, et les souterrains aux superbes voûtes gothiques (dont le célèbre « cachot de Bonivard ») complètent cet ensemble, devenu le symbole médiéval de la patrie de Guillaume Tell.

1250 Le 6 avril, captivité de Louis IX en croisade ; le 13 décembre, mort de l'empereur germanique Frédéric II **1255 Le château de Chillon prend son aspect définitif, sous l'action de Pierre II de Savoie** 1258 Le 28 mai, traité de Paris entre Louis IX et Henri III, à l'avantage du premier.

CHILLON (SUISSE, CANTON DE VAUD)
CHÂTEAU, VUE GÉNÉRALE
XIIIe SIÈCLE

Un modèle achevé d'architecture médiévale. Propriété du canton de Vaud, le château de Chillon agrège un total de vingt-cinq corps de bâtiments sur les rives du lac Léman. Ses plus anciennes parties datent d'avant l'an 1000, mais il n'a pris son aspect actuel qu'au XIIIe siècle, sous l'action éclairée de Pierre II de Savoie. Admirablement restaurée, la forteresse propose désormais à tous ses visiteurs une grande leçon d'architecture monumentale du Moyen Âge.

MONTBARD (CÔTE-D'OR)
TOUR MAÎTRESSE DE L'ANCIEN CHÂTEAU
Fin du XIIIe siècle

Le souvenir mitigé de Buffon. C'est à partir de 1735 que le grand naturaliste Buffon (1707-1788) fait abattre le magnifique château de Montbard pour le remplacer par un parc plus en rapport avec les préoccupations bucoliques de son siècle ! Si la gloire du grand homme continue de rejaillir sur Montbard, sa désastreuse décision nous a privés d'un magnifique édifice, probablement construit à la fin du XIIIe siècle. À l'extrémité de l'éperon de roches sur lequel il a été dressé, le château n'a conservé que deux hautes tours (de l'Aubespin et Saint-Louis) et les parties basses de quelques autres éléments. La tour maîtresse, dite de l'Aubespin, est construite sur un plan semi-octogonal prolongé par une section rectangulaire. Elle superpose quatre étages voûtés d'ogives et se termine par une haute terrasse à mâchicoulis.

Blanquefort

L'ancienne sentinelle bordelaise

Le château de Blanquefort présente l'intérêt d'avoir fait office de bastion renforcé du Médoc à deux époques exigeant des moyens défensifs bien différents. Vers la fin du XIIIe siècle, les transformations effectuées par Édouard Ier, prétendant à la couronne d'Angleterre, lui donnent en partie son aspect actuel ; plus tard, vers 1455-1466, c'est un capitaine de guerre français, Antoine de Chabannes, qui adapte les défenses à l'artillerie lourde dont l'efficacité ne cesse de progresser.

Si Édouard Ier prend la peine d'acheter ce domaine de faible surface, tout juste une petite éminence rocheuse et à peine fortifiée au sein d'incertains marécages s'étendant au nord-ouest de Bordeaux, c'est précisément parce qu'il s'agit du seul poste stratégique, naturellement protégé, sur la voie principale menant du Médoc à la capitale. Il entreprend donc sur-le-champ d'importants travaux de renforcement et de transformation des ouvrages déjà en place ; pourtant, l'Histoire ne lui donnera que faiblement raison, puisque aucun conflit sérieux ne donnera lieu à une intervention décisive de la citadelle.

D'ailleurs, une dette contractée par Édouard envers Bertrand de Goth, neveu du pape Clément V, entraîne la cession de Blanquefort en 1308. Au hasard des décennies suivantes, Blanquefort passe sous le contrôle des Gaillard de Durfort, traversant discrètement tout le XIVe siècle.

Mais le site reprend une valeur stratégique de premier ordre à l'occasion de la conquête de la Guyenne par les armées de Charles VII en 1452-1453. En dépit de sa brève résistance au siège organisé par le souverain français, Blanquefort succombe et revient, en 1455, à Antoine de Chabannes qui en fait, de 1455 à 1463, son premier élément de dissuasion contre un éventuel retour des armées anglaises par le Médoc.

Diverses péripéties (disgrâce de Chabannes, intégration au domaine de la couronne en échange de possessions

Blanquefort (Gironde)
Château, vue aérienne
XIIIe siècle

Une citadelle en réduction. L'impression de surgissement donnée par la forteresse de Blanquefort s'explique par sa situation stratégique sur une étroite plate-forme rocheuse au sein d'une région marécageuse, mais aussi par la forte élévation (13,50 m) du bloc central des fortifications intérieures (tours cylindriques à usage privé autour de l'espace résidentiel à caractère semi-public) relativement à l'enceinte basse cantonnée de tourelles hémicylindriques pleines. Malheureusement, les très graves dégradations subies par l'édifice et les aménagements du XVe siècle permettent difficilement de retrouver son aspect originel.

Blanquefort
Château, vue du sud
XIIIe siècle

Un schéma limpide. Vu du ciel, le château de Blanquefort, sis sur un petit promontoire de molasse (grès tendre mêlé de quartz et d'argile), se caractérise par son enceinte basse en forme d'ellipse (65 × 55 m), protégeant un puissant édifice de schéma rectangulaire (18 × 12 m) flanqué par six grosses tours d'un diamètre de 9 mètres, en grande partie ruinées. L'accès à la citadelle était de surcroît défendu par un fossé qui pouvait rapidement être mis en eau.

1270 Le 25 août, mort de Louis IX en croisade, victime de la peste devant les murs de Tunis ; son fils Philippe III (le Hardi) lui succède **1270 Ayant acquis le domaine de Blanquefort, Édouard Ier, futur roi d'Angleterre, ordonne le renforcement défensif de son château** 1272 Le 16 novembre, mort d'Henri III, roi d'Angleterre ; Édouard Ier lui succède.

Départ de Saint Louis pour la croisade
Enluminure du *Livre des faiz monseigneur Saint Louis* (détail)
XVe siècle

Des grandes espérances à la mort sans gloire. Dès décembre 1244, le souverain français, ayant fait vœu de se croiser à la suite d'une grave maladie, prépare son expédition en faisant construire le port d'Aigues-Mortes, que l'on distingue en retrait de la miniature. Accompagné de son épouse, il quitte le royaume le 25 août 1248, laissant la régence à Blanche de Castille. L'échec de cette tentative ne le dissuadera pas de lancer une nouvelle expédition qui se conclura par sa mort à Tunis en 1270.

franciliennes) précèdent sa restitution à Gaillard IV de Durfort, en 1476 ; perdant toute importance stratégique, la citadelle sombrera peu à peu dans l'abandon.

Une maison forte et son enceinte

Des tourelles semi-circulaires pleines flanquant l'enceinte de Blanquefort, cinq ont partiellement subsisté. Mais les aménagements voulus par Antoine de Chabannes — dont l'adjonction de deux tours à canon et d'une porte à pont-levis entre deux tours, ainsi que la reconstruction des parties hautes et l'élargissement de la courtine — ont gravement altéré le dessin initial d'un édifice désormais pourvu de canonnières et d'archères.

À l'intérieur, la tour-résidence dont les parties basses remontent à l'époque romane est flanquée de six tours circulaires érigées sur ordre d'Édouard II et entre lesquelles court un chemin de ronde aux mâchicoulis en arc bandés ; les deux étages au-dessus du rez-de-chaussée ont longtemps formé le cadre de la vie résidentielle locale, Antoine de Chabannes ayant ajouté un niveau sous charpente et aménagé un escalier monumental, dans la tour sud-est, au xve siècle.

AIGUES-MORTES (GARD)
REMPART SUD-OUEST
XIIIe SIÈCLE

Le fruit d'un désir royal. La ceinture de remparts d'Aigues-Mortes est née du désir exprimé vers 1250 par Louis IX (Saint Louis) de posséder un port méditerranéen. Courant sur un périmètre d'environ 1,7 kilomètre, elle détermine un quadrilatère de 16 hectares auquel on accède par cinq portes principales, protégées par deux tours, et quatre portes secondaires aménagées entre des tours rectangulaires ; cinq autres tours, circulaires ou en « U », complètent l'ensemble. Le chemin de ronde court régulièrement sur toute la muraille, un soin tout particulier ayant été porté aux archères et créneaux, pièces maîtresses du dispositif défensif. La plus belle pièce, en appareil régulier de pierres lisses, reste la tour de Constance (30 m de hauteur, 20 m de diamètre, 8 m d'épaisseur de mur) dont la construction a été entreprise en 1241. C'est à Philippe le Bel qu'il reviendra d'achever, en 1289, la fortification d'une ville pourtant très tôt privée de son rôle stratégique, l'une des raisons de la conservation des murailles tenant précisément au quasi-abandon de la cité dès le milieu du XIVe siècle et à sa situation à l'écart des grandes voies de communication.

Bourbon-l'Archambault

Demeure seigneuriale et berceau dynastique

L'impressionnante forteresse médiévale de Bourbon-l'Archambault possède une importance historique considérable puisqu'elle constitue le berceau de la dynastie des Bourbon, ultime branche de la monarchie capétienne, mais elle vaut aussi par ses caractères architecturaux originaux, à l'image du bossage de ses trois grandes tours du front nord ou de l'ampleur de sa grande salle palatiale.

En dépit des considérables dégradations subies depuis la fin du Moyen Âge, le château de Bourbon-l'Archambault reste l'une des plus imposantes constructions que nous ait léguées l'âge féodal.

Une occupation immémoriale

Bourbon, site thermal réputé dans l'Antiquité, se transforme, aux siècles obscurs du Haut Moyen Âge, en seigneurie placée au xe siècle sous l'autorité d'un certain Aymard ; mais c'est seulement au XIIIe siècle qu'il devient le siège du comté de la famille locale, les Archambault, du fait du mariage de l'héritière locale, Béatrice de Bourgogne, avec le sixième fils de Saint Louis, Robert de Clermont, en 1272. Ce dernier installe en sa nouvelle propriété la relique de la Vraie Croix rapportée par son père et la dispose dans la Sainte-Chapelle, qu'il fait construire à Paris en 1315.

Érigé en duché-pairie en 1327, le domaine est le berceau de la lignée des Bourbon, laquelle accédera au trône de France avec Henri IV. Le château, énorme forteresse qui compte jusqu'à quinze grosses tours, possède une fonction presque exclusivement militaire, l'essentiel de la vie de cour se déroulant à quelques lieues de là, dans la cité de Moulins.

Démantelé sur ordre de François Ier, que le maître des lieux a trahi au profit de Charles Quint, le château décline rapidement. Curieusement cependant, c'est après le sacre de son plus illustre enfant, Henri IV, en 1589, qu'il sombre peu à peu dans un total abandon, bien que la monarchie, soucieuse de la préservation de la relique, y entretienne un chapitre.

N'ayant pas souffert au temps de la Révolution, l'édifice est vendu comme bien national en 1794. Dans les premières décennies du XIXe siècle, les affairistes de la pierre entreprennent de le dépecer, jusqu'à l'intervention, en 1832, du poète local Achille Allier, qui parvient à sauver les trois tours restantes, sur le front nord, et la grande salle palatiale, ultimes vestiges du grand bâtiment.

Des vestiges mutilés

Hors les reliefs déjà signalés et quelques restes de la basse cour, du moulin et des deux chapelles, ainsi que la tour « Quiqu'en-Grogne » (érigée en 1480, elle constitue, dans la basse cour, un puissant bastion d'une dizaine de mètres de diamètre), le château de Bourbon-l'Archambault n'a rien conservé de sa splendeur passée. Mais le visiteur, en se plaçant face aux trois tours du front nord, peut se faire une idée précise de la formidable impression de puissance qu'il dut longtemps

BOURBON-L'ARCHAMBAULT
CHÂTEAU, LES TROIS TOURS DU FRONT NORD
XIIIe SIÈCLE

Les sentinelles d'une grandeur passée. Érigées sur ordre de Robert de Clermont entre 1277 et 1287, ces trois tours étaient couronnées par un crénelage encore nettement visible au niveau de leur deuxième étage. Car elles ont été surélevées dans la seconde moitié du XIVe siècle par Louis II de Bourbon, lequel fit également aménager la grande salle voûtée d'ogives que l'on devine derrière la vaste baie aménagée dans la courtine ; c'est aux deux extrémités de ce superbe bâtiment en « L » que se dressaient les deux chapelles, aujourd'hui presque totalement ruinées.

BOURBON-L'ARCHAMBAULT (ALLIER)
CHÂTEAU, LA TOUR « QUIQU'EN-GROGNE »
1480

Un puissant bastion. La tour «Quiqu'en-Grogne» est nettement plus tardive que le corps principal du château, ce qui explique l'hétérogénéité de son agencement et l'originalité de son appareil.

dégager. Reliées par une courtine qui flanquait, à l'intérieur, l'une des ailes en équerre du logis seigneurial, elles se signalent par leur bossage rustique d'une incontestable efficacité défensive, mais aussi d'une grande séduction esthétique.

BOURBON-L'ARCHAMBAULT (ALLIER)
CHÂTEAU, VUE AÉRIENNE

L'exploitation des atouts naturels. Sis sur un éperon haut d'environ 150 mètres dont la largeur excède à peine 50 mètres, le château fort de Bourbon-l'Archambault sollicite intelligemment la nature pour se rendre inaccessible. C'est ainsi que la petite rivière voisine de la Burge permet la mise en eau des espaces creusés au pied des murailles et que l'éperon rocheux est coupé par une profonde entaille artificielle. Autour de l'espace ainsi déterminé, la cour de l'enceinte aux tours semi-circulaires assura longtemps une parfaite protection aux occupants des nobles bâtiments et, éventuellement, de la basse cour. L'accès à la forteresse était double : du côté de la ville, une tour-porte ; du côté du plateau, un châtelet serré entre deux tours cylindriques disparues.

1274 Mort de saint Thomas d'Aquin, l'un des plus grands penseurs du Moyen Âge 1276 Mort du fils aîné de Philippe III ; le cadet, Philippe (futur Philippe le Bel), devient héritier de la couronne **1277 Début de la construction des trois tours de façade de Bourbon-l'Archambault** 1280 L'Europe généralise l'usage de la boussole, rapportée de Chine par les voyageurs.

CHAMBÉRY (SAVOIE)
CHÂTEAU DES DUCS DE SAVOIE, TOUR DE LA TRÉSORERIE
XIVe-XVe SIÈCLES

Le plus beau vestige de l'appareil défensif. Si la première construction du château de Chambéry remonte à la fin du XIIIe siècle, presque tous ses éléments actuels datent des XIVe et XVe siècles. Ainsi de la tour de la Trésorerie, érigée au XIVe siècle et remaniée au XVe, de la tour demi-ronde (1398) ou de la tour des Archives (1439). De la même façon, c'est seulement en 1408 que le comte Amédée VIII, premier duc de Savoie, fait construire la Sainte-Chapelle, endommagée par un incendie en 1532. Cependant, après le transfert de la capitale des États de Savoie à Turin (1563), le château de Chambéry perd une grande part de son prestige, devenant pour l'essentiel le siège administratif du gouvernement de Savoie. Au XVIIIe siècle, plusieurs incendies anéantissent presque totalement l'édifice ; son affectation, en 1802, à la préfecture et au conseil général du département du Mont-Blanc, lui vaut une reconstruction complète, approuvée par Napoléon Ier en personne, à l'occasion de son passage à Chambéry en 1805. Lors de l'annexion de la Savoie à la France, en 1860, le château est à nouveau complètement repris, avant d'être classé monument historique en 1881. De cette longue histoire tourmentée, le plus beau souvenir reste assurément la tour polygonale de la Trésorerie, archétype des nouvelles dispositions de l'appareil défensif face aux effets ravageurs des armes à feu, dont l'efficacité devient véritablement meurtrière à partir du XVe siècle.

Arques

Originalité d'une forteresse marginale

Le château d'Arques, dont presque tous les corps de logis ont disparu, présente un plan tout à la fois original et débiteur de la forteresse de Carcassonne. Cette particularité vient du dessin de sa tour maîtresse, caractérisée par quatre tourelles d'angle reposant sur de puissants contreforts en équerre.

L'existence d'un château antérieur à celui qui a subsisté jusqu'aujourd'hui est l'objet de discussions entre experts. Si un tel édifice a existé, il aurait alors été détruit par les croisés de Simon de Montfort, au terme des guerres albigeoises, c'est-à-dire au tout début du XIIIe siècle. Ce qui reste certain, c'est qu'en 1231 la famille de Termes est dépossédée de son logement au profit d'un lieutenant de Simon de Montfort, Pierre de Voisins. Mais il faut attendre longtemps, probablement jusqu'à 1284, pour voir le nouveau maître des lieux, Gilles de Voisins, entreprendre la construction d'un haut donjon destiné à illustrer à jamais le patrimoine monumental du Languedoc médiéval. Probablement la forteresse a-t-elle pour première fonction de contrôler une région frontalière trop souvent agitée au gré de la monarchie française.

Au cours des siècles, l'édifice passe en d'autres mains, notamment celles de la famille de Joyeuse, en 1518, lorsque la dernière descendante des Voisins, Françoise, épouse le vicomte de même nom. C'est en résistant victorieusement au siège installé par les protestants, en 1575, que le château d'Arques entre vraiment dans l'Histoire. Par la suite, il connaît cet assoupissement propre à presque toutes les maisons fortes de France, étant vendu comme bien national lors de la Révolution, ce qui le sauve de la ruine et permettra son ultérieure restauration.

Une simplicité toute militaire

Il est peu de châteaux français, et même européens, pour présenter un plan d'une si belle simplicité, toute de rigueur féodale et d'efficacité militaire. Ce qui n'empêche nullement le bâtiment de se signaler par l'harmonieux développement de ses volumes et de ses formes monumentales.

Par ailleurs, en dépit de sa sévérité extérieure, le château d'Arques a longtemps offert des conditions de vie enviables à ses successifs occupants. Derrière l'enceinte quadrangulaire, la tour-logis du sud-est et le donjon central, construit en pierres lisses sur presque toute sa hauteur hors les bossages du compartiment supérieur, constituent le grandiose reliquat de ce chef-d'œuvre de l'architecture militaire gothique. De très nombreuses archères percent les murailles, la communication entre les différents étages étant assurée par une vis aménagée dans la tour d'angle orientale. Des éléments les plus séduisants de la disposition intérieure, on retiendra quelques très belles voûtes à culots historiés, de hautes cheminées et la facture particulièrement soignée des fenêtres, dont celle, trilobée, de la grande salle.

ARQUES
CHÂTEAU, LOGIS ET TOUR
FIN DU XIIIe SIÈCLE

Une résidence très austère. Le bloc du logis se découvre ici sur la gauche du donjon. Bien entendu, toute la partie basse en est aveugle, et la fonction résidentielle de l'édifice ne transparaît qu'au niveau d'ouverture des belles baies géminées situées en hauteur. Le temps est encore loin des palais conçus pour une vie de cour débarrassée des craintes de la guerre. À droite de la tour, la porte d'entrée se détache en saillie de la courtine ; d'un appareillage sévère mais soigné, elle est surmontée d'un mâchicoulis.

1282 Ouverture du chantier de la cathédrale Sainte-Cécile d'Albi (consacrée en 1480 seulement) **1284 Date probable de la construction du château d'Arques** 1285 Le 5 octobre, mort de Philippe III ; son fils Philippe IV (le Bel) lui succède.

ARQUES
CHÂTEAU, CLEF DE VOÛTE
DE LA PORTE PRINCIPALE
FIN DU XIIIe SIÈCLE

Une sévère signature taillée dans la pierre. Au sommet de l'arc couvrant l'ouverture de la porte principale du château, la clef de voûte est ornée d'un motif héraldique aux armes des Voisins, famille qui fut longtemps la maîtresse du lieu. Cette signature rappelle que la forteresse reste toujours liée à la signalétique du pouvoir, même si aujourd'hui elle n'en transmet plus que le lointain souvenir.

ARQUES (AUDE)
CHÂTEAU, VUE GÉNÉRALE
FIN XIIIe SIÈCLE

Une forteresse ramassée autour de son donjon. À l'écart du village voisin, le château d'Arques est dressé sur les bords de la rivière locale, la Rialses. Il est principalement composé d'une enceinte quadrangulaire entourant le donjon carré central, d'une douzaine de mètres de côté et d'une hauteur de quelque 24 mètres ; les angles de ce dernier sont flanqués de tourelles d'angle qui lui confèrent une rare élégance. La tour superpose quatre niveaux dont les deux du bas sont voûtés d'ogives. Sur chacune des faces prennent place deux archères à étrier au rez-de-chaussée et quatre autres, élargies à la base, aux étages, dispositif complété par l'ouverture, sur chaque tourelle, de cinq autres archères. Au sol, l'enceinte dessine un périmètre de 55 × 51 mètres ; c'est à son angle sud-ouest, invisible ici, que se dresse la tour-logis, massive mais discrète.

VILLANDRAUT (GIRONDE)
CHÂTEAU, FAÇADE DE L'ENTRÉE
DÉBUT DU XIVe SIÈCLE

Un modèle nouveau. C'est en 1305 que s'ouvre, sous la direction de Bertrand de Got, futur pape sous le nom de Clément V, le chantier du château de Villandraut, qui associe les fonctions défensive et résidentielle de façon superlative. Il semble que l'édifice, qui suit les lignes d'un plan quadrangulaire de 52 mètres sur 43 répartissant harmonieusement les ailes principales, ait été édifié en un temps record, son achèvement intervenant dès 1312. Les impressionnantes tours circulaires nous sont parvenues en l'état, à l'exception de leur couronnement qui a disparu ; il est probable qu'il associait le principe de la terrasse couverte à celui du hourd, un chemin de ronde suivant le sommet des courtines. L'intérieur superpose et juxtapose avec logique inédite les salles, logis, chambres, etc. et les espaces de distribution. De cet agencement, nombre de châteaux s'inspireront ensuite, à commencer par celui de Roquetaillade.

Villeneuve-lès-Avignon

La marque de Philippe le Bel

À Villeneuve-lès-Avignon, deux édifices castraux ont été construits à peu près en même temps, vers la fin du XIIIe siècle : le château proprement dit, flanqué par deux entrées colossales (la porte Saint-André et la tour des Masques) et la tour Philippe-le-Bel, chargée de contrôler le débouché du fameux pont d'Avignon en même temps que le trafic fluvial.

L'occupation du modeste mont Andaon, sur les hauteurs dominant le lit du Rhône, est très antérieure à la construction du château médiéval. La présence de moines bénédictins est notamment attestée à fin du haut Moyen Âge. C'est en 1226, avec le siège d'Avignon par Louis VIII, que le destin du lieu bascule, l'abbé du lieu obtenant du roi l'autorisation d'ériger un bâtiment fortifié ; mais il ne semble pas que cet arrangement ait été immédiatement suivi d'effet et plusieurs décennies s'écoulent avant la signature d'un nouveau traité de pariage avec Philippe le Bel, en 1292, prélude à la construction du château de Villeneuve.

Le château et la tour

Le château lui-même domine les toits de la petite cité. Sur tout le pourtour de l'édifice, les courtines se signalent par la belle régularité de leur appareil et par l'ouverture d'archères aggravant singulièrement les risques de leur approche. Le hourd qui doublait l'efficacité du chemin de ronde a disparu aujourd'hui, mais l'ensemble présente toujours une impressionnante image d'inaccessibilité. La porte Saint-André continue de susciter l'intérêt des historiens par son caractère exemplaire ; Philippe le Bel l'a conçue comme une pièce maîtresse de son système de contrôle frontalier d'un royaume qu'il est précisément en train d'agrandir, ce qui explique son caractère d'imprenable citadelle.

À quelque distance de là, sur les rives mêmes du Rhône, la tour Philippe-le-Bel s'inscrit dans un dispositif défen-

VILLENEUVE-LÈS-AVIGNON
CHÂTEAU,
LA PORTE SAINT-ANDRÉ
XIVe SIÈCLE

Une entrée étroitement surveillée. Il est peu d'entrées aussi imposantes que celle du fort Saint-André à l'extrémité du château de Villeneuve. Deux tours à saillie semi-circulaire y encadrent une étroite porte voûtée en berceau à arc brisé et défendue par un système de herses et d'assommoirs. La perfection de son agencement laisse supposer une date assez tardive, probablement le dernier quart du XIVe siècle. Très peu ouvertes, ces deux tours comportent de belles salles voûtées d'ogives ou en berceau.

1286 Le 6 janvier, sacre de Philippe le Bel **1292 Par traité de pariage, Philippe le Bel autorise la construction du château de Villeneuve-lès-Avignon** 1297 Le 10 août, canonisation de Louis IX 1298 Marco Polo rédige le *Livre des merveilles* qui ouvre l'Asie à la curiosité de l'Europe.

PLAN ET ÉLÉVATION DE LA TOUR
PHILIPPE-LE-BEL DE VILLENEUVE-LÈS-AVIGNON
RELEVÉ PAR NODET
1897
Paris, médiathèque du Patrimoine

Une tour pour surveiller les environs. La construction de cette haute tour se situe entre 1292 et 1302 ; elle est édifiée sur plan trapézoïdal. On distingue clairement, sur ce document, son système de couverture intérieure et la juxtaposition de ses trois étages desservis par la vie aménagée dans la tourelle sur plan rectangulaire. Construite en bossages et en pierres lisses, elle est percée d'archères et ouverte par une porte pourvue d'un assommoir.

sif implanté sur un amas de roches. Ainsi que l'indique son nom, cette tour est le fruit de la volonté du souverain français, soucieux avant tout de contrôler l'indocile région provençale et sa capitale, Avignon ; le comte régional, Charles II d'Anjou, manifeste bien quelque mauvaise humeur, en l'occurrence, mais sans troubler un roi de France qui impose alors sa loi par la force des armes autant que par les subtilités d'une diplomatie flottante.

La tour Philippe-le-Bel bénéficie des dernières trouvailles de l'art de fortifier, présentant en particulier, du fait de son plan en trapèze, un double éperon dissuasif. La défense en est principalement assurée par ses nombreuses archères à étrier et par son haut mâchicoulis, cependant que la surveillance des environs a vu son efficacité doublée par la construction d'une petite tour circulaire de guet (ou guette) entre le corps principal du bâtiment et le logement de la vis. Il semble d'ailleurs que toute cette partie supérieure soit postérieure au règne de Philippe le Bel et qu'on puisse l'attribuer avec certitude à l'époque de Jean le Bon.

Villeneuve-lès-Avignon (Gard)
Château, vu de la ville
Fin du xiiie siècle

Une enceinte établie en fonction de son support. Implanté au sommet d'une vaste éminence rocheuse, le château de Villeneuve est caractérisé par son enceinte qui suit un parcours globalement elliptique, en rapport étroit avec les déclivités et ressauts naturels de son socle. Aux deux extrémités du bâtiment, le système défensif est conforté par les puissants massifs de la porte Saint-André et de la tour des Masques. Cette dernière (à gauche, sur l'image) se présente sous la forme d'un imposant édifice cylindrique, renforcé par un double prolongement des hautes courtines de l'enceinte ; son espace intérieur, très haut sous voûte d'ogives, est percé d'archères. À sa base, l'entrée dans la forteresse est compliquée par un double assommoir.

Tourbillon (Suisse, canton du Valais)
Château, vue générale
Fin xiiie siècle-début xive siècle

Une forteresse épiscopale. C'est à un homme d'église, à l'évêque Boniface de Challant qu'est attribuée la construction du château de Tourbillon, dans la dernière décennie du xiiie siècle (1294 ?) et dans la première du xive siècle. L'édifice est situé sur une énorme barre pierreuse, elle-même défendue par une longue traverse percée d'une étroite porte à mâchicoulis. L'enceinte du château, qui longe l'irrégulière arête rocheuse, se signale sur le côté oriental par le plan pentagonal de sa course, qui assure la disparition des angles morts. Indépendamment de la belle chapelle à fresques qu'il abrite, le château possède un puissant logis érigé sur plan rectangulaire. Mais, dans ses parties hautes, il est surtout le fruit des reconstructions qui l'ont transformé dès le xve siècle, époque à laquelle l'évêque Guillaume III de Rarogne fit reconstruire la chapelle, rénover le logis et créneler l'enceinte le long de laquelle il fit installer un hourd. Très altéré par un grave incendie en 1788, l'édifice a été restauré et présente aujourd'hui le visage d'une forteresse certes ruinée mais d'une émouvante grandeur.

Roquetaillade

Un chef-d'œuvre de restauration médiévale

En Aquitaine, le château de Roquetaillade est en fait un complexe architectural formé de deux châteaux forts sis à l'intérieur de la même enceinte, mais remontant l'un au XIIe siècle, l'autre au XIVe siècle. Son histoire s'inscrit sous le signe de la restauration, celle de la Renaissance, en premier lieu, qui s'est efforcée de lui donner un plus aimable aspect, celle d'Eugène Viollet-le-Duc et d'Edmond Duthoit ensuite, dont l'objectif fut de lui restituer son caractère médiéval.

Naturellement protégé, le site du château Vieux a été occupé dès l'ère préhistorique. En dépit de la légende locale qui affirme que Charlemagne en personne a fait dresser les premières fortifications de Roquetaillade, c'est entre le XIIe siècle et le XIVe siècle qu'ont vu le jour les deux grands édifices castraux. Il faut se rappeler qu'en 1152, Henry II Plantagenêt fait passer les terres d'Aquitaine sous la couronne d'Angleterre ; dressé à la même époque, le château Vieux se déploie le long d'un rectangle de 57 mètres sur 44. Son plus bel élément en est la haute tour-porte rectangulaire dotée de herses et d'assommoirs.

Profitant de la prospérité commerciale qui s'ensuit, le cardinal De la Mota, neveu du pape Clément V qui est le premier pape français à résider à Avignon, décide, au début du XIVe siècle, de faire construire à quelques pas de là le château Neuf. Grâce à la restauration de Viollet-le-Duc, le grand bâtiment a retrouvé dans une très large mesure l'aspect qui était le sien à l'origine.

Un palais familial

Le château Neuf est avant tout une résidence familiale fortifiée. De ce point de vue, la comparaison qu'il propose avec le château Vieux est instructive. Placé au centre de la vie locale, l'édifice fut tout à la fois le centre du pouvoir local et le refuge potentiel des populations des

ROQUETAILLADE
CHÂTEAU NEUF,
VUE AÉRIENNE
DÉBUT XIVe SIÈCLE

Une prodigieuse concentration de volumes défensifs. Le château Neuf, sur plan carré de 33 mètres de côté, se présente au premier abord comme un édifice puissamment concentré sur lui-même. Sa formidable ceinture de tours et de courtines se déploie autour de l'énorme donjon central (10 m de côté pour une hauteur de 30 m) à plan quadrangulaire qui domine de très haut l'ensemble. L'édifice figure parmi les mieux conservés de son siècle, ayant bénéficié d'un soin de construction tout à fait exceptionnel. Même l'intérieur, les murs et les voûtes surprennent par leur cachet d'authenticité, en dépit de la longue campagne de restauration de Viollet-le-Duc.

ROQUETAILLADE
CHÂTEAU NEUF,
VU DU SUD-OUEST
DÉBUT XIVe SIÈCLE

Les deux visages de la forteresse. Vu de l'angle sud-ouest, le château de Roquetaillade présente un double visage contrasté. En façade ouest, quatre tours cylindriques dressent leur infranchissable rempart ; la restitution des hauteurs crénelées de la courtine par Viollet-le-Duc permet de retrouver le visage originel de la forteresse. En revanche, sur le côté sud, les mêmes travaux de restauration attestent la volonté des occupants de se ménager un agréable cadre de vie.

environs en cas de danger. La disparition des archives du château ne permet pas de savoir avec précision s'il remplit exactement cette fonction, mais il est à supposer que ce fut au moins le cas durant la guerre de Cent Ans. La prudence n'excluant point le confort, toutes les familles (au nombre de quatre) ayant possédé le château ont travaillé à en embellir le cadre et les espaces intérieurs. Ainsi au XVIe siècle, la famille Lansac est à l'origine de la première grande restauration du château après les dévastatrices guerres de Religion ; c'est évidemment dans le style Renaissance que sont alors greffés de nouveaux éléments (baies, escaliers, cheminées...).

C'est précisément ce que comprend parfaitement Viollet-le-Duc lorsqu'il est sollicité, en 1886, par les riches vignerons devenus maîtres des lieux. Le restaurateur de Pierrefonds, de Carcassonne, de Notre-Dame de Paris, s'attache dès lors, avec l'aide d'Edmond Duthoit, à penser Roquetaillade comme un tout : tours et courtines sont restaurées, mais aussi le mobilier, la décoration et même le parc, jamais terminé cependant. Au sortir de cette coûteuse campagne, un château idéal réapparaissait, débarrassé des blessures infligées par le temps.

1302-1306 Crise financière dramatique dans tout le royaume français **1306 Ouverture du chantier du château Neuf de Roquetaillade** 1314 Le 29 novembre, mort de Philippe le Bel ; Louis X (le Hutin) lui succède.

ROQUETAILLADE (GIRONDE)
CHÂTEAU NEUF, FAÇADE SUD
DÉBUT XIVe SIÈCLE

Une demeure plus ostentatoire qu'aimable. Les tours d'angles en énormes fûts cylindriques et le massif donjon lancé à une hauteur impressionnante relèvent d'un décorum très particulier. Il s'agit d'affirmer sa gloire et sa fortune par le jeu de formes monumentales qui constituent un non-sens historique et confèrent à la grande demeure un caractère ostentatoire qui nuit à son harmonie. La haute tour centrale, parfaitement anachronique, en est la marque la plus affichée ; presque aveugle, elle ne laisse rien deviner de l'agencement interne de ses cinq niveaux, prend l'apparence d'une colossale sentinelle de l'ordre établi. En revanche, la façade méridionale, d'esprit assez peu médiéval à la suite de nombreux remaniements intervenus au cours des âges, s'efforce de redonner un visage aimable à la demeure des seigneurs locaux.

CRUAS (ARDÈCHE)
CHÂTEAU,
VUE DE LA TOUR MAÎTRESSE
XIIe-XIVe SIÈCLES

Un château abbatial. C'est en surplomb de l'abbaye bénédictine de Cruas, sur les hauteurs dominant le Rhône face à Valence qu'est construit, du XIIe siècle au XIVe siècle, l'ensemble des fortifications faisant office de refuge pour les moines du lieu. La tour maîtresse qui domine le site provient du réaménagement complet de la chapelle romane du XIIe siècle. Les tourelles circulaires placées aux angles et les puissants contreforts joints en arcs soutenant le haut mâchicoulis crénelé datent du XIVe siècle. L'ensemble a été considérablement surélevé à la même époque, le chemin de ronde finissant de couronner la forteresse au soir de ce même XIVe siècle. En retrait et beaucoup plus discret, le logis abbatial a été récemment restauré.

Autour de la guerre de

Cent Ans

Autour de la guerre de

Il serait vain de vouloir faire le compte des excellents auteurs ayant placé les XIVe et XVe siècles de l'âge européen sous le double label de l'automne et du renouveau (du soir et du matin), attirant ainsi l'attention de leurs lecteurs sur les ambiguïtés de la phase terminale de l'ère gothique, nul moment de l'histoire européenne — plus spécialement française — ne présentant avec une si parfaite coïncidence les caractères d'une époque finissante et les traits d'une période inaugurale.

La force des préoccupations terrestres

Dans le domaine religieux, presque tous les chantiers des grandes cathédrales (Reims, Amiens, Beauvais, etc.) ont été ouverts au siècle précédent. Autour de ces grands édifices sacrés, la cité des hommes commence à se développer en tant qu'unité urbaine. Hospices, hôpitaux et maladreries viennent soulager les plus terribles misères du temps, cependant que partout les halles et les greniers témoignent d'un renforcement de l'activité économique, par ailleurs favorisée par le développement des réseaux de transport et d'échange. Les ponts de pierre lourdement fortifiés enjambent les fleuves, les murailles ceignent les bourgs ; les préoccupations de l'homme du Moyen Âge se nuancent toujours plus d'un humanisme qui met à mal la priorité absolue accordée jusque-là aux édifices du culte. Le crépuscule médiéval est marqué par trop de conflits, de disettes ou de famines, de troubles politiques et sociaux pour que les hommes ne finissent par détourner les yeux du Ciel et par songer à mieux organiser leur séjour terrestre. Ainsi se font jour, peu à peu, les prémices d'une transition vers un style qui, venu pour une part d'Italie, illustrera la réalité d'une Renaissance dont le château résidentiel se fera, bien mieux que l'église nouvelle, l'étincelant emblème.

Le temps des catastrophes

Il est inutile de noircir le trait pour admettre que la fin du Moyen Âge correspond, autant en France que dans les pays frontaliers, à toute une série de catastrophes dont on trouverait difficilement l'équivalent en une autre phase de la longue histoire du vieux continent.
En premier lieu, la guerre de Cent Ans (1337-1453) oppose — pour peu que l'on accepte ce raccourci d'une rudesse toute schématique — la France à l'Angleterre sur une période d'une effarante durée. Que cet interminable et catastrophique conflit ait durablement marqué la mémoire collective, la France le sait assez, qui a bien mieux retenu le nom de ses défaites — Crécy, Poitiers, Azincourt... — que celui des victoires — Patay, Formigny, Castillon... — grâce auxquelles elle a fini par le gagner (en admettant qu'une guerre connaisse un vainqueur lors même qu'elle marque toujours la défaite de la civilisation).
Ensuite, cette guerre a favorisé, comme presque toujours en pareille occurrence, la rapide émergence de sinistres bandes (Grandes Compagnies, Écorcheurs...) s'autorisant les pires atrocités sur les populations les plus faibles.
Enfin, se mettant à l'unisson de ces désastres guerriers, la nature se déchaîne à son tour, provoquant, avec la peste noire de 1348, la plus effroyable épidémie jamais connue par l'Europe, qui y perd un bon tiers de sa population.
Si l'on ajoute à cela que l'Église, probablement soucieuse ne pas se tenir en marge de si beaux exploits, profite de ce contexte pour se déchirer avec une férocité qu'auraient pu lui envier bien des mercenaires, le tableau est complet. De ces ultimes soubresauts d'un siècle de tumultes et de fureurs, le Grand Schisme de 1378, tempête spirituelle qui provoque la plus grave scission jamais connue dans le monde chrétien, reste l'ineffaçable conséquence !

Contre la forteresse, le plaisir et le canon

Dans ce contexte, la construction hâtive et multiple de demeures puissamment fortifiées ne surprendra personne. Mais, dans le même temps, l'édifice devient résidence seigneuriale à part

Le 25 août 1346, le souverain anglais Édouard III fait étape à Crécy pour y attendre l'armée française qui se présente le lendemain, dans le désordre. Sous la pluie, la cavalerie française, alourdie par des armures inefficaces contre les flèches, charge vainement, peu à peu anéantie par les archers anglais. Philippe VI ne peut qu'ordonner la retraite, après ce massacre inutile, premier vrai désastre d'une guerre de Cent Ans que les Français finiront par gagner au terme de terribles souffrances dont le peuple aura été la première victime. Mais Crécy restera dans la mémoire comme la première défaite de la cavalerie face à l'infanterie, prélude à une mutation fondamentale de la stratégie militaire vers l'usage de l'artillerie.

LA BATAILLE DE CRÉCY (26 AOÛT 1346)

XIVe SIÈCLE

Miniature des *Chroniques de Froissart*
Paris, bibliothèque de l'Arsenal

Charles V prend part aux joutes

XIVe siècle

Miniature des *Grandes Chroniques de France*
Chantilly, musée Condé

En marge du banquet, de la chasse et du bal, le tournoi reste l'un des grands moments de la vie féodale hors le temps des confits. C'est à la bataille de Hastings, en 1066, que les cavaliers ont inauguré cette nouvelle façon de tenir la lance presque à l'horizontale : la charge y gagne considérablement en efficacité, mais l'effort physique du jouteur en est décuplé. C'est ainsi que le tournoi médiéval devient un jeu emblématique, une sorte de rituel ludique de la guerre, dont il restitue les attitudes sans en provoquer les conséquences (quoique les blessures graves et les morts d'homme y soient monnaie courante). C'est aussi, sous le regard attentif de l'assemblée, le banc d'essai de jeunes énergies dont les hommes peuvent tout craindre et les femmes tout espérer !

entière, en rupture bientôt définitive avec son ancienne vocation de refuge collectif. Le Louvre, par exemple, inutile en tant que forteresse après la construction de l'enceinte de Charles V et de la Bastille, est réaménagé en luxueux logement princier. C'est selon le même processus que sont construits ou transformés nombre de châteaux du siècle précédent (Bourbon-l'Archambault, Chinon...) ou que naissent Châteaudun, La Ferté-Milon, Josselin, Pau, Pierrefonds, Tarascon, Mehun-sur-Yèvre, Vincennes... Les édifices suisses (Colombier, Gruyères, Neuchâtel...) ou belges (Namur) connaissent, peu ou prou, une évolution analogue.

Le château reste, certes, une forteresse militaire, mais le goût du luxe provoque de telles améliorations qu'il faut désormais parler de palais fortifié, les fonctions de résidence et de défense devenant difficiles à simplement dissocier. Même le palais des Papes, commencé par Benoît XII et continué par Clément VI, protège Avignon comme une forteresse tout en accueillant la cour la plus brillante de l'époque.

Par ailleurs, le coût d'une garnison nombreuse devenant prohibitif, le périmètre de défense est réduit par accroissement de la hauteur des tours et des courtines. D'où cet élancement caractéristique de la silhouette des grands châteaux, dont ceux, particulièrement exemplaires, de Pierrefonds (Oise) et de Langeais. On aurait donc tort de ne penser le château qu'en tant que forteresse ; loin de se limiter à sa vocation militaire, il devient l'écrin protecteur de l'exercice de tous les plaisirs du temps, bals, banquets, fêtes musicales, représentations théâtrales...

Car, au milieu de tous ces désordres, l'homme de la fin du Moyen Âge prend aussi le temps d'améliorer ses techniques agricoles, de développer une nouvelle industrie minière, de construire

Château de Pierrefonds
Eugène Viollet-le-Duc (1814-1879)
Aquarelle
Paris, Centre de recherche des Monuments historiques

Au rebours des restaurations et reconstitutions du XXe siècle fondées sur les acquis de l'Histoire et de l'archéologie, celles du XIXe siècle ont le plus souvent puisé au vivier du rêve médiéval nourri de nostalgie romantique. Plus que le château de Pierrefonds lui-même, cette simple aquarelle de Viollet-le-Duc révèle le caractère utopique de son grand chantier. Les tours jaillissent de leur socle pour dresser une forêt pétrifiée sous l'immensité des nuées, avec lesquelles elles opèrent, par ailleurs, une curieuse fusion fondée sur l'analogie des couleurs choisies par le maître restaurateur du Second Empire.

des routes et des ponts ; il s'avise même d'inventer l'imprimerie et se met à lire avec une constance et une fréquence jusque-là inconnues. La seule formation aux armes lui paraît désormais insuffisante, il se propose de nouvelles activités et se crée, en retour, une conception neuve du loisir.
Les historiens objectent avec raison qu'une telle mutation ne concerne qu'une partie assez faible de la population ; mais c'est précisément cette minorité qui fait construire les châteaux, d'où l'évolution irrésistible de cet édifice vers le nouvel idéal résidentiel qui reléguera, vers la fin du XVe siècle, le château fort au rang d'antiquité.
Cette rapide évolution est favorisée par les progrès de l'artillerie à feu au cours du XVe siècle, progrès suffisamment rapides, voire spectaculaires, pour porter un coup d'arrêt décisif au principe du palais-forteresse. C'est désormais la puissance des canons qui rend inévitable la césure entre fonction résidentielle et fonction défensive. Si les petits seigneurs conservent jalousement leur château sur motte, le restaurent, l'enrichissent de tours plus décoratives que fonctionnelles, les souverains disposant d'un vrai pouvoir s'en détournent désormais au profit du château de plaisance, comptant sur la valeur de leurs troupes de campagne plus que sur l'épaisseur des murailles pour se protéger d'éventuels assaillants.

Les grandes réalisations du XIVe siècle

Dès le deuxième quart du XIVe siècle, de redoutables forteresses voient le jour, offrant la démonstration d'un renouvellement complet de la conception même de l'architecture castrale.
Le château de Lagarde propose ainsi une disposition sur plan carré, avec tours d'angle rectangulaires percées d'archères et faiblement saillantes, les logis étant disposés dans la cour, elle-même accessible par une imposante tour-porte, au centre de l'un des côtés.
Mais c'est bien entendu le chantier du palais des Papes, extraordinaire ensemble militaire aussi bien que résidentiel, tout à la fois public, privé et semi-public, qui retient l'attention des historiens, du fait de sa double logique somptuaire et dissuasive. Agrégeant les volumes fortifiés autour des cours intérieures, il se signale par ses murs crénelés et percés d'archères, présentant une façade monumentale qui fait transition entre la forteresse médiévale et la grande résidence palatiale, symptôme majeur, nous l'avons vu plus haut, de la fin de l'ère féodale.
Au souverain pontife, le palais des Papes ; au souverain temporel, le château de Vincennes, commencé en 1361. Là encore, il ne s'agit plus seulement d'ériger une place fortifiée aux portes de Paris, mais d'offrir au roi une demeure digne de son rang et de sa fonction. C'est ainsi que Charles V fait de cette forteresse l'une des plus vastes d'Europe (sa muraille atteint une longueur légèrement supérieure au kilomètre), mais aussi l'une des mieux protégées avec son châtelet et son enceinte fortifiée aux neuf tours impressionnantes.
Signe des temps, le palais de Vincennes, loin de se limiter à l'aire castrale, s'élargit jusqu'à devenir un vaste canton forestier autorisant la chasse, tout en réunissant divers lieux de culte et autres manoirs et « belles maisons » favorisant visites et réceptions. Quant au logis royal de Charles V, il dispose de toutes les commodités du temps, permettant ainsi au souverain de partager son temps entre la lecture et tous les loisirs qu'autorise sa haute fonction !
Par ailleurs, au hasard de nombreux sites monumentaux, on distingue tous les signes avant-coureurs d'une évolution encore plus décisive et dont l'Histoire placera l'éclosion sous la rubrique, évidemment encore impensable au XIVe siècle, de la Renaissance. Le château de Saumur, par exemple, déjà passé du statut de simple édifice à motte à celui de forteresse médiévale aux XIIe et XIIIe siècles, devient une somptueuse résidence palatiale au XIVe siècle, faisant disparaître sa tour maîtresse, remaniant ses tours cylindriques (elles deviennent polygonales), aménageant une grande salle dans son aile occidentale en même temps qu'une vis de distribution et multipliant les motifs décoratifs de ses baies, cheminées, toitures et autres mâchicoulis.
De la même façon, le château de Mehun-sur-Yèvre passe de l'archétype de la forteresse féodale à celui de cadre flatteur d'une vie de cour raffinée et spéculant sur le symbole autoritaire autant que sur la mise en scène de la vie de cour. On voit ainsi de fines baies ouvragées ouvrir sur les espaces intérieurs, les tours et les courtines recevoir de plaisants mâchicoulis crénelés, les tours s'orner en leur sommet de pavillons en dentelle de pierre, et partout s'étirer de petites consoles moulurées aux arcs trilobés chargés de l'animation des murs.
Presque tous les châteaux de cette époque illustrent cette inéluctable évolution, de façon plus ou moins originale :

Blandy-les-Tours par l'adjonction d'un bâtiment résidentiel et de nouveaux dispositifs d'accès, Largoët par la construction de son donjon octogonal, Dinan par l'installation de la salle commune à l'étage inférieur et des salles hautes sur le même plan que la chapelle, Murol par le nouvel aménagement de l'intérieur, Suscinio par la décoration particulièrement soignée de l'habitat ducal, etc.
Enfin, dans les dernières années du siècle, le château de Sully-sur-Loire offre l'exemple accompli d'une magnifique demeure, désormais propre à la seule résidence aristocratique, mais dans un cadre architectural hérité de la forteresse médiévale, à base de tours cylindriques jointes par les courtines ; outre la perfection de son agencement dans un cadre naturel d'une calme beauté, il se signale par la perfection de son appareil et l'harmonie de ses formes.
Sans doute le château de Pierrefonds dispenserait-il un certain nombre de leçons voisines si sa valeureuse restauration au XIXe siècle par Eugène Viollet-le-Duc ne l'avait pas coloré d'une esthétique néogothique, peu propice au dégagement de conclusions définitives.

Le dernier siècle du château fort médiéval

Au moment où l'architecture religieuse vit sa période flamboyante (Saint-Maclou de Rouen, Notre-Dame-de-l'Épine, la Trinité de Vendôme...), admirable crépuscule qu'elle pensa probablement comme une aurore, le château fort entre dans les dernières décennies de son existence. En dépit d'un sursaut désespéré pour réduire — à défaut de pouvoir les éliminer — les effets dévastateurs de l'artillerie, il est condamné par l'effrayante efficacité des armes nouvelles auxquelles plus aucune muraille n'est en mesure de résister. Les silhouettes imposantes des forteresses de Tarascon, masse colossale cernée de douves et dominée par le donjon qui culmine à 48 mètres, de Crest, qui surplombe la vallée de sa masse puissante ajourée de rares ouvertures, ou de Berzé-le-Châtel, dont le noyau fortifié s'inscrit au cœur d'un monumental schéma défensif, témoignent de la vigueur de cet ultime et vain effort.
C'est dans ce contexte que s'inscrit le projet original du palais Jacques-Cœur de Bourges qui, rompant avec la règle de la forteresse médiévale, forme le chaînon manquant entre la tradition du fort féodal et l'éclosion du palais renaissant.
Là se découvre le paradoxe d'un flamboiement décoratif gothique plaqué sur une réalisation dont la modernité de conception annonce la tradition de l'hôtel urbain, d'une ostentation décorative traduisant l'aspiration à la reconnaissance sociale : le quadrilobe, l'accolade, la croix, le redent, etc. mettent en lumière la disparité profonde entre la fonction symbolique du lieu et son usage contingent ; quant à la somptuosité des espaces intérieurs, elle marie admirablement luxe et du confort, annonce d'une esthétique renaissante désormais parvenue au seuil de son histoire.
Plus rien ne saurait désormais sauver le principe du bastion retranché. À Châteaudun, par exemple, le château conserve son donjon médiéval, mais s'enrichit du palais d'apparat, dit de Dunois, qui atteste la transformation des mentalités vers la fin de la guerre de Cent Ans ; côté cour, le caractère ornemental est souligné par les deux grands escaliers de l'aile Dunois et par la répartition des ouvertures sur l'aile Longueville. À Clisson, c'est au nom de la même logique que le château est agrandi, à l'ouest, par un enclos rectangulaire, dans le même temps que la complète restauration de ses logis en fait une résidence fastueuse.
À Nantes, le château des ducs de Bretagne s'impose tôt comme l'une des premières demeures résidentielles de la côte atlantique de l'Europe ; métaphore de la toute puissance ducale, il abrite le Grand Logis, prototype de logis seigneurial conçu comme le miroir des plus hautes destinées.
Et tandis que le Moyen Âge clôt son histoire millénaire, d'autres édifices surgissent, de plus en plus éloignés de toute conception militaire, à l'image de Chaumont-sur-Loire, qui se réclame autant de l'élégance formelle française que du raffinement décoratif italien, ou d'Ussé, résidence idéale pour les plaisirs de la nouvelle vie de cour. Même les forteresses à prétention prioritairement militaire (Bonaguil, Sarzay, Aigle, Beersel, Salses, Josselin, Biron notamment) voient leurs formes se convertir à la nouvelle religion du beau dont le laboratoire italien a fixé les canons.

Au Moyen Âge, la cité ne commence qu'en deçà des portes fortifiées et la campagne vient mourir au pied des remparts. Ici, l'on voit bien que tout le travail de la vigne s'est réfugié à l'intérieur des murs. C'est d'ailleurs une particularité fascinante de l'imagerie médiévale que cette concentration du passage des saisons sans souci de réalisme : la vigne est taillée, dans le même temps que le raisin est ramassé... et que le vin est bu ! C'est aussi l'occasion de rappeler que la fonction de la basse cour resta toujours, dans le château, d'ordre utilitaire et économique, les fastes de la haute cour étant réservés à la seigneurie locale.

LE TRAVAIL DE LA VIGNE
XIVe SIÈCLE
Miniature du *Livre des profits champêtres et ruraux*
Paris, bibliothèque de l'Arsenal

Autour de la guerre de

Dates	*Histoire, culture, idées*	*Châteaux*
1316	Mort de Louis X le Hutin ; Philippe V le Long lui succède	
1320		Remaniement complet du château de **Lagarde** → 
1322	Mort de Philippe V ; Charles IV le Mauvais lui succède	
1328	Mort de Charles IV ; lui succède Philippe VI	
1337	Édouard III, souverain anglais, réclame le royaume de France	
1338		Construction du palais Vieux à **Avignon** ↓ 
1346	Défaite des troupes françaises à Crécy	
1348	Ravages de la peste noire en France	
1356	Défaite de Jean le Bon à Poitiers	
1361		Date probable de l'ouverture du chantier du château de **Vincennes**
1364	Le 19 mai, sacre de Charles V	
1367		Reconstruction du château de **Saumur** →  Reconstruction du château de **Mehun-sur-Yèvre**
1371		Fortifications de **Blandy-les-Tours**
1373	Du Guesclin s'empare de presque toute la Bretagne	
1380	Mort de Charles V et sacre de Charles VI	Chantier de la tour maîtresse du château de **Dinan** Remaniement de la forteresse de **Suscinio**
1395		Construction du nouveau château de **Sully-sur-Loire** → 
1396	Trêve de trente ans entre la France et l'Angleterre	Chantier du nouveau château de **Pierrefonds**
1401		Reconstruction du château de **Tarascon** ↓ 
1415	Le 25 septembre, victoire de l'armée anglaise sur l'armée française à Azincourt	
1420	Traité de Troyes : Charles VI déshérite le dauphin au profit de la monarchie anglaise	
1422	Mort de Charles VI ; le 30 octobre, Charles VII proclamé roi de France	
1429	Jeanne d'Arc bat l'armée anglaise à Patay	

138

Cent Ans

Dates	*Histoire, culture, idées*	*Châteaux*
1431	Le 30 mai, supplice de Jeanne d'Arc sur la place du Vieux-Marché à Rouen	
1434		Clôture des chantiers dans la forteresse de **Crest**
1443		Jacques Cœur acquiert à **Bourges** → le terrain de son palais
1450	Première impression de la Bible par Gutenberg	
1451		Ouverture du chantier du palais de **Châteaudun**
1453	Fin de la guerre de Cent Ans ; fin de l'Empire romain d'Orient	
1460-1480		Restructuration complète du château de **Clisson** ↘
1461	Mort de Charles VII le 22 juillet, sacre de Louis XI, le 15 août	
1466		Remaniement complet du château de **Nantes**
1469		Reconstruction du château de **Chaumont**
1477		Reconstruction du château d'**Ussé**
1480	La mort de René d'Anjou conforte la puissance de Louis XI	
1483-1500		Transformation de **Bonaguil** en forteresse seigneuriale →
1483	Mort de Louis XI, le 30 août. Charles VIII lui succède	
1485	Début de la « guerre folle » en Bretagne (province définitivement française en 1524)	
1489	Les barons du royaume de Naples font appel à Charles VIII	Reconstruction du château de **Beersel**
1490-1505		Construction du nouveau château de **Josselin** ↓
1490	Mort du souverain hongrois Mathias Corvin, vainqueur des Turcs	
1491	Charles VIII, roi de France, épouse Anne, duchesse de Bretagne, le 6 décembre	
1492	Anne de Bretagne est couronnée reine de France à Saint-Denis Christophe Colomb débarque à Cuba le 12 octobre	
1498	Le 7 avril, mort de Charles VIII à Amboise ; Louis XII lui succède	
1499	Louis XII épouse Anne de Bretagne, dont le duché reste indépendant	

Lagarde

Un château adapté aux conflits modernes

Le plus remarquable dans l'histoire de Lagarde est peut-être l'adaptation constante de l'édifice médiéval aux exigences nouvelles de la guerre. Renforcé aux XVe et XVIe siècles, il a subi, jusqu'à la veille de la Révolution, des mutations destinées à améliorer ses capacités défensives.

Le château de Lagarde n'a pas échappé à l'affairisme du XIXe siècle, qui s'est moins soucié de conserver le patrimoine monumental de la France que de le transformer en une immense carrière de pierres, plus d'ailleurs sous l'ère de l'Empire et de la Restauration que durant sa seconde moitié qui vit au contraire naître la notion de préservation et de restauration d'un héritage millénaire.

De l'époque cathare à la Révolution française

Donné à la famille de Lévis-Mirepoix par le sinistre Simon de Montfort au temps de la croisade albigeoise, le fief appartenait auparavant au seigneur Guillaume de Lordat, qui le tenait lui-même du roi d'Aragon depuis le 29 décembre 1197. Au tout début du XIVe siècle, François de Lévis s'installe à Lagarde avec son épouse Elips de Lautrec et entreprend de transformer la vieille bâtisse en château fort, la garnissant notamment de puissantes tours carrées aux angles et faisant ériger une entrée monumentale aux ingénieux systèmes de défense. Une pierre gravée porte l'inscription fondatrice de ce chantier, qui remonte à 1320.

De nombreuses modifications interviendront par la suite. Au XVe siècle, les éléments défensifs sont remaniés, un mâchicoulis probablement ajouté. Un siècle encore et, en 1526, le maître des lieux, Jean V de Lévis, chambellan du roi et lieutenant général du Languedoc, procède à de nouvelles transformations, cette fois dans l'esprit de la Renaissance ; de cette campagne assez brève (moins d'un an) qui touche surtout les bâtiments résidentiels autour de la cour, la plus belle réalisation demeure le grand escalier, construit par un certain Jehan Moyen et reliant tous les niveaux du logis principal, dont celui de la chapelle castrale. Hélas, il n'en reste guère que le souvenir, les marches ayant été arrachées au cours des désordres marquant la naissance du monde contemporain après la Révolution.

Dans la première moitié du XVIIe siècle, une dernière campagne de travaux entreprend de transformer la forteresse en palais aristocratique, sous l'impulsion de Louise de Roquelaure, veuve en 1637 d'Alexandre de Lévis-Mirepoix ; les ouvertures sont particulièrement soignées, les baies élargies, les parties hautes ornées de balustrades. Hors quelques remaniements ultimes dans les dernières décennies du XVIIIe siècle, Lagarde parvient ainsi à la fin de sa longue évolution. Si un arrêté du 29 avril 1794 décide le démantèlement du château après la fuite du dernier propriétaire à l'étranger, il s'en faut de beaucoup que la démolition soit menée à terme, le maire de Lagarde décidant de transformer les volumes restants en espaces de travail, granges, greniers, ateliers... Actuellement, c'est à une association locale que revient le soin de sauvegarder les ruines de Lagarde.

EXPULSION DES CATHARES PAR SIMON DE MONTFORT
MINIATURE EXTRAITE DES *GRANDES CHRONIQUES DE FRANCE*
1350
Londres, British Library

Une expulsion dramatique. Le souvenir de Simon de Montfort, si fortement lié à l'histoire du château de Lagarde, n'a jamais quitté la région dont il fut le zélé bourreau. Ici, l'on assiste à l'expulsion des cathares hors la cité voisine de Carcassonne, le 15 août 1209, après la capitulation de la citadelle représentée sur cette miniature par quelques éléments défensifs caractéristiques (échauguette, courtine, porte fortifiée, créneaux...).

CAHORS (LOT)
FORTIFICATIONS, VUE DE LA TOUR VIA
XIVe SIÈCLE

Hors le cadre féodal. À Cahors, les principales fortifications sont destinées à la cité et à ses riches familles, et non à la hiérarchie féodale du lieu. Si la pièce la plus connue de cet énorme ensemble défensif demeure le pont Valentré, les fragments d'enceinte, nombre de tours, maisons et autres bastions fortifiés en transmettent la mémoire monumentale. Ainsi du palais Via — dont on observe ici l'agencement général — qui fut construit pour servir de résidence patricienne, mais abrita au XVe siècle la sénéchaussée royale (d'où son surnom local de « tour du Roi »). Il est dominé par la tour homonyme, érigée sur plan carré dans le deuxième quart du XIVe siècle.

LAGARDE (ARIÈGE)
CHÂTEAU, VUE GÉNÉRALE
XIVe SIÈCLE

Un site d'une émouvante beauté. Édifié à partir de 1320 en remplacement d'une fortification plus ancienne, le château de Lagarde a contrôlé, plusieurs siècles durant, la voie de pénétration pyrénéenne formée par le cours de l'Hers. En dépit de son démantèlement partiel au cours du XIXe siècle, il a conservé l'essentiel de sa disposition initiale en plan carré, avec ses tours d'angle rectangulaires, percées d'archères et faiblement saillantes, et son imposante tour-porte, au centre de l'un des côtés. Les logis étaient disposés dans la cour, elle-même cernée d'une haute courtine. Les traces de mâchicoulis renvoient à une date plus récente, probablement le XVe siècle. La difficulté de retrouver ce plan *in situ* tient moins à la gravité des dégradations du bâtiment qu'à l'ajout de deux enceintes supplémentaires aux XVIe et XVIIe siècles.

1316 Le 5 juin, mort de Louis X le Hutin ; Philippe V le Long lui succède **1320 Remaniement complet du château de Lagarde, qui prend son actuel aspect** 1322 Le 2 janvier, mort de Philippe V ; son frère, Charles IV le Mauvais lui succède 1328 Le 1er février, mort de Charles IV : lui succède Philippe VI de Valois dont le règne sera marqué par le début de la guerre de Cent Ans.

FOIX (ARIÈGE)
CHÂTEAU, VUE GÉNÉRALE
XIVe SIÈCLE

Une masse composite. Bien que ramassé sur une puissante éminence rocheuse, le château de Foix forme un ensemble curieusement composite. La tour la plus ancienne (XIIIe siècle) est celle du nord-ouest (ici à l'arrière-plan) ; érigée sur plan carré, elle est prolongée par un mur-bouclier qui mène à l'autre tour quadrangulaire du site, d'une moindre épaisseur et nettement plus tardive (XIVe siècle). À l'autre extrémité du château, la haute tour circulaire, également plus tardive, a une fonction prioritairement résidentielle. L'ensemble a été fort habilement restauré au XIXe siècle et bénéficie de la préservation de son cadre naturel, en surplomb de la jolie cité ariégeoise.

Palais des Papes à Avignon

Le chef-d'œuvre du gothique fortifié

Le chantier du palais des Papes est d'une importance exceptionnelle en son temps. Attestant la puissance de la papauté, il propose un extraordinaire ensemble militaire aussi bien que résidentiel, tout à la fois public, privé et semi-public. Si son aspect extérieur est sévère, il recèle d'étonnantes merveilles propres à dresser le cadre idéal d'une vie quotidienne sous le signe du luxe.

Quittant les terres peu sûres de l'Italie pour un royaume hissé au rang de première puissance européenne par Philippe le Bel, neuf souverains pontifes résideront à Avignon durant la plus grande partie du XIVe siècle : Clément V, Jean XXII, Benoît XII, Clément VI, Innocent VI, Urbain V et Grégoire XI, qui rétablira le siège de la papauté à Rome en 1376.

Métaphore matérielle de la puissance spirituelle

Au confluent du Rhône et de la Durance, la ville d'Avignon devient ainsi un grand foyer de création artistique, mais aussi le siège de la puissante forteresse que se font construire les maîtres spirituels de l'Europe chrétienne. Héritier de l'ancien palais épiscopal, le palais des Papes est, pour l'essentiel, érigé en deux campagnes successives. La première, menée par Pierre Poisson à partir de 1338, nous a légué le palais Vieux, situé au nord et voûté de plafonds de bois, dominé par la tour de Trouillas, qui culmine à 52 mètres. Le chantier du palais Vieux de Benoît XII est ouvert en 1335 par la construction de la tour des Anges, flanquée d'appartements privés et protégée par un rempart, puis par celle de la Grande Chapelle, parallèle à la cathédrale Notre-Dame des Doms. De 1338 à 1342, l'aménagement des ailes de l'ancien palais épiscopal autour d'un cloître monumental oriente l'édifice vers la forteresse militaire plus que vers l'habitat somptuaire en rapport avec la dignité pontificale. Le second bâtiment, ou palais Neuf, est dû au pape Clément VI, lequel a directement succédé à Benoît XII. Cette seconde campagne, dirigée par Jean de Louvres dès 1342, fait surgir, au sud, un édifice gothique couvert de belles voûtes ogivales. Après la construction de la tour de la Garde-Robe, Clément VI entreprend en 1344 l'aménagement du vaste espace de la Grande Audience, surmontée de la Grande Chapelle.

Suit presque aussitôt l'édification de l'aile des Grands Dignitaires, en retour d'équerre ; fermant la cour d'honneur, moins défensive, plus élégante, elle confirme une tendance déjà signalée par les beaux décors sculptés des salles.

Au chapitre des plus remarquables pièces du palais Neuf, il faut citer le Grand Tinel, ou salle des Festins (longue de 45 m et large de 10), mais aussi la chambre du Pape, située à l'étage principal de la tour des Anges et décorée du plafond au sol, ainsi que la Grande Chapelle ou chapelle Clémentine (52 m de long, 15 m de large, 20 m de haut). La symbolique, ici, touche tout à la fois au colossal et au sublime.

1337 Le 7 octobre, Édouard III, souverain anglais, réclame le royaume de France **1338 Début de la construction du palais Vieux à Avignon** 1339 Arrivée à Avignon du peintre Simone Martini 1346 Le 26 août, défaite des troupes françaises à Crécy 1348 Ravages de la peste noire en France.

AVIGNON
PALAIS DES PAPES, COUR INTÉRIEURE DU PALAIS VIEUX
XIVe SIÈCLE

Dieu bien armé. La cour à galeries sur deux niveaux constitue le centre du palais Vieux, érigé sous le pontificat de Benoît XII (1334-1342) et caractérisé autant par la relative rudesse de ses matériaux que par la simplicité de ses formes. Dirigé par Pierre Poisson, le chantier fait ainsi surgir ce cloître colossal avec ses forts piliers dénués de toute ornementation, centre de la distribution et des communications dans tout le bâtiment, grâce à ses galeries superposées. Sur ce document, on distingue, en retrait de l'aile des Familiers (à gauche) et de la Grande Chapelle pontificale Saint-Jean (à droite), la silhouette massive mais élégamment crénelée de la tour de la Campane, dont l'allure évoque plus sûrement le glaive que la croix !

Avignon (Vaucluse)
Palais des Papes,
façade principale
XIVe siècle

L'archétype de la résidence fortifiée. Vu du côté de la cité, le palais des Papes ne semble obéir à d'autre logique que somptuaire et dissuasive. Procédant par accumulation de volumes fortifiés (y compris les chapelles et les appartements) autour des cours intérieures, il tourne vers l'extérieur d'immenses arcades aveugles soutenant les murs crénelés et percés d'archères qui attestent, au même titre que ses baies étroites, la vocation défensive de cette luxueuse résidence. La façade fortifiée de cet édifice religieux fait ainsi transition entre la forteresse médiévale et la grande résidence palatiale, symptôme majeur de la fin de l'ère féodale.

Représentation axonométrique du palais des Papes mettant en évidence ses différentes parties

Deux palais en un. Sur ce document, la disposition du palais Vieux et du palais Neuf apparaît avec une parfaite clarté. Le premier est en retrait, dominé par les deux grandes tours qui flanquent son aile extérieure, la tour de Trouillas (à droite) et la tour de la Campane (à gauche). Au premier plan, le palais Neuf se signale par sa magnifique façade ouvrant sur la cité par la porte des Champeaux. Le bâtiment est puissamment flanqué, au fond à droite, par la tour Saint-Laurent, à l'extrémité de l'aile de la Petite Audience.

Vincennes

Sous le signe de la monarchie

L'actuel château de Vincennes, commencé en 1361, nous est parvenu dans un état de conservation exceptionnel. En tant qu'édifice historique, il se signale également par la qualité des recherches que lui consacre, depuis 1991, une équipe pluridisciplinaire qui a reconstitué toute son histoire, des lointaines origines à l'accomplissement gothique.

Jusqu'au XIe siècle, Vincennes n'est qu'une forêt. L'édification d'une première résidence royale n'est pas datée précisément, mais Louis VII y signe un acte dès 1178, ce qui permet de supposer une date de construction à peine antérieure. Une étape décisive est franchie en 1183 lorsque Philippe Auguste fait ceindre la forêt d'une muraille. Non pour en interdire l'entrée aux intrus, mais bien au contraire pour empêcher ses occupants — c'est-à-dire le gibier réservé à la chasse — d'en sortir !

Le temps du « manoir capétien »

C'est sous le règne de Louis IX (1226-1270) que Vincennes devient tout à la fois lieu de résidence et siège de gouvernement pour le roi de France. Certes, le palais de la Cité, à Paris, demeure le véritable lieu du pouvoir, mais Louis IX ne cesse de témoigner son attachement à Vincennes : il y dépose une partie des reliques de la Passion, qu'il vient d'acheter, en 1239 ; il y prend congé des siens à l'occasion de ses départs pour la croisade (1248 et 1270) ; il y aurait même rendu la justice sous le fameux chêne qui décora si longtemps les manuels scolaires des petites classes !

Tous ses successeurs conservent l'habitude de fréquenter Vincennes, d'y organiser fêtes et assemblées, d'y faire aménager de nouveaux locaux. Au point qu'au XIVe siècle, le « manoir capétien » est devenu un bloc hétéroclite d'édifices répartis autour d'une cour centrale. Quelques textes évoquent un donjon, une grande salle et une chapelle, tous bâtiments dus à Saint Louis, mais aussi de nombreuses chambres pour les hôtes de marque, une « chambre de bains », un oratoire... En un mot, l'édifice autorise désormais le fonctionnement quotidien du pouvoir monarchique.

La forteresse de Charles V

Dès 1336, priorité est donnée à la vigilance défensive, sous l'impulsion de Philippe VI de Valois, qui fait creuser les fondations d'un nouveau donjon. Mais c'est seulement le 22 avril 1361 que Jean le Bon relance les travaux, dont il confie la gestion à un certain Jean Goupil ; il ne s'agit plus simplement de disposer d'une place fortifiée aux portes de Paris, mais de faire édifier une véritable résidence royale. Trois ans plus tard, la tour carrée flanquée de quatre tourelles cylindriques s'élève déjà au tiers de sa hauteur actuelle.

Charles V, qui reprend le programme de son père en avril 1364, fera de cette forteresse, dans laquelle il a vu le jour, le 21 janvier 1338, l'une des plus vastes d'Europe. Un châtelet et une enceinte fortifiée assurent la sécurité

VINCENNES (VAL-DE-MARNE) CHÂTEAU, LE DONJON XIVe SIÈCLE

La marque de la grandeur. Le donjon, tour carrée de 16,20 mètres de côté, se dresse à plus de 50 mètres ; il est flanqué à chacun de ses angles d'une tourelle de 6,60 mètres de diamètre hors œuvre. Superposition de quatre niveaux de pièces carrées au-dessus du socle déjà construit, installation d'un escalier monumental dans une tour, ouverture d'une entrée solennelle au niveau du premier étage... tout ici témoigne d'une volonté de grandeur royale.

de ce premier état du château en 1369, date à laquelle le roi reprend victorieusement les campagnes de la guerre de Cent Ans.

Quatre ans plus tard, un nouveau programme, encore plus ambitieux que le précédent, est mis en œuvre. Une ceinture de murailles est dressée, protégeant un quadrilatère intérieur de 330 mètres sur 175. La dernière étape se situe en 1379-1380, avec la construction de la chapelle, proche de la Sainte-Chapelle de Paris, chef-d'œuvre du gothique tardif.

Maître d'ouvrage, Charles V sait s'entourer de l'équipe apte à réaliser son projet. Mais qui a vraiment construit Vincennes, son donjon, sa chapelle, son enceinte ? Pas encore un architecte dans l'acception que lui donnera le Quattrocento, c'est-à-dire le dirigeant suprême, qui fait les choix de l'invention intuitive et empirique contre la tradition dogmatique, de Babel contre l'Arche, de l'homme contre Dieu... cet architecte dont Villard de Honnecourt annonçait le sacre dès le XIIIe siècle. Ici, nous en restons au *magister operis*, « maître d'œuvre » qui

VUE DU CHÂTEAU DE VINCENNES
ADAM VAN DER MEULEN
(1632-1690)
VERS 1680
Huile sur toile 1,10 × 1,35 m
Paris, musée Carnavalet

Vincennes à la campagne. Une telle vision possède le singulier mérite de mettre en lumière les grandes articulations du complexe castral, occupé en son centre par la haute chapelle et flanqué de tours dont plusieurs ont aujourd'hui disparu. Mais elle nous rappelle aussi que Vincennes est certes une demeure, mais à la campagne, hors de la grande ville dont les souverains craignirent toujours les colères populaires. Cette dimension a été totalement éliminée lorsque l'immense tissu urbain de la capitale française a englobé l'édifice et ses proches environs.

1356 Le 19 septembre, défaite de Jean le Bon à Poitiers 1360 Le 13 décembre, retour de Jean le Bon à Paris **1361 Le 12 avril, Jean le Bon fait reprendre la construction de ce qui est devenu l'actuel château de Vincennes** 1364 Le 19 mai, sacre de Charles V, qui fera terminer la forteresse.

dirige le chantier en praticien et non en artiste ; les sources écrites ont transmis les noms de Robert Faucher et Robert Du Temple, officiers royaux dont les assistants, et peut-être les prédécesseurs, restent anonymes.

La vie quotidienne au sein de la forteresse

Vincennes n'est pas un simple palais ; c'est un site étendu comprenant une forêt qui permet de chasser, des lieux de culte, nombre de manoirs et de maisons autorisant visites et réceptions. Plusieurs souverains en sont les hôtes assidus, quittant fréquemment le palais de la Cité, à Paris, pour ce séjour plus agréable.

Hors leurs périodes de résidence, la garde du château est confiée à un concierge qui en assure la maintenance (vivres, chauffage, hygiène...). À chaque séjour, le souverain a soin de se faire précéder ou accompagner par des chariots porteurs de tout ce qui est nécessaire à la vie de cour.

Quelles distractions les occupants du château se réservent-ils ? En la matière, les reliefs archéologiques sont à peu près aussi rares que les sources écrites. À part les spectacles donnés par les jongleurs et ménestrels, il existait un certain nombre de jeux de table réservés à la caste dominante, ce qui peut sembler surprenant si l'on se rappelle que Louis IX, en 1256, et Charles V, en 1368, prohibèrent les jeux de dés en leur royaume.

Statue de Charles V (1338-1380)
XIVe siècle
Ronde-bosse en pierre
Hauteur : 1,95 mètre
Paris, musée national des Monuments français

Le visage humain du pouvoir de droit divin. À Vincennes, la sculpture de cour a surtout pour charge d'illustrer la force du pouvoir royal de droit divin. La statue de Charles V (et à un moindre degré, celle de sa femme, Jeanne de Bourbon) restitue l'apparence d'un homme ordinaire, presque banal, et pourtant investi de la charge sacrée — matérialisée par l'onction, lors du sacre — de diriger et protéger son peuple ; l'influence en sera sensible jusqu'en Europe centrale.

Sacre de Charles V
Miniature extraite des *Grandes Chroniques de France*
1375-1379
Paris, Bibliothèque nationale de France

Le vrai maître d'ouvrage de Vincennes. Sacré par l'archevêque de Reims en compagnie de Jeanne de Bourbon, en l'an 1364, Charles V régnera seize ans sur le royaume de France, s'attachant à faire de sa résidence de Vincennes le plus beau palais royal d'Europe.

VINCENNES
CHÂTEAU, VUE DE L'ENCEINTE
XIVe SIÈCLE

Une formidable ceinture. Atteignant une longueur de 1 010 mètres, à peine inférieure à celle de Carcassonne (1 250 m), la grande enceinte est balisée de neuf tours rectangulaires culminant à presque 40 mètres et assurant la fonction résidentielle du lieu. Nous n'en connaissons, hélas ! plus qu'une, celle du Village, les huit autres ayant été décapitées au XIXe siècle, mais le dessin en est conservé dans le catalogue de dessins de Jacques Androuet Du Cerceau. Là encore, les fouilles ont été capitales pour la compréhension de l'édifice. Grâce à elles, nous savons que les matériaux de construction sont venus de diverses carrières des bassins de la Marne, de la Seine et de l'Oise. Le calcaire forme l'essentiel de la pierre à bâtir ; pour les liants de maçonnerie, il a été fait appel au sable, à la chaux et au plâtre.

VINCENNES
CHÂTEAU, MARQUE D'UN TAILLEUR

Le langage des signes lapidaires. Sur les murs extérieurs et intérieurs de Vincennes, les archéologues n'ont pas recensé moins de 713 marques lapidaires (signes gravés dans les pierres par les tailleurs) ! Beaucoup sont purement géométriques (la croix, notamment, est privilégiée) mais certains renvoient explicitement à certains corps de métiers. Ils peuvent être simplement tracés au charbon ou à la mine de plomb ou gravés dans la pierre, mais sont presque toujours de petite taille ; rares sont celles qui dépassent quinze centimètres de longueur. Quelques conclusions remarquables ont été tirées de leur étude ; elles se rapportent à l'évolution du chantier et aux équipes qui s'y relayaient.

À Vincennes, une vingtaine de dés ont pourtant été mis au jour, sans permettre l'établissement de conclusions. D'une part, leur datation est imprécise, d'autre part, il est difficile de savoir à quelles activités exactes ils renvoient, en dépit de la découverte de deux plateaux de jeu gravés dans la pierre ; enfin, nous ne savons pas qui jouait : les maîtres ? leur suite ? les chanoines installés dès le XIVe siècle ?

Parmi les problèmes de la vie quotidienne, celui de l'approvisionnement en eau fut peut-être le plus épineux. À Vincennes, forteresse imprenable mais privée de sources, il est résolu par le creusement de puits, la dérivation de cours d'eau voisins, le captage de sources proches. Cependant, la grande affaire de la vie de cour reste l'organisation des repas. Il s'agit de nourrir le roi, sa famille, sa suite, ses serviteurs... voire le bétail, à qui l'eau et la pitance sont aussi nécessaires qu'aux hommes ! Si le cheptel est l'objet de tous les soins des valets d'étable, les convives humains, très nombreux (en 1306, ce ne sont pas moins de 236 personnes qui mangent à Vincennes aux frais du roi !) réclament d'autres soins. La cuisine est donc un centre névralgique de l'édifice ; les cuisiniers, aidés par des enfants, y travaillent à régaler de viandes, poissons, fruits (secs ou frais), les hôtes invités par ordonnance à partager la table du souverain.

Dans sa conception comme dans son organisation, le château de Vincennes préfigure donc les grandes demeures royales à venir de la Renaissance (Chambord, Fontainebleau) et, à plus long terme, cette formidable scène de la monarchie absolutiste que formera, du milieu du XVIIe siècle à la Révolution, le palais de Versailles.

VINCENNES
LOGIS DE CHARLES V
XIVe SIÈCLE

La cheminée monumentale, signe de confort. Au rez-de-chaussée et au premier étage, se trouve disposé un puissant appareil, dominé par les logis royaux (du roi, de la reine et du dauphin), l'ensemble étant couronné par l'impressionnant logis de Charles V. Cette énorme réalisation dite « grosse tour » ne deviendra « donjon » qu'au XVIIIe siècle. Ainsi, les rois de France disposent tout à la fois d'un havre de paix, propre à l'exercice de tous les plaisirs, et d'une citadelle puissante à l'est de Paris.

Durant la saison froide, le chauffage et l'éclairage posent de redoutables problèmes en dépit de la proximité de la forêt. Le « fruitier », officier royal, est chargé de dispenser la lumière au moyen de chandelles et de torches, cependant que le « fourrier » fournit le bois des cheminées, la paille des litières et le duvet des édredons. Ainsi sont réunies les conditions pour que le souverain et sa suite, une fois la messe du matin entendue, partagent leurs journées entre travaux (au chapitre desquels on compte la lecture, exercice favori de Charles V) et loisirs.

VINCENNES
TOUR DU VILLAGE
XIVe SIÈCLE

La principale entrée de la citadelle. Cette façade nord de la tour du Village, celle qui donne sur l'extérieur donc, se signale par la symétrie de ses éléments, l'étroitesse de ses ouvertures et l'aménagement défensif de son accès. Mais on note également, sous sa corniche sommitale, une horloge moderne (datée de 1768 mais installée dans sa niche en 1822) sur le seul relief qui nous soit parvenu du décor médiéval d'origine : une niche dont l'arcade supérieure est entourée par deux anges tenant un encensoir.

Charles V donne un banquet en l'honneur de l'empereur Charles IV
Miniature extraite des *Grandes Chroniques de France*
1375-1379
Paris, Bibliothèque nationale de France

Fêtes et banquets. La routine quotidienne est rompue lorsque Vincennes devient le cadre de manifestations festives, le plus souvent en fonction du calendrier religieux. Les fêtes de Pâques et Noël y sont célébrées en grande pompe, tout comme la Pentecôte, l'Ascension ou la Toussaint. Des banquets sont organisés, des cadeaux échangés. De prestigieux invités, français ou étrangers, sont reçus avec faste, accompagnés d'un cortège de flambeaux, invités à la chasse. Enfin, Vincennes est aussi le théâtre de nombreux événements concernant directement la famille royale, naissances, mariages, décès… L'étude des restes osseux retrouvés sur le site de Vincennes a permis aux archéologues de tirer d'intéressantes conclusions quant à l'alimentation de ses occupants. Les poissons des eaux marines formaient une part importante de la nourriture locale : consommés frais le plus souvent, ils témoignent du luxe ambiant. Cette distinction sociale est confirmée par la rareté de certaines espèces (esturgeon, saumon…), chère précieuse que complétait la viande des mammifères (bœuf, lapin, lièvre, mouton, porc…) et des oiseaux (oie, coq, pigeon, perdrix…). En marge des cuisiniers et des fruitiers, les échansons s'occupent de la boisson (vin, bière, eau) et les panetiers de la vaisselle et du linge de table.

Saumur

Les signes prémonitoires de la Renaissance

Comme tous les châteaux médiévaux, celui de Saumur constitue, en soi, un étonnant laboratoire de formes nouvelles, étant passé du statut de simple édifice à motte à celui de forteresse médiévale aux XIIe et XIIIe siècles à celui de résidence palatiale au XIVe siècle. Mais, à la différence de presque tous les édifices — dont le Louvre — qui ont connu cette même évolution, il présente la particularité d'en avoir conservé les traces, à peu près intactes pour de nombreuses parties de son bâtiment.

Un *castrum* local est attesté dès 968. Aux mains de la famille comtale de Blois, il revient un peu plus tard (1026) au célèbre Foulques Nerra. Transformé en château fort, ayant subi diverses vicissitudes, il tombe au pouvoir de Philippe Auguste au tout début du XIIIe siècle (1203), faisant office de place avancée face au bloc rebelle du duché de Bretagne. Quittant le domaine royal en 1246, il sera peu à peu transformé par les ducs d'Anjou (notamment par Louis Ier, fils de Jean le Bon, à partir de 1367), reviendra à la couronne en 1580, remplira la sinistre fonction de geôle aux XVIIIe et XIXe siècles. Depuis 1906, propriété de la cité, il a été admirablement restauré.

De la forteresse féodale au palais prérenaissant

Le château de Saumur, dressé sur une éminence qui domine la Loire, apparaît comme un vaste édifice en trapèze dont le plus grand côté atteint 40 mètres et le plus petit 35 mètres. Sa haute silhouette (37 mètres au point maximal) est caractérisée par les quatre tours flanquant ses angles. À l'intérieur de la cour, contre l'aile nord, ont été mis au jour les reliefs d'un fort très ancien (XIe siècle ?), lui-même implanté sur une motte antérieure. Les archéologues ont pu, par ailleurs, établir que l'enceinte médiévale aux puissantes tours circulaires remonte au milieu du XIIIe siècle.

Mais c'est à partir de 1367 que, sous l'impulsion de Louis Ier d'Anjou, le château connaît la totale transformation lui donnant son actuel aspect : disparition de la tour maîtresse, remaniement des tours cylindriques qui deviennent polygonales, aménagement d'une grande salle (disparue au XVIIIe siècle) dans l'aile occidentale, construction d'une grande vis de distribution... Surtout, un appareil décoratif nouveau voit le jour, à base de mâchicoulis précieusement ouvragés, de larges baies ouvrant l'édifice à la lumière, de moulures, cheminées, hautes toitures... laissant pressentir, à l'extérieur comme à l'intérieur, une esthétique du goût de vivre qui sera le fait de la Renaissance, un peu plus tard.

Quelque peu à l'écart des grands tumultes des temps modernes, Saumur a pu conserver l'essentiel de ces signes avant-coureurs en dépit de quelques récentes mésaventures. Des pluies diluviennes ont ainsi provoqué, en mai 2001, l'effondrement d'une partie de l'enceinte ; mais la rapidité et l'efficacité des opérations de sauvegarde ont permis d'éviter tout drame humain et de remédier aux blessures subies par l'édifice.

SAUMUR
CHÂTEAU, RAMPE D'ACCÈS À L'ENTRÉE PRINCIPALE
XIVe SIÈCLE

Sous le signe de la lumière. Inégalement pavée, la longue rampe qui conduit à l'entrée principale du château ouvre une fulgurante perspective jusqu'au châtelet d'accès qui a remplacé l'ancienne et austère tour-porte du fort médiéval. Abritée par une barbacane, elle voit sa protection renforcée par les deux échauguettes d'angle dont la fonction est plus décorative encore que militaire. L'orientation au versant méridional de cette entrée lui assure, par ailleurs, une lumière et une chaleur maximales, indice supplémentaire de cette vocation résidentielle qui anime tous les projets de remaniement de l'édifice au XIVe siècle.

SAUMUR
CHÂTEAU, LA GRANDE VIS
XVe-XVIe SIÈCLES

Les signes tangibles d'une métamorphose. En léger retrait de la tour d'angle flanquée d'une tourelle, la grande vis distribuant tous les étages du bâtiment s'ouvre sur l'extérieur par de larges baies ornées d'élégantes balustrades. Dans sa facture comme dans son ampleur, elle témoigne de la transformation délibérée de l'ancienne forteresse en résidence palatiale désormais consacrée à l'exercice d'un art de cour convivial et festif beaucoup plus qu'aux rudesses d'une vie de garnison obsolète. Sur la droite le bâtiment du parement développe sa longue galerie placée sur les arcades du rez-de-chaussée.

SAUMUR (MAINE-ET-LOIRE)
LE CHÂTEAU VU DU SUD
XIVe SIÈCLE

La fusion de l'art et de la nature. Les ailes orientale et méridionale du château, les plus soignées, les mieux éclairées, étaient prioritairement affectées à la vie privée de la famille ducale. La façade sud est flanquée de deux puissantes tours dont le plan circulaire a été très subtilement ramené aux lignes d'un polygone aux angles surlignés par un contrefort ; s'en détache le bâtiment trapézoïdal qui abrite et protège la nouvelle entrée. Sur ce document, la majesté classique du château de Saumur provient de sa situation dominante — sur le parc, la cité, la vallée de la Loire, l'immensité des plaines environnantes — autant que de l'équilibre général de ses formes et de l'élégance de son appareil décoratif.

1365 Dès la première année de son règne, Charles V met fin aux conflits de la monarchie avec la Navarre et la Bretagne 1367 **Reconstruction du château de Saumur sous l'impulsion de Louis Ier d'Anjou** 1367 Le 3 avril, défaite et capture de Du Guesclin en Espagne.

SEPTMONTS (AISNE)
XIVe SIÈCLE

La maison forte des évêques. Demeure fortifiée des évêques de Soissons depuis le XIIe siècle, le château de Septmonts a été totalement reconstruit par le prélat Simon de Bucy, de 1373 à 1404. Implanté au fond d'une dépression, il est surtout remarquable par sa tour maîtresse (à l'arrière-plan) qui propose, réparti autour du volume cylindrique central, un très curieux système de juxtapositions et de superpositions de structures formelles différentes. La complexité en est telle que la vis ne distribue pas moins de sept niveaux successifs, le tout étant surmonté par une tourelle de guet. Les baies, mâchicoulis et moulures de l'édifice ont souvent été rapprochés du grand exemple venu de la résidence royale de Vincennes. En l'occurrence, il est évident que les évêques ont exigé de leurs architectes une somptuosité résidentielle qui, à échelle réduite, ne le cédât en rien à celle de la famille royale.

Mehun-sur-Yèvre

Le témoignage ruiné d'une époque tourmentée

Pour tous les historiens de l'architecture monumentale, le château de Mehun-sur-Yèvre reste un modèle d'évolution, — de l'archétype de la forteresse féodale à celui de cadre d'une vie de cour raffinée — dont jamais la recherche symbolique et spectaculaire n'a été écartée.

La réalité d'un *oppidum* antique, en lieu et place des actuelles ruines de Mehun-sur-Yèvre semble attestée, mais les reliefs retrouvés de la plus ancienne fortification sur motte ne remontent pas au-delà du IXe siècle. Passée dans la famille de Courtenay en 1209, la châtellenie échoit en diverses mains ducales et princières avant de revenir à la couronne : le duc de Berry, fils de Jean le Bon, la reçoit à titre de compensation dans son apanage (c'est-à-dire la portion du domaine royal accordée aux cadets de la maison de France exclus du trône), en 1367.
C'est à cette occasion qu'il décide d'entreprendre la reconstruction complète de son beau château, qui revient inéluctablement au domaine royal après sa mort et dans lequel Charles VII finit sa vie, le 22 juillet 1461. Ravagé par les guerres de religion du XVIe siècle, victime de l'absolutisme du XVIIe siècle qui exige son démantèlement, l'édifice sera achevé par les affairistes de la pierre au XIXe siècle ; mais ce qui en reste est suffisant pour laisser à imaginer sa splendeur disparue.

Une machine à protéger et à paraître

La forteresse de Mehun-sur-Yèvre est sise sur un imposant promontoire qui domine le cours de l'Yèvre, petite rivière locale. C'est à la famille de Courtenay, très proche du pouvoir royal exercé notamment par Philippe Auguste dans la première moitié du XIIIe siècle, qu'elle doit, en tant que château fort, sa clarté de conception : un simple trapèze flanqué de tours circulaires aux bases puissamment talutées ainsi qu'une enceinte monumentale dominée par la tour maîtresse, érigée sur le côté le plus malaisé à défendre et dont le diamètre n'est pas inférieur à 12 mètres.
Sous l'action décisive de Jean de Berry, frère de Charles V, le bâtiment connaît une restructuration totale au plein cœur de la guerre de Cent Ans. De nouvelles baies finement ouvragées sont ouvertes, les tours et les courtines reçoivent de charmants mâchicoulis crénelés, des pavillons octogonaux en dentelle de pierre sont érigés au sommet des tours, une haute chapelle gothique est dressée au-dessus du châtelet, en partie saillante par rapport à l'enceinte. Partout, on note la présence de petites consoles moulurées dont les arcs trilobés animent les pans de murs entre les ouvertures. On passe ainsi d'une forteresse défensive à un théâtre de la vie courtisane. Mais le grand bâtiment est amené à subir de nouvelles modifications avec l'apparition des feux de l'artillerie ; des bastions lui sont adjoints et sa silhouette s'alourdit, prélude aux catastrophes évoquées plus haut, qui ne nous ont laissé de ce joyau du gothique finissant que ses mélancoliques stigmates.

MEHUN-SUR-YÈVRE (CHER) CHÂTEAU
ÉTAT DES RUINES AU DÉBUT DU XXe SIÈCLE

Deux sentinelles. Du château de Mehun-sur-Yèvre ne restent plus aujourd'hui que les deux très hauts reliefs de la tour maîtresse (au premier plan), qui nous est parvenue à peu près intacte, et la tour de l'angle ouest (au fond), éventrée sur toute sa hauteur. Sur les lèvres de l'énorme déchirure, on distingue encore les départs des courtines, des arcs soutenant les voûtes et même les traces des jambages d'anciennes cheminées.

BASSOUES (GERS) DONJON, VUE GÉNÉRALE
XIVe SIÈCLE

La demeure seigneuriale d'un archevêque. Le donjon de Bassoues, qui culmine à 43 mètres pour 10 mètres de côté, présente une silhouette d'une admirable pureté. Ses angles sont flanqués de hauts contreforts diagonaux qui projettent le regard jusqu'aux symboliques mâchicoulis de la terrasse supérieure.
Sa construction, étalée de 1368 à 1371, est due à Arnaud Aubert, archevêque d'Auch et neveu du pape Innocent VI, qui s'y aménage, au-dessus du rez-de-chaussée aveugle faisant office de resserre, un espace résidentiel inspiré de la tour des Anges du palais des Papes d'Avignon ; ses quatre niveaux intérieurs (les deux premiers étant voûtés d'ogives) sont desservis par une vis aménagée dans une tourelle latérale engagée dans la maçonnerie. Au sommet, les échauguettes cylindriques balisant l'ancien chemin de ronde encadrent le massif octogonal d'où s'exerçait la surveillance des environs.

La Tentation du Christ
Très Riches Heures du duc de Berry
Manuscrit enluminé des frères Limbourg
1414
Chantilly, musée Condé

Le chef-d'œuvre du gothique international. Cette miniature qui appartient au plus illustre ouvrage de l'ère du gothique international renvoie au premier dimanche du carême, jour de la tentation du Christ par le Diable après quarante jours et nuits de jeûne dans le désert : « Le Diable le transporta encore sur une montagne très élevée, lui montra tous les royaumes du monde et leur gloire, et lui dit : "Je te donnerai toutes ces choses, si tu te prosternes et m'adores" » (Matthieu 4, 1-11).

Pour illustrer cette gloire des royaumes du monde, les frères Limbourg ont choisi le château de Mehun-sur-Yèvre, fierté des ducs de Berry. Le luxueux édifice est reproduit avec un soin extrême, ce qui apparaît avec évidence dans sa comparaison avec un dessin qui, réalisé au XVIIIe siècle, restitue son apparence intacte. Les belles silhouettes élancées des tours aux délicats mâchicoulis supportant les belvédères, sous la haute flèche de la chapelle, jaillissent directement des rives du cours d'eau traversant le paysage de rêve dont les Limbourg ont fait le cadre de cette vision sacrée : châteaux et cités restituent les merveilles environnantes de Poitiers, Bourges, Montlhéry, etc. cependant que la nef voilée évoque le prospère commerce des ducs avec de lointaines nations. Ultime « signature » de l'œuvre, les cygnes qui glissent au pied des murailles sont l'une des marques symboliques de la famille ducale de Berry.

1367 Le 30 avril, le pape Urbain V quitte Avignon pour Rome ; il reviendra en 1370 **1367**
Reconstruction du château de Mehun-sur-Yèvre par Jean de Berry, fils de Jean le Bon 1368
Le 20 novembre, le traité de Tolède consacre l'alliance de la France et de la Castille.

Blandy-les-Tours

Une forteresse imposante mais discrète

Bien que ses origines soient très anciennes, le château de Blandy-les-Tours, tel qu'il apparaît aujourd'hui, a été pour l'essentiel érigé vers la fin du XIVe siècle. Sa récente restauration lui a redonné un aspect extérieur — des bâtiments internes, il ne reste à peu près rien — d'une saisissante grandeur en dépit de la relative discrétion du site.

L'occupation du territoire de Blandy-les-Tours est attestée dès le VIe siècle ; domaine d'Aurélien, compagnon de Clovis, le lieu devient, beaucoup plus tard, la résidence campagnarde des vicomtes de Melun. La principale demeure en est un manoir à enceinte irrégulière, au sein de laquelle se dresse une chapelle de pierre ; tout au long du XIIIe siècle, plusieurs chantiers de fortification en transforment complètement l'aspect, notamment par l'ajout d'un bâtiment résidentiel et de trois tours cylindriques qui se greffent autour de la tour-porte.
Mais c'est au XIVe siècle que l'édifice prend sa véritable ampleur, avec creusement d'un fossé, aménagement d'une nouvelle tour-porte, d'un pont-levis à flèches, etc., tous travaux qui reçoivent l'aval royal, par trois mandements royaux de Charles V et de Charles VI. En 1371, Jean II de Tancarville obtient même que son manoir fortifié accède au rang de château fort.
Blandy-les-Tours connaît d'autres avatars au XVIe siècle, François II d'Orléans le faisant transformer en résidence ; la princesse de Clèves s'y marie en 1572 en présence du futur Henri IV. Acheté en 1707 par le maréchal de Villars, le château est transformé en ferme, ses tours perdent leur toiture, sa tour-porte disparaît partiellement, ses parapets sont détruits...
L'édifice, pourtant classé monument historique en 1889, devra attendre la fin du XXe siècle pour retrouver son lustre d'antan, grâce à une restauration financée par le conseil général de Seine-et-Marne à partir de 1992.

La fausse unité de l'édifice

En dépit de son apparence extérieurement unitaire, le château a été l'objet de deux campagnes de construction tout à fait distinctes. La première, due aux vicomtes de Melun, a fait surgir l'essentiel de la partie nord, qui dessine un grossier demi-cercle. La seconde, œuvre des comtes de Tancarville, est à l'origine du vaste ensemble sud-est, rythmé par la tour des Gardes, la tour maîtresse et la tour des Archives qui sont reliées au reste du bâtiment par de longues courtines. Toutes les trois atteignent un diamètre légèrement supérieur à 11 mètres et sont caractérisées par le faible percement de leurs parties basses formées de salles fortes voûtées d'ogives. Dans la cour, les substructions d'une chapelle et d'un logis attestent une occupation très antérieure à celle de la cave du XVIIe siècle.
La partie « neuve » du château de Blandy-les-Tours s'est élevée en deux temps, le premier qui fit surgir les parties inférieures des tours et les courtines les unissant, le second consacré au couronnement de ces tours, signes d'une puissance héritée de l'âge féodal.

BLANDY-LES-TOURS
CHÂTEAU, FAÇADE DE L'ENTRÉE
XIVe SIÈCLE

Une restauration hypothétique et scrupuleuse. Depuis son acquisition par le département de Seine-et-Marne en 1992, le château fort de Blandy-les-Tours est l'objet d'une campagne de restauration respectant scrupuleusement tout ce que la documentation a livré sur son histoire. Ainsi voit-on aujourd'hui tours et courtines se dresser à nouveau en leur état premier, ou tout au moins en l'état qui était le leur à la fin du XVIIe siècle, lorsque le château était encore habité. Faute d'hypothèse totalement fondée, les archéologues ont préféré laisser à l'état de semi-ruine le châtelet d'entrée que l'on distingue ici, entre la tour carrée (à gauche) et la tour des gardes (à droite), la haute silhouette du donjon apparaissant dans le fond, au-dessus de la courtine.

1370 Le 2 octobre, Du Guesclin est fait connétable de France **1371 Jean II de Chailly fait dresser les fortifications de Blandy-les-Tours** 1373 Au cours de l'été, Du Guesclin s'empare de presque toute la Bretagne.

BLANDY-LES-TOURS
CHÂTEAU, LA TOUR MAÎTRESSE
XIVe SIÈCLE

Inviolabilité et décorum. Situé à l'angle sud, ce colosse de plus de 35 mètres de hauteur est puissamment isolé, non seulement de l'extérieur, mais aussi de l'intérieur ; divers systèmes défendent ses trois entrées, dont la plus haute est ainsi séparée du chemin de ronde par un pont à bascule donnant sur l'étroite et haute ouverture que l'on distingue, au flanc de la tour rectangulaire. À son sommet, la couronne de mâchicoulis a une fonction ornementale et symbolique ; datant de la fin du XIVe siècle, elle dominait les logis résidentiels qui furent dressés sur les parties basses du bâtiment, lesquels remontent au XIIIe siècle.

Blandy-les-Tours
(Seine-et-Marne)
Château, vue aérienne
XIVe siècle

La perfection d'un modèle restitué. À Blandy-les-Tours, les techniques de restauration les plus performantes ont été mises en œuvre pour restituer le plus fidèlement possible le visage d'un archétype de la construction fortifiée du XIVe siècle. Le château apparaît ici dans toute la belle unité de son enceinte balisée de hautes tours : donjon méridional (à gauche) qui masque en partie la tour des Gardes, tour carrée et tour nord (au fond) jointes par le logis, tour de Justice (à l'angle le plus à droite) et tour des Archives jointe au donjon par une courtine droite.

Largoët-en-Elven (Morbihan)
Château, vue de la façade nord
XIVe-XVe siècles

L'archétype des châteaux de la guerre de Cent Ans. Sise au fond d'un vallon boisé près d'un étang, la forteresse de Largoët est dominée par l'imposant donjon octogonal du XIVe siècle (au premier plan) ; culminant à plus de 40 mètres, il est formé de murs dont l'épaisseur atteint 7 mètres au niveau du rez-de-chaussée et superpose plusieurs niveaux intérieurs. Au fond, la tour cylindrique à canonnières date, quant à elle, du XVe siècle. Un fort primitif est attesté au XIIIe siècle, mais c'est seulement à partir de 1374 que Jean II de Malestroit-Châteaugiron entreprend la construction du donjon octogonal et le remaniement du château, dont s'empare, en 1488, l'armée de Charles VIII. Caractéristique des châteaux forts de la guerre de Cent Ans conçus pour décourager les incontrôlables bandes de mercenaires qui dévastent le royaume tout en rappelant aux populations la toute-puissance du seigneur, il est protégé par une enceinte polygonale entourée de douves en eau ; un double pont-levis à flèches en autorisait l'accès.

Dinan

L'expression de la puissance ducale bretonne

Érigé en grande partie à la fin du XIVe siècle, le château de Dinan, dit aussi « de la duchesse Anne », demeure un remarquable exemple de résidence aristocratique suffisamment fortifiée pour résister à tous les assauts en cas de conflit ou de siège, mais tout aussi propre à l'exercice d'une vie de cour somptueuse en temps de paix.

Le site de Dinan, qui contrôle le cours de la Rance, a été assurément fortifié dès l'Antiquité. Si le haut Moyen Âge de la cité reste obscur, faute de véritables sources écrites, un bourg fortifié se développant autour du château primitif est attesté au XIIe siècle. Propriété d'une puissante famille locale, Dinan passe, partiellement puis complètement, aux mains des ducs de Bretagne, du XIIe au XIIIe siècles, l'appropriation totale intervenant en 1238, à la suite de diverses fortunes et infortunes.
Parmi les épisodes historiques les plus marquants de l'histoire locale, s'inscrit la célèbre joute opposant Bertrand Du Guesclin à Thomas de Canterbury, entrés en lice au pied même des murailles de la cité bretonne. Les siècles suivants modifient peu à peu l'aspect de la forteresse, du fait — comme toujours en pareil cas — des progrès foudroyants de l'artillerie au crépuscule du Moyen Âge, progrès nécessitant plus particulièrement la construction de bastions avancés.

Un château en son enceinte

Le château de Dinan ne se comprend pas sans le prolongement naturel que constitue, pour lui, la longue enceinte de la ville dont il reste, devant l'église, l'édifice majeur. Les portes les plus remarquables de cet ensemble (de Saint-Malo, du Jerzual, de Brest, du Guichet...), conservées ou disparues, en ont progressivement complété l'appareil, mais les murs eux-mêmes ont été tracés et dressés dans la seconde moitié du XIIIe siècle. Dominant cet énorme dispositif, la dizaine de tours restantes remontent pour l'essentiel au XVe siècle.
Pour sa part, le château, dont la pièce maîtresse reste le donjon érigé à cheval sur la muraille, a été construit à partir de 1380. Dans son organisation intérieure, il témoigne brillamment d'une nouvelle conception de la vie résidentielle de cour : la salle commune occupe l'étage inférieur, les salles hautes, placées sur le même plan que la chapelle, étant réservées aux occupants de haut rang. L'aménagement d'un immense volume quadrangulaire au centre du massif fortifié, au beau milieu des deux tours engagées, offre de remarquables dégagements intérieurs propices au développement d'une

DINAN (CÔTES-D'ARMOR)
CHÂTEAU, LA TOUR MAÎTRESSE VUE DU SUD-EST
XIVe SIÈCLE

Un plan d'une exceptionnelle originalité. La tour maîtresse du château de Dinan présente un plan surprenant, totalement inédit : deux énormes volumes cylindriques juxtaposés et connectés par des murs droits déterminant un vaste espace rectangulaire au centre de la construction. Ici, on se trouve face à l'accès monumental de la citadelle, agencé sur son flanc méridional. Un pont y conduit le visiteur, lequel passe ensuite sous la profonde niche gothique qui creuse la façade noble de l'édifice et a probablement eu pour fonction de recevoir un groupe statuaire ; c'est par cette entrée solennelle, protégée de surcroît par une herse, qu'étaient reçus les dignitaires et les personnages de haute distinction, dans le même temps que l'approvisionnement quotidien des services était assuré au moyen d'une porte charretière accessible par un pont-levis à bascule enjambant le fossé de la façade nord. Ainsi étaient strictement déterminées les fonctions usuelles et la hiérarchie symbolique des éléments du bâtiment ducal.

1378 Le 18 décembre, Jean IV de Bretagne, déclaré félon, est dépossédé de son duché **1380 Jean IV de Bretagne ouvre le chantier de la tour maîtresse du château de Dinan** ; le 16 septembre, mort de Charles V ; le 4 novembre, sacre de Charles VI.

DINAN
CHÂTEAU, LA TOUR MAÎTRESSE ET L'ENTRÉE FORTIFIÉE
XIVe SIÈCLE

La clef du système défensif de la cité bretonne. Pour compléter le dispositif défensif de la ville de Dinan, Jean IV de Bretagne fait édifier en 1380 un énorme donjon, à cheval sur l'enceinte déjà existante. Cette tour maîtresse s'inspire assez étroitement du modèle de Vincennes par son appareillage, par son principe d'ouvertures et par son couronnement de mâchicoulis.
En l'occurrence, il s'agit d'offrir aux seigneurs du lieu — rien de moins que les ducs de Bretagne ! — un espace de résidence à la hauteur de leur gloire et, surtout, de leur ambition. C'est ainsi, par exemple, que la partie sommitale du bâtiment se signale par la splendeur formelle du mâchicoulis reposant sur de longs pendentifs enchaînés par des arcs trilobés.

fastueuse intimité seigneuriale. Un grand escalier à vis, prenant son départ à proximité de l'entrée noble dessert tous les niveaux. Au rez-de-chaussée, cuisines et cachot font bon ménage derrière leurs murs aveugles. Les deux étages supérieurs sont respectivement destinés à la réception mondaine et à l'apparat ducal ; la plus belle pièce n'en est autre que la chapelle. Plus haut encore, se trouvent les appartements destinés aux maîtres du lieu, notamment leurs chambres pourvues de cabinets et de latrines.

MUROL (PUY-DE-DÔME)
CHÂTEAU, VUE GÉNÉRALE
XIVe SIÈCLE

Un bloc de pierres surgi d'un socle de pierre. C'est à partir de 1380 que Guillaume de Murol entreprend la reconstruction de la forteresse médiévale protégeant son domaine. Fondamentalement, le château se développe autour d'un noyau rocheux autour duquel se déploie une vaste enceinte polygonale, qui sera profondément remaniée pour résister à l'artillerie dans la seconde moitié du XIVe siècle. Le bâtiment du château lui-même, sur plan polygonal, est flanqué de courtines qui prolongent les pans taillés à même le socle naturel. Les côtés orientés au sud et à l'ouest sont antérieurs au remaniement de Guillaume, mais ils ont été modifiés par l'adjonction d'échauguettes et de latrines. En revanche, les fronts du nord et de l'est, orientés de part et d'autre de la tour maîtresse sur plan circulaire, doivent tout à la reconstruction du XIVe siècle, y compris les logis intérieurs. Il reste cependant difficile de retrouver leur état initial, d'autres aménagements (notamment en ce qui concerne les baies) ayant grandement amélioré les conditions de leur occupation au XVIe siècle.

Suscinio

Fusion des fonctions résidentielle et militaire

Édifié au bord de l'océan, à l'extrémité de la presqu'île de Rhuys, le château de Suscinio a compté parmi les résidences favorites des ducs de Bretagne, ce qui explique les nombreuses mutations de ses éléments défensifs comme de ses aménagements résidentiels, particularité que sa récente restauration a remise en lumière.

L'intérêt stratégique de la situation de Suscinio est la proximité de la mer, mais les marais et les forêts environnants devaient être des terrains de chasse appréciés. À peu de distance de Vannes, petite capitale administrative des terres méridionales du duché de Bretagne, l'impressionnante forteresse à vocation de résidence estivale, est le fruit de plusieurs campagnes de construction, du XIIIe au XVe siècle. Sa première mention remonte à 1218, lorsque Pierre de Dreux est engagé pour la construction de la première tour d'habitation inscrite dans le plan général d'une cour polygonale, protégée par une courtine flanquée de tours cylindriques. L'habitat privatif est alors concentré dans un premier logis qui superpose quatre étages ouvrant sur de grandes salles ; une chapelle privée en complète l'ordonnance au niveau du deuxième étage.

Du côté occidental, un second corps de logis se développe à partir de la tour septentrionale, au gré d'un chantier qui a exigé au moins deux campagnes séparées par une pause dont les raisons nous restent inconnues. Au-delà de l'enceinte fortifiée, une seconde chapelle est dressée ; le travail des archéologues a permis d'y retrouver un pavage de mosaïque d'une qualité exceptionnelle.

Le destin national de la forteresse

Les mutations du château sont directement tributaires des événements de l'époque, et plus particulièrement des guerres de Succession, qui marquent la difficile intégration de la Bretagne au territoire national. Ainsi Jean IV et Jean V font-ils remanier leur demeure en fin de XIVe siècle (il s'agit aussi de réparer les dommages causés par le siège de Du Guesclin en 1373) de façon à affirmer leur autorité ducale face aux menaces permanentes que représentent d'autres familles aristocratiques de la région. La tour Neuve du XVe siècle est ainsi garnie de meurtrières à canon.

À partir de 1520, le château passe à la couronne de France, qui le néglige si bien, en dépit de la flatteuse appréciation de Vauban, que son alarmante dégradation lui vaut d'être vendu comme bien national à la Révolution, en tant que simple carrière de pierres. En partie grâce à Prosper Mérimée, le château ne sera jamais complètement démantelé, ce qui permettra au conseil général du Morbihan d'en faire l'acquisition dans la seconde moitié du XXe siècle (1965), et d'y entreprendre presque aussitôt de considérables travaux de restauration avec l'aide de la région et de l'État. Ce ne sont pas moins de sept tours qui ont été ainsi reconstituées, recoiffées, dans le même temps que les courtines bénéficiaient des mêmes soins avisés, l'édifice accueillant aujourd'hui le musée de l'Histoire de la Bretagne et du Morbihan.

SUSCINIO
CHÂTEAU, FAÇADE NORD-OUEST
XIVe SIÈCLE

La plus ancienne partie de l'édifice. La tour carrée qui apparaît au premier plan est l'une des plus anciennes pièces du château de Suscinio ; dressée au début du XIIIe siècle comme l'atteste son système de flanquement, elle eut d'emblée une fonction purement défensive, un logis ayant probablement été érigé à la même époque dans son proche voisinage. Au fond, la puissante tour Neuve flanque le logis de Jean V, l'ensemble ayant été construit en 1430-1440 ; l'ouverture des trois baies inférieures laisse deviner l'agencement tripartite de l'intérieur, dont les volumes sont délimités par des murs de refend. Une grande vis, sise du côté de la cour, dessert les différents niveaux de l'habitat ducal dont la décoration a été particulièrement soignée.

SUSCINIO
CHÂTEAU, FAÇADE NORD-EST
XIVe SIÈCLE

Le signe d'une hautaine dissuasion. Cette façade est tout à la fois la plus sévère et la plus spectaculaire du château ; les deux tours flanquantes du fond et du centre datent du XIIIe siècle, la tour Neuve, au premier plan, de 1430. Aucune volonté, autre que dissuasive, ne s'exprime encore ici.

Suscinio (Morbihan)
Château, vue
générale avant
restauration
XIVe siècle

Le blason d'un puissant duché. Telle qu'elle apparaît ici, avant sa restauration, la forteresse de Suscinio dévoile les principes de sa structure interne, fondée sur de hauts pignons porteurs des charpentes ruinées par le temps. On observe aussi le contraste entre les parties pleines de la courtine et les larges ouvertures du logis résidentiel, signe double et complémentaire de la puissance des maîtres du lieu, les ducs de Bretagne.

1380 Le 13 juillet, mort au combat de Du Guesclin devant Châteauneuf-de-Randon ; **Jean IV de Bretagne fait remanier la forteresse de Suscinio** 1381 Le 4 avril, second traité de Guérande, qui rend la totalité de son duché breton à Jean IV.

Mort du connétable Bertrand Du Guesclin (1320-1380)
au siège de Château-neuf-de-Randon
Miniature extraite des *Grandes Chroniques de France*
Jean Fouquet (v. 1415-1481)
XVe siècle
Paris, Bibliothèque nationale de France

Entre le mythe et l'Histoire. La mort de Du Guesclin est inscrite dans toutes les mémoires, tant le héros incarne, à mi-chemin entre mythe et histoire, la légende des grands capitaines de guerre de la fin du Moyen Âge. Né en 1320 à Dinan, ce soldat dont la laideur reste proverbiale, est un Breton de petite noblesse, engagé dans l'armée française à l'âge vingt ans. Vainqueur des Anglais dans les forêts bretonnes entre 1342 et 1360, grâce à sa technique nouvelle de guérilla, il est nommé lieutenant en 1357, puis capitaine général des pays situés entre la Seine et la Loire. En Espagne, il détrône le roi de Castille Pierre le Cruel pour le remplacer par son demi-frère, Henri de Trastamare, allié des Français. Maintes fois prisonnier et rançonné, promu connétable de France en 1370 par Charles V, il entreprend la conquête du Périgord, du Poitou, de l'Angoumois, d'Aunis, et de la Normandie, luttant par ailleurs, à partir de 1379, contre les Grandes Compagnies qui pillent l'Auvergne. Le 13 juillet 1380, à l'âge de soixante ans, il meurt en assiégeant Châteauneuf-de-Randon.
Quatre sépultures reçoivent ses restes : une à la basilique Saint-Denis, près du roi, une au Puy, une à Clermont-Ferrand et une à Dinan, seule à être restée inviolée, le cénotaphe où repose son cœur étant abrité par l'église Saint-Sauveur.

Sully-sur-Loire

Luxe paisible et volupté de vivre

Proche des rives de la Loire en amont d'Orléans, le château de Sully propose l'exemple accompli d'une magnifique demeure destinée presque exclusivement à la résidence aristocratique dans un cadre architectural directement hérité de l'agencement des forteresses médiévales, à base de tours cylindriques jointes par de hauts murs.

Les origines du site sont anciennes, les annales signalant dès 1102 le Castrum Soliacense qui constitue, sur la rive gauche de la Loire, la tête armée d'un pont de pierre à fondations romaines, disparu en 1363 à l'occasion d'une grave crue. Au début du XIIIe siècle, l'évêque d'Orléans et le seigneur Henri de Sully étant entrés en conflit, le château leur échappe pour passer entre les mains de Philippe Auguste, qui lui fait aussitôt adjoindre une puissante tour maîtresse sur plan circulaire. Ne se tenant pas pour battu, Henri de Sully signe en mars 1218 une charte de dédommagement des frais engagés par le souverain, souscrivant à cette singulière condition — contresignée par l'évêque ! — qu'il rendra la « belle tour » au roi, si celui-ci en exprime le désir ! De cet ouvrage initial, les fouilles effectuées dans la dernière décennie du XXe siècle n'ont restitué que quelques vestiges dans la cour.

Le rôle décisif joué par Guy de La Trémoille

Lorsque Marie, ultime descendante de la famille de Sully, épouse Guy de La Trémoille en 1382, elle lui apporte en dot un château encore modeste, mais que le chantier, ouvert en 1395 sous la direction de l'architecte du roi, Raymond Du Temple, transforme rapidement et complètement. Illustré par les deux séjours de Jeanne d'Arc — en juin 1429, après la victoire du 18 à Patay, puis en mars 1430 —, le château est ensuite victime des guerres de Religion, sa chapelle étant notamment détruite en 1563. En 1602, Maximilien de Béthune, illustre ministre du roi Henri IV, auquel la postérité a conservé le seul nom de Sully, fait l'acquisition de la châtellenie, érigée au rang de duché en 1606.

Souvent réaménagé, le noble édifice traverse sans grand dommage les siècles, jusqu'au catastrophique incendie qui dévaste l'aile orientale dans la nuit du 10 au 11 janvier 1918. Dix ans plus tard, il est classé monument historique, mais c'est seulement à partir de 1962, date de son acquisition par le conseil général du Loiret, qu'il a été l'objet de plusieurs admirables campagnes de restauration.

Devant le grand logis principal du bâtiment, appelé « donjon », la cour quadrangulaire est flanquée de deux tours rondes sur son flanc méridional ; si celle de l'angle sud-est vient droit du XVe siècle, la seconde (dont ne subsiste que le rez-de-chaussée, d'un diamètre de 15 mètres pour une épaisseur de muraille de 5 mètres) a été construite en 1606 pour recevoir des pièces d'artillerie. Toute la partie sud-est de l'édifice, le Petit Château, a été dressée par Marie de Sully à la fin du XVe siècle, pour abriter un luxueux logis propre à toutes les voluptés de la vie de cour.

SULLY-SUR-LOIRE
CHÂTEAU,
LE DONJON
FIN XIVe SIÈCLE

Force et élégance. Le château est entouré de douves alimentées en eau par le cours de la Sange, petit affluent de la Loire. C'est dans sa partie nord que se dresse le célèbre corps de logis, dit « donjon », vaste rectangle de 40 mètres de long pour environ 15 mètres de large. Flanqué aux angles de quatre grosses tours circulaires très saillantes, il est percé de nombreuses fenêtres éclairant les appartements. Seules les deux tours situées à l'est ont conservé leur aspect d'origine, avec un couronnement de mâchicoulis et des toits en poivrière. L'entrée installée dans le corps avancé coincé entre les deux cylindres des tours ; le petit pont-levis qui y donnait accès a perdu toute utilité depuis le comblement du fossé.

1392 Le 5 août, dans la forêt du Mans, première crise de folie de Charles VI (dont le règne se prolongera trente ans, jusqu'à sa mort en 1422) **1395 Guy de La Trémoille lance la construction du nouveau château de Sully-sur-Loire** 1396 Le 11 mars, conclusion d'une trêve de trente ans entre la France et l'Angleterre.

SULLY-SUR-LOIRE
CHÂTEAU,
DÉTAIL DU « DONJON »
FIN XIVe SIÈCLE

L'organisation des espaces intérieurs. Vu de près, le massif d'entrée du château de Sully se signale par la perfection de son appareil et l'harmonie de ses formes qui laisse deviner la distribution des fonctions. À la base du « donjon », la cave voûtée occupait le sous-sol, le rez-de-chaussée accueillant les différentes pièces domestiques (dont la cuisine) et le premier étage la grande salle et les appartements seigneuriaux. Situé dans la tourelle sud-est du châtelet d'entrée, un escalier à vis desservait les différents niveaux de cet élégant bâtiment couronné par un chemin de ronde couvert sur mâchicoulis.

SULLY-SUR-LOIRE (LOIRET)
CHÂTEAU, VU DU SUD
FIN XIVe SIÈCLE

Douceur et perfection des formes. Le château de Sully ne bénéficie pas de la gloire qui auréole ses cadets des pays de Loire. Pourtant, dans la perfection de son agencement comme par la beauté de son cadre naturel, il constitue l'un des plus beaux exemples du génie civil de la construction au crépuscule du Moyen Âge. On remarque ici, au premier plan, la tour, dérasée au niveau du rez-de-chaussée, qui fermait l'angle méridional de la cour.

Un rêve inabouti. L'assassinat du prince Louis d'Orléans, en 1407, met brutalement fin à son grand rêve de faire édifier le plus beau palais de son temps à La Ferté-Milon, entreprise parallèle à celle qu'il dirige depuis deux ans à Pierrefonds. Miné sur ordre d'Henri IV en 1594, l'édifice ne nous a guère légué que son immense façade de 104 mètres de large pour une hauteur moyenne de 20 mètres. Son principal caractère demeure l'ambiguïté de son agencement, à mi-chemin entre forteresse — les quatre tours, sur plan carré, circulaire ou en « U » et dotées d'éperons, sont conçues pour résister au travail de sape — et palais résidentiel, ce dont témoignent les hautes baies chargées de dispenser un jour généreux dans les logis. Au-dessus de la porte d'entrée protégée par un assommoir reste le splendide relief décoratif du Couronnement de la Vierge.

LA FERTÉ-MILON (AISNE)
CHÂTEAU, FAÇADE PRINCIPALE
FIN XIVe SIÈCLE

Pierrefonds

Un Moyen Âge nuancé de romantisme

Probablement le château de Pierrefonds est-il avant tout connu pour son extraordinaire restauration par Eugène Viollet-le-Duc, dans un esprit d'enthousiasme médiéviste fortement teinté de romantisme. Quelles que soient les réserves formulées à l'endroit de cet étonnant chantier, force est de reconnaître qu'il a permis la restitution d'une forteresse exemplaire du début du XVe siècle.

Attestée dès le XIe siècle, la châtellenie de Pierrefonds est agrégée au domaine royal par Philippe Auguste à l'extrême fin du XIIe siècle, avant de revenir à Louis de Valois qui, en même temps qu'à La Ferté-Milon, ouvre en 1396 un vaste chantier castral à partir de l'ancienne tour maîtresse ; mais sa mort prématurée intervient alors que tous les éléments internes à l'enceinte sont encore à venir. Aménagé en demeure aristocratique par ses propriétaires successifs, le château est anéanti sur ordre de Richelieu, en 1617, dans le cadre de sa politique d'abaissement des grands féodaux. Ruiné et délaissé, le bâtiment est vendu au titre de bien national en 1798, puis racheté en 1810 par Napoléon Ier.

Classé en 1848 sur la liste des Monuments historiques, il reçoit en 1850, la visite du futur Napoléon III qui, enthousiasmé, charge un peu plus tard Viollet-le-Duc de la restauration, commencée en 1858 et repensée à échelle géante à partir de 1861. Transformé en résidence impériale, le château attire toute l'Europe titrée, dont le roi de Prusse qui, quelques années plus tard, saura se rappeler cet illustre exemple pour sa propre restauration du château du Haut-Kœnigsbourg.

L'intervention de Viollet-le-Duc

Rénovateur et sauveur de Carcassonne, de Notre-Dame de Paris, Viollet-le-Duc s'est ici efforcé de redonner à l'édifice l'allure qui était la sienne aux temps troublés de la guerre de Cent Ans. Il est difficile de savoir qui, de l'empereur Napoléon III ou de son architecte, a élargi à tout le château le travail initial de restauration qui ne devait concerner que le donjon. Toujours est-il qu'à partir de 1861, décision est prise de reprendre Pierrefonds pour en faire une demeure seigneuriale dont le faste renverrait directement aux flamboiements du gothique finissant.

Ayant reçu carte blanche, Viollet-le-Duc multiplie dessins et aquarelles pour restituer cette atmosphère néogothique dont il veut nuancer toute sa recréation. De tous les éléments surgis de cette chimère, la chapelle castrale reste probablement la plus remarquable, avec son ample tribune voûtée au-dessus de l'abside et largement ouverte à la lumière au moyen de baies complexe. Également à retenir, la salle des Preuses réunit la collection personnelle d'armes et d'armures de Napoléon III, tandis que la chambre de l'impératrice apparaît sous les traits d'une haute salle voûtée et profusément décorée, au second étage de la tour Jules-César.

PIERREFONDS CHÂTEAU, FAÇADE OCCIDENTALE
XIVe SIÈCLE

Un système défensif théâtral mais efficace. Parmi les éléments qui frappent immédiatement le regard du visiteur de Pierrefonds figure, au premier chef, le chemin de ronde qui court au double niveau des tours et des courtines. Situés immédiatement en position inférieure, les mâchicoulis élégamment crénelés complètent un dispositif défensif qui sollicite aussi l'ouverture d'archères destinées au jet de traits et projectiles variés. Rien de plus efficace contre l'escalade au moyen d'échelles que cette disposition des espaces de défense en surplomb des murailles. Viollet-le-Duc a, par ailleurs, rétabli la galerie supérieure des courtines qui, communiquant avec la galerie inférieure des tours, permettait une circulation aussi rapide qu'efficace sur la totalité du pourtour de l'édifice en fonction de la vulnérabilité des dispositifs de défense et de la concentration des forces d'assaut.

PIERREFONDS CHÂTEAU, ANGLE NORD DE LA COUR INTÉRIEURE
XIVe SIÈCLE

La tentation du pastiche. La grande cour intérieure de Pierrefonds se signale par son esthétique néogothique, très en vogue au XIXe siècle. On note ainsi, en contraste avec la belle galerie de gauche, ornée de voûtes à caissons et de chapiteaux renvoyant à la Renaissance, une décoration monumentale dont l'esprit fantastique se colore d'un médiévisme aux frontières du pastiche.

Mort en 1879, Viollet-le-Duc n'assistera pas à la clôture des travaux, qui aura lieu cinq ans plus tard. Ayant traversé sans dommage tous les tumultes du XXe siècle, le château est aujourd'hui administré par le Centre des Monuments historiques (anciennement Caisse nationale des monuments historiques et des sites).

PIERREFONDS (OISE)
CHÂTEAU, VU DU NORD
XIVe SIÈCLE

Sous le signe symbolique de la bravoure. Le château de Pierrefonds se développe sur un plan quadrangulaire de quelque 110 mètres de longueur pour 90 mètres de largeur. À chaque angle et au milieu de chaque courtine, une tour semi-cylindrique est dressée, soit un total de huit tout au long de l'enceinte. Chacune de ces tours est dédiée à un preux de l'Antiquité, de la Bible ou du Moyen Âge chrétien : Alexandre, Arthur, Charlemagne, Godefroi de Bouillon, Hector, Josué, Jules César, les Macchabées. La tour Jules-César, la plus imposante, est dressée au-dessus de l'entrée accessible par un pont-levis, et se trouve accolée au corps de logis fortifié qui forme le donjon et dont l'on distingue ici, sur la droite, les parties supérieures.

1396 Le 27 mars, Gênes devient possession de la couronne française (jusqu'en 1409) ; **Louis, frère du roi, lance le chantier du nouveau château de Pierrefonds** 1399 Mort du duc Jean IV de Bretagne.

REINHARDSTEIN (BELGIQUE)
CHÂTEAU, VUE AÉRIENNE
XIVe SIÈCLE

Un Pierrefonds belge. Sur un site probablement occupé depuis les temps préhistoriques, le château de Reinhardstein est érigé à partir de 1354 par Renuwar de Waimes sur un éperon dominant la Warche. Passé en d'innombrables mains, il est mis sous séquestre après la Révolution française, puis vendu en 1812 à un affairiste qui entreprend de le démanteler, opération opportunément interrompue par l'annexion allemande de 1815. S'ensuit une longue période de dégradation, jusqu'à l'acquisition du site par une association à but non lucratif, en 1965. Dès l'automne 1969, une campagne de reconstruction est ouverte sous l'égide du professeur Jean Overloop qui, tirant profit de la grande leçon dispensée par Viollet-le-Duc un siècle plus tôt, restitue en deux ans à la forteresse médiévale son aspect initial. Étiré en longueur de part et d'autre de sa tour maîtresse, le bâtiment tire profit de son assise qui constitue une première défense naturelle.

Tarascon

Un édifice à l'image de la Bastille

Haute vigie de la Provence, à mi-chemin entre Paris et Rome, le château de Tarascon forme tout à la fois l'une des puissantes forteresses médiévales ayant survécu au passage des siècles — à l'inverse de la Bastille qui, érigée un tiers de siècle plus tôt, fut peut-être son illustre modèle — et le décor d'une vie de cour fondée sur l'apparat et l'apparence.

Si l'occupation du site est très ancienne, c'est seulement à partir du XIIe siècle que Tarascon devient un lieu stratégique de première importance, à l'entrée de la basse vallée du Rhône. Une première forteresse est donc dressée, mais son mauvais entretien conduit à sa ruine en 1400 et à l'ouverture d'un nouveau chantier, sous la direction de Louis II d'Anjou en 1401 ; dès 1440, le château offre à peu près son actuelle apparence. C'est à René Ier d'Anjou, frère de Louis III, que reviennent l'achèvement et l'embellissement du bâtiment, qui se ressent en certaines parties de l'influence italienne, notamment dans sa somptueuse décoration intérieure. À la mort de René, Tarascon revient à la couronne de France ; ayant perdu son importance stratégique, le château finit par devenir une sévère prison militaire au XVIIe siècle, la Révolution française mettant fin à cette peu glorieuse fonction, alors même que Louis XVI avait ordonné, en 1787, son démantèlement au profit de la construction d'abattoirs !

En 1840, Prosper Mérimée fait inscrire le château à l'Inventaire, prélude aux restaurations menées par l'architecte Henri Revoil (1894-1897) et par Jules Formigé (1932), artisans d'une résurrection quasi miraculeuse.

Un colosse inébranlable

Dressée sur un éperon rocheux dominant la rive gauche du Rhône, la masse colossale du château de Tarascon, cernée de douves au sud et à l'est, est dominée par le donjon qui culmine à 48 mètres. Au sol, l'édifice occupe un long rectangle de 130 mètres de long pour 36 mètres de large. Ses quatre tours principales présentent la particularité de relever chacune d'un plan différent : carré, rectangle, cercle, demi-cercle.

C'est en franchissant un pont de pierre qu'on y entre désormais, par un couloir en chicane comportant un assommoir et ouvrant sur la cour. Depuis la cour d'honneur, quatre vis desservent les différents niveaux jusqu'à la terrasse sommitale. La plus grande salle, dite « des Festins » et enrichie de deux monumentales cheminées, ne mesure pas moins de 200 m² ; elle reçoit un éclairage maximal par ses grandes baies ouvertes aussi bien du côté de la cour que de celui du fleuve.

Tarascon
Château, entrée principale
Début XVe siècle

Une entrée aisément contrôlable. L'accès au château est autorisé côté nord-est par la traversée du pont de pierre à trois arches enjambant les douves en eau. Du XVe au XIXe siècle, la portée ultime de ce pont était mobile (on distingue sur le mur les hautes ouvertures réservées aux bras de levage des ponts-levis), précaution progressivement devenue inutile. La porte monumentale, flanquée d'une poterne, ouvre sur la cour par le prolongement d'une rampe à degrés permettant aux cavaliers d'entrer sans poser le pied à terre. À droite de ce complexe, d'une défense aisée, les trois puissantes tours à plan carré de la basse cour sont reliées par de hautes courtines à mâchicoulis. Exactement de l'autre côté du château, une porte de moindre importance ouvrait directement sur le fleuve et son débarcadère.

1399 *Épître au dieu Amour*, de Christine de Pisan **1401 Louis II d'Anjou fait totalement reconstruire le château de Tarascon** 1415 Défaite d'Azincourt face à l'armée anglaise 1420 Le 21 mai, traité de Troyes par lequel Charles VI, muré dans sa folie, déshérite le dauphin au profit de la monarchie anglaise 1422 Le 21 octobre, mort de Charles VI ; Charles VII, futur vainqueur de la guerre de Cent Ans, se proclame roi de France le 30 octobre.

Tarascon
Château, la cour d'honneur
Début XVe siècle

Un décor princier. La cour d'honneur, point nodal du château, se distingue par sa décoration prérenaissante. Fenêtres à meneaux, tour de l'escalier en vis, accolades de pierre… témoignent de l'ambition princière des maîtres du lieu. Dominé par la loggia de la chambre de la Reine, le porche ouvrant sur le « déambulatoire » a reçu une précieuse vêture ornementale — hélas ! gravement altérée par le temps.

Parmi les merveilles du lieu, il faut encore signaler la chapelle royale, voûtée d'ogives reposant sur des culots aux motifs floraux et animaux fantastiques et ouverte sur la cour par une vaste baie. Quant à la chapelle basse, on y entre par un porche richement sculpté qui donne sur une nef close par un chœur à trois ouvertures en ogive ; ici, les arcs diagonaux reposent sur des culots portant les symboles des quatre évangélistes. Dans la cour, enfin, le « déambulatoire » est constitué par une grande galerie ouverte et voûtée d'ogives d'une rare légèreté.

TARASCON
(BOUCHES-DU-RHÔNE)
LE CHÂTEAU VU DU SUD
DÉBUT XVe SIÈCLE

La sentinelle du Rhône. Érigé sur la rive du Rhône par Louis II d'Anjou à partir de 1400 et terminé un demi-siècle plus tard par le roi René, le château de Tarascon se dresse comme une énorme sentinelle chargée de la protection des territoires des comtes de Provence. Vu du sud (donc, sans la basse-cour sise au nord), il offre, avec ses puissantes murailles presque aveugles et dépourvues de tout accessoire décoratif, l'apparence d'une formidable et imprenable forteresse qui cacherait soigneusement les fastes du logis seigneurial et de sa somptueuse cour d'honneur.

RAMBURES (SOMME)
CHÂTEAU, VUE AÉRIENNE
XVe SIÈCLE

Contre les progrès de l'artillerie. Classé monument historique en 1840, le château de Rambures a été érigé sur ordre de David de Rambures à partir de 1412, l'achèvement du chantier intervenant vers 1470. De forme compacte, il s'inscrit dans un plan carré de 29 mètres de côté, étant pour l'essentiel composé de quatre tours semi-cylindriques de 6 mètres de rayon, reliées par des courtines à la course faiblement curviligne. Son caractère le plus remarquable réside dans son adaptation à l'usage de l'artillerie : ses murs, partiellement enterrés et percés de seize canonnières pour couleuvrines (canons longs et fins), ont entre 3 et 7 mètres d'épaisseur. Surtout, le château de Rambures annonce par la mixité de ses matériaux (brique et pierre) toute une floraison postérieure d'édifices reprenant ce principe. Sans le faire démanteler, Richelieu le privera de ses éléments défensifs (pont-levis, herse, assommoir), lui conférant un caractère résidentiel, accentué au XVIIIe siècle par l'ouverture de baies au niveau des mâchicoulis.

Donjon de Crest

Le bouclier drômois

Ce qui assure l'originalité du donjon de Crest, c'est, d'une part, la masse verticale de son mur-bouclier aveugle, sans équivalent en France et, d'autre part, la complexité de sa conception. Car, pour surprenant que cela puisse paraître, cet énorme bloc d'apparence monolithique procède en fait de l'agrégation de plusieurs édifices distincts.

Le plus ancien document mentionnant la petite cité de Crest remonte à 1120 ; à cette époque, le bourg médiéval, parcouru de ruelles tracées à l'abri des fortifications, est encore sous le contrôle de ses fondateurs supposés, les Arnaud. Dans les décennies suivantes, une lutte farouche s'engage entre les évêques de Die et les comtes de Valentinois pour le contrôle de la forteresse. Au début du XIIIe siècle, l'histoire locale rappelle la vaine tentative de Simon de Montfort pour s'emparer de ce verrou de la vallée drômoise. C'est seulement en 1426 que la place revient définitivement à la couronne de France ; du XVIe au XIXe siècle, à défaut de présenter encore un intérêt stratégique, elle servira de prison.

Un colosse solitaire

La partie la plus ancienne de la tour, due aux évêques de Die dans la seconde moitié du XIIe siècle, correspond globalement aux deux premiers étages ; les pierres y sont appareillées en grossiers bossages et la taille demeure partout monumentale (citerne taillée dans le rocher, margelle extraite d'une masse monolithique). Le principal élément en est alors la tour Neuve, dont le mur principal repose sur de puissantes arcades ; au revers, la petite tour du Croton, première prison du lieu, ferme la cour.

L'actuel premier étage forme le complément de cette base initiale, le plancher de séparation n'ayant été installé par Louis XI qu'au XVe siècle. C'est un escalier de bois qui conduit au deuxième étage, constitué pour l'essentiel d'un vestibule — le long duquel s'ouvrent deux fenêtres carrées — et de deux grandes salles.

Aux XIVe et XVe siècles, la tour est totalement remaniée, prenant le visage que nous lui connaissons aujourd'hui. Les tours Neuve et du Croton sont rehaussées vers 1332 et couvertes par une terrasse. Puis, dans le dernier tiers du XVe siècle, le donjon reçoit son dernier niveau, pourvu notamment d'un chemin de ronde aux archères en encorbellement. La visite de la tour de Crest ne cesse ainsi de proposer un voyage accéléré à travers les siècles. Au troisième étage, par exemple, les formes gagnent en élégance, sans rien perdre de leur monumentalité, signe d'une évolution sans heurt mais étendue dans la durée. L'ébrasement de la baie et les pièces maîtresses des deux cheminées en pierre témoignent aussi d'un art de la taille de la pierre rigoureux . Plus haut encore se situent les deux grandes terrasses, le sommet de la tour sud-ouest en saillie, le chemin de ronde ; en décrochement, le cinquième étage, sommet de la tour Vieille, met en œuvre un ultime appareil défensif (meurtrières, hourds, chemin de ronde).

CREST (DRÔME)
DONJON, VUE AÉRIENNE
XVe SIÈCLE

La mise en œuvre d'un système dissuasif. Héritière des premières fortifications romaines, puis médiévales, menacée de destruction à l'époque de Richelieu, de ruine au XIXe siècle, la tour de Crest est l'unique relief des ouvrages défensifs (château, murailles) ayant longtemps assuré la protection de la ville et le contrôle de la vallée de la Drôme. D'une taille colossale — le mur aveugle du nord s'élève à 54 mètres, plus haut que le pont du Gard ou l'arc de triomphe de Paris —, elle surplombe la vallée de sa masse impressionnante ajourée d'ouvertures particulièrement rares, voire inexistantes dans les parties basses. Elle compte cinq étages et diverses terrasses ; mâchicoulis et décrochements affirment également sa vocation guerrière en lui conférant un visage exceptionnellement dissuasif.

Force et lumière. Derrière les puissantes murailles du donjon, l'agencement intérieur surprend par son ingéniosité et sa variété, les espaces intérieurs n'ayant jamais cessé d'évoluer à mesure que de nouveaux chantiers de construction amplifiaient les dimensions du bâtiment. L'actuel quatrième étage du donjon se présentait initialement sous la forme d'une grande terrasse à pans inclinés canalisant l'eau de pluie vers les rigoles latérales. Au XIVe siècle, les parapets de cette terrasse ont été rehaussés et cinq arcades de pierre ont été érigées, formant le support de la nouvelle toiture. La lumière pénètre par la baie en plein cintre située à l'est et par les fenêtres ogivales de la façade sud.

CREST
DONJON, TERRASSE COUVERTE
XVe SIÈCLE

CREST
DONJON, FAÇADE SUD-EST
XVe SIÈCLE

Une puissance démesurée. C'est du haut de la tour de Crest que l'on mesure le mieux son isolement ; en contrebas, la cité paraît bien petite relativement à son gigantisme. Car, bien au-delà des limites de la commune, la sentinelle du grand donjon a surveillé durant plusieurs siècles la voie de pénétration alpine ouverte par la Drôme jusqu'au mont Genèvre.

1429 Le 18 juin, les troupes de Jeanne d'Arc battent l'armée anglaise à Patay 1431 Le 30 mai, Jeanne d'Arc est brûlée vive sur la place du Vieux-Marché à Rouen **1434 Clôture des chantiers dans la forteresse de Crest** 1436 Le 15 avril, sous la pression des troupes royales, les Anglais sont contraints de quitter Paris.

BERZÉ-LE-CHÂTEL (SAÔNE-ET-LOIRE)
CHÂTEAU, VUE GÉNÉRALE
XVe SIÈCLE

Une histoire millénaire. À une dizaine de kilomètres de Cluny, le château de Berzé-le-Châtel est implanté sur un éperon rocheux qui lui permet de dominer les alentours. Si son histoire est très ancienne (chapelle carolingienne du Xe siècle, château de bois et de pierre détruit au XIIIe siècle), c'est surtout son enceinte dressée sur ordre de Charles le Téméraire, face au roi de France, dans le troisième quart du XVe siècle, qui retient l'attention. Possession des ducs de Bourgogne à partir de 1418, l'édifice est constitué d'un noyau fortifié dominé par deux anciennes tours maîtresses et par la vaste enceinte, plus tardive et flanquée de cinq tours, le tout convergeant vers l'entrée monumentale du nord, protégée par deux grosses tours d'artillerie. Résolument restauré au cours du XXe siècle, il offre le pendant militaire du grand héritage clunisien.

Palais Jacques-Cœur à Bourges

Le premier château de la bourgeoisie

Au cœur de la phase flamboyante de l'ère gothique et au sortir de la guerre de Cent Ans dont la France se libère enfin, victorieuse mais ruinée, le palais Jacques-Cœur de Bourges rompt avec la règle de la forteresse médiévale, formant le chaînon manquant entre la tradition de la forteresse médiévale et l'éclosion du palais renaissant.

Lorsque Jacques Cœur (1395?-1456) fait, en 1443, l'acquisition d'un terrain destiné à la construction de sa nouvelle demeure, il appartient depuis un an au Conseil de Charles VII, le souverain français sur le point de gagner le plus long conflit de l'histoire européenne. Homme d'affaires, diplomate, financier, serviteur zélé de son roi et de son pays, le grand argentier n'oublie jamais ses propres intérêts, notamment en décidant l'ouverture de ce chantier qui doit illustrer, aux yeux de tous, sa prodigieuse réussite. Qu'un tel homme impose d'emblée une disposition aussi neuve de l'édifice privé, au cœur de la cité, sollicite la réflexion de l'historien relativement au retard considérable de la France et de l'Angleterre sur l'Italie et la Bourgogne en matière architecturale, à l'heure où éclosent les premiers chefs-d'œuvre de la Renaissance.

En dépit de ses réels mérites (il a assaini la monnaie dès 1436 pour subventionner la reconquête de la Normandie), ce maître commerçant du drap et des épices, virtuose de la mine et de la banque, tombe en disgrâce, puis en prison, en 1451, ne devant qu'à une évasion de finir sa vie en liberté, mais en exil, sur l'îlot grec de Chio.

Bourges
Palais Jacques-Cœur, cour intérieure
Milieu du XVe siècle

Un nouveau réalisme humaniste. Dans la cour, devant les façades des logis reliés par l'escalier logé dans la tour polygonale, le spectacle des fenêtres à meneaux ouvragés, des merveilleuses lucarnes sculptées ou des délicates galeries qui animent les surfaces de l'édifice lui ôte tout caractère défensif. Les motifs décoratifs répétés du quadrilobe, de l'accolade, de la croix, du redent, etc. participent de cette même entreprise qui met en lumière la disparité profonde entre la fonction symbolique du lieu et son usage contingent, le bâtiment ayant moins pour vocation d'offrir à Jacques Cœur un habitat décent que de dresser une claire métaphore de sa monumentale fortune.

Un édifice paradoxal

Nous ne connaîtrons probablement jamais le nom de l'architecte à qui est dû ce curieux paradoxe d'un flamboiement décoratif gothique plaqué sur une réalisation dont la modernité de conception annonce — contre les ultimes forteresses médiévales dont celle, exactement contemporaine, d'Anjony — la Renaissance française du XVIe siècle. Car c'est avec le palais Jacques-Cœur que naît la tradition de l'hôtel urbain, plus fastueux qu'inexpugnable du fait de sa situation à l'intérieur des remparts de la cité et d'une ostentation décorative célébrant l'avènement d'une nouvelle catégorie sociale ; ici, pour la première fois, s'impose le magistère de la bourgeoisie d'affaires, appelée, dans un futur lointain, à façonner, contre les privilèges de l'aristocratie et du clergé, le socle de notre société.

Bourges
Palais Jacques-Cœur, cheminée du logis
Milieu du XVe siècle

Partout, la marque d'un monde naissant. La somptuosité des espaces intérieurs n'a rien à envier au luxe de l'apparence externe. Dans les salles spacieuses, couvertes de voûtes boisées ou peintes, les murs, les baies et les portes sont rehaussés de multiples reliefs décoratifs qui courent aussi sur les imposantes structures des cheminées ; ce mariage du luxe et du confort reste la marque distinctive d'une demeure qui annonce la genèse d'un univers renaissant.

Et cela bien que la façade ait été prudemment ornée, à l'origine, d'une statue équestre de Charles VII (disparue en 1792), au-dessus de la porte charretière, flanquée d'une poterne réservée aux piétons. De part et d'autre du dais désormais vide, les deux figurations de Jacques Cœur et de sa femme, accoudés à la fenêtre de leurs oratoires privés, attestent cette aspiration à la plus haute reconnaissance sociale.
De toutes les parties constitutives du palais, la chapelle est la plus raffinée (certains historiens y reconnaissent la main de Jean Fouquet), les anges aux phylactères déployés et porteurs d'écus aux armes des proches du maître des lieux, s'inscrivant, eux aussi, sous le signe d'un naturalisme humaniste qui les éloigne des canons médiévaux.

Bourges (Cher)
Palais Jacques-Cœur, vue aérienne
Milieu du XVe siècle

Invention monumentale et décorative. Où que se pose le regard sur ce surprenant édifice, tous ses éléments, galeries, arcades, tourelles, lucarnes... témoignent d'une invention décorative qui laisse pressentir des bouleversements débordant le cadre de simples mutations stylistiques. Cependant, le plan général ressortit encore à la tradition du quadrilatère, qui dessine une cour bordée par trois galeries à arcades, et l'élévation interne, nettement décelable de l'extérieur, superpose selon l'usage le rez-de-chaussée, l'étage noble à grandes baies et le toit à lucarnes, tous niveaux distribués par escaliers à vis aménagés dans les tourelles. De façon tout aussi significative, les fondations de la façade extérieure sont formées par les substructions de l'ancienne enceinte de la ville.

1440 Exécution de Gilles de Rais (Barbe-Bleue) le 26 octobre 1442-1451 Reconstitution des finances du royaume par Charles VII et Jacques Cœur **1443 Jacques Cœur acquiert à Bourges le terrain de son futur palais** 1453 Fin de la guerre de Cent Ans ; fin de l'Empire romain d'Orient.

Anjony (Cantal)
Château, vue générale
XVe siècle

Le temps de la dissuasion symbolique. Dominant la vallée de la Doire, l'actuel château est construit dans les années 1435-1440, sur ordre de Louis II d'Anjony, compagnon de Jeanne d'Arc. Présentant le visage dissuasif d'un bloc de quatre tours dont la massivité semble encore renforcée par la hauteur (environ 40 m), cette forteresse de basalte rougeâtre se signale par une sévérité en étroite osmose avec les paysages de haute Auvergne. À l'intérieur du donjon flanqué par les quatre tours cylindriques, la disposition est des plus simples, une seule salle par étage, le niveau bas étant formé d'un cellier voûté en demi-berceau. Le château d'Anjony conserve de belles pièces de mobilier, notamment diverses tapisseries des Flandres et d'Aubusson, un lit à baldaquin, une cheminée monumentale porteuse de la devise des seigneurs locaux *(Fides hic semper)* — tous éléments rappelant le caractère résidentiel d'un bâtiment désormais plus symbolique que fonctionnel.

Châteaudun

Du fort au palais

Dominant, du haut de son éperon, la vallée du Loir d'une soixantaine de mètres, le château de Châteaudun juxtapose deux visages radicalement différents de l'architecture castrale. D'un côté, le donjon médiéval, de l'autre, le palais d'apparat, dit « de Dunois », qui atteste la transformation des mentalités vers la fin de la guerre de Cent Ans.

Bornant la plaine de la Beauce, Châteaudun est propriété de la famille de Dunois au xve siècle, et le restera jusqu'en 1694. Les travaux appelés à complètement transformer son aspect débutent en 1451 pour ne s'achever que dans la première moitié du xvie siècle.

Si les premières traces de fortification remontent à l'époque gallo-romaine, le château fort lui-même est construit au xe siècle, sur ordre de Thibault, comte de Blois et de Dunois ; son descendant, Thibault V, le reconstruit complètement au milieu du xiie siècle, autour du donjon actuel (1170) qui dresse un cylindre de 17 mètres de diamètre pour 31 mètres de hauteur et une épaisseur de murs de 4 mètres.

À l'intérieur, trois niveaux sont superposés, les deux premiers étant voûtés en coupole, l'étage supérieur recevant une charpente tardive. À l'origine, l'accès à l'édifice se faisait directement à l'étage, au moyen d'une porte placée à 10 mètres au-dessus du sol. Si le rez-de-chaussée, aveugle, fait office de réserve, le troisième niveau est consacré à la résidence seigneuriale ; suivant l'exemple de Charles V, le comte de Dunois y aménage sa bibliothèque.

Une longue évolution

Au milieu du xve siècle Jean d'Orléans, comte de Dunois, exige de l'architecte Colin Duval, déjà auteur du château de Longueville, la transformation de sa forteresse en palais. Ouverts en 1459 par l'aile ouest, les travaux sont poursuivis au nord après la mort de leur commanditaire. La vêture extérieure de Châteaudun ne sollicite que faiblement le vocabulaire décoratif gothique, présentant au total un visage très austère, à peine animé par les hautes échauguettes.

En revanche, côté cour, le caractère d'apparat a été soigneusement illustré, notamment par les deux grands escaliers de l'aile Dunois et par la répartition des ouvertures sur l'aile Longueville, érigée dans un premier temps par François Ier d'Orléans-Longueville (de 1469 à 1491) et terminée par ses successeurs dans le premier quart du xvie siècle.

Là encore, les niveaux sont superposés de façon fonctionnelle, les caves, cuisines et autres offices supportant les étages d'habitation au rez-de-chaussée et au premier étage. Dans les combles, enfin, ont été aménagés des logements secondaires. Le grand escalier à loggias qui distribue tous les

Châteaudun
Château, aile Dunois, façade côté cour
xve siècle

Le palais du xve siècle. Érigée par Jean de Dunois, de 1459 à 1468, cette aile occidentale compte cinq niveaux ; les deux premiers, souterrains, abritent les cuisines, dont les ogives viennent retomber sur deux cheminées monumentales, et les cachots. Au-dessus, le rez-de-chaussée et les deux étages accueillent les salles résidentielles. Sur la façade côté cour, on note, aux deux extrémités, la présence de deux magnifiques escaliers : à droite, l'escalier de Dunois adopte le dispositif en vis, aisément décelable par ses amples loggias. Sur la gauche, l'escalier Renaissance, peut-être inspiré par celui de Saumur, se signale néanmoins par sa précocité, ayant été conçu avant celui du château de Blois.

Châteaudun
Château, Sainte-Chapelle et donjon
xve siècle

Force et spiritualité. Au pied du donjon, emblème de la force féodale, la Sainte-Chapelle, élégant édifice gothique, n'a pas nécessité moins de trois campagnes successives de travaux : de 1451 à 1454, le chœur et la chapelle haute voient le jour, suivis de 1460 à 1464 par la nef et l'oratoire sud, puis par le clocher, dressé en 1493. Dans la chapelle basse, une étonnante collection d'une quinzaine de statues illustre la ferveur hagiographique des hommes de la fin du Moyen Âge, au même titre que la célèbre *Vierge à l'Enfant* que les spécialistes datent du début du xve siècle, la composition monumentale du *Jugement dernier* étant, pour sa part, très exactement contemporaine du clocher.

niveaux vaut surtout par son décor intérieur, tout de motifs floraux, animaux ou anthropomorphes hérités directement du Quattrocento.
D'une façon générale, la décoration de cette aile est plus raffinée que partout ailleurs dans le château, signe du triomphe immédiat de la Renaissance en terre française. À Châteaudun, ce triomphe se lit aussi dans les tentures qui regroupent une cinquantaine de tapisseries bruxelloises et françaises, dont l'*Histoire de Moïse*, tombée des métiers au milieu du XVIe siècle.

CHÂTEAUDUN (EURE-ET-LOIR)
CHÂTEAU, VUE D'ENSEMBLE
CÔTÉ LOIR
XVe SIÈCLE

L'art et la fonction. Au pied de ce grand château, qui brise la stricte verticalité gothique par les horizontales d'une modénature délicate, le visiteur peut mesurer ce qui est appelé à séparer irrémédiablement l'époque Renaissance du temps médiéval : l'exaltation de la fonction par l'apparence. Au seuil d'un immense cycle de mutations, l'art se met au service de la contingence fonctionnelle.

1450 Première impression de la Bible, par Gutenberg **1451 Jean d'Orléans, comte de Dunois, fait ouvrir le chantier du palais de Châteaudun** 1455 François Villon, accusé du meurtre d'un prêtre, est condamné au bannissement.

BREST (FINISTÈRE)
CHÂTEAU, VUE GÉNÉRALE
XVe SIÈCLE

Une forteresse en constante évolution. C'est par Vauban en personne que le château de Brest, sis sur un socle fortifié du IIIe siècle a été complété au XVIIe siècle. Entre ces deux dates, la forteresse a longtemps été considérée comme un imprenable bastion, prolongement logique des murs de la cité devenue un grand port militaire selon la volonté de Richelieu, puis de Colbert. L'édifice est dominé par le « donjon », formé de tours agrégées, dont celle de la Duchesse Anne (XIVe siècle) reliée au donjon proprement dit (XVIe siècle) par une galerie voûtée du XVIIe siècle et la tour Azénor, médiévale. Altéré, mais non anéanti comme le reste de la ville, par les bombardements alliés d'août à septembre 1944, le château a été impeccablement restauré depuis.

Clisson

Du bastion féodal à la résidence ducale

En dépit des difficultés que rencontrent les historiens quant à la chronologie exacte du château de Clisson, cet édifice dressé sur les rives de la Sèvre demeure un modèle d'architecture militaire, tant par l'importance et la beauté de ses reliefs que par les innombrables traces de son évolution plusieurs fois séculaire.

Comme presque tous les éperons rocheux dominant un cours d'eau d'importance, le site a été fortifié dès l'Antiquité. Le premier château fort, œuvre de Guillaume de Clisson, remonte au XIIIe siècle et coïncide avec la fortification de la cité. Mais diverses fouilles ont d'ores et déjà permis de vérifier l'existence de constructions antérieures, romanes.

De l'édifice actuel, la partie la plus ancienne, à l'extrémité méridionale et orientale du socle naturel, date principalement du XIVe siècle, bien que la tour maîtresse, au point culminant, remonte très probablement à la fin du XIIIe siècle, si l'on se réfère à l'aspect de ses baies. Cette partie dessine un schéma polygonal, dont les côtés sont occupés par les logis abritant les offices, les cuisines, la chapelle, les appartements ducaux et la grande salle. L'accès en était défendu par un châtelet engagé dans la grosse tour quadrangulaire du XIVe siècle, construite sur ordre d'Olivier III de Clisson, soucieux de prévenir la menace anglaise ; défensive et résidentielle, elle comptait cinq étages recevant le jour par d'étroites ouvertures rectangulaires, sa partie supérieure étant couronnée par un élégant mâchicoulis. Sa position était doublée par une grande tour cylindrique prolongée par une tourelle de guet secondaire. Passé de la puissante famille des Clisson à la couronne ducale en 1420, le château subit, en conséquence tardive, de profondes modifications.

Le château de François II

C'est à François II, duc de Bretagne, que revient l'agrandissement notable de l'édifice. Dans un premier temps, il fait prolonger la courtine en direction du nord et ordonne le complément du dispositif défensif par une barbacane. C'est au nom de la même logique, qu'il procède à l'agrandissement du château à l'ouest, par un vaste enclos de plan rectangulaire, flanqué de tours conçues pour résister au feu de l'artillerie.Toutes ces dispositions se révèlent assez vite inutiles, la Bretagne perdant son indépendance en 1491, et le site de Clisson son importance stratégique. Mais François II a également exigé la complète restauration des logis, faisant de son château une résidence de choix ; il y épouse même Marguerite de Foix en 1471, de qui naîtra Anne de Bretagne.

Enrichi de nouveaux bastions sur le front sud au début du XVIe siècle, transformé intérieurement au XVIIe siècle, le château de Clisson est ensuite négligé par ses propriétaires, au point que le donjon s'effondre en 1746. À cela s'ajoutent les graves dommages causés par un incendie, en 1793, lors des guerres de Vendée. Acheté par Frédéric Lemot en 1807, le bâtiment appartient désormais au département de Loire-Atlantique.

CLISSON
CHÂTEAU, VU DU NORD-OUEST
XVe SIÈCLE

Le cœur de l'édifice. La masse imposante du secteur sud, qui prend la forme d'un polygone irrégulier, domine le cours de la Sèvre ; on y repère au premier regard les deux grandes tours marquant ses limites. Sur la gauche, en retrait, la partie sommitale du seul relief de la tour maîtresse quadrangulaire de l'extrême fin du XIIIe siècle se détache dans le ciel ; c'est là que se trouvait la première entrée de la forteresse, la tour elle-même faisant office de logis-porte, selon une disposition alors à peu près inédite dans le duché de Bretagne. Au centre, les logis primitifs sont partiellement masqués par la barbacane du premier plan.

CLISSON
CHÂTEAU, ACCÈS PRINCIPAL
XVe SIÈCLE

Pont de pierre et pont-levis. Le pont-levis reste la règle en matière d'accès à l'édifice castral, mais ici il s'inscrit dans le prolongement du pont de pierre à une arche ouvrant sur la basse-cour aménagée sur ordre de François II, à partir de 1460. Au fond, la haute tour maîtresse mutilée domine les bâtiments résidentiels. La largeur et la profondeur des fossés illustrent l'évidente vocation défensive d'un château dont la position stratégique a tôt fait un élément-clef dans le conflit opposant la couronne au duché de Bretagne.

CLISSON (LOIRE-ATLANTIQUE)
CHÂTEAU, VU DU SUD-OUEST
XVe SIÈCLE

Une agrégation complexe. L'angle sud-ouest du château de Clisson est révélateur de la complexité d'un édifice dont la genèse, plusieurs fois séculaire, a procédé par accumulation de constructions au hasard des époques. Au premier plan, se détache la monumentale tour cylindrique, dressée dans la seconde moitié du XIVe siècle et flanquée par une jumelle de moindre envergure. Dans le prolongement, à droite, le logis ducal, complètement réaménagé au XVe siècle, ouvre sur l'extérieur par de grandes baies soigneusement ouvragées. À gauche, le front ouest, gravement altéré, se signale par l'aménagement de barbacanes, placées en forte saillie devant l'enceinte et reprises au XVIe siècle.

1460 François Villon écrit son chef-d'œuvre, *le Testament* **1460-1480 Sous le règne de François II de Bretagne, restructuration complète du château de Clisson** 1461 Le 22 juillet, mort de Charles VII ; lui succède Louis XI, sacré le 15 août.

SAINT-FARGEAU (YONNE)
CHÂTEAU, VUE GÉNÉRALE
XVe SIÈCLE

La résidence repensée en fonction du canon. Fortifié depuis l'ère romane, le site de Saint-Fargeau a reçu son premier vrai château de pierre au XIIIe siècle, mais l'actuel édifice (bien que remanié par Vauban au XVIIe siècle) est le fruit de la reconstruction menée de 1469 à 1480 par Antoine de Chabannes. Le nouveau château étant avant tout pensé pour mieux résister aux effets dévastateurs du canon, l'épaisseur de ses murs est considérable. Sur ce document, on distingue, de gauche à droite, la tour du Trésor, la tour du Bégault et la tour de la Chapelle. La première est la plus imposante, avec son diamètre de 22 mètres et son étonnante galerie de contremine, première disposition de ce genre en France. Invisibles ici, les tours du Moulin et du Portail, plus tardives, complètent le dispositif défensif du château dont le plan forme un pentagone irrégulier atteignant 100 mètres dans sa longueur maximale.

Nantes

La résidence des ducs de Bretagne

Le château de Nantes, plus connu sous le nom de château des ducs de Bretagne, est l'une des grandes demeures résidentielles de l'histoire de France. Construit sur un fragment de l'enceinte gallo-romaine de la cité, il a longtemps bordé un bras de la Loire, avant le détournement de son cours.

De l'ancien château bâti vers 1207 par Guy de Thouars, puis par Pierre de Dreux et Jean Ier le Roux, il ne reste à peu près rien ; cet édifice « de la tour neuve » (donc cadet des fortifications de la ville gallo-romaine) est pourtant remanié au XIVe siècle par Jean IV. Mais, sous sa forme actuelle, il date de l'époque de la complète reconstruction entreprise durant le règne du duc François II en 1466 (sur des plans de l'architecte Mathelin Rodier) et poursuivie par sa fille, Anne de Bretagne. Le rôle de la duchesse Anne est d'ailleurs décisif à partir de 1491, date de son hymen avec le roi de France Charles VIII, d'autant plus qu'en 1499 elle y contracte son second mariage royal, cette fois avec Louis XII. C'est à elle que l'on doit en particulier la restructuration du Grand Logis et de la tour de la Couronne d'Or, tous deux rehaussés par des lucarnes et loggias d'esprit renaissant.

C'est entre les murs du château que, en 1532, François Ier, roi de France, annonce l'union du duché de Bretagne avec la couronne. Un peu plus tard, entre 1582 et 1592, les fortifications extérieures sont à nouveau modifiées sur ordre du duc de Mercœur. Parmi les nombreux événements dont est témoin le lieu, l'un des plus remarquables est la déclaration de l'édit de Nantes par Henri IV, en 1598.

Par la suite, le puissant bâtiment recevra fréquemment la visite des souverains français, notamment celle de Louis XIV, n'étant transformé en caserne qu'à la fin de la Première Guerre mondiale. Endommagé par un grave incendie en 1670, classé monument historique en 1862, propriété de la ville de Nantes à partir de 1915, il a pris le statut de musée municipal.

Le bastion de l'indépendance bretonne

Lorsque François II de Bretagne décide, en 1466, de faire reconstruire le château, c'est en premier lieu pour en faire, tout comme la forteresse de Pontivy, le bastion d'une indépendance bretonne farouchement défendue face aux ambitions de la couronne. Accessible par un pont-levis situé sur le front oriental, l'enceinte est donc flanquée de puissantes tours défensives, au nombre de quatre : si la tour des Espagnols a été détruite en 1800 par l'explosion de la poudrière installée dans ses murs, les trois autres (des Jacobins, du Pied-de-Biche,

NANTES (LOIRE-ATLANTIQUE)
CHÂTEAU, LE GRAND LOGIS
XVe SIÈCLE

Un palais ducal aux ambitions royales. Au fond de la cour en polygone irrégulier, le Grand Logis reste, en dépit de son relatif inachèvement, un prototype de logis seigneurial conçu comme le miroir des plus hautes ambitions. La duchesse Anne ne sera-t-elle pas reine de France à deux reprises ? Les appartements ducaux ont été installés au premier étage et sont distribués, tout comme les grandes salles réparties aux divers niveaux, par un bel escalier extérieur, couronné par une superbe galerie renaissante, à l'extrémité droite du document. Le logis privé touche ici au sommet du luxe et du faste. Le même soin est ainsi porté aux encadrements des baies ouvrant le grand mur et aux lucarnes dont le pâle matériau (un tuffeau local) tranche avec la rudesse de l'appareil en granit et des toitures en ardoise.

1466 Louis XI prend le contrôle des places fortes de Normandie, menaçant ainsi directement le duché de Bretagne **1466 Remaniement complet du château de Nantes, sous l'impulsion de François II de Bretagne** 1467 Le 15 octobre, François II de Bretagne envahit la Normandie 1468 Le 10 septembre, signature de la paix d'Ancenis entre Louis XI et François II.

NANTES
CHÂTEAU, LA TOUR DU PORT
XVe SIÈCLE

Une décoration inattendue. La tour du Port ferme l'aile qui porte le Grand Logis dont le haut pignon clair se détache, légèrement en retrait. L'alternance des assises claires et sombres dues à l'emploi respectif du calcaire et de l'ardoise confère un surprenant cachet décoratif à cet élément purement défensif qui surplombe, de son mâchicoulis et de son chemin de ronde, la douve en eau.

de la Boulangerie) sont toujours en place. Après l'ajout d'éléments défensifs par le duc de Mercœur, au cours de la guerre de la Ligue, l'édifice ne connaît plus guère de mutations, en dépit des relatifs méfaits de l'administration militaire au XVIIIe siècle.
C'est plus tard, au XIXe siècle par la construction d'un quai, au XXe siècle par le comblement du bras de Loire, que le cadre général de la citadelle est profondément modifié. Actuellement, une nouvelle campagne de restauration cherche à lui redonner son visage initial.

VUE PERSPECTIVE DE LA VILLE DE NANTES PRISE DE L'ENTRÉE DE RICHEBOURG EN 1757
ANTOINE HÉNON (V. 1731-1769 / 1770)
Gouache
Nantes, musée Thomas-Dobrée

Une représentation de la toute-puissance ducale. Le château des ducs de Bretagne, dont les tours, les courtines et les hautes toitures forment le cadre d'apparat, est ici représenté au temps où la Loire n'avait pas encore été détournée. Il est le fruit d'une campagne de reconstruction pensée en fonction d'un programme aussi complexe qu'ambitieux. Dans l'optique d'en imposer à la vue, donc à l'esprit, il dresse ses puissantes tours en fer à cheval qui ne s'ouvrent sur l'extérieur que par les canonnières attestant la naissance d'une artillerie moderne et d'une redoutable efficacité. L'appareil en est complété par les mâchicoulis dont l'encorbellement est une spécificité bretonne. Ici, on voit jaillir au premier plan la tour dite « du Fer à cheval », qui forme l'éperon le plus avancé et le plus bastionné de toute la citadelle.

PONTIVY (MORBIHAN)
CHÂTEAU, VU DU SUD-OUEST
XVe SIÈCLE

La concentration des moyens défensifs. Le château de Pontivy est une création de Jean II, vicomte de Rohan, qui fait ouvrir, en 1470, un chantier définitivement clos en 1503. Plusieurs fois altéré, remanié, puis abandonné, le grand bâtiment a été scrupuleusement restauré à partir de 1950. Le plus frappant dans son apparence reste la concentration extrême des moyens défensifs mis en œuvre ; une concentration qui justifie sa faible élévation, l'agencement du mâchicoulis sous son chemin de ronde crénelé, l'épaisseur de ses murailles (de 6 m pour les tours à 4 m pour les courtines) et l'énormité de ses tours pourvues de canonnières. Cependant, en dépit de cette terrible sévérité, il abrite un grand logis seigneurial pourvu de toutes les commodités résidentielles et placé sous la protection d'une chapelle établie dans la partie septentrionale de l'édifice.

Chaumont-sur-Loire

Le Moyen Âge finissant

Discret et pourtant universellement connu, le château de Chaumont présente la figure archétypale d'un édifice de transition. Porteur des derniers reflets d'un Moyen Âge, il ouvre sur les mirages d'une Renaissance appelée à transformer le visage de la civilisation européenne.

De ce merveilleux édifice, l'un des plus séduisants du Val de Loire, il est parfois difficile d'établir précisément la chronologie, tant ses successifs propriétaires semblent avoir eu à cœur d'y laisser, à mi-chemin entre grâce formelle et puissance symbolique, solidité matérielle et immatérialité spirituelle, la double marque du respect des traditions et de l'esprit d'innovation.

Une fois encore, dans cette région, nous trouvons le légendaire capitaine angevin Foulques Nerra à l'origine du château. Mais de façon indirecte, puisque c'est précisément l'un de ses ennemis, le comte de Blois, Eudes Ier, qui fait dresser une forteresse sur le lieu-dit Calvus Mons (« mont Chauve ») afin de couper la route de sa capitale au redoutable comte d'Anjou. L'aménagement initial ne nous est pas connu ; la construction d'une tour de pierre semble cependant ne faire aucun doute. Placé en 1026 sous la garde d'un certain Gilduin, le château de Chaumont revient, au milieu du XIe siècle et par alliance, à la riche famille d'Amboise qui le conservera un bon demi-millénaire.

Mort et résurrection

L'an 1465 aurait pu être une date funeste pour Chaumont, Louis XI détruisant le château pour se venger des infidélités de la famille d'Amboise. Mais les conséquences de cette catastrophe sont finalement bénéfiques, le souverain français faisant œuvre de clémence quatre ans plus tard et aidant même financièrement à la reconstruction de l'édifice.

Un siècle plus tard, en 1560, Catherine de Médicis l'achète et contraint Diane de Poitiers, la maîtresse son époux défunt, Henri II, à l'échanger contre Chenonceau. La fière courtisane n'en conserve pas moins toute son énergie, qu'elle place au service de l'embellissement de sa nouvelle demeure jusqu'à sa mort, en 1566.

Plusieurs propriétaires se succèdent ensuite jusqu'à Donatien Le Ray qui, au beau milieu du XVIIIe siècle fait abattre l'aile nord afin de mieux pourvoir aux exigences de sa vie de cour. Depuis 1938, le château de Chaumont appartient à la l'État.

Préméditation renaissante

Le bâtiment est dressé sur un plan carré ; des énormes tours cylindriques qui flanquaient son enceinte, ne demeurent que celles des angles nord-est et sud-ouest. La seconde, dite tour d'Amboise, s'inscrit dans une esthétique prémonitoire de l'esprit renaissant au même titre que certains édifices contemporains, dont le château de Louis XI à Langeais, avec notamment ses motifs décoratifs trilobés au niveau supérieur.

Les trois grands corps de logis qui nous sont parvenus délimitent une cour, aujourd'hui ouverte au nord. À l'est

CHAUMONT-SUR-LOIRE
CHÂTEAU, FAÇADE MÉRIDIONALE
XVe SIÈCLE

Force, équilibre, harmonie. Regardant vers le plateau, la belle façade méridionale de Chaumont, à l'extrémité de laquelle se trouve la principale entrée, est singularisée par l'étonnante harmonie de volumes fondés sur les plans circulaire et quadrangulaire, indice d'une force équilibrée qui coïncide avec l'affermissement du royaume de France, au lendemain de la guerre de Cent Ans.

CHAUMONT-SUR-LOIRE
CHÂTEAU,
ENTRÉE PRINCIPALE
XVe SIÈCLE

Entre tradition et innovation. L'entrée du château de Chaumont est l'une des plus remarquables de tout le patrimoine castral français. Elle est aménagée dans l'angle sud-est de l'édifice, au compartiment inférieur d'une tour-porte rectangulaire précédée par un pont-levis qui conduit à deux portes, l'une charretière (au centre), l'autre piétonnière (à gauche). Son caractère dissuasif vient de son étroit encadrement par deux énormes tours cylindriques en forte saillie. Une telle disposition, directement héritée de l'âge féodal, est traditionnelle, tout comme l'agencement des mâchicoulis ; mais il est précisément à relever que ces mâchicoulis, très tardifs (1562) n'ont plus aucune légitimité fonctionnelle et s'intègrent pourtant merveilleusement, sans rien perdre de leur signalétique de pouvoir, à un ensemble décoratif qui constitue un hymne à la modernité renaissante.

et au sud, les ailes relèvent clairement de la Renaissance, la partie occidentale attestant la permanence du génie médiéval dans sa belle austérité, en dépit de l'ouverture ultérieure de nombreuses baies.

CHAUMONT-SUR-LOIRE
(LOIR-ET-CHER)
CHÂTEAU, VU DE LA LOIRE
XVe SIÈCLE

Au tournant de deux époques. La profuse végétation du fond de laquelle semble surgir le château de Chaumont et la beauté du fleuve qu'il domine depuis son promontoire ne sont évidemment pas étrangères au charme de cet édifice qui forme le chaînon logique de la grande tradition castrale entre le crépuscule médiéval et la première éclosion de la Renaissance. Construit dans le dernier tiers du XVe siècle, mais plusieurs fois remanié par la suite, l'édifice se réclame tout à la fois de l'élégance formelle caractérisant l'architecture française du temps et d'un esprit décoratif dont le raffinement n'a alors d'égal qu'au-delà des Alpes.

1464 Par l'ordonnance sur l'organisation des postes royales, Louis XI institue le système moderne de distribution du courrier 1465 Louis XI assoit son autorité en Normandie, dans le Berry et le Bourbonnais 1469 **Reconstruction du château de Chaumont, détruit par Louis XI en 1465** ; le cardinal La Balue est arrêté le 22 avril, pour complot contre le roi : emprisonné à Loches, il ne sera libéré qu'en 1480.

LANGEAIS (INDRE-ET-LOIRE)
CHÂTEAU, FAÇADE CÔTÉ PARC
XVe SIÈCLE

Le château de Louis XI. Un premier monument de Langeais, son donjon du XIe siècle, est présenté dans le chapitre sur les premiers châteaux forts (voir p. 33), mais il s'agit ici d'un tout autre édifice, érigé sur ordre de Louis XI, à partir de 1465. Pour l'essentiel, il est formé d'un ensemble de deux grandes ailes placées en angle obtus, sa façade orientale (à gauche) étant flanquée de trois grosses tours cylindriques prenant leur assise au fond de douves profondes et couvertes de hauts toits en poivrières. Si la façade sur parc est plus aimable, avec ses larges baies à meneaux ouvertes sur les jardins, elle conserve une forte connotation défensive. À l'intérieur du château, la grande salle et les appartements princiers sont distribués par un total de quatre escaliers.

Ussé

Le château de la Belle au bois dormant

Plus que tout autre édifice de même rang, le château d'Ussé s'agrège au décor naturel qui lui sert d'écrin, sur les rives de l'Indre, à quelques encablures du cours de la Loire. Alentour, la forêt de Chinon lui assure une paix presque surnaturelle et un charme incomparable. Rien d'étonnant, donc, à ce qu'il ait inspiré à l'austère Charles Perrault (1628-1703) le merveilleux conte de *la Belle au bois dormant*.

Une forteresse médiévale est attestée sur le site de l'actuel château ; remontant très probablement au XIe siècle, elle était occupée par une famille dont le plus illustre représentant demeure Guelduin de Saumur, fidèle vassal des puissants comtes de Blois. Il est difficile de connaître la date exacte de construction du château tel qu'il subsiste, mais il est certain que l'essentiel du chantier a été mené au XVe siècle et que le point de départ de ce nouveau chantier a été l'angle sud-ouest du bâtiment.

Une grosse tour cylindrique, dressée sur des substructions anciennes, y est reliée au quadrilatère principal (flanqué en tous ses angles d'une tour ronde) par un petit corps de logis. C'est dans l'aile orientale que se situe la première chapelle, remarquable par son abside saillante et sa situation à proximité de l'entrée défendue par deux tours jumelles et accessible par un pont-levis.

Les propriétaires du château appartiennent à la famille tourangelle des Bueil, à la suite d'un mariage contracté à l'aube du XVe siècle. Comte de Sancerre et seigneur d'Ussé, Jean de Bueil meurt en 1477. Son fils, Antoine, époux de la princesse Jeanne, fille de Charles VII et d'Agnès Sorel, ordonne immédiatement la reconstruction

Terre cuite vernissée ornant la chapelle du château d'Ussé
XVe siècle

Les avant-courriers de la Renaissance italienne. Cette terre cuite vernissée, qui représente la Vierge à l'Enfant à saint Jean-Baptiste sous une archivolte florale, procède directement du Quattrocento, plus particulièrement des réalisations de la dynastie Della Robbia, dont le fondateur, Luca (1400 ?-1482), a provoqué l'éclosion et le développement de cette technique décorative. Ce sont ici les avant-courriers de la Renaissance italienne qui se diffusent progressivement en France, avant d'animer les prestigieux chantiers de Fontainebleau et du Louvre.

Symétrie, règle et harmonie. Les façades sur cour du château d'Ussé ont été remaniées — peut-être abusivement — au XIXe siècle, sous la direction de la comtesse de La Rochejaquelein, mais elles continuent d'illustrer un idéal de règle et de mesure, fondé sur la symétrie des éléments et la justesse des rapports entre les formes, au service d'une harmonieuse monumentalité. L'horizontal et le vertical y équilibrent leurs dynamiques respectives, tout risque de sécheresse étant écarté par la course curviligne ou rectiligne des gâbles, frontons et pinacles.

Ussé
Château, façade principale du logis
XVe siècle

Ussé (Indre-et-Loire)
Château, vue aérienne
XVe siècle

Un édifice envoûtant. Demeure de rêve, le château d'Ussé se plie pourtant, dans sa disposition générale, au plan quadrangulaire pratiqué de façon universelle. Mais la disparition de l'aile septentrionale (ici, au premier plan) l'a ouvert aux regards extérieurs sans rien lui ôter de son mystérieux agrément.

du château, dont il entend bien faire une résidence mieux adaptée aux plaisirs de la nouvelle vie de cour, maintenant que la guerre de Cent Ans n'est plus qu'un lointain et mauvais souvenir.

Une mutation progressive

Une fois le chantier clos, en 1485, Antoine de Bueil vend sa belle demeure à Jacques d'Épinay, dignitaire de la cour des ducs de Bretagne. Avec l'aide de son fils Charles, ce dernier poursuit la mutation du château ; l'aile orientale est remaniée de façon à faire office d'accès à la cour et l'aile occidentale est complètement reprise. Plus exemplaire encore de cette volonté de renouveau, une seconde chapelle est élevée, sur ordre de Charles, entre 1521 et 1535, chapelle encore gothique, mais ornée de stalles réalisées par le grand sculpteur Jean Goujon (maître décorateur de la nouvelle cour du Louvre) et animée par tout un vocabulaire décoratif italianisant.

En 1557, l'édifice quitte la famille d'Épinay pour passer aux mains de Suzanne de Bourbon, qui le lègue, en guise de dot, à sa fille Louise de Rieux, épouse de René de Lorraine, marquis d'Elbeuf. Longue et fastidieuse serait la liste des successifs propriétaires d'Ussé (Henri de Savoie, Thomas Bernin, etc.), mais l'événement le plus intéressant reste la démolition, au XVIIe siècle, de l'aile nord dans le dessein d'ouvrir la cour sur la vallée de l'Indre et sur les merveilleux panoramas des pays de Loire. Après la Révolution, le château d'Ussé est acquis par le duc de Duras ; de 1807 à 1813, le caractère résidentiel du lieu est accentué par divers remaniements, notamment des façades. Enfin, lointain héritier de Perrault, François René de Chateaubriand subit à son tour le charme propre à ce cadre et y rédige quelques-unes des plus belles pages des *Mémoires d'outre-tombe* (1848-1850).

Ussé
Château, façade de la chapelle
XVIe siècle

La persistance gothique. Cette deuxième chapelle castrale d'Ussé, édifiée à l'écart du grand édifice et consacrée en 1538, remonte aux années 1521-1535 ; construite sur ordre de Charles d'Épinay (qui fait aussi remanier l'aile occidentale dans le style de la première Renaissance), elle s'inscrit, en dépit de sa date tardive, dans la veine finissante d'un gothique flamboyant relevé par certaines subtilités décoratives directement puisées à la source italienne. Son portail est l'un des plus beaux de la France du premier XVIe siècle.

1472-1473 Épidémies de peste en France 1477 Le 5 janvier, Charles le Téméraire, principal rival de Louis XI, meurt à Nancy **1477 À la mort de Jean de Bueil, son fils Antoine lance la reconstruction du château d'Ussé** 1480 Le 10 juillet, la mort de René d'Anjou conforte la puissance de Louis XI.

Ussé
Château, vue latérale
XVe siècle

Le miroir d'une féodalité disparue. C'est vu de l'une de ses extrémités que le château d'Ussé s'inscrit le plus lisiblement dans la longue tradition de la forteresse médiévale, avec ses puissantes tours cylindriques serrant de près le corps de logis central et ceintes d'un mâchicoulis situé à mi-hauteur. Mais la large ouverture des baies et la délicatesse ouvragée des encadrements des lucarnes attestent qu'il ne s'agit plus là que de rappels décoratifs de la vocation militaire des châteaux féodaux. Avec la fin de la guerre de Cent Ans et l'affirmation définitive de l'artillerie lourde, le château fort parvient au terme de sa longue aventure.

La Belle au bois dormant
Gravure de Gustave Doré (1832-1883) pour illustrer les *Contes* de Perrault Édition Hetzel de 1862
Paris, Bibliothèque nationale de France

Château du sommeil. Aucun conte ne renvoie plus profondément au mystère de l'édifice castral que celui de *la Belle au bois dormant*, dû à l'un des grands penseurs du XVIIe siècle, Charles Perrault. Dans le conte de Perrault, le château, écrin imaginaire des rêves et des chimères qui habitent l'esprit des hommes, devient une création fantastique, coupée du reste de l'univers par de si infranchissables obstacles que seule la force de l'amour y conduit le héraut du monde des vivants, chargé de redonner vie à l'édifice plongé dans un sommeil séculaire. Ici Gustave Doré joue avec délectation sur l'accumulation de ces obstacles et sur le contraste entre la figure statique et lumineuse de la belle endormie d'un côté, la dissipation dynamique du ténébreux décor investi par le prince, de l'autre.

Un édifice en marge des tumultes

Pour qui l'aborde par le côté nord, le château d'Ussé fait figure de refuge séculaire, à l'écart des troubles et rumeurs du temps. Pourtant, il s'en faut de beaucoup que l'histoire de l'édifice soit celle d'un conservatoire du crépuscule médiéval. Ainsi le petit bâtiment accolé à l'aile occidentale et coiffé d'un toit plat, à l'italienne, est-il le fruit d'une campagne de travaux qui remonte à l'extrême fin du XVIIe siècle, au moment même où Versailles voit naître, sous la direction de Jules Hardouin-Mansart, la silhouette du Grand Trianon.

De même, l'intérieur du château a été fréquemment et profondément remanié au hasard des siècles jusqu'à la Révolution française ; pour l'essentiel, l'aménagement et le mobilier actuellement en place renvoient ainsi aux fastes sévères du style Louis XVI.

Enfin, les magnifiques parterres formant une sorte d'immense escalier naturel devant le socle du château sont dus au talent d'André Le Nôtre, jardinier de Vaux-le-Vicomte et de Versailles ; relevant eux aussi de l'esthétique classique, ils accusent donc, mais sans aucun hiatus stylistique, un retard de près de deux siècles par rapport au corps central du bâtiment.

Au soir des temps médiévaux. Avec son énorme logis rectangulaire de 10 mètres sur 20, flanqué de quatre hautes tours d'angle cylindriques, le château de Sarzay, totalement remanié par Jean de Barbançois à partir de 1440 forme l'un des derniers témoignages de la forteresse médiévale condamnée à terme par les progrès de l'artillerie. À l'intérieur de la tour centrale, quatre niveaux, qui ont conservé un mobilier partiellement médiéval, sont superposés et divisés chacun en deux grands espaces déterminés par un mur de refend. Extérieurement, le château présente peu d'éléments de défense, hors les mâchicoulis couronnant les tours au-dessus des combles du logis central. De l'ancienne enceinte, il reste une tour qui abrite la chapelle castrale. Comme Ussé, Sarzay a inspiré un ouvrage littéraire, *le Meunier d'Angibault*, roman de George Sand.

Sarzay (Indre)
Le château vu de l'extérieur de l'ancienne enceinte
XVe siècle

Bonaguil

Les derniers feux du génie militaire médiéval

L'histoire du château de Bonaguil se présente sous forme d'une succession à peu près ininterrompue de chantiers, du XIIIe au XVIIIe siècle. Totalement reconstruit à la fin du XVe siècle, c'est-à-dire au soir du Moyen Âge et dans les premières rumeurs de la Renaissance, il témoigne des mutations de l'architecture défensive face aux nouvelles armes offensives.

Au XIIIe siècle, une première forteresse, signalée dès 1271, est dressée sur l'arête rocheuse de Bonaguil par le chevalier Arnaud La Tour de Fumel, château détruit par ordre royal au soir de la guerre de Cent Ans, les Fumel ayant opéré le choix malheureux de l'alliance aux Anglais. Il faut attendre le XVe siècle, avant l'année 1469, pour qu'un certain Jean de Roquefeuil y fasse édifier un nouveau logis familial, projet poursuivi par son fils, Bérenger, qui lance, de 1483 à 1500, la campagne de travaux appelée à faire de Bonaguil le chef-d'œuvre qui nous est parvenu.

Sur un plan quadrangulaire avec trois ailes en retour d'équerre, les murailles du château sont doublées par une seconde enceinte de hautes courtines et de fausses-braies et une barbacane voit le jour, séparée du château par un fossé sur lequel est lancé un double pont-levis à flèches.

La réplique défensive à l'efficacité des armes nouvelles

En cette occasion, Bonaguil opère, comme le château suisse d'Aigle, la synthèse les acquis du Moyen Âge, tout en prenant acte de l'amélioration des armes à feu au cours des dernières décennies. La défense de la place commence en avant des murailles, par l'aménagement d'un front bastionné et consolidé par une barbacane faisant office de masse couvrante. La deuxième enceinte, qui ceinture le corps central de la forteresse, comprend cinq tours imposantes et couronnées de mâchicoulis, dont la plus puissante (la Grosse-Tour, sise dans l'axe de la vallée, au nord-ouest du logis) atteint un diamètre de 14,10 mètres pour une hauteur de 40 mètres et une épaisseur de muraille maximale de 4,20 mètres !

BONAGUIL CHÂTEAU, VUE AÉRIENNE
XVe SIÈCLE

Le dernier éclat d'un monde finissant. Rien n'est plus révélateur de la mortalité des systèmes de civilisation que la silhouette du château de Bonaguil, héritier d'une tradition plusieurs fois séculaire, mais aussi mirage prémonitoire d'un prodigieux cycle de métamorphoses le frappant paradoxalement d'obsolescence. Ayant bénéficié de plusieurs campagnes de restauration (1882, 1900, 1950, 1977, 1985) à la suite de son classement en 1862, l'édifice témoigne d'un savoir-faire en matière de protection monumentale. Les défenses naturelles sont sollicitées de façon particulièrement ingénieuse, les deux éminences du socle rocheux étant retaillées à la verticale de façon à rendre inopérante toute entreprise de sape ou de mine des murailles, par ailleurs à peu près inaccessibles.

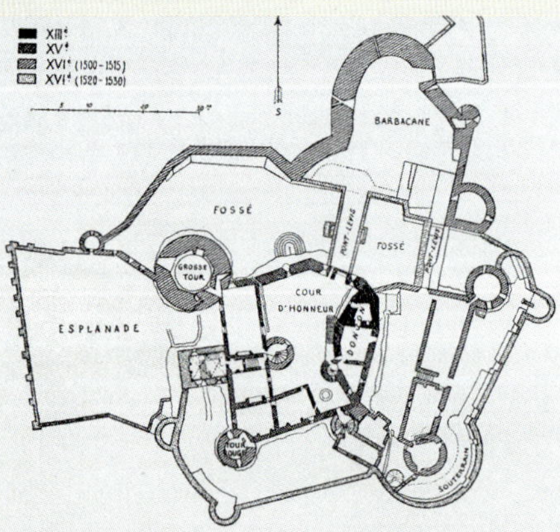

PLAN DU CHÂTEAU DE BONAGUIL

Ingéniosité, complexité et discrétion. Ce qui frappe, à la lecture du plan de Bonaguil, c'est l'étonnant système de juxtaposition et de connexion des différentes parties de la forteresse. Entre les deux enceintes, le fossé à sec autorise ainsi d'importants et rapides déplacements d'hommes de troupe, mis aussitôt en mesure de combler une brèche ouverte par d'éventuels assaillants ayant franchi les premiers obstacles. Le creusement d'une galerie au cœur d'une grotte située sous le donjon complète cette ordonnance, indécelable de l'extérieur.

Au centre de ce système concentrique, le grand donjon au profil de nef est surmonté d'une tourelle de guet qui affine sa silhouette tout en doublant son efficacité, signe que dans le domaine de l'architecture castrale efficacité fonctionnelle et agrément esthétique sont presque toujours coalescents.

L'invulnérabilité de Bonaguil vient surtout de l'aménagement, dans ses murailles, d'une centaine d'archères et meurtrières éliminant la totalité des angles morts, exemple appelé à être suivi dans tout le royaume, la mousqueterie ruinant désormais les efforts des assaillants. D'autant que, toujours pour des raisons d'efficacité maximale, les canonnières usent dans le même temps de schémas dont la variété (ébrasement extérieur, intérieur, double, à double créneau, etc.) améliore singulièrement la puissance meurtrière du feu intérieur. Le château fort de Bonaguil, par la protection quasiment parfaite qu'il assure à ses occupants, fera école très largement au-delà des frontières françaises.

1483 Mort de Louis XI, le 30 août; Charles VIII lui succède **1483-1500 Transformation du bloc féodal de Bonaguil en forteresse seigneuriale** 1485 Début de la « guerre folle » en Bretagne, dernier acte avant le rattachement de la province à la couronne, en 1524 1487-1488 Échec de la « croisade » menée contre l'hérésie vaudoise du Dauphiné.

BONAGUIL (LOT-ET-GARONNE)
CHÂTEAU, VUE GÉNÉRALE
XVe SIÈCLE

En marge du monde. Le château de Bonaguil constitue une sorte d'archétype du fort médiéval, citadelle coupée du monde, menaçante et imprenable, protégée par les ouvrages défensifs les plus efficaces et les plus perfectionnés, notamment en matière d'artillerie. Il se signale par la silhouette en proue de navire de son donjon, qui offre la plus faible surface possible au tir des armes à feu. Pour accéder au pied des courtines, tours et tourelles qui complètent son formidable appareil, les assiégeants doivent d'abord franchir les redoutables défenses basses ; quand bien même ils y parviendraient, les meurtrières et archères de la Grosse-Tour les exposeraient ensuite à un tir aussi nourri que dévastateur.

AIGLE (SUISSE, CANTON DE VAUD)
CHÂTEAU, VUE GÉNÉRALE
XVe SIÈCLE

Une forteresse digne de son écrin naturel. À un édifice du XIIIe siècle, succède l'actuel château, remanié de fond en comble à partir de 1475 ; derrière la puissante enceinte, flanquée de massives tours cylindriques aux élégantes couvertures coniques et parcourue par un chemin de ronde abrité, le corps du logis central dresse sa silhouette sur fond de hautes montagnes. La pièce principale en est la tour maîtresse, érigée sur plan quadrangulaire et entourée de bâtiments fonctionnels ou résidentiels. Indépendamment de sa réussite architecturale, le château d'Aigle est réputé pour ses peintures murales, aux motifs floraux d'une rare veine inventive.

Beersel

Une forteresse de plaine

La conception du château de Beersel remonte à la première décennie du XIVe siècle, sous forme d'un château fort en brique construit par Godefroid de Hellebecke, mais les aléas de l'Histoire ont puissamment influé sur sa destinée et sur son apparence, surtout au crépuscule du Moyen Âge. Tel qu'il nous est parvenu, l'édifice reste l'un des plus beaux châteaux forts d'Europe, l'un des plus suggestifs aussi, tant par la concentration de ses hautes murailles que par la beauté de sa situation naturelle.

Dans les environs immédiats de Bruxelles, le château contrôle la vallée de la Senne, rivière locale dont un bras alimente directement les douves. Victime de la guerre de Succession de Brabant (1356), l'édifice initial est remanié en 1357, mais de nouveaux troubles causent de très graves dégâts, les milices bruxelloises l'assiégeant victorieusement en 1489 avant de l'incendier. Reconstruit de 1491 à 1523, il prend son aspect actuel au début du XVIIe siècle, lorsque ses tours sont coiffées de hautes toitures d'ardoises. Transformé en filature de coton en 1818, peu à peu abandonné, le château de Beersel a été somptueusement restauré à partir de 1948.

Les trois tours de Beersel

Cerné de larges douves, le château de Beersel présente toutes les caractéristiques d'une forteresse « de plaine » ; trois hautes tours, ouvrant sur l'extérieur par un mur en arc de cercle, signalent sa silhouette altière dominant un plan d'eau de forme irrégulière. Cette position saillante offrait aux archers du château la possibilité d'un tir flanquant propre à assurer la sécurité complète des courtines. Par ailleurs, nombre d'archères étaient ouvertes vers la cour, autorisant ainsi le tir sur des assaillants parvenus à franchir le rideau des murailles. Une quatrième tour, de plus petite taille, occupait l'angle septentrional, mais, dans cette imposante bâtisse, on ne trouve pas trace de la tour maîtresse, si fréquente dans le château féodal.

À l'intérieur, la répartition des niveaux est fonctionnelle : au rez-de-chaussée, les espaces utilitaires (cuisines et corps de garde, notamment) ; à l'étage, les lieux d'habitation desservis par un escalier à vis et chauffés au moyen de grandes cheminées ; au troisième niveau, diverses salles ; plus haut encore, d'autres pièces reliées par le chemin de ronde. Le corps de logis de la cour, flanqué d'une tourelle complétant le système de défense de la courtine nord, au pied de la tour la plus importante, remonte probablement à la grande restauration de 1491, mais il n'en reste que les parties inférieures faisant office de cave ; l'absence de documents totalement fiables ne permet pas d'en reconstituer assurément l'agencement intérieur, pas plus que l'élévation.

Parmi les curiosités de l'édifice, on relève, taillées dans les courtines dominant la zone marécageuse au niveau du chemin de ronde, deux petites sorties dissimulées permettant l'accès aux douves ; en cas de siège mal engagé, des émissaires étaient ainsi en mesure de partir

BEERSEL (BELGIQUE)
CHÂTEAU, VUE GÉNÉRALE
XVe SIÈCLE

Le cadre idéal du mystère médiéval. Peu de châteaux forts médiévaux constituent aussi sûrement le cadre idéal d'une rêverie moderne teintée de romantisme attardé. Et l'on ne s'étonne pas, dans ces conditions, que cet édifice inspire aussi bien les auteurs de bandes dessinées pour enfants que les poètes nostalgiques. Victor Hugo lui-même n'a-t-il pas chanté la silencieuse agonie du « manoir solitaire », longtemps avant son admirable restauration (« Le moindre bruit s'est tu sous ses mornes arceaux / Et chaque heure du jour voit tomber une pierre / de ses sombres créneaux. »). Si l'ensemble des créneaux, merlons et archères a été transformé à la fin du XVe siècle, et si la partie sommitale des tours ne remonte qu'au XVIIe siècle, notamment les hauts pignons construits côté cour et les couvertures d'ardoise, reste que la disposition générale restitue fidèlement le schéma initial qui remonte — bien avant la reconstruction entreprise en 1489 — au tout début du XIVe siècle. Naturellement protégé par les marécages environnants, le château de Beersel est de surcroît isolé par un large fossé mis en eau, franchi par un pont-levis d'une protection aisée.

1489 Le 12 juin, les barons du royaume de Naples font appel au souverain français Charles VIII, déjà sollicité par le pape **1489 Incendie du château de Beersel qui doit être reconstruit**
1490 Le 6 avril, mort du grand souverain hongrois Mathias Corvin, vainqueur des Turcs.

BEERSEL
CHÂTEAU, CHEMIN DE RONDE
XVe SIÈCLE

Un élément clef du dispositif militaire. La restauration déjà ancienne et l'entretien scrupuleux du chemin de ronde de Beersel ont permis la préservation idéale de cet élément fondamental du système défensif. Pour l'essentiel, le chemin de ronde use d'un double principe : tir d'arbalète par les créneaux vers l'extérieur du château jet d'objets destructeurs — pièces de bois, boulets de pierre, huile bouillante — vers l'intérieur, dans la cour.

chercher des secours, en profitant par exemple de l'obscurité nocturne. Enfin, dans les parties inférieures, deux salles basses ont probablement longtemps fait office de cachots ; leur accès part de la cour, mais leur ouverture par une meurtrière au ras de l'eau était de nature à entraîner un début d'inondation en cas de crue.

Salses (Pyrénées-Orientales)
Forteresse, vue aérienne
XVe siècle

Du château à la citadelle. En août 1497, Ferdinand le Catholique, roi d'Aragon, ordonne la construction de la forteresse de Salses, entre le massif des Corbières et les marécages bordant les étangs ; conquise par l'armée française en 1642, elle revient officiellement à la France en 1659 par le traité des Pyrénées qui lui ôte tout intérêt stratégique. Sa préservation, presque miraculeuse, est due pour une part aux travaux de Vauban en 1691. Œuvre du commandeur Ramiro, Salses n'est pas à proprement parler un château — résidence fortifiée d'un puissant et de sa famille — mais plutôt une citadelle, place forte, souvent frontalière, dont l'usage reste exclusivement militaire. Sur ce document, on distingue le grand rectangle de 84 sur 110 mètres formé par l'enceinte, flanquée en ses quatre coins d'une tour cylindrique. Dans les larges fossés à contrescarpe maçonnée, ont été installées, à l'est, au sud et au nord-ouest, trois tours à bec détachées, qui constituent autant de défenses autonomes doublant la protection du bâtiment principal. Derrière ses murs de 9 mètres d'épaisseur, l'édifice forme un ensemble complexe de trois à sept niveaux desservis par un système labyrinthique de communication. Sur trois de ses côtés, la cour est longée par un portique à arcades donnant accès à la chapelle, aux casernements et aux écuries ; la tour maîtresse, seule pièce élevée d'un ensemble presque enterré (pour mieux résister à l'artillerie), culmine à 20 mètres de hauteur.

Josselin

L'apogée du faste ducal

Métaphore monumentale du pouvoir ducal de Bretagne, fondé sur la force et la splendeur, le château de Josselin, qui a été reconstruit de 1490 à 1505 sur ordre de Jean II de Rohan, avec l'actif soutien d'Anne de Bretagne, se réclame aussi bien, dans sa symbolique seigneuriale, des flamboiements terminaux du gothique que des premiers raffinements renaissants, selon une logique que l'on découvre aussi au château de Biron.

Une forteresse initiale, dont la construction remonte au XIe siècle, est démantelée en 1168, sur ordre du tout-puissant Henri II Plantagenêt, qui entend ainsi punir la famille de Porhoët de son indocilité ! On trouve plusieurs traces de cette première bâtisse (d'ailleurs partiellement relevée quelques années plus tard) à l'extrémité sud de l'actuel château. Quelques décennies encore, et l'édifice passe aux mains d'Olivier de Clisson, qui en fait un camp de base au service de la couronne de France contre les Anglais et les Grandes Compagnies.

C'est à ce farouche guerrier, compagnon de Bertrand Du Guesclin, que revient la construction des longues courtines sur plan triangulaire, protégées sur le flanc principal par le cours de l'Oust et sur les autres côtés par de profonds fossés. Si ce nouvel agencement de Josselin n'a pas survécu au remaniement du XVe siècle, l'apparence générale s'en découvre encore sur la façade qui, plantée sur une puissante assise rocheuse, donne sur la rivière.

La forteresse d'un pouvoir ducal à son crépuscule

Dans les années suivantes, un nouveau désastre aurait pu mettre fin à la carrière du château de Josselin, sa destruction partielle en 1488, sur ordre du duc François II de Bretagne. En fait, cette décision est une chance paradoxale pour un édifice qui peut ainsi se renouveler complètement, de 1490 à 1505, sous l'impulsion de Jean II de Rohan. Ce dernier reçoit en effet un dédommagement considérable du souverain français Charles VIII, après le mariage de ce dernier avec Anne de Bretagne.

C'est alors que l'austérité des murailles est combattue par l'ajout d'un mâchicoulis plus décoratif que fonctionnel et de type breton (c'est-à-dire sur des consoles en pyramide renversée), dans le même temps que de hautes lucarnes et des pinacles ornés envahissent les parties supérieures de l'édifice. Du côté de la cour, l'inspiration vient droit du château ducal de Nantes, mais avec une insistance marquée quant à l'esthétique renaissante, toute d'arabesques et de mouvements réglés par une stricte application de mesures harmonieuses.

Propriété du très belliqueux chef protestant Henri de Rohan, le château de Josselin est victime de la vindicte de Richelieu, qui fait raser ses tours les plus puissantes pour le priver de toute efficacité militaire et défensive. Progressivement laissé à l'abandon durant les siècles classiques, il a conservé son ancienne et belle enveloppe extérieure, mais a subi un remaniement complet de ses espaces intérieurs à partir d'un XIXe siècle qui, là comme ailleurs, a privilégié le pastiche néogothique.

COMBAT DES TRENTE BRETONS ET TRENTE ANGLAIS
ENLUMINURE FRANÇAISE DES *CHRONIQUES ET HISTOIRES DES BRETONS*
PIERRE LE BEAU
V. 1480
Paris, Bibliothèque nationale

Un épisode mythique, sous le signe de la justice divine. Épisode mythique de la guerre de Succession de Bretagne ouverte dix ans plus tôt par la mort du duc Jean III le Bon, le 30 avril 1341, sans enfant et sans héritier désigné, le combat des Trente a lieu le 27 mars 1351. C'est l'avant-veille que Jean de Beaumanoir, capitaine du château de Josselin, a provoqué en combat singulier les Anglais de Richard de Bremborough, lequel était établi à Ploërmel. Le capitaine anglais ayant préféré un combat par équipes à un simple duel, les deux camps désignent donc chacun trente champions et le carnage commence deux jours plus tard sur la lande, au lieu-dit le « chêne de Mi-Voie », dans le Morbihan actuel. Le soir venu, la victoire sourit au camp de Beaumanoir, qui ne compte que six morts, contre neuf (dont leur chef, Bremborough) dans le camp des Anglais.

1489 Le 7 juillet, l'armée royale investit le duché de Bretagne ; le 10 février, Anne est couronnée duchesse de Bretagne à Rennes **1490-1505 Construction du nouveau château de Josselin, sur ordre de Jean II de Rohan** 1491 Le 6 décembre, Charles VIII épouse Anne de Bretagne à Langeais 1492 Le 8 février, Anne de Bretagne est couronnée reine de France à Saint-Denis.

Josselin (Morbihan)
Château, façade sur cour
xve siècle

Au seuil de la métamorphose. Arcs en accolade, fenêtres à meneaux, hautes lucarnes à pignons fleuris, frontons aux reliefs symboliques, balustres complexes et hautes cheminées décorées caractérisent la façade gothique du château de Josselin. Le contraste est saisissant entre cet apogée flamboyant et la nudité du flanc extérieur. Nulle part mieux qu'ici ne se lit la féconde rencontre des dernières étincelles du génie médiéval et des premiers rayons de l'esthétique renaissante. De cette même métamorphose fusionnelle, la démonstration est opérée dans les espaces internes du château, totalement restaurés aux xixe et xxe siècles.

Josselin
Château, vu de la rivière
xve siècle

Une forteresse concentrée. Bien que le donjon, qui fermait la bâtisse au sud, ait été abattu sur ordre de Richelieu, en 1629, le château de Bonaguil est caractérisé, du côté de la rivière, par la concentration de ses volumes, ses trois tours à toit conique lui conférant une imposante majesté. On relève la faiblesse des ouvertures en partie basse de l'édifice et l'admirable rangée de grandes lucarnes à pinacles dominant le mâchicoulis, seul véritable élément décoratif de l'ensemble.

La césure des siècles. L'historique du château de Biron est d'une particulière complexité, un premier édifice occupant le site dès le xie siècle ; à la suite de plusieurs sièges et d'un incendie destructeur en 1463, le bâtiment est en grande partie reconstruit à l'extrême fin du xve siècle. De 1499 à 1515, les travaux font jaillir les beaux corps de style renaissant qui contrastent avec les reliefs médiévaux. Sur ce document, on distingue ainsi, au premier plan, la tour de la Conciergerie, puissante construction de 9 mètres de côté qui remonte probablement au tournant des xiie au xiiie siècles ; ses murs aveugles aux contreforts plats soutiennent un mâchicoulis plus tardif et elle est prolongée, sur la droite, par une courtine ancienne surmontée d'une galerie renaissante aux belles baies en anse de panier menant à la chapelle. Au fond, le grand logis du xvie siècle s'inscrit définitivement dans l'esthétique de l'ère nouvelle.

Biron (Dordogne)
Château, vu du sud-ouest
xve siècle

Renaissance française

lenfans prodigue

Renaissance française

Dès les premières années du XVIe siècle, la construction princière s'épanouit, dans toutes les contrées de France. Partout, à l'orée d'une Renaissance qui se réclame, partiellement mais brillamment, de l'impulsion italienne, les demeures de seigneur se multiplient. Au sein de cet épanouissement monumental, divers édifices deviennent ainsi le théâtre de mutations aux conséquences aussi inattendues que durables ; en quelques années, le Moyen Âge s'enfonce dans le passé et la grâce renaissante gagne tout le royaume.

Les toutes premières réalisations (Montreuil-Bellay, Meillant, etc.) concentrent dans leurs formes l'essentiel des grandes phases architecturales du bas Moyen Âge (maintien des tours à bossage et, surtout, de la porte flanquée de deux tours remontant au XIIe siècle), mais réaménagent leurs espaces intérieurs de façon à offrir un confort de vie maximal aux nouveaux maîtres des lieux. C'est ainsi que se multiplient les exemples de transformation d'une forteresse médiévale en résidence renaissante : le plus clair symptôme en demeure généralement la facture du nouveau logis, qui gagne tout à la fois en espace, en commodité et en attrait décoratif.

Cependant, on doit rendre grâce aux historiens spécialisés d'avoir fait litière, depuis plusieurs décennies, du cliché exclusivement italianisant relativement aux premiers fruits de cette Renaissance française. Bien plus clairement, en effet, que les édifices religieux, les châteaux de l'époque (notamment ceux des pays de Loire) illustrent la persistance de l'esthétique gothique dans la France du XVIe siècle. À Blois, par exemple, les ailes si distinctes du château attestent paradoxalement la permanence et la cohérence du génie local, au-delà des évidentes influences du goût italien. De ce point de vue, rien peut-être ne sera plus éclairant que le chantier de Fontainebleau, atelier de la Renaissance tout à la fois française et royale. François Ier y fera transformer le petit château médiéval en un vaste palais, sollicitant équitablement le génie des bâtisseurs français et celui des artistes italiens.

À partir de son deuxième tiers, le XVIe siècle fait totalement disparaître de ses réalisations monumentales toute trace de nostalgie médiévale, mais sans rien renier de la grandeur supposée de l'époque féodale, en écho aux préoccupations humanistes du temps. Pourtant, la précellence de la tour maîtresse (Villandry) demeure, comme si le nouveau maître avait à cœur de rappeler les sources lointaines de son autorité seigneuriale ; l'architecte tend alors à opérer l'appariement de la confortable demeure résidentielle avec le souvenir exalté du donjon défensif, démonstration d'un faisceau de convergences entre l'humanisme renaissant et le bellicisme féodal. C'est peut-être aussi l'occasion de rappeler que la France du XVIe siècle aura longtemps subi la calamité des guerres de Religion, fléau dont les meurtrissures, un demi-millénaire plus tard, ne sont pas encore toutes apaisées.

Une architecture de prestige

Si, à l'extrême fin du XVe siècle, Amboise exploite ouvertement l'apport italien, les progrès des architectes français sont tels que les châteaux suivants, ceux de Chenonceau et d'Azay-le-Rideau se détachent de l'esprit ultramontain pour se tremper aux sources d'un gothique transfiguré. Le château de Chambord, qui marque l'éclosion de l'architecture monarchique, est érigé pour la royauté comme, au siècle précédent, la basilique Saint-Pierre l'a été pour la papauté. À ce chapitre s'inscrivent les châteaux de Saumur, Chaumont, du Plessis-Bourré, de Villegongis, Langeais, Ussé, Meillant, Gaillon, Bruniquel, Valençay, Nérac, etc. Dans le même temps, les premières tendances véritablement classiques, décelables dès le Château de Madrid (détruit en 1792), près de

Fils de Louis XI à qui il succède à l'âge de treize ans, Charles VIII (1483-1498) épouse en 1491 Anne de Bretagne, première étape du rattachement de la Bretagne à la France. Ses qualités d'homme d'État apparaissent dès la signature des traités d'Étaples, avec Henri VIII d'Angleterre, et de Senlis, avec l'empereur Maximilien d'Autriche (1493). Mais Charles VIII reste avant tout le souverain des guerres d'Italie, s'emparant aisément de Naples, où il est accueilli en libérateur, en 1494. Bien que vainqueur à Fornoue (1495) de la coalition réunissant Milan, Venise, Ferdinand d'Aragon, l'Empereur et le pape Alexandre VI (!), il doit momentanément renoncer à ses conquêtes et meurt trop tôt pour lancer une deuxième expédition ; mais c'est à lui que la France doit la découverte, inépuisablement féconde, de l'Italie de la Renaissance.

Charles VIII sur son lit de mort
1498
Enluminure
Paris, Bibliothèque nationale de France

Paris, s'épanouissent dans l'œuvre de trois grands praticiens, Pierre Lescot, Philibert Delorme et Jean Bullant, auteur du château d'Écouen. À Pierre Lescot, féru d'architecture antique, on doit la reconstruction de l'aile sud-ouest de la cour Carrée du Louvre. Quant à Philibert Delorme, il conçoit, pour Diane de Poitiers, le château d'Anet qui fait entrer la Renaissance française dans sa période classique. En profiteront Saint-Germain-en-Laye, Chantilly, Grignan...
Au-delà des frontières du royaume, plusieurs châteaux situés sur les actuels territoires de la Confédération helvétique (Arenenberg, Brig, Nyon, Saint-Maurice...) ou de la Belgique (l'édifice féodal de Jehay, remanié de fond en comble) s'inscrivent dans la même dynamique novatrice. En marge de ces chantiers prestigieux, la forteresse à vocation strictement militaire met en œuvre de nouvelles conceptions défensives, dont la citadelle de Sisteron, héritière du château fort médiéval auquel elle se substitue de façon définitive, offre la saisissante démonstration.

Les premiers chantiers

Plus démonstratif encore que les édifices du Montreuil-Bellay et de Meillant, le château du Plessis-Bourré, remarquablement unitaire, assure une transition convaincante entre le principe de la forteresse et celui du palais aristocratique, la symbolique architecturale (tours, mâchicoulis) ne perdant aucune de ses prérogatives pour témoigner de la puissance et de la fortune du maître des lieux. À l'intérieur, le plafond de la salle des gardes, dont les caissons figurent des scènes courtoises et folkloriques, rappelle que l'agrément est devenu un paramètre essentiel de la construction seigneuriale. Cadet du Plessis-Bourré, Château-Arnoux propose avec le même bonheur un compromis équilibré entre place forte et maison d'agrément, soignant la décoration de ses baies à meneaux sans négliger de donner à ses murs une solidité à toute épreuve.
À Amboise, la conception postgothique du nouvel édifice royal témoigne tout autant de la maîtrise des derniers architectes flamboyants (tours d'angle, pinacles, fenêtres hautes, éléments fortifiés...) que de la fécondité inédite d'un vocabulaire décoratif puisant aux sources italiennes, abolition insolite des frontières esthétiques destinée à influer durablement sur la conception des nouveaux châteaux français. Symbolique de cette transformation, la rampe en hélice de la tour des Minimes se présente, autant par sa conservation de la voûte ogivale que par ses principes stéréotomiques, comme une conséquence de la tradition gothique, mais dans une dynamique de complet renouvellement des agencements formels.
Reste le cas remarquable du château de Gaillon, véritable point de départ de la Renaissance française. On y découvre nettement l'effacement de l'élément médiéval au profit de l'antique, mutation immédiatement féconde sur une grande partie du royaume, même si, pour l'essentiel, l'ensemble reste inféodé aux règles de l'architecture flamboyante. Les historiens trouvent trace du même phénomène à Talcy, dont le château conserve l'essentiel de son caractère français, mais dont le répertoire décoratif est déjà, et très nettement, italianisant.

Catherine de Médicis, ici en plein exercice dévot, est née à Florence en 1519 et morte au château de Blois en 1589. Elle reste l'une des plus mystérieuses souveraines de l'histoire de France, ayant épousé en 1533 le futur Henri II, dont elle a dix enfants. Mère de trois rois de France : François II, Charles IX et Henri III, elle manifeste des qualités politiques indiscutables durant la régence du royaume (pendant la minorité de Charles IX), mais son effrayante absence de scrupules provoquera plusieurs catastrophes, dont le sinistre massacre de la Saint-Barthélemy, le 24 août 1572. Il est sans doute plus flatteur pour elle de rappeler qu'elle demeure l'instigatrice de la grande galerie sur le Cher du château de Chenonceau.

CATHERINE DE MÉDICIS DANS SON ORATOIRE
XVIe SIÈCLE
Émail
Paris, musée de Cluny

Efflorescence en pays de Loire

En Val de Loire, la prolifération soudaine de grands édifices castraux affirmant l'originalité du génie renaissant français relève sinon du miracle, du moins du prodige. Pour comprendre le caractère aussi imprévisible qu'irréversible de cet épanouissement, le mieux est peut-être de se pencher plus précisément sur l'exemple initial de Blois. Si l'esthétique flamboyante y gouverne l'aile Louis XII (1498-1503), ce n'est

pas pour y user de formules déjà éprouvées, mais bien au contraire pour innover : témoin la double galerie de la cour d'honneur, qui varie subtilement la forme de ses supports, ou les lucarnes sommitales aux charmants tympans effilés. Mais lorsque François Ier succède à Louis XII, en 1515, il fait aussitôt ouvrir, sur l'aile nord, un chantier plus conforme à ses goûts, c'est-à-dire à ceux de son temps ; rien n'est plus révélateur que la comparaison de ces deux ailes quant à l'évolution foudroyante des formes architecturales, la répartition toute théâtrale des baies et des balcons de l'aile nouvelle assurant la meilleure vision possible des fêtes et autres joyeux défilés dont la cour française est si friande. Quant à la façade sur cour, célèbre pour son escalier à vis, elle obéit encore aux schémas structurels français, mais son décor de pilastres et de corniches s'inspire des canons antiques redécouverts par les maîtres italiens ; de la même façon, la tour saillante d'escalier reste gothique (schéma de la grande vis), mais sa riche décoration (balustrades armoriées, cannelures, coquilles, entrelacs, oves, pilastres, rinceaux, rosaces, statues...) atteste l'influence ultramontaine.
À faible distance de Blois, le château de Chenonceau peut être considéré comme le premier chef-d'œuvre intégral de la Renaissance française, du fait de la précocité de sa reconstruction (1513). Si académique qu'elle apparaisse, sa conception s'inspire directement des préceptes récemment développés à Blois et à Amboise ; c'est ce modernisme qui autorisera, quelques décennies plus tard, l'harmonieuse adjonction de la grande galerie sur le Cher voulue par Catherine de Médicis, cadre idéal pour les fêtes et les fastes de la cour. C'est sous le signe de ce même optimisme et de cette même vigueur que s'ouvre en 1518, sur les rives de l'Indre, le chantier d'Azay-le-Rideau, illustration délicate et magistrale des principes de symétrie et d'équilibre régissant la Renaissance française, les harmonieuses tours d'angle constituant le dernier reflet de l'ancienne fonction symbolique et défensive du château médiéval.
Quelles que soient leur importance et leur beauté, tous les édifices précédents sont brusquement éclipsés par l'apparition solaire de Chambord, résidence royale née de la volonté de François Ier, soucieux, à l'aube de son règne inauguré par la victoire de Marignan, de marquer sa nouvelle grandeur. Jusque-là, aucune construction en France n'avait illustré si clairement la réalité du pouvoir monarchique ; à l'intérieur, le chef-d'œuvre demeure le grand escalier à vis formé de deux rampes hélicoïdales, miraculeux dispositif de distribution, mais aussi allégorie de la majesté royale fondée sur la dynamique hiérarchique au sein d'espaces intérieurs répartis par paliers superposés. De cet inestimable écrin du principe absolutiste (qui reste le véritable héritier de la cathédrale gothique, mais au nom d'une logique qui sert l'homme et non plus Dieu), François Ier ne fera cependant que peu de cas, y résidant de façon tout à fait exceptionnelle et tournant très tôt ses regards et son ambition vers un autre site appelé à jouer un rôle décisif dans la genèse du patrimoine renaissant de France, le château de Fontainebleau.

Île-de-France : la deuxième impulsion

L'originalité du château de Fontainebleau tient pour l'essentiel à la curieuse synthèse qu'il opère des apports et acquis de la Renaissance française, dans le même temps qu'il en constitue le laboratoire privilégié dans le second quart du XVIe siècle. Si François Ier en a fait le choix, c'est que le Louvre est vétuste, peu propre à l'avènement d'une vie de cour princière, dans le cadre d'une demeure princière à l'italienne. Le nouveau château doit exalter la grandeur de la fonction royale tout en satisfaisant les goûts raffinés du souverain et de sa suite. Ce qui explique que l'on retrouve à Fontainebleau le caractère ostentatoire de la

La décoration et l'agencement de l'immense galerie François Ier (64 x 6 mètres) reviennent à l'artiste florentin dit le Rosso (1494-1540). De 1533 à 1539, il s'est appliqué à traduire la volonté du souverain français, qui a fait définitivement le choix du raffinement renaissant contre l'austérité médiévale. La galerie est aussi le théâtre d'une rencontre féconde, celle de l'harmonie spatiale française et de l'exubérance décorative italienne. On distingue nettement ici, au-dessus de lambris de chêne finement sculptés, la succession des beaux tableaux encadrés d'angelots et de guirlandes en poudre de marbre moulée et polie en relief. Chargées de symboliser les vertus et les actions du roi, ces visions couvrent les murs d'une somptueuse vêture. Nourries aux sources d'une mythologie parfois obscure, elles restituent diverses propositions allégoriques dont l'intelligence était immédiate pour les courtisans du temps.

GALERIE FRANÇOIS Ier AU CHÂTEAU DE FONTAINEBLEAU (SEINE-ET-MARNE)
XVIe SIÈCLE

Avec le xvie siècle, une nouvelle donnée est venue enrichir la vie de château, le confort. C'est ainsi que l'hygiène fait son entrée dans les us seigneuriaux, signe d'un raffinement sans lequel il n'est pas de vrai bonheur de vivre. Ici, la scène est des plus charmantes, montrant la belle maîtresse des lieux dans sa baignoire, entourée de servantes et laquais à son entière dévotion et prêts à lui offrir tous les plaisirs, à commencer par ceux de la parure et de la musique. Sur fond de mille-fleurs, la vraie « vie de château »... en pleine nature !

TENTURE DE LA VIE SEIGNEURIALE : LE BAIN
XVIe SIÈCLE
Paris, musée de Cluny

décoration italienne mêlé aux innovations d'une architecture française qui, à long terme, imposera les règles — encore dans les limbes — d'un classicisme triomphant. L'un des meilleurs exemples de cette dynamique fusionnelle se découvre dans la « salle de bal » où Philibert Delorme remplace les voûtes arquées à l'italienne par des plafonds horizontaux, modulés en caissons, mariant ainsi l'ingéniosité décorative italienne à l'harmonie spatiale française. Fontainebleau fait alors figure de modèle pour toutes les grandes demeures aristocratiques du royaume.
Au nord de Paris, par exemple, il influe directement sur l'aménagement du nouveau château de Chantilly, ancienne forteresse médiévale transformée en archétype de la douceur de vivre française au temps de la Renaissance, mais gravement altérée par toute une série de destructions et de reconstructions fondées sur d'autres canons esthétiques.
Toujours en Île-de-France, le château d'Écouen apparaît, pour sa part, comme le prototype de la deuxième Renaissance, celle qui gagne l'Île-de-France après avoir embelli le Val de Loire. De sa nouvelle demeure, le connétable Anne de Montmorency exige en effet qu'elle illustre au mieux l'esthétique de la Renaissance parisienne, volonté satisfaite d'emblée par le dessin de l'aile d'entrée, avec galerie éclairée et avant-corps à porche, loggia et niche recevant la statue équestre du seigneur des lieux. Partout à l'intérieur, les faïences, les vitraux, les tapisseries, le mobilier précieux et les cheminées peintes relèvent d'un faste décoratif qui multiplie les cartouches, les cuirs, les guirlandes, les trophées d'armes, les frises peintes, etc.
Une autre grande démonstration est fournie par le château de Saint-Germain-en-Laye, à l'est de Paris, dont François Ier décide, en mars 1539, la reconstruction. Le grand escalier à quatre rampes droites et la salle de bal, qui mesure quelque 500 mètres carrés, restent les plus spectaculaires symptômes de cette remise au goût du jour de la vénérable demeure monarchique, sacralisée à l'occasion de la cession des reliques du Christ à Saint Louis par l'empereur de Constantinople, en 1239.
Reste le cas particulier du château d'Anet, dont il ne reste qu'une faible partie, mais qui consomme la rupture définitive avec l'héritage médiéval et annonce l'éclosion prochaine du classicisme français. Le portail d'entrée, un arc triomphal flanqué de deux ouvertures de moindre envergure, participe de ce nouvel esprit de cour, plus avide de plaisir que de dévotion. Quant à la chapelle d'Anet, due à Philibert Delorme et admirablement conservée, elle résume tous les effets virtuoses de l'architecture du temps dans le complexe dessin de sa coupole.

Le temps de l'humanisme triomphant

Parmi les chantiers ne spéculant que sur la nouveauté, le château de Villegongis est une pure création qui ne réclame d'autre modèle que Chambord, avec son corps de logis flanqué de deux tours et sa décoration qui use de matériaux français tout en marquant sa référence à l'art italien. Une fois encore, le grand escalier de l'édifice est l'élément le plus démonstratif de ces choix, avec ses petites baies marquant les paliers en façade, ses pilastres décorés d'un disque en creux et son plafond à caissons et à clefs pendantes.
Le château d'Ancy-le-Franc témoigne quant à lui d'un parfait équilibre dans la répartition de ses quatre corps de logis dessinant un carré à pavillons d'angle coiffés d'un lanternon, dispositif rehaussé par la beauté régulière de l'appareil, l'horizontalité des corniches étant combattue par la disposition des pilastres ; quant aux peintures murales intérieures, elles attestent l'apothéose des spéculations humanistes, sous le double signe de la mythologie et de l'allégorie.
Dans la seconde moitié du siècle, l'activité des architectes semble ralentie ; les chantiers sont moins nombreux et, surtout, moins innovants. C'est avec le recul de l'Histoire que se fait jour la réalité d'une nouvelle transition conduisant à l'ultime étape, classique, de la carrière du château. Au chapitre des réalisations les plus réussies après 1550, quelques édifices s'imposent sans prétendre participer à un quelconque renouvellement des formes : Grignan, dont la façade méridionale est précédée d'une monumentale terrasse, Le Pailly, ancienne construction complètement réaménagée, Tanlay, réputé pour sa tour de l'Horloge à plan hexagonal, Castries, où l'horizontalité est de rigueur, etc.

Renaissance française

Dates	*Histoire, culture, idées*	*Châteaux*
1415-1488		**Montreuil-Bellay** prend son aspect actuel ↘
1461	Sacre de Louis XI, dernier roi de France médiéval	
1468-1473		Chantier du château du **Plessis-Bourré**
1477	Le 5 janvier à Nancy, mort de Charles le Téméraire	
1492		Embellissement du château d'**Amboise**
1498	Le 7 avril, mort de Charles VIII ; Louis XII lui succède	À **Blois**, début de la construction de l'aile Louis XII →
1499	Louis XII épouse Anne de Bretagne	
1502		Ouverture des travaux du château de **Gaillon**
1511	Unité de la Sainte Ligue contre la France	
1513		Thomas Bohier transforme **Chenonceau** en châtellenie
1514	Mort d'Anne de Bretagne ; le 18 mai, sa fille Claude épouse le futur François Ier	
1515	Le 25 janvier, sacre de François Ier ; les 13-14 septembre, victoire de Marignan	
1518		Fondations sur pilotis d'**Azay-le-Rideau** →
1519	Le 31 mars, naissance du futur Henri II ; le 28 juin, Charles Quint élu empereur	Ouverture du chantier de **Chambord**
1520	Rencontre dite du camp du Drap d'or entre François Ier et Henri VIII, du 7 au 24 juin	
1525	Défaite de Pavie, le 24 février ; François Ier, prisonnier de Charles Quint à Madrid	
1526	Le 14 janvier, traité de Madrid et libération de François Ier	
1527	Le 5 mai, sac de Rome par l'armée impériale de Charles Quint	François Ier décide d'aménager son palais à **Fontainebleau** ↓

Dates	Histoire, culture, idées	Châteaux
1528	« Paix des Dames » à Cambrai, le 3 août ; trêve entre François Ier et Charles Quint	
1529		Reconstruction du château de **Chantilly** →
1530	Remariage de François Ier avec Éléonore d'Autriche, sœur de Charles Quint, le 7 juillet	Construction du nouveau château de **Villandry**
1534	Jacques Cartier découvre le golfe du Saint-Laurent. *Gargantua* de Rabelais	
vers 1535		Construction du château de **Villegongis** →
1537	Création du dépôt légal de chaque ouvrage imprimé	
1538		Construction des quatre pavillons d'angle d'**Écouen**
1539	Ordonnance de Villers-Cotterêts qui marque la victoire de la monarchie sur l'Église	Reconstruction du château de **Saint-Germain-en-Laye**
1544	Naissance à Fontainebleau du futur François II	Ouverture du chantier d'**Ancy-le-Franc**
1545	Ouverture du concile de Trente, destiné à combattre le protestantisme	
1546	Le 3 août, l'imprimeur Étienne Dolet est brûlé pour hérésie, à Paris	
1547	Mort de François Ier, le 31 mars ; Henri II lui succède	Construction du château d'**Anet** →
1550	Le protestantisme commence à se répandre en France	
1553		Construction de la grande façade du château de **Grignan**
1556	Henri II et Charles Quint concluent une trêve	
1557	Édit de Compiègne instituant la condamnation à mort des hérétiques	
1559	Le 3 avril, traité du Cateau-Cambrésis qui met fin aux guerres européennes d'Italie	Chantier de modernisation du château de **Tanlay** ↓ 

Montreuil-Bellay

Au seuil de la Renaissance

Fortification médiévale érigée sur un puissant éperon rocheux dès le XIIe siècle, Montreuil-Bellay est donc bien antérieur au XVIe siècle. Mais, vers la fin du XVe siècle, au seuil de la Renaissance, les seigneurs d'Harcourt lui ont donné, au prix d'ingénieux remaniements, son visage actuel de confortable demeure de plaisance, annonçant ainsi la grande mutation du château renaissant.

Montreuil-Bellay (Monasteriolum Bellay) tire son nom de la donation du comte d'Anjou Foulques Nerra (972-1040) à son vassal Bellay. Usant de la roche blanche et tendre des coteaux de Loire, qui a souvent servi à bâtir les résidences aristocratiques locales, le château se situe non loin de Saumur, en retrait du grand fleuve. Historiquement, Montreuil-Bellay reste la dernière ville fortifiée d'Anjou ayant déchaîné les rivalités entre les couronnes de France et d'Angleterre, d'où la rude enveloppe de son aristocratique forteresse ; mais, sitôt franchies les portes, la surprise est totale face à cet ensemble rénové, caractérisé par sa façade d'une dynamique verticalité.

Une tradition millénaire

Un si parfait état de conservation, qui ne doit rien au miracle, résulte, comme pour le château parent de Meillant (Cher), d'une tradition presque millénaire de restauration, de reconstruction et d'entretien d'un édifice aux mutations constantes. Acquis au XIXe siècle par la famille Grandmaison, Montreuil-Bellay a ainsi été scrupuleusement restauré par l'architecte Joly-Leterne à partir de 1860, point terminal d'une histoire commencée dès le XIIe siècle, lorsque Geoffroy Plantagenêt se rendit maître de la résidence des Bellay en 1150, à la suite d'un siège de plusieurs mois.

De famille en famille, la forteresse s'adapta régulièrement aux besoins et aux mœurs des siècles nouveaux, sa plus importante métamorphose étant due aux seigneurs d'Harcourt qui en furent maîtres de 1415 à 1488 ; de ces spectaculaires transformations, les meilleurs témoins demeurent les logis résidentiels et utilitaires, notamment la cuisine et l'étuve.

Le raffinement des espaces intérieurs

Sans relever de la véritable esthétique renaissante, ces bâtiments résidentiels pratiquent déjà un raffinement gothique indiquant une mutation du principe de la résidence seigneuriale. En dépit de restaurations parfois discutées, les logis des d'Harcourt surprennent par leur richesse. L'escalier d'honneur (le nouveau château ne possède pas moins de dix-huit escaliers à vis !) desservant le grand logis magnifie de la sorte le principe de la voûte en palmier, indice d'un luxe volontairement affiché.

Par ailleurs, le logis était pourvu d'une étuve destinée aux maîtres du lieu, signe d'une nouvelle exigence de confort et d'hygiène. De

MONTREUIL-BELLAY
CHÂTEAU, ESPACES INTÉRIEURS
FIN XVe SIÈCLE

Persistance du génie gothique. Bien que réaménagés à la fin du XVe siècle de façon à offrir un nouveau confort de vie à ses occupants, les espaces intérieurs de Montreuil-Bellay restent de purs produits du génie gothique de la construction, comme l'atteste ici le dynamisme de ses voûtes d'ogives en palmier reposant sur de minces piles à section circulaire.

MONTREUIL-BELLAY
CHÂTEAU, FAÇADE D'ENTRÉE AVEC CHÂTELET
XVe SIÈCLE

Les nouveaux signes guerriers. Au temps des seigneurs d'Harcourt, l'ajout le plus remarquable est celui du châtelet à deux tours circulaires, garni d'archères (fentes ménagées dans le mur et permettant le tir d'armes à corde), mais aussi de canonnières, signe de la nouvelle puissance de l'artillerie au soir du Moyen Âge. Devant ce châtelet, une avant-fortification circulaire a été établie un peu plus tard ; héritier de la barbacane médiévale, ce bastion prend le nom de « boulevard » à partir du XVe siècle. De ces hautes tours, la vue plonge sur les vignobles de la vallée du Thouet, qui figurent parmi les plus prestigieux de la région.

tous les espaces intérieurs du château, la monumentale cuisine — qui date de la seconde moitié du XVe siècle — est peut-être le plus suggestif, avec sa disposition autour du foyer central et l'impressionnante ampleur de ses voûtes. Là se préparaient les fastueux banquets rassemblant le maître des lieux et ses convives.

MONTREUIL-BELLAY (MAINE-ET-LOIRE)
CHÂTEAU, VUE GÉNÉRALE
XVe SIÈCLE

Un formidable appareil défensif. Montreuil-Bellay semble résumer toutes les phases architecturales du bas Moyen Âge. Indépendamment de ses aménagements fonctionnels du milieu du XVe siècle, il a conservé ses tours à bossage à peine antérieures, ses fortifications du XIIIe siècle et ses tours carrées du XIIe siècle. C'est au nord-est que se situe la partie ancienne la plus spectaculaire de l'édifice, une porte flanquée de deux tours rectangulaires remontant au XIIe siècle ; elle donne sur la basse cour où se situe la chapelle, transformée en collégiale par les seigneurs d'Harcourt à partir de 1472.

Si l'on se tourne du côté du plateau, les puissantes tours cylindriques confortant l'enceinte datent de la première moitié du XIIIe siècle, tout comme la haute tour, aujourd'hui disparue, qui séparait la cour de la basse cour. À chacune des extrémités de l'édifice, une ceinture défensive, formée d'un rectangle de basses courtines également flanquées de tours circulaires, descend jusqu'au cours d'eau, le Thouet. Il en reste les deux portes principales, parées de bossages rustiques et pourvues de ponts-levis doubles complétant l'appareil défensif de la petite cité.

1415 Bataille d'Azincourt, le 25 septembre ; victorieux, les Anglais deviennent maîtres de la quasi-totalité du royaume de France **1415-1488 Montreuil-Bellay est aux mains de la famille d'Harcourt, qui lui donne à peu près son aspect actuel** 1488 Le pape fait appel à Charles VIII contre le roi de Naples : prélude à la grande expédition italienne de 1494.

MEILLANT (CHER)
CHÂTEAU, VUE GÉNÉRALE
DÉBUT XVIe SIÈCLE

Vigueur et souplesse. Tout comme celui de Montreuil-Bellay, le château de Meillant constitue un exemple éclairant de la transformation des forteresses médiévales en résidences renaissantes. Le premier château, remontant à l'aube du XIVe siècle, a été complètement remanié à plusieurs reprises, notamment au début du XVIe siècle, sous la direction du cardinal Georges d'Amboise, qui fit construire ce nouveau logis, enrichi de deux tours polygonales, dont la célèbre « tour du Lion » sur cour, encore gothique mais d'une extraordinaire souplesse décorative. Côté parc, la vigoureuse façade se signale par l'alternance de ses tours sur plans quadrangulaire et circulaire.

Le Plessis-Bourré

Préméditations du génie renaissant

Construit par Jean Bourré, trésorier et conseiller du dauphin, puis roi Louis XI (1461-1483), le château du Plessis assure, du fait même de sa remarquable unité, la transition idéale entre le principe de la forteresse et celui du palais princier. Aux yeux des historiens, l'essentiel de son attrait vient de son exceptionnel état de conservation, dû au hasard de sa position et à son caractère de résidence secondaire.

C'est vers 1462 que le lieu-dit Plessis-le-Vent est acheté par Jean Bourré ; trois ans plus tard, l'heureux propriétaire sera anobli (retiré à Jarzé à partir de 1492, il mourra en 1506). Entreprise en 1468, la campagne de travaux destinée à reconstruire complètement la demeure locale sera quasiment close cinq ans plus tard.

Entre l'ancien et le nouveau

Le château du Plessis-Bourré se distingue d'abord par la beauté de sa pierre blanche, mise en valeur par les subtiles et mouvantes nuances grises de ses toits en ardoise. Les vastes douves qui l'environnent en font une île parfaitement coupée du monde, auquel elle n'est reliée que par un double pont-levis à flèches autorisant le passage des hommes et des attelages, selon l'usage hérité de la porte antique ; un avant-poste fortifié forme un premier seuil de franchissement.

La tour dominante est celle de l'angle sud-est. Elle est ornée d'un mâchicoulis à motifs trilobés qui court à la base de l'étage, à l'image de ce que l'on trouvait déjà à Langeais (forteresse dont Jean Bourré, au service de Louis XI, avait précisément été le gouverneur) et à

Le Plessis-Bourré
Château, plafond de salle des gardes, détail
Début du XVIe siècle

Allégorie et alchimie. La salle des gardes a été pourvue d'un plafond à poutres apparentes, dont les caissons reproduisent des scènes courtoises et folkloriques. Certes, l'agrément devient un paramètre essentiel de la construction fortifiée, mais on ne saurait oublier que Jean Bourré, ardent prosélyte de cette nouvelle religion que constituaient les « sciences de la nature », a souhaité aussi transcrire en visions allégoriques tout un programme d'initiation alchimique dont la lecture suppose une formation intellectuelle particulière.

1461 Le 15 août, sacre de Louis XI, dernier roi de France médiéval ; son fils, Charles VIII, lui succédera en 1483 **1468-1473 Déroulement du chantier du château du Plessis-Bourré** 1477 Le 5 janvier à Nancy, mort de Charles le Téméraire, grand rival de Louis XI.

Le Plessis-Bourré
Château, tour-porte d'entrée côté nord
XVe siècle

Une demeure digne d'un roi. La tour-porte d'entrée porte un couronnement à mâchicoulis unissant deux délicates échauguettes à toits en poivrière. De cette disposition, on ne trouvera un autre usage qu'à la tour de l'angle sud-est, qui domine tout l'ensemble par ses dimensions et sa position stratégique. On notera ici la beauté régulière de l'appareil et le plaisant contraste chromatique des matériaux. Ainsi se vérifie, dès l'entrée, la force symbolique du nouvel édifice et, conséquemment, l'importance de son maître ; les séjours de Louis XI et Charles VIII en témoigneront avec éclat, avant le retour du site à une discrétion qui le préservera de toute altération grave.

Pierrefonds, voire à Chaumont-sur-Loire. Le caractère primordial de cette tour est attesté par un curieux détail, à savoir l'ingénieux agencement d'une poterne à pont-levis autorisant au maître des lieux l'accès direct aux jardins du château.

Une nouvelle façon de penser la vie de château

L'aménagement intérieur permet une intelligente agrégation des volumes de la grosse tour à ceux des appartements ; au fond de la cour, le logis résidentiel principal superpose quatre niveaux, la distribution étant assurée par la tour à vis de l'angle intérieur ouest. À l'est, la façade intérieure est enrichie d'une galerie à deux niveaux reliant, par un deuxième escalier privé, les appartements à la chapelle établie dans l'angle nord-est ; au rez-de-chaussée, les arcades ouvrent directement sur la cour ; à l'étage, la galerie-promenoir donne, par des fenêtres, sur les horizons extérieurs. C'est dans le corps de logis que l'on trouve la grande salle accueillant les principaux événements de la vie du château. De cette heureuse alliance du fonctionnalisme et de l'élégance, on retrouvera l'effet dans bien des édifices ultérieurs, notamment à Château-Arnoux (Alpes-de-Haute-Provence).

Ayant traversé sans dommage les désastres des guerres de Religion (1562-1598) puis les désordres de la Révolution (le comte de Ruillé y est cependant arrêté en 1793), transformé en hôpital militaire durant la Première Guerre mondiale, le château du Plessis-Bourré est classé monument historique depuis 1931.

Le Plessis-Bourré (Maine-et-Loire)
Château, vue générale du côté sud-est
XVe siècle

Une signalétique du pouvoir. Au premier regard, le bâtiment frappe par la simplicité essentielle de son plan : un grand quadrilatère presque carré (ce qui forme en soi une nouveauté), flanqué aux angles de quatre tours rondes. Tout au long des courtines et des tours, la fréquence des baies renvoie plus à l'agrément du séjour qu'à l'obsession sécuritaire. Certes, il reste trace de canonnières à la base des tours, mais c'en est fini désormais du principe de la forteresse inexpugnable.
On n'en mesure que mieux l'importance d'une symbolique architecturale qui, par l'érection de tours ou l'aménagement de mâchicoulis, témoigne de la puissance et de la fortune de l'heureux occupant des lieux. Une enceinte basse, dite « fausse-braie », est aménagée tout le long du pourtour du château, devant les courtines ; sa fonction est probablement la protection de la base des murailles contre l'action érosive de l'eau, mais plusieurs historiens ont évoqué à juste titre l'hypothèse d'un promenoir permettant aux occupants d'admirer les campagnes environnantes tout en restant à l'abri d'agressions extérieures.

Château-Arnoux (Alpes-de-Haute-Provence)
Château, façade et tour est
Début XVIe siècle

Entre forteresse et manoir.
Château-Arnoux, belle demeure construite par Pierre de Glandevès à partir de 1510, adopte le principe du massif quadrangulaire cantonné de quatre tours d'angle (rondes à l'ouest, carrées à l'est) tel que l'a imposé le Plessis-Bourré. Surtout, il propose, comme son illustre aîné, un compromis heureux entre place forte et maison d'agrément, soignant particulièrement la décoration sans négliger les éléments de défense. Ainsi, la variété des baies à meneaux de sa façade principale adoucit la sévérité du mur, tout en usant d'un vocabulaire décoratif encore flamboyant et d'une palette d'ornements récents de l'esthétique renaissante.

Amboise

Vers la fusion des goûts

Héritier de la tradition des châteaux fortifiés de France mais aussi chantier précoce de l'esthétique neuve venue de la péninsule ultramontaine, Amboise réalise l'heureuse fusion du goût ancien et de l'esprit nouveau, à la frontière incertaine qui sépare le Moyen Âge des Temps modernes, voire la France médiévale de l'Italie renaissante.

Dès l'Antiquité, le site d'Amboise était réputé pour sa valeur stratégique, au confluent de la Loire et de l'Amasse. Sur l'éperon dominant le fleuve, les Romains avaient installé un fort, suivi par un donjon érigé sur ordre du puissant comte d'Anjou Foulques Nerra et, au XIIe siècle, un château fortifié. Rattaché au domaine de la couronne en 1434, Amboise voit naître en 1470 le futur Charles VIII, roi dès l'âge de treize ans (le 30 août 1483) qui, en 1492, lance une campagne, architecturale destinée à transformer Amboise en luxueuse résidence, puis, quatre ans plus tard, en véritable palais Renaissance.

Un chantier considérable

Les travaux d'Amboise nécessitent un financement particulier obtenu par prélèvement sur les gabelles à partir d'octobre 1492. Charles VIII fait combler l'énorme fossé hérité des Romains, de façon à rattacher une éminence voisine au site. Ayant fait ajouter deux tours au nord et au sud, il ordonne la construction des logis destinés au roi et à la reine ; le premier, au nord, donne sur la Loire, le second reçoit la lumière du sud et prend le nom de logis des Sept Vertus !

Puis le guerrier l'emporte sur le bâtisseur ; de l'été 1494 au printemps 1496, l'armée de Charles VIII déferle sur l'Italie, de Pavie à Naples, campagne qui se serait terminée en désastre sans le coup d'éclat de la bataille de Fornoue (livrée le 6 juillet 1495, elle fit naître le mythe de la *furia francese*). Cette distraction belliqueuse sert le chantier d'Amboise, le souverain français revenant avec un butin conséquent... et vingt-deux artisans italiens.

L'abolition des frontières esthétiques

Cependant, les travaux étaient trop avancés pour que la marque italienne fût prépondérante (la rampe de la tour des Minimes était quasiment achevée en 1495), alors que la conception post-gothique du nouvel édifice comblait les désirs de faste élégant du roi français. La chapelle Saint-Hubert témoigne ainsi de la maîtrise des derniers architectes flamboyants et le logis de la reine développe une galerie basse d'arcades en arc brisé caractéristique des édifices civils du XVe siècle français.

En revanche, la décoration puise aux sources du génie italien ; sur la façade de ce même logis, on découvre une théorie

FRANÇOIS Ier REÇOIT LES DERNIERS SOUPIRS DE LÉONARD DE VINCI
JEAN-AUGUSTE-DOMINIQUE INGRES (1780-1867), 1818
Huile sur toile
Paris, musée du Petit-Palais

La persistance du mythe. Archétype de la peinture « troubadour » du XIXe siècle, ce tableau restitue la mort légendaire de Léonard de Vinci dans les bras de François Ier au Clos-Lucé, près d'Amboise, le 2 mai 1519. Sont ainsi associés l'artiste et le souverain emblématiques de la Renaissance franco-italienne.

AMBOISE
CHÂTEAU, SALLE DES ÉTATS
FIN XVe SIÈCLE

Confort et beauté. L'élégance de cette grande salle vient de la légèreté de sa voûte d'ogives et de la délicatesse de ses supports, minces colonnes armoriées qui divisent régulièrement l'espace. Au fond, une monumentale cheminée témoigne du souci des architectes de l'époque nouvelle de conjuguer beauté et confort. Tous les culs-de-lampe, chapiteaux et clefs de voûte sont ornés de motifs héraldiques, symboliques ou purement décoratifs.

des vertus sous formes de statuettes italianisantes. De même, les clefs de voûte de tour des Minimes, soumises à l'esthétique gothique dans les premières travées, se nuancent ensuite d'une touche ultramontaine. Cette abolition des frontières esthétiques touchera désormais nombre de châteaux français (dont celui, pourtant lointain, de Puyguilhem, en Dordogne).

Charles VIII disparu, le maître d'œuvre Gatien Fordebraz, termine à partir de 1501 les tours et la galerie à arcades bordant le jardin. Le XIXe siècle ruinera en partie l'ordonnance du grand édifice, dont plusieurs éléments (ailes, logis des Sept Vertus...) seront rasés ou restaurés : la façade sur Loire reste néanmoins l'un des fleurons du patrimoine castral français.

AMBOISE (INDRE-ET-LOIRE)
CHÂTEAU,
VUE GÉNÉRALE
DE LA FAÇADE NORD
FIN XVe SIÈCLE

Luxe et grandeur. Il est usuel de présenter Amboise comme le seuil de la prestigieuse lignée des châteaux « de la Loire ». C'est justice au regard de la chronologie, mais le grand édifice possède bien d'autres mérites que sa seule précocité. Il incarne tous les rêves hantant Charles VIII, souverain épris de luxe et de grandeur ; le vainqueur de la bataille de Fornoue (juillet 1495) devait mourir à vingt-huit ans, ayant eu le temps de lancer le chantier de sa nouvelle résidence, non d'en profiter. L'agencement des tours d'angle, la décoration des pinacles couronnant les fenêtres hautes et la persistance des éléments fortifiés confèrent un cachet flamboyant à l'ensemble. Flanqué de hautes tours, le logis royal présente une façade régulière de pilastres et de baies précédées par un garde-corps métallique — inédit en France — auquel seront pendus les conjurés d'Amboise en 1560. Quant aux hautes lucarnes, surmontées de gables et rythmées de clochetons, elles s'alignent en retrait d'une délicate balustrade de pierre.

1492 En Espagne, expulsion des derniers occupants arabes et des juifs ; le 12 octobre, Christophe Colomb débarque à Cuba **1492 Charles VIII ordonne l'embellissement de sa résidence d'Amboise** 1498 Le 7 avril, Charles VIII se tue en heurtant le linteau d'une porte basse à Amboise.

PUYGUILHEM (DORDOGNE)
CHÂTEAU, FAÇADE SUD-EST
VERS 1510

Harmonie et force. Bien que géographiquement fort éloigné d'Amboise, le château de Puyguilhem est caractérisé par une douceur et une harmonie dignes des plus belles constructions du Val de Loire. Cette particularité est surtout sensible de l'extérieur, notamment dans la puissante rotondité de la tour orientale. L'histoire du château est mal documentée ; l'édifice actuel est le résultat d'une complète transformation du petit manoir initial, transformation opérée entre 1510 et 1524. Mais tout ce qui relève de l'ornementation est un peu plus tardif (1530 ?) et témoigne, notamment au niveau des lucarnes, d'une solide connaissance des innovations renaissantes.

Blois

Une grande démonstration stylistique

À Blois, c'est une véritable leçon d'histoire des styles qui est dispensée par les différentes ailes du château. On y découvre le caractère aléatoire de la « conversion » d'artistes et bâtisseurs français inspirés par l'exemple italien au retour des expéditions de Charles VIII et de Louis XII, mais aussi la réalité de l'introduction des canons décoratifs découverts à Milan, Florence, Rome ou Naples.

C'est à l'action de courtisans éclairés, plus qu'à celle du souverain, que le décor italien doit d'investir peu à peu les demeures princières du Val de Loire et certains châteaux. Le successeur de Charles VIII, Louis XII (qui régna de 1498 à 1515), qui a passé son enfance à Blois, reste fidèle à l'esthétique gothique, tandis que d'éminents personnages de sa cour font collection de statues italiennes et autres objets de marbre, débauchant au besoin quelque praticien romain ou florentin.
Néanmoins, Louis XII, loin de refuser par principe la leçon italienne, en exige l'application lorsqu'elle peut servir son dessein de grandeur : ainsi, la façade de son aile, à Blois, reçoit un réseau croisé de moulurations horizontales et verticales qui créent une régularité formelle en rupture avec l'inégalité des ouvertures, trait permanent de la fantaisie gothique.

Blois
Château, escalier
François Ier
1515

Une synthèse des génies nationaux. Après la victoire de Marignan, François Ier règne provisoirement sur une partie non négligeable de l'Italie. Construite en 1515-1518, l'aile du château de Blois, dont il a passé commande au Français Jacques Sourdeau, semble témoigner de cette nouvelle suzeraineté. Placé dans une tour octogonale, l'escalier central synthétise toute à la fois la tradition française des grandes vis royales et le génie décoratif italien par son usage de pilastres ornés de statues et de balustrades armoriées, ainsi que par la profusion des motifs ornementaux : cannelures, entrelacs, rosaces, oves, coquilles, rinceaux...

1498 Le 7 avril, mort de Charles VIII à Amboise ; Louis XII lui succède **1498 À Blois, début de la construction de l'aile Louis XII, terminée en 1503** 1499 Louis XII épouse Anne de Bretagne, dont le duché reste indépendant.

Blois
Château, cabinet de Marie de Médicis
Première moitié du XVIe siècle

Un chef-d'œuvre d'ingéniosité. Pour les visiteurs comme pour les historiens, il s'agit du relief le plus spectaculaire et le plus caractéristique du décor des appartements royaux de Blois. De faibles dimensions, cette pièce admirable est entièrement garnie de petits panneaux de lambris verticaux, décorés à la peinture et à la dorure. L'ingéniosité des auteurs de ce cabinet intime leur a permis d'intégrer les portes et les placards au décor de telle façon qu'ils n'en rompent jamais l'unité structurelle.

La transfiguration du génie gothique

Parmi les exemples les plus remarquables des mutations esthétiques et césures stylistiques de l'édifice, la salle des États est la plus fréquemment citée. Le visiteur est à même d'y identifier les éléments du style gothique classique, même après que son entrée dans la cour l'a confronté à une aile flamboyante (Louis XII), à une autre d'esprit Renaissance (l'aile François Ier), à une troisième enfin (l'aile Gaston d'Orléans), qui ressortit au pur classicisme du XVIIe siècle. L'intérêt d'une telle confrontation n'échappa pas à Prosper Mérimée, qui fit classer le grand édifice dès 1840.

Comme presque tous les châteaux importants, celui de Blois s'inscrit dans une longue histoire dont les débuts restent obscurs, mais dont toutes les traces demeurent lisibles. Si, du premier château médiéval des comtes de Blois ne subsistent guère que la salle des États et quelques parties des tours, en revanche l'esthétique flamboyante gouverne toute l'aile Louis XII, construite de décembre 1498 à 1502 (ou 1503), sur ordre du tout nouveau souverain. Les maîtres d'œuvre, François de Pontbriant et Simonet Guischart, ont peut-être reçu l'assistance du maître maçon Colin Biart, qui travailla à Amboise.

C'est à l'action de ces hommes que l'on doit la disposition si ingénieuse de la double galerie donnant sur la cour d'honneur. Si la galerie basse reprend la disposition du cloître, elle varie subtilement la forme de ses supports, alternant colonnes rondes et piliers losangés sous les arcades en anse de panier, elles-mêmes dominées par une double mouluration horizontale qui établit la base rectiligne des baies de la galerie intérieure

BLOIS (LOIR-ET-CHER)
CHÂTEAU, AILE LOUIS XII
1498

Vers un nouvel hédonisme. Aucune réalisation ne témoigne mieux que cette façade de la relative indifférence de Louis XII vis-à-vis de l'art italien. Les matériaux polychromes, la forme des gâbles, des lucarnes, des culs-de-lampe et autres motifs décoratifs ne sont dus qu'au seul génie français. On observe l'ingénieuse utilisation de la brique rouge qui confère une nuance chaleureuse à l'ensemble, nuance rehaussée par l'alternance des losanges de brique noire entre les chaînes de pierre blanche soulignant les articulations de l'édifice. Mais la distribution intérieure des appartements (une galerie par étage) atteste la volonté de pratiquer un nouvel art de vivre, fondé sur le plaisir et la beauté.

PLAN GÉNÉRAL
DU REZ-DE-CHAUSSÉE
DU CHÂTEAU DE BLOIS
DESSIN DE JACQUES-FRANÇOIS BLONDEL
XVIIIe SIÈCLE
Paris, bibliothèque de l'Institut

Tradition et prémonition. Sur ce document, la disposition quadrangulaire du château de Blois apparaît avec évidence (l'aile François Ier est au nord), fruit de longues spéculations qui unissent, au-delà de leurs profondes divergences, les XVIe et XVIIe siècles. On y découvre les traces d'un lointain héritage, celui de la forteresse médiévale fermée sur elle-même, mais, dans le même temps, le souci nouveau d'une distribution efficace et cohérente — par les galeries et escaliers — témoigne d'une conception prémonitoire de la résidence aristocratique des Temps modernes.

placée à l'étage. Sur le toit, enfin, les lucarnes se terminent par de ravissants tympans effilés, arc-boutés sur de petits pinacles prolongeant les montants des baies.

L'évolution des formes architecturales

En l'an 1515, François Ier succède à Louis XII. Respectueux des volontés de son prédécesseur, il en conserve l'aile homonyme, mais s'empresse d'ouvrir, sur l'aile nord, un chantier plus conforme à ses goûts. Les travaux, confiés à Jacques Sourdeau, s'étendent sur une assez longue période, de 1515 à juillet 1524, date de la mort de la reine Claude de France à l'âge de vingt-cinq ans. Rien n'est plus révélateur que la comparaison de ces deux ailes quant à l'évolution foudroyante des formes architecturales. Sur la façade externe des Loges, qui domine la cité, on retrouve le principe des travées rythmiques dont Bramante avait usé au Vatican. Mais l'originale répartition des ouvertures et des balcons répond à une préoccupation bien française, celle d'assurer aux seigneurs locaux et à leurs dames la meilleure vision des fêtes et autres joyeux défilés. Nous sommes assez proches ici, avec ces deux étages de loges surmontés d'une haute galerie construite de 1520 à 1524, des grands aménagements intérieurs dont se doteront les théâtres italiens, puis français, du XVIIe au XIXe siècle. Viendra enfin, au XVIIe siècle, la réalisation de l'aile Gaston d'Orléans, archétype de l'esthétique classique et complément saisissant d'un chantier en quête de perfection formelle.

BLOIS
CHÂTEAU,
STATUE ÉQUESTRE DE LOUIS XII

Entre gothique français et Renaissance italienne. En 1498, à la mort de Charles VIII, sans héritier, Louis d'Orléans accède au trône sous le nom de Louis XII. Né à Blois, il y ordonne la reconstruction du château, sous la direction de l'architecte Colin Biart. Si le décor use d'éléments italiens, l'ensemble se rattache esthétiquement au gothique tardif. La statue du souverain marque aussi l'emprise du goût italien, le groupe équestre ayant été remis à l'honneur dès le XVe siècle par Donatello.

BLOIS
CHÂTEAU, FAÇADE
FRANÇOIS Ier
1515

Un héritage en mutation. La façade François Ier sur cour, célèbre pour son escalier à vis, se plie encore aux schémas structurels français, mais son décor de pilastres et de corniches doit tout à la reconsidération de l'héritage antique par les Italiens. Entièrement construite en un tuffeau d'une grande qualité, elle renonce sans regret à la polychromie de la brique. La tour d'escalier, placée en saillie, présente une silhouette toute gothique, mais de nombreux détails décoratifs, dont les balustres à double panse, attestent l'influence italienne, notamment celle de l'illustre Donato D'Angelo, dit Bramante (1444-1514), architecte de la nouvelle basilique Saint-Pierre de Rome.

BLOIS (LOIR-ET-CHER) CHÂTEAU, AILE GASTON D'ORLÉANS
XVIIe SIÈCLE

L'aube du classicisme. L'aile Gaston d'Orléans porte le nom de Monsieur, frère de Louis XIII, exilé à Blois ; construite par le jeune François Mansart au XVIIe siècle, elle constitue l'un des premiers manifestes du classicisme français. La superposition des ordres antiques, la stricte régularité des baies et la magnificence du corps central indiquent un changement radical. Désormais, l'école française est totalement affranchie de la leçon italienne qu'elle a su dépasser sans la trahir.

MAINTENON (EURE-ET-LOIR) CHÂTEAU, FAÇADE SUR COUR
XVIe SIÈCLE

L'Île-de-France gagnée à la nouvelle esthétique. Le château de Maintenon date du XIIIe siècle, mais il a été très largement reconstruit, de 1505 à 1510 environ, sur ordre de Jean Cottereau, trésorier de France et surintendant des finances sous Louis XII et François Ier. Sa façade sur cour rappelle de façon surprenante l'aile Louis XII de Blois, avec les arcades du rez-de-chaussée, les hautes baies de l'étage et les lucarnes aux tympans effilés et flanqués de pinacles ; on y retrouve surtout le décor losangé et le jeu polychrome de la brique rouge et de la pierre blanche qui, parti des pays de Loire, gagne peu à peu l'Île-de-France.

Gaillon

Le tournant décisif

Pour réels qu'aient été les apports italiens aux châteaux d'Amboise et de Blois, c'est à Gaillon, au cœur du val de Seine, que la nouvelle esthétique prend son essor, même si la structure fondamentale de l'édifice reste gothique. Aucune contribution ne sera aussi décisive dans l'art monumental français avant Chambord, en 1519.

Sis sur une éminence séparant le domaine royal de la Normandie, le château de Gaillon, place forte aménagée en 1195 par les Capétiens contre les ducs de Normandie, puis manoir donné par Louis IX à l'archevêque de Rouen (1262), est transformé, à partir de 1502, en logis résidentiel par le cardinal Georges d'Amboise, candidat malheureux à la papauté, conseiller de Louis XII et vice-roi du Milanais.

Le vrai départ de la Renaissance française

La construction est divisée en deux phases. La première (1502-1506) est marquée par l'intervention de constructeurs venus du Val de Loire, Guillaume Senault et Colin Biart, la seconde (1506-1510) se signale par la collaboration des maçons normands et des décorateurs italiens. C'est avec l'aménagement de la cour que Georges d'Amboise marque sa volonté de nouveauté. Il en ordonne le partage par une galerie déterminant des espaces différents, dont celui de la cour d'honneur ; un rez-de-chaussée d'arcades fondées sur l'ancienne courtine y supporte la terrasse de l'étage.

Assurant la direction du chantier à partir de 1506, Pierre Delorme transforme la tour carrée de l'aile nord et remplace les logis ouest de la grande cour par la « maison Delorme ». Pierre Fain, achève ensuite la chapelle, installe les cuisines dans l'avant-cour et dote l'aile qui sépare la cour d'honneur de cette avant-cour d'un portique triomphal marquant le passage de la tradition médiévale (arcades gothiques à clefs pendantes) à l'innovation renaissante ; car cette porte à l'antique (longtemps reléguée dans la cour de l'école des Beaux-Arts à Paris où Duban l'avait remontée) s'inspire directement des entrées royales en faveur à Urbin et Naples.

Le plus remarquable, dans ce processus, reste — comme dans le château de Talcy, où c'est encore plus frappant —

Bas-relief décoratif provenant du château de Gaillon et représentant la prédication de saint Jean-Baptiste avec le cardinal Georges Ier d'Amboise

Premier quart du XVIe siècle

Plâtre teinté

Paris, musée du Louvre

La signature du maître des lieux. Dans les premiers mois de 1508, à la suite de la deuxième expédition italienne, de nombreux marbres commandés en Italie affluent à Gaillon, en particulier les bustes de Louis XII, de Georges d'Amboise et du neveu de ce dernier, Charles ; par ailleurs, la cour d'honneur s'enrichit d'une fontaine vénitienne à deux vasques, mise en place par Pierre Valence et enrichie d'une margelle octogonale. Mais la contribution la plus importante au nouveau décor du château reste l'ensemble des reliefs décoratifs ; sur celui-ci, on distingue le cardinal Georges d'Amboise, agenouillé sous la figure de saint Jean-Baptiste prêchant.

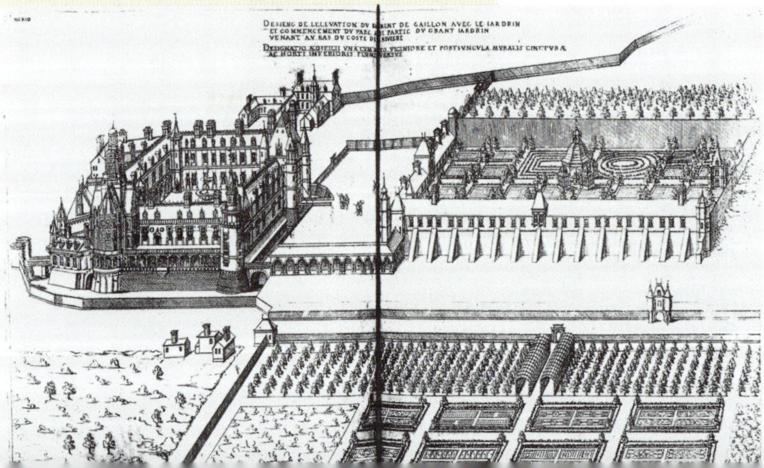

Plan du château de Gaillon relevé par Androuet Du Cerceau

XVIe siècle

Paris, Bibliothèque nationale

Corps flamboyant, vêture renaissante. Sur ce plan (le nord est à droite) d'Androuet Du Cerceau (1510-1585), on voit nettement l'effacement de l'élément médiéval au profit de l'antique, mutation qui sera féconde sur une grande partie du territoire français. Néanmoins, en dépit des médaillons en marbre génois installés dès 1504 sur ordre de Georges d'Amboise, des éléments Renaissance (pilastres, frontons, loggias) élaborés à partir de 1506 par des artisans italiens placés sous les ordres de Pierre Delorme et Pierre Fain et de l'aménagement du parc situé au-delà du fossé par l'Italien Pietro Da Mercogliano, l'ensemble reste inféodé aux règles de l'architecture flamboyante.

la préservation d'une réelle originalité dans l'agencement décoratif, là même où le risque du pastiche était le plus grand. Certes le décor sculpté, à base de pilastres relevés de rinceaux et de candélabres, vient directement du Milanais, mais les structures des étages et des travées conservent une énergie formelle qui leur permet d'intégrer ces éléments importés à leur propre économie architectonique. Les quarante-deux médaillons de la cour d'honneur réalisés par Guillaume de Bourges et légendés par Jacques Delonchamp attestent la réussite de cette pratique mixte.

En 1508, le cardinal d'Amboise reçoit le couple royal à Gaillon ; reparti en Italie et revenu à Lyon, il y meurt le 25 mai 1510. Sous la direction de son neveu, le château sera achevé en 1518, puis remanié sous la direction de Charles de Bourbon, de 1550 à 1590. Altéré par le passage des siècles, transformé un temps en maison pénitentiaire, l'édifice a bénéficié d'une belle restauration sous l'égide du Conseil régional de Haute-Normandie.

1501 Le 24 octobre, la dernière croisade française est vaincue au large de Mytilène **1502 Ouverture des travaux du nouveau château de Gaillon** 1503 En Italie, célèbre exploit de Bayard qui défend seul le pont de Garigliano (octobre).

GAILLON (EURE)
CHÂTEAU, PAVILLON D'ENTRÉE
DÉBUT XVIe SIÈCLE

La technique au service du style. Œuvre de Pierre Fain, le pavillon d'entrée de Gaillon, dressé de 1508 à 1509, a été récemment restauré. La hauteur remarquable de son comble en pavillon n'a évidemment rien d'italien et dérive directement de l'esthétique monumentale normande du temps. C'est là l'œuvre d'un habile manieur des formes et d'un bon connaisseur des styles. Les éléments les plus notables en demeurent la superposition des ordres et la juxtaposition des fenêtres à meneaux du corps principal et des lucarnes verticales des tourelles. On relève aussi l'heureux effet des nouvelles exigences rythmiques dans les symétries jouant aussi bien dans le sens de la largeur que dans celui de la longueur.

TALCY (LOIR-ET-CHER)
CHÂTEAU, ANCIEN LOGIS ET PUITS
DÉBUT XVIe SIÈCLE

Persistance du modèle français. À l'instar du château de Gaillon, celui de Talcy illustre la rencontre de l'architecture française et de la décoration italienne. Acquis par le financier florentin Bernard Salviati en 1517, il a en effet conservé l'essentiel de son caractère français, son propriétaire ayant ordonné la construction d'une galerie de quatre arcades en anse de panier portées par des piliers de plan octogonal, sous un étage à petites baies régulières, lui-même dominé par deux hauts pignons décorés de crochets ; ce dispositif gothique rappelle étrangement l'aile Louis XII de Blois, d'autant qu'il est séparé de la haute tour carrée médiévale du fond par une austère tourelle polygonale. Il apparaît ainsi que le banquier italien s'est accommodé d'un dispositif français sans songer à le faire bénéficier des nouveautés ultramontaines.

Chenonceau

La Renaissance au féminin

Du fait de sa complète reconstruction à partir de 1513, Chenonceau peut être présenté comme le premier chef-d'œuvre intégral de la Renaissance française. Lancée en travers du Cher, sa longue galerie lui a donné cette silhouette d'élégante passerelle qui l'inscrit de fait parmi les plus célèbres chefs-d'œuvre du patrimoine architectural de la Renaissance française.

Comme pour symboliser le surcroît de civilisation qui caractérise le XVIe siècle, ce sont surtout des noms de femmes qui sont associés au site de Chenonceau : ceux de Catherine Briçonnet, femme de Thomas Bohier qui acquit le domaine en 1496 et promut le nouveau projet, de la belle Diane de Poitiers, maîtresse d'Henri II, qui fut établie ici par le souverain, et de Catherine de Médicis, épouse légitime, qui attendit patiemment la mort de son mari en 1559, pour chasser sa rivale du château et faire construire la fastueuse galerie.

La première femme

Originaire de la Marche, Guillaume de Marques semble avoir été le premier seigneur de Chenonceaux, au XIIIe siècle. Durant la guerre de Cent Ans, son alliance

1511 Unité de la Sainte Ligue (Pape, Espagne, Venise, Suisse, Angleterre) contre la France **1513 Thomas Bohier transforme en châtellenie le domaine de Chenonceau, siège du château qu'il s'apprête à faire construire** 1514 Mort d'Anne de Bretagne ; sa fille Claude épouse le futur François Ier, le 18 mai.

Chenonceaux (Indre-et-Loire)
château de Chenonceau,
vue aérienne de la façade ouest
XVIe siècle

Une réalisation unique. Entourés de bois, le château de Chenonceau et ses jardins dessinés par Bernard Palissy occupent un site exceptionnel. Le nom de Diane de Poitiers, favorite d'Henri II, est indissociable de Chenonceau, que le roi lui offrit dès son avènement, en 1547. Elle y consacra son temps et son argent, décida la construction du pont qui enjambe le Cher, lequel sera ensuite destiné à porter la galerie qu'il reviendra à Catherine de Médicis de terminer ; longue de 60 mètres, elle repose sur cinq arches, superpose deux étages percés de 18 fenêtres et s'appuie sur la façade sud du pavillon.

Chenonceaux
Château de Chenonceau,
façade ouest
XVIe siècle

Les restes d'un passé féodal. De l'ancienne forteresse, il ne subsiste — sur la gauche — que la Tour dite « de Marques » en mémoire des anciens seigneurs du lieu et agrémentée de baies avec pilastres et frontons. Elle fait fonction de donjon, signe féodal par quoi le nouveau possesseur de Chenonceau signifie son importance. Quant au château renaissant, on en voit, au centre, le premier état, un élégant bâtiment régulier, cantonné de tourelles aux quatre angles.

avec les Anglais entraîne la destruction de son château, lequel ne sera reconstruit qu'à partir de 1433. C'est en 1496 que son descendant, Pierre de Marques, vend sa propriété à Thomas Bohier, receveur général des finances en Normandie et conseiller, successivement, de Louis XI, Charles VIII et Louis XII.

En février 1513, Bohier transforme le domaine — dont il a dû âprement disputer la possession — en châtellenie et fait dresser le plan du château actuel, avant de repartir pour l'Italie quelques mois plus tard ; l'année suivante, officiellement nommé « châtelain » sur décision de Louis XII, il est de retour, mais doit aussitôt repartir pour l'Angleterre, toujours au service du roi. C'est sa femme, Catherine Briçonnet, qui fait commencer les travaux et les dirige, la première étape n'en étant autre que la destruction du vieux château des Marques dont seul le donjon est conservé.

L'éclosion renaissante

La tranche initiale du chantier de l'édifice nouveau s'étend de 1515 à 1522. Le nouvel ouvrage prend certes la forme d'un pavillon carré flanqué à chaque angle d'une tourelle, mais il s'appuie prudemment sur les piles d'un ancien moulin. Pour académique qu'elle apparaisse, sa conception s'inspire des nouveaux préceptes récemment développés à Blois et à Amboise et qui seront,

CHENONCEAUX
CHÂTEAU DE CHENONCEAU,
FAÇADE DE L'ENTRÉE NORD
XVIe SIÈCLE

Le goût de l'innovation. La palette des choix originaux opérés à Chenonceau est très large. L'entrée principale, sur laquelle le répertoire décoratif Renaissance s'affirme avec vigueur, se signale par ses trois hautes lucarnes qui imposent une symétrie parfaite au-dessus de la balustrade. À l'intérieur, un ample vestibule aux voûtes ornées de clefs alternativement alignées sur deux axes différents précède un escalier droit à la position curieusement perpendiculaire.

pour une part, repris à Oiron (Deux-Sèvres). À cette différence près qu'ici il ne s'agit plus de remanier un ancien édifice, mais de le reconstruire complètement. Qui a présidé à cette éclosion architecturale ? Un nom a souvent été avancé, celui de Pierre Neveu, dit Trinqueau, qui œuvrera aussi à Chambord. Par ailleurs, l'éventualité d'une influence des palais italiens, surtout vénitiens, s'expliquerait par les longs et fréquents séjours du maître des lieux au-delà des Alpes.

Le destin tourmenté d'un édifice princier

Le château a pris définitivement son nouveau visage dès 1522 ; mais, de sa belle demeure, Thomas Bohier ne profitera guère, mourant en 1524 dans le Milanais. François Ier entre alors en scène, dénonçant les malversations de la famille Bohier qui, il est vrai, a contracté une énorme dette envers le Trésor ; un arrangement est conclu avec Jean, fils de Thomas. Le souverain prend possession du château en 1535 et y reçoit même Charles Quint en 1539.

En 1547, Henri II l'offre à sa favorite, Diane de Poitiers, laquelle prolongera le corps principal par un pont sur le lequel elle prévoit déjà de faire aménager une grande galerie. Les aménagements intérieurs témoignent d'un goût marqué pour le luxe le plus ostentatoire ; ainsi de la chambre de Diane de Poitiers, où tout rappelle la fortune de la sulfureuse maîtresse du souverain. Les initiales des deux amants se lisent sur le manteau de la belle cheminée, due à Jean Goujon ; les fauteuils Henri II sont recouverts de cuir de Cordoue et le plafond est formé par un damier de caissons plats.

La mort du roi Henri II en 1559 ne permet pas à Diane de mener à bien ce projet et la contraint au départ vers le château de Chaumont-sur-Loire. Il faudra attendre les dernières décennies du XVIe siècle pour que s'ouvre le chantier de la nouvelle galerie, selon le projet de Catherine de Médicis.

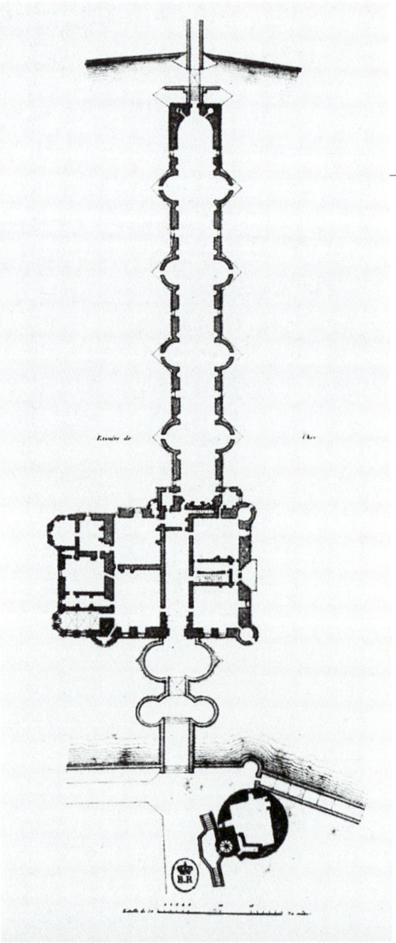

PLAN DU CHÂTEAU DE CHENONCEAU (AXE SUD-NORD) DRESSÉ PAR MASSÉ ET OLLIVIER
Paris, médiathèque du Patrimoine

L'histoire en plan. De bas en haut, le château de Chenonceau développe sur ce document les trois grandes étapes de sa construction : le donjon médiéval sur plan circulaire, le château lui-même et enfin la longue galerie jetée sur le Cher, élément le plus original de cet ensemble novateur.

CHENONCEAUX
CHÂTEAU DE CHENONCEAU, VUE INTÉRIEURE DE LA GALERIE MÉDICIS
1570

Élégance et luxe. En 1556, Diane de Poitiers fait appel à l'architecte Philibert Delorme pour réaménager la demeure princière et construire le pont sur le Cher. Mais c'est à un autre grand praticien du temps, Jean Bullant, qu'il reviendra de réaliser, à partir de 1570, la galerie sur le Cher voulue par Catherine de Médicis. Aussi élégante qu'ostentatoire, la nouvelle réalisation constitue désormais le cadre idéal pour les fastes de la cour. Un très subtil jeu lumineux permet aux fenêtres et œils-de-bœuf de capter la lumière du fleuve durant la journée et de la lui renvoyer, la nuit venue, sous forme de reflets dansants.

OIRON (DEUX-SÈVRES)
CHÂTEAU, VUE GÉNÉRALE DE LA COUR
XVIe-XVIIe SIÈCLE

La trace des siècles. D'origine bien plus ancienne, mais reconstruit au XVe siècle, transformé au XVIe et remanié au XVIIe siècle, le château d'Oiron intéresse surtout l'historien pour la mutation que lui a fait subir, en 1515-1516, Artus Gouffier, immortalisé sous les traits du marquis de Carabas dans le célèbre conte du *Chat botté*. C'est de cette époque que date la superbe galerie de l'aile gauche, qui sera surmontée en 1546 d'un étage abritant une longue galerie, l'aile étant flanquée d'une tour ronde. À l'intérieur, les peintures murales d'Oiron, dues à Noël Jallier, forment l'un des plus ensembles de peinture monumentale du XVIe siècle. Acquis par l'État en 1941, mis hors d'eau en 1993, le château abrite aujourd'hui une collection d'art contemporain.

CATHERINE DE MÉDICIS ASSISTANT À UNE FÊTE DONNÉE SUR L'EAU
TAPISSERIE DE BRUXELLES, D'APRÈS UN CARTON DE F. QUESNEL
XVIe SIÈCLE
Florence, galerie des Offices

Le temps des fêtes. Sur cette tapisserie est conservé le souvenir des fêtes somptueuses données à Chenonceau par la reine longtemps bafouée. Maîtresse absolue des lieux en 1559, à la mort d'Henri II, Catherine de Médicis, ayant déplacé sa rivale au château de Chaumont-sur-Loire, organise une brillante vie de cour locale (jeux nautiques, illuminations, bals, etc.).

Azay-le-Rideau

Le symbole d'un certain génie français

Construit de 1518 à 1524 sur les rives de l'Indre, le château d'Azay-le-Rideau n'est pas seulement l'une des merveilles du patrimoine castral du Val de Loire. Il s'est imposé, au-delà de toutes les frontières, comme le modèle d'une certaine élégance française qui se défie de la monumentalité autant que de la préciosité et spécule sur les seuls effets du génie architectural propre à une époque et à une nation.

C'est dans l'élan créatif et optimiste des premières années du règne de François Ier que le chantier est ouvert. En 1518, Gilles Berthelot, receveur général des finances et trésorier de France, fait creuser les fondations garnies de pilotis qui doivent soutenir sa nouvelle demeure, en lieu et place d'un ancien bâtiment. La construction, rapide et cohérente, est menée à terme dès 1524, ainsi que l'attestent le « C » et l'hermine de la reine Claude — morte cette année-là — sur la façade décorée de l'escalier central.

Sous le signe de la symétrie et de l'élégance

Les deux grands logis qui composent le château sont disposés en « L » et cernés par les bras de l'Indre qui alimente les douves ; leurs extrémités sont soulignées par des tourelles rondes en encorbellement, fruit d'une restauration hâtive du XIXe siècle qui a conduit à la démolition de l'échauguette et de la tour médiévale, seules survivances de l'ancien édifice. Une double moulure saillante souligne les plans horizontaux des étages selon un précepte en usage à l'époque. Partout, la sobriété décorative s'accompagne d'une délicatesse d'exécution jusque-là inconnue.

Au centre du logis principal, le haut escalier, dont l'architecte reste inconnu, présente de superbes loggias au décor antiquisant. Quatre étages de baies jumelles, dominés par un fronton curviligne, superposent leur décor de pilastres, colonnes, niches et reliefs mettant en exergue la salamandre de François Ier.

Sur tout le pourtour de l'édifice, la symétrie et la régularité sont de rigueur, legs évident du goût italien.

À l'intérieur, la décoration monumentale, notamment celle des caissons sur arcs diaphragmes du grand escalier à rampes droites à l'italienne (donc, en rupture avec la vis gothique), était complétée par de somptueuses œuvres d'art, pièces de mobilier et autres tapisseries accompagnant bals et banquets (auxquels Louis XIII en personne ne dédaignera pas d'assister).

Cette qualité du décor intérieur d'Azay-le-Rideau n'en constitue pas le moindre charme. L'un de ses fleurons est la grande cheminée de la chambre du roi (vers 1520), formée de deux compartiments superposés dont

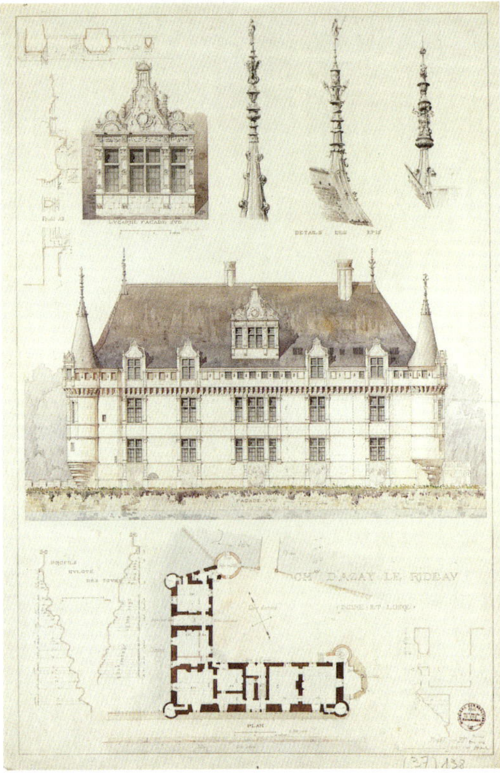

PLAN ET COUPE DU CHÂTEAU D'AZAY-LE-RIDEAU
1906
Paris, médiathèque du Patrimoine

Un agencement éminemment français. Le plan et l'élévation de la façade sont révélateurs des principes de symétrie et d'équilibre régissant la conception générale d'Azay-le-Rideau qui, entrepris cinq ans après Chenonceau, bénéficie d'un rare état de conservation. L'étagement des fenêtres à meneaux et des lucarnes en travées alternant avec des pans de mur plein relève d'un agencement tout français. Héritier de la tradition gothique et chantre de l'esprit renaissant, l'édifice inscrit ses corps de logis à grands combles entre d'harmonieuses tours d'angle qui rappellent la fonction tout à la fois symbolique et défensive du château du XVe siècle, date à laquelle le domaine a été acheté par les Berthelot, banquiers tourangeaux.

AZAY-LE-RIDEAU
CHÂTEAU,
CORPS DE LOGIS
ET AILE OCCIDENTALE
1518-1524

Un sens nouveau de la grandeur. Sur la façade côté cour, le souci de la symétrie importé d'Italie se lit partout. Ainsi, on voit, sous le pignon gothique une superposition de loggias ouvrant sur l'espace intérieur. Comme au château de Chenonceau, on découvre le conflit des doubles moulures horizontales et des pilastres encadrant les fenêtres. L'escalier d'Azay-le-Rideau, célèbre pour son décor sculpté, forme l'entrée principale de cet édifice, prototype du nouvel idéal de l'architecture française, tel qu'il se découvre alors en Touraine plus qu'en Île-de-France ; avec son imposante façade en quatre étages et deux travées sous un tympan curviligne arc-bouté à de délicats pinacles, il dégage un sentiment de grandeur sacrée plus propre à l'architecture religieuse qu'à la construction civile.

les supports reçoivent des chapiteaux composites ; le manteau est dominé par la grande figure de la salamandre emblématique du pouvoir royal.
Comme ses pairs Jacques Cœur ou Thomas Bohier, Gilles Berthelot n'échappa pas à l'accusation de malversation ; ayant trouvé refuge à Cambrai en 1527, il y mourut et son palais fut confisqué par François Ier (décidément coutumier du fait) qui l'offrit à son compagnon d'armes Antoine Raffier.
Après être passé entre les mains de divers occupants, Azay-le-Rideau est propriété de l'État depuis 1905.

AZAY-LE-RIDEAU (INDRE-ET-LOIRE) CHÂTEAU, FAÇADE NORD
1518-1524

La fusion avec la nature. L'une des particularités des châteaux dits « de la Loire » n'est autre que leur étrange osmose avec le cadre naturel au cœur duquel ils s'inscrivent. Dressé sur une île précédemment occupée par une maison forte, le château a pour seule vocation d'offrir un havre de paix à ses propriétaires, la persistance des éléments défensifs, tourelles, merlons, douves… à seul but décoratif (le mâchicoulis, particulièrement, n'est que l'écrin d'un corridor ouvert par des baies avenantes).

AZAY-LE-RIDEAU CHÂTEAU, VUE EXTÉRIEURE DU LOGIS, CÔTÉ SUD
1518-1524

Un grand raffinement décoratif. Aux angles du bâtiment, les tourelles suspendues au-dessus de l'eau rappellent l'influence de l'inspiratrice des lieux, veuve éplorée mais énergique de Gilles Berthelot, qui tenta, après la disparition de son mari, d'achever l'édification de l'édifice. Les raffinements architecturaux puisent dans la tradition française, avec ses hautes toitures d'ardoise, ses poivrières effilées, ses alignements de lucarnes, mais utilisent aussi les innovations venues d'Italie, symétrie des fenêtres, égalité des baies, force des moulures horizontales, le tout « mis en eau ».

1515 Le 25 janvier, François Ier est sacré à Reims ; le 14 septembre, il vainc les Suisses à Marignan **1518 Les fondations sur pilotis d'Azay-le-Rideau sont jetées, sur ordre de Gilles Berthelot** 1518 Le 28 février, naissance à Amboise du dauphin François.

Chambord

Un monument royal

Ce qui différencie Chambord de tous ses illustres voisins du Val de Loire, c'est avant tout son caractère de résidence royale. Car il est né directement de la volonté de François Ier, comte d'Angoulême et gendre de Louis XII, héritier de la couronne de France en 1515.

C'est pour marquer sa grandeur toute nouvelle que le souverain exige la construction, sur les rives du Cosson, petit affluent de la Loire, d'un somptueux palais au cœur de la forêt, à 14 kilomètres de Blois. Le site, occupé dès l'époque mérovingienne, avait longtemps abrité un modeste château fort, ensuite transformé par les comtes de Blois en pavillon de chasse.

L'inutile querelle franco-italienne

Le 2 mai 1519, Léonard de Vinci s'éteint près d'Amboise. Dès le mois de septembre suivant, l'acte de fondation du château de Chambord apparaît comme la finalisation du plan d'un palais idéal que Léonard aurait présenté au roi en 1518, sous forme d'une maquette exécutée par Domenico Da Cortone dit le Boccador : donjon carré, trois étages d'arcades, quatre vestibules disposés en croix et escalier à double vis. Le plan définitif du château s'écarte en maints points de ce projet : moins rigoureux, plus français dans le choix du décor, il propose des tours circulaires coiffées de toits coniques aux angles.

Le roi charge François de Pontbriant de surveiller les travaux du « bel et somptueux édifice » et choisit pour maçons Jacques Sourdeau et Pierre Nepveu, dit Trinqueau, puis Jacques Coqueau, tous praticiens français qui privilégient l'héritage gothique.

Mais en la matière, rien ne paraît plus sot que les querelles nationalistes, Italiens et Français gagnant équitablement à tirer profit de leurs respectives leçons ; bien d'autres édifices en offrent la démonstration, dont le château de Bussy-Rabutin, exactement contemporain.

Une métaphore du pouvoir monarchique

La tour haute polygonale qui occupe le centre du donjon de Chambord est inspirée de l'escalier du château de Blois, dont elle reprend l'économie des pilastres, le schéma hélicoïdal et la distribution des balcons. Quatre pavillons quadrangulaires s'agrègent autour de cette tour, avec leurs salles des gardes et les deux escaliers ajourés de hautes baies, dont le dessin sera repris au xixe siècle pour l'Hôtel de Ville de Paris.

On trouve là une métaphore du pouvoir monarchique, l'axe vertical gouvernant les plans horizontaux. L'ampleur glaciale des espaces vides ne doit pas abuser le visiteur contemporain ; le mobilier en a disparu, particulièrement ces tapisseries qui formaient les « clôtets », salons de laine créant une intimité et une chaleur oubliées. Car la cour ne renonça jamais, au hasard de ses séjours dans ses diverses résidences, aux commodités du nouvel art de vivre.

Le grand escalier à vis de l'intérieur est formé de deux rampes hélicoïdales se chevauchant de telle façon que deux personnes, l'une montant, l'autre descendant, ne

LOUIS XII, LE CARDINAL D'AMBOISE,
ANNE DE BRETAGNE ET CLAUDE DE FRANCE
MINIATURE EXTRAITE DE
DES REMÈDES CONTRE L'UNE ET L'AUTRE FORTUNE DE PÉTRARQUE
VERS 1503
Paris, Bibliothèque nationale de France

Image d'une fragile souveraine. Traitée à la manière d'une scène religieuse, cette miniature présente l'émouvante figure de Claude de France, entre ses deux parents. Fille de Louis XII et d'Anne de Bretagne, née à Romorantin en 1499, morte à Blois en 1524, elle fut la première femme de François Ier, aux côtés duquel elle inaugura l'édifice royal de Chambord, et la mère d'Henri II. À sa mort précoce, la Bretagne fut définitivement rattachée à la France.

CHAMBORD (LOIR-ET-CHER)
CHÂTEAU, CÔTÉ NORD
XVIe SIÈCLE

À la gloire du souverain terrestre. Édifié en zone marécageuse, le château repose sur des pilotis dont l'implantation a retardé l'achèvement des fondations jusqu'à 1526. Le plan en croix grecque du donjon, avec une tour centrale dominée par le dôme en lanterne, évoque celui de Bramante pour la basilique Saint-Pierre de Rome. Mais si cette dernière était dressée à la gloire de Dieu, le nouveau palais célèbre la grandeur du monarque temporel, la chapelle de la tour ouest trouvant son pendant dans le cabinet François Ier de la tour est.

se rencontrent pas. Il ne s'agit pas d'une vraie nouveauté — un tel dispositif existait déjà au collège des Bernardins de Paris —, mais le luxe déployé à Chambord met en lumière la fonction de ce prodigieux appareil de distribution.

Les voûtes en arc des principales pièces de l'édifice sont formées de caissons ornés des signes allégoriques de François Ier (la salamandre) et Henri II (le croissant). Si le donjon de Chambord symbolise le sanctuaire de la majesté royale, principe fondé sur la dynamique ascensionnelle et non plus sur la simple superposition des étages, les espaces intérieurs en illustrent partout la grandeur. Tout-puissant à la manière des héros antiques, le roi n'a-t-il pas choisi pour devise, sous l'image de la salamandre sur un feu : « J'y vis et je l'éteins » ?

De Charles Quint au duc de Bordeaux

C'est à Chambord que François Ier reçoit Charles Quint en 1539, mobilier luxueux et tentures dissimulant les travaux encore en cours (frontons, initiales entrelacées, décor d'ardoises).

À la fin du règne, deux ailes de part et d'autre du donjon et des bâtiments de service sont ajoutées ; à la mort du roi, le chantier n'est toujours pas achevé. Henri IV s'en désintéressera, Louis XIII également, bien qu'il y ait séjourné enfant.

Chambord
Château,
parties hautes
côté nord
XVIe siècle (après 1526)

Fantaisie décorative médiévale. L'une des originalités de Chambord tient à ses terrasses qui offrent une vue exceptionnelle sur la nature environnante, sur les départs pour la chasse, sur les tournois que suivent les dames, mais aussi sur les parties hautes du château. La fantaisie médiévale y joue à plein, dans une prolifération de motifs aussi raffinés qu'inventifs. Ce n'est pas le moindre paradoxe de Chambord, que les parties les plus luxueuses soient ainsi placées sur les toits. L'opposition des matériaux (calcaire et ardoise) évoque les jeux du marbre italien, par la multiplication des triangles et cercles d'ardoise sur les pilastres, procédé repris autour de 1535 pour le décor du château de Villegongis.

CHAMBORD
LA LANTERNE
XVIe SIÈCLE

Un puits de lumière. À partir des terrasses, au-dessus des salles des gardes, l'escalier se termine par la célèbre lanterne, couronnement de huit arcades surmontées d'autant de colonnes formant un belvédère surmonté d'un dôme couronné par une fleur de lys. L'invention gothique règle un univers de formes (pinacles, frontons, frises, colonnes, fenêtres, cheminées, mâchicoulis, fleurs de lys, coquilles, putti…) dont la lumière fait jouer toutes les subtilités.

Sous le règne de Louis XIV, le grand édifice retrouve un certain lustre : le roi ordonne des réparations, y convie la cour, y fait créer *Monsieur de Pourceaugnac* (1669) et *le Bourgeois gentilhomme* (1670) de Molière. Occupé au XVIIIe siècle par Stanislas de Pologne, puis par le maréchal de Saxe, Chambord sera donné par Napoléon à Berthier, restitué au duc de Bordeaux en 1821, restauré enfin (1891-1892) par l'architecte Desbois.

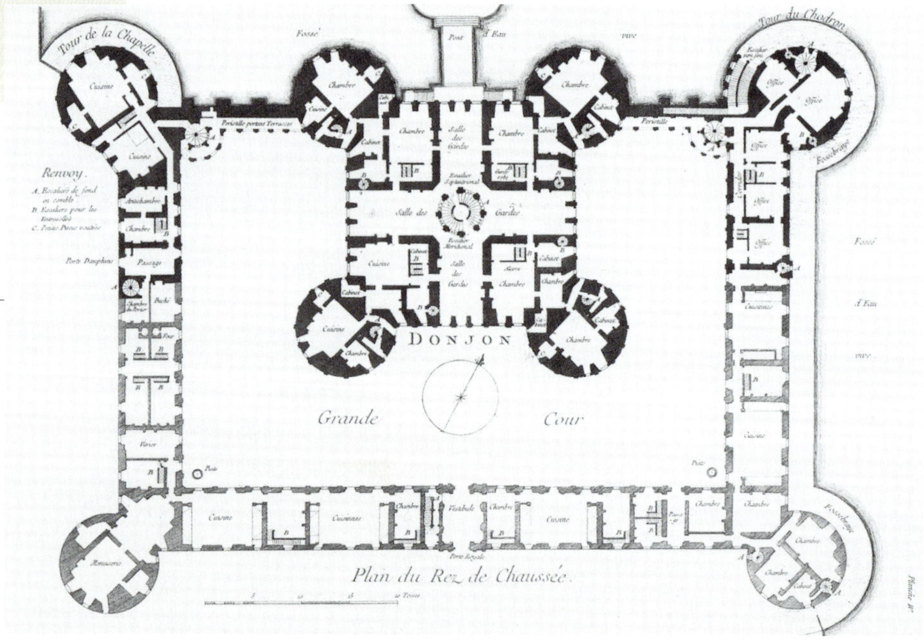

PLAN DU REZ-DE-CHAUSSÉE
DU CHÂTEAU DE CHAMBORD

D'APRÈS LEROUGE
1750
Paris, médiathèque du Patrimoine

Unité et complexité. Le château de Chambord se développe un plan en quadrilatère de 45 × 45 mètres, rythmé par quatre tours d'un diamètre de 19,50 mètres, autour du donjon haut de 60 mètres. Un second quadrilatère, de 128 × 156 mètres, également flanqué de quatre tours, relie des bâtiments surmontés de terrasses, selon un schéma assez proche de celui de Vincennes. L'organisation de l'espace intérieur est d'une rare complexité, les quelque 440 pièces étant chauffées par 365 cheminées et desservies par 13 escaliers. L'ouvrage a mobilisé plus de 1 800 ouvriers et François Ier lui-même tint à surveiller les travaux. C'est lui qui, pour écrin de son palais, aurait voulu le parc d'environ 2 500 hectares, clos par un mur construit de 1542 à 1556 et dont la longueur atteint 33 kilomètres.

1514 Mort d'Anne de Bretagne ; le 18 mai, sa fille Claude épouse le future François Ier 1519 Naissance du futur Henri II, le 31 mars. Charles Quint élu empereur, le 28 juin **1519 Début du chantier de Chambord en septembre** 1520 Rencontre dite du camp du Drap d'or entre François Ier et Henri VIII, du 7 au 24 juin.

CHAMBORD
(LOIR-ET-CHER)
CHÂTEAU, LE GRAND ESCALIER
XVIe SIÈCLE

Une subtile métaphore. Le grand escalier emprunte à la tradition médiévale de l'escalier à vis, mais lui ajoute le principe italien des rampes droites.
Le chevauchement des deux rampes permettant à deux personnes les utilisant de ne pas se rencontrer est une métaphore des jeux politiques de la cour dont les chassés-croisés subtils sont rendus visibles par l'existence de ces escaliers à claire-voie. Les marches, larges et de hauteur réduite, permettaient, théoriquement, de monter aux étages sans descendre de cheval.

BUSSY-RABUTIN (CÔTE-D'OR)
CHÂTEAU, LA COUR INTÉRIEURE
XVIe-XVIIe SIÈCLES

Un jeu de lignes harmonieuses. Au XVIIe siècle, les travaux de reconstruction du château de Bussy (classé en 1862, acquis par l'État en 1929) n'ont épargné que les façades sur cour des deux ailes, dressées vers 1520, soit exactement au temps du chantier de Chambord. Le rez-de-chaussée en est constitué par une galerie de cinq arcades en anse de panier reposant sur des supports décorés de pilastres qui se hissent jusqu'à la frise d'appui des baies de l'étage. Les lignes verticales en sont prolongées par d'autres pilastres, ornés de disques en creux, qui se hissent jusqu'à la corniche terminale ; la conjonction de l'architecture française et du décor italien donne ici une nouvelle démonstration de son inégalable fécondité.

Fontainebleau

Mutations de la Renaissance française

Composé au fil du temps d'éléments disparates, voire incohérents, le château de Fontainebleau offre une synthèse paradoxale des apports et acquis de la Renaissance française, dont il constitue en outre le plus fécond laboratoire.

Élu par François Ier — qui ainsi voue Chambord à l'oubli — Fontainebleau occupe une place particulièrement originale non seulement dans l'histoire de France, mais aussi dans celle de l'architecture monumentale. Philippe le Bel y naquit et mourut, François Ier y vécut, Napoléon y fit ses adieux. Les plus grands souverains français ont souvent aimé ce lieu sauvage mais proche de Paris. Si François Ier en a fait le choix, c'est que le Louvre était insalubre et que le souverain voulut affirmer sa puissance en offrant à la cour une demeure princière, à l'italienne.

Deux exigences gouvernent les plans du nouvel édifice : monumentalité et commodité. De la première, on attend qu'elle exalte la grandeur de la fonction royale, la seconde doit contenter les goûts particuliers du souverain en place. En ce sens, Fontainebleau garde la trace des désirs et des rêves que les souverains y ont inscrits, tout en célébrant la mémoire d'une histoire collective, plusieurs fois séculaire.

Le rêve italien de François Ier

C'est probablement à l'été 1527 que remonte le désir de François Ier d'aménager un palais à Fontainebleau (au moment même où, à Pau, les ancêtres d'Henri IV remanient

FONTAINEBLEAU (SEINE-ET-MARNE)
CHÂTEAU, COUR DU CHEVAL BLANC, AILE EST
XVIe SIÈCLE

Droites et arabesques. On retrouve à Fontainebleau un agencement unique, qui mêle le caractère ostentatoire de l'architecture italienne, avec escaliers monumentaux, aux mutations d'une architecture française ouvrant les demeures féodales de toutes parts et les ornant de fenêtres. Paradoxalement, sur la façade de l'aile est, dite de « la basse cour », puis « du Cheval blanc », puis « des Adieux », la régularisation des lignes de l'édifice est relevée par les arabesques du grand escalier en fer à cheval et la variété des baies et des toits ; le classicisme n'est pas encore d'actualité.

1525 Défaite de Pavie, le 24 février. François Ier, prisonnier de Charles Quint à Madrid 1526 Traité de Madrid et libération de François Ier, le 14 janvier 1527 Le 5 mai, sac de Rome par l'armée impériale de Charles Quint **1527 Au cours de l'été, François Ier décide d'aménager son palais à Fontainebleau** 1528 Le 22 janvier, François Ier déclare la guerre à Charles Quint.

LES ADIEUX DE NAPOLÉON Ier À LA GARDE IMPÉRIALE DANS LA COUR DU CHEVAL BLANC DU CHÂTEAU DE FONTAINEBLEAU
ANTOINE ALPHONSE MONTFORT (1802-1884), D'APRÈS HORACE VERNET (1789-1863)
Huile sur toile
Versailles, musée des Châteaux de Versailles et de Trianon

Un choix symbolique. Dans cette œuvre, le peintre a représenté l'empereur dans le cadre qu'il avait lui-même choisi pour ses adieux à la France le 20 avril 1814 à Fontainebleau, la « maison des siècles ».

complètement leur propre château). Il s'agit alors de créer de nouveaux logis autour de l'ancienne cour ovale, une galerie reliant le donjon féodal au couvent construit par Saint Louis, une chapelle, etc., tout en conservant des éléments médiévaux (fondations, donjon, courtine, tourelles). En 1531, de nouveaux travaux sont entrepris. S'inspirant du modèle italien, Le Breton — qui sera remplacé par Serlio en 1540 — aménage la cour ovale et réalise une entrée, la porte Dorée, dont les trois baies renaissantes contrastent avec les édifices plus anciens. Il construit aussi, dans le même esprit, un escalier à deux rampes parallèles derrière un portique débordant, puis des arcades et des galeries qui sont autant de variations sur les structures italiennes.

L'agencement de la galerie François Ier (64 × 6 mètres) revient en 1533-1539 au Rosso (1494-1540), célèbre artiste florentin. Au-dessus de lambris de chêne finement sculptés, douze tableaux encadrés d'angelots et de guirlandes en poudre de marbre moulée et polie formant des reliefs décorent les parois. Ces compositions évoquent les vertus du roi et les grands événements du règne sous forme d'allégories ou de références mythologiques parfois obscures. Sur l'une d'elles, le roi est représenté en César, entouré d'hommes et de femmes symbolisant la société sur laquelle règne le souverain, ailleurs un éléphant, emblème de sagesse, porte les armes royales.

Les derniers bouleversements interviennent dans le château après 1535 : nouveau corps de logis, rectangle de la « basse cour » (152 × 112 mètres) dite ensuite « du Cheval Blanc », puis « des Adieux », ailes basses... Après la mort du Rosso, en 1540, le Bolonais Primatice est

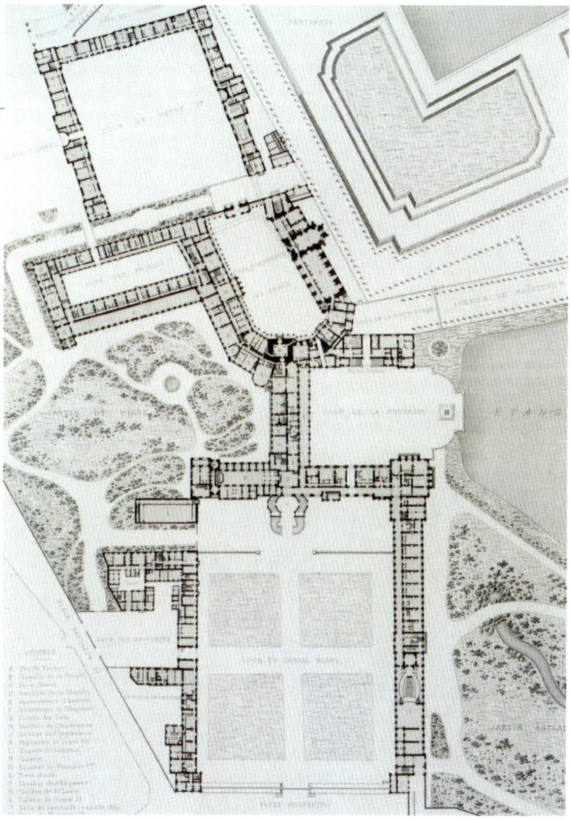

Plan du château de Fontainebleau par Gilles Le Breton
1528

Autour de la cour ovale. Entre le château actuel et le plan initial de Gilles Le Breton, le nombre de modifications et d'ajouts intervenus est tel que les meilleurs spécialistes du lieu avouent leur perplexité quant à la disposition effective des divers logis autour de la demeure royale, au gré des aménagements successifs. Le devis du chantier ayant été établi le 28 avril 1528, Le Breton, le Rosso, le Primatice, Serlio, Delorme... travaillent à aménager la cour des offices et les cuisines, la cour ovale avec donjon ancien et les nouveaux logis royaux, la galerie François Ier, trois ailes autour de la basse cour, le parc. Le logis du roi est situé au nord, celui de ses trois fils à l'est, celui de sa mère à l'ouest ; la distribution est assurée par des escaliers à vis logés dans les discrètes tourelles rondes et par des galeries ouvrant sur les salles d'apparat.

FONTAINEBLEAU
CHÂTEAU,
AILE DE LA
BELLE CHEMINÉE,
FAÇADE EST
1565

Rigueur et grandeur. Vers 1565, Catherine de Médicis charge le Primatice d'aménager deux nouvelles ailes. Celle de la Belle Cheminée, dans la cour de la Fontaine, présente un décor de pilastres, colonnes plates et niches à l'étage, donnant à l'édifice une rigueur classique, ainsi qu'un escalier extérieur à deux rampes divergentes plaquées contre le mur, le tout étant couronné d'une haute lucarne coiffée d'un fronton. On pense ici au mot de Napoléon, cité dans le *Mémorial de Sainte-Hélène* : « Voici la vraie demeure des rois, la maison des siècles. »

chargé, en collaboration avec Nicolo dell'Abate, d'un programme décoratif tout d'élégance alanguie, d'imagination fantasque et d'exécution virtuose. En 1547, année de sa mort, François Ier pouvait ainsi se targuer d'avoir fait aménager le palais de ses rêves selon le goût italien dont il s'était fait le champion.

Métamorphoses du palais royal

Succédant à François Ier, Henri II appelle Philibert Delorme, qui conçoit le plan de l'escalier en fer à cheval, le Primatice aménageant pour sa part deux nouvelles ailes. Le chantier se poursuivra sous François II, Charles IX et Henri III. Les interventions de Catherine ou de Marie de Médicis et du dernier souverain de la Renaissance, Henri IV, ne feront que confirmer la force de séduction exercée par Fontainebleau. Cependant, si chaque souverain tint à y ajouter un enrichissement personnel, aucun ne songea à renoncer tout à fait aux ajouts antérieurs. Bien d'autres contributions suivront, celles des Gabriel au XVIIIe siècle, celles des deux ères impériales... jusqu'aux restaurations du XXe siècle. Italiens mais aussi flamands et français (Le Roy, Caron, Dumoûtier, les Cousin, etc.), les artistes sollicités par François Ier ont créé un style plaçant le grand chantier de Fontainebleau à l'avant-garde de la Renaissance française. Leurs réalisations, revivifiées par la campagne récente de restauration des boiseries, poutres, stucs et fresques, chantent à jamais l'art de cour d'une époque disparue.

FONTAINEBLEAU
CHÂTEAU, PORTE DORÉE
1528-1531

La pièce initiale. Dessinée par Le Breton en 1528, construite trois ans plus tard, la porte Dorée témoigne, par la superposition des trois baies voûtées qui ornent son centre, de l'intégration du style italien. Mais les fenêtres situées de part et d'autre des voûtes et les toits en pente percés d'ouvertures renvoient à des formes plus spécifiquement françaises.

FONTAINEBLEAU
CHÂTEAU, GALERIE HENRI II, SALLE DE BAL
1533

Reflets du pouvoir royal. C'est à l'action conjointe de Philibert Delorme et du Primatice qu'est due la « salle de bal » (30 × 10 mètres). Delorme y remplace les voûtes arquées à l'italienne par des plafonds horizontaux, modulés en caissons et remplace les contrevents de bois des baies par du verre. Miroir d'un pouvoir royal qui choisit le faste renaissant contre la sévérité médiévale, cette pièce magnifie la rencontre du génie décoratif italien et de l'harmonie française.

PAU (PYRÉNÉES-ATLANTIQUES)
LA COUR DU CHÂTEAU, AILE HENRI D'ALBRET
D'APRÈS UNE LITHOGRAPHIE
D'A. DUPERREUX (1764-1843)
XVIe SIÈCLE
Pau, Bibliothèque municipale

Les nouveaux agréments de l'ancien château. En novembre 1527, alors que François Ier vient de lancer son projet à Fontainebleau, Henri d'Albret, roi de Navarre, amène à Pau son épouse Marguerite d'Angoulême, sœur du roi de France, et décide de donner une allure plus aimable au sévère château de sa famille, qui a déjà subi nombre de transformations depuis sa fondation à l'aube du deuxième millénaire. L'architecte Pierre Tournoier remanie dès 1529 l'aile méridionale des appartements royaux ; côté cour, la façade aux galets noyés dans du mortier offre à ses ouvertures des parties basses une décoration renaissante, et à ses parties hautes des lucarnes à pinacles et frontispices, selon l'esthétique du Val de Loire.

Chantilly

Une demeure de princes

Chantilly est une ancienne forteresse médiévale reprise par le connétable Anne de Montmorency qui fit construire, à partir de 1524, d'abord une galerie destinée à exposer les témoins des exploits cynégétiques de la cour locale, puis successivement deux châteaux.

Parmi les éléments responsables de la genèse complexe du château de Chantilly, l'amitié unissant François Ier au connétable joue un rôle primordial, les précédents de Chambord et Fontainebleau influant de façon immédiate sur le nouvel édifice. Lorsque François Ier s'installe à Fontainebleau, Anne de Montmorency décide de s'occuper de la forteresse de Chantilly que lui a offerte son père en 1522, à l'occasion du partage de ses biens entre ses deux fils.

Le château de Pierre Chambiges

La galerie (détruite en 1785) étant achevée en 1527, année du mariage d'Anne de Montmorency avec une cousine du souverain, Madeleine de Savoie, d'autres travaux sont engagés pour aménager le massif fortifié de l'entrée. Mais c'est seulement en 1529 que le nouveau maître des lieux ouvre vraiment le chantier du nouvel édifice, par la reconstruction du corps de logis principal, à l'est, accompagnée de la construction d'une aile en retour sur la droite de la cour.

Sur l'îlot triangulaire du fort médiéval, Pierre Chambiges (fils de Martin Chambiges qui travailla sur le chantier de la cathédrale de Beauvais, notamment) mène à bien une réalisation que nous connaissons par les gravures d'Androuet Du Cerceau, mais qui sera remplacée au XVIe siècle par un édifice dû à Jules Hardouin-Mansart. Chambiges avait conservé de nombreux éléments du château antérieur qu'il avait agrémenté de nouvelles lucarnes, de baies et de médaillons. La pièce maîtresse en était la loggia, respectueuse des canons antiques transmis par les praticiens italiens, tandis que le corps de logis se signalait par sa décoration en pilastres et chambranles ornés de disques en creux, sous les hautes lucarnes à pinacle. Les aléas de l'Histoire influent ensuite directement sur le destin du château : Anne de Montmorency, disgracié à deux reprises, se consacre totalement, à partir de 1557 (en son absence, les travaux sont surveillés par son père, Guillaume), à la construction d'un nouveau bâtiment, le « petit château ».

1527 Condamnation d'Érasme par la Sorbonne, qui réfute sa position philosophique **1529 Anne de Montmorency fait reconstruire le corps du logis oriental et l'aile de droite du château de Chantilly** 1529 « Paix des Dames » à Cambrai, le 3 août ; trêve entre François Ier et Charles Quint 1530 Remariage de François Ier avec Éléonore d'Autriche, sœur de Charles Quint, le 7 juillet.

CHANTILLY
CHÂTEAU, GALERIE DES CERFS
XIXe SIÈCLE

Les trophées de chasse du duc d'Aumale. La galerie des Cerfs, salle à manger du duc d'Aumale (dernier propriétaire du château) située au fond de la cour d'honneur, est ornée de huit tapisseries des Gobelins représentant des scènes de chasse, de peaux de lion ainsi que de nombreuses têtes de cerf. Sur les murs, les lampes sont portées par des bras de bronze ; au plafond, les caissons encadrent les armoiries des familles ayant occupé le château.

Le château de Jean Bullant

Pour donner corps à son projet d'agrandissement, le connétable utilise un ilot voisin du socle principal (dont il est alors séparé par un canal) et fait appel au talent de l'architecte Jean Bullant, qui réalisa la galerie de Chenonceau. Contrairement à l'édifice de Pierre Chambiges, auquel il était relié par un pont, le « petit château » conçu par Bullant nous est parvenu dans

son état originel. Il présente un long pavillon, jouxté par un parterre. La cour centrale s'ouvre directement vers le grand château ; l'entrée principale, qui se trouve à l'est, est accessible depuis la terre ferme par un autre pont.

Dans la cour centrale, la perfection de la modénature antiquisante est certainement le premier élément qui frappe le regard. On reconnaît ici le talent de Jean Bullant, grand artisan de la Renaissance française au même titre que Pierre Lescot (sollicité, de son côté, pour le château de Vallery). Les croisées du rez-de-chaussée sont alternées avec les lucarnes, ce qui crée un superbe effet d'animation exempt de désordre. La cour, conçue initialement pour s'ouvrir directement sur le château principal, en était séparée par un canal, comblé sous la Restauration par le duc de Bourbon.

CHANTILLY (OISE)
CHÂTEAU, VUE GÉNÉRALE
XVIe SIÈCLE

Deux châteaux en un. Chantilly est un château « mis en eau » ; pour alimenter les pièces d'eau, canaux et bassins, un cours d'eau local, la Nonette, a été détourné. Mais, la plupart des dispositions hydrauliques datent du XVIIe siècle, époque à laquelle Jules Hardouin-Mansart (petit-neveu de François Mansart qui construisit l'aile Gaston d'Orléans du château de Blois) et Jean Aubert reconstruisirent complètement le château pour les Condé. L'édifice donne une apparence unitaire, mais une simple visite permet de retrouver les anciens contours des deux bâtiments ayant été agrégés pour former l'une des plus belles demeures d'Île-de-France ; l'ensemble appartient depuis 1884 à l'Institut de France.

Les proportions du « petit château » (à droite) sont particulièrement harmonieuses, mais d'une surprenante discrétion, comme si l'architecte avait eu pour souci principal de ne pas attenter à la majesté du bâtiment principal en dressant un édifice trop imposant : l'élévation reste très basse, n'étant formée que d'un simple rez-de-chaussée surmonté d'un étage en comble éclairé par de superbes lucarnes aux frontons alternativement triangulaires et curvilignes. De cet ensemble équilibré se détache, à l'arrière-plan, la masse du pavillon d'entrée dont le toit domine le comble du corps de logis.

CHANTILLY
CHÂTEAU,
LE HAMEAU
1775

Un village normand miniature. La « ferme ornée » de Chantilly, dessinée par Jean-François Leroy pour le prince Louis-Joseph de Bourbon, date de 1775 ; avec ses quelques maisons à colombage groupées autour d'un moulin et d'une grange, elle annonce directement le hameau de Trianon (dit de la Reine), construit vers 1783 à Versailles et qui assurera, par cette fusion lyrique avec la nature chantée par Rousseau, le triomphe du génie sensible de l'ère absolutiste. Cinq de ses sept maisonnettes sont conservées : le salon, le billard, la salle à manger, la cuisine et le moulin.

VALLERY (YONNE)
CHÂTEAU,
FAÇADE SUR COUR
XVIe SIÈCLE

Élégance et économie décorative. Confident d'Henri, Jacques d'Albon de Saint-André, achète en avril 1548 la seigneurie de Vallery et y fait immédiatement entreprendre la construction d'une nouvelle résidence, sollicitant l'architecte Pierre Lescot. Lorsqu'il est tué à la bataille de Dreux (1562), deux ailes seulement ont été réalisées. L'aile occidentale (au fond) présente un rez-de-chaussée aux élégantes arcades sous des frontons triangulaires, la clef en étant occupée par la figure d'un masque grimaçant et les écoinçons étant amplifiés par des tables de marbre d'une admirable économie décorative. L'étage d'origine a été remplacé par un simple attique au début du XIXe siècle. À droite, l'ancienne entrée fortifiée, qui date au Moyen Âge.

Villandry

Le triomphe de l'humanisme renaissant

Totalement remanié, voire reconstruit, à partir de 1532, sous les ordres de son nouveau propriétaire, Jean Le Breton, secrétaire des Finances de François Ier et intendant du chantier de Chambord, le château de Villandry atteste, au sein de ses merveilleux jardins, le triomphe de la conception du logis seigneurial, en écho aux préoccupations humanistes du temps.

Comme de nombreux édifices qui lui sont contemporains, le château de Villandry a une histoire presque millénaire puisqu'il était déjà suffisamment considérable au XIIe siècle — sous le nom de château de Coulombiers — pour que Philippe Auguste y rencontrât Henri II Plantagenêt après la conquête de la Touraine, en 1189. De ce prestigieux passé reste la haute tour quadrangulaire, puissante fortification qui semble avoir imposé son plan carré au reste du bâtiment — beaucoup plus tardif — tel qu'il se présente aujourd'hui.

L'ancien et le nouveau

Fermement accolé au donjon d'où il semble surgir, le château développe un plan en fer à cheval qui constitue encore une rareté en son temps. Cependant, si harmonieux qu'apparaisse le développement des trois logis matérialisant les nouveaux idéaux du XVIe siècle en matière de construction (résidence plutôt que forteresse), la tour reste la pièce maîtresse de l'ensemble, ne fût-ce que par le caractère imposant de sa tête crénelée, comme si le nouvel occupant avait à cœur de rappeler les sources lointaines de son autorité seigneuriale. Les trois logis en « U » déterminent donc un espace rectangulaire, la cour d'honneur, dont le style est clairement dérivé de la grande leçon francilienne fondée sur l'équilibre et la mesure. On y accède par un pont-levis qui accentue sa force unitaire tout en rappelant son ancienne fonction défensive.

Élégance, mesure et symétrie

À la grande différence de Chambord, mais en accord avec l'esthétique née à Fontainebleau, les deux ailes latérales sont précédées par deux majestueux pavillons à plan carré, en lieu et place des traditionnelles tours cylindriques. Une parfaite unité architectonique gouverne les trois façades de la cour et, en se retournant, on découvre, au-delà du pont-levis, une vue panoramique des vallées de la Loire et du Cher. Aux extrémités des deux ailes, les pilastres au niveau des arcades forment un retour d'angle, ce qui assure l'unité dans la jonction des façades, en accord avec les nouveaux préceptes du classicisme français.

Au XVIIIe siècle, le marquis de Castellane combla les douves, transforma l'ouverture des baies et, emporté jusqu'au vandalisme par son zèle modernisateur, détruisit une pièce principale de la disposition du XVIe siècle : l'escalier d'angle extérieur qui assurait la distribution des différents niveaux. Heureusement, Villandry trouva chez un propriétaire suivant, le docteur Joachim Carvallo, qui l'acquit en 1906, l'artisan résolu de sa fidèle restauration.

VILLANDRY CHÂTEAU, AILE GAUCHE DE LA COUR XVIe SIÈCLE

L'équilibre, remède à la monotonie. Les deux ailes latérales du château de Villandry se signalent par leur élévation tripartite, toute de mesure et d'élégance. Au rez-de-chaussée courent les galeries de dix arcades aux arcs admirablement galbés, à mi-chemin entre le plein cintre et l'anse de panier. À l'étage, les cinq grandes croisées entourées de pilastres ioniques alternent avec les pans de mur aveugle, chacun de ces deux éléments étant superposé à l'une des arcades de la galerie. Au troisième niveau enfin, celui des toits, de belles lucarnes reprennent la forme des croisées inférieures dans le prolongement desquelles elles sont placées, mais en les agrémentant de légers tympans concaves soutenus par de petits arcs-boutants en accolade. Tout au long de ces ailes, un équilibre subtil se crée entre l'impulsion verticale des éléments superposés et l'assagissement horizontal des plates-bandes à moulures saillantes qui séparent les trois étages. Sur les supports doriques des arcades sont greffés des pilastres élancés et décorés de motifs géométriques à l'italienne ; les faces intérieures sont ornées de chevrons affrontés qui rompent tout éventuel effet de monotonie.

SAINT-GERMAIN-DE-LIVET (CALVADOS) CHÂTEAU, VUE DE L'ENTRÉE PRINCIPALE 1584-1588

La Renaissance en Normandie. Comme à Villandry, la marque du passé seigneurial persiste au château de Saint-Germain-de-Livet, en dépit d'une orientation résolument novatrice du bâtiment construit de 1584 à 1588, sur ordre de Jean de Tournebu. C'est ainsi que, en léger retrait de l'entrée principale, sur la droite, le manoir à pans de bois du XVe siècle a été conservé. Le châtelet d'entrée propose, pour sa part, un magnifique ensemble flanqué de deux tourelles et sollicitant l'ordre corinthien pour le portail. Pour marquer les fastes de la nouvelle vie de cour, l'architecte a choisi un appareil en damier, les cases de briques vertes et roses se détachant nettement du fond blanc. On note cependant la faiblesse des ouvertures, preuve qu'au XVIe siècle, la Normandie est loin d'être aussi pacifiée que le Val de Loire.

1530 Remariage de François Ier avec Éléonore d'Autriche, sœur de Charles Quint, le 7 juillet **1532 Jean Le Breton, ordonne la construction du nouveau château de Villandry** 1534 Jacques Cartier découvre le golfe du Saint-Laurent au Canada.

VILLANDRY (INDRE-ET-LOIRE)
CHÂTEAU ET JARDINS
XVIe SIÈCLE

Une esthétique du mélange. L'appariement d'une vaste demeure résidentielle et d'un austère donjon à vocation défensive est en soi tout un symbole. Villandry mélange plusieurs styles, accepte diverses influences, renvoie à des époques différentes. Humanisme renaissant et bellicisme féodal y font bon ménage de la même façon que le classicisme naissant en France s'accommode à merveille de l'animation décorative italianisante.

C'est à Joachim Carvallo que nous devons l'état actuel des jardins de Villandry ayant assuré, plus encore que le bâtiment, la réputation mondiale du lieu. Décrits par Androuet Du Cerceau, connus par quelques gravures, les jardins Renaissance avaient en effet disparu sous les bosquets et accidents de terrain d'un parc à l'anglaise imposé par l'anglomanie du XIXe siècle. Ces jardins uniques au monde forment une savante architecture végétale répartie sur trois terrasses principales. L'ensemble est complété par les espaces du potager, du verger et du carré des herbes médicinales.

Villegongis

Un idéal de beauté paisible

Trop souvent réduit au rang de « cadet de Chambord », le château de Villegongis, étranger à la pompe écrasante du palais royal telle que l'exalte Chambord, demeure surtout le modèle de la résidence aristocratique qui privilégie l'élégance contre la grandiloquence.

L'inscription de ce ravissant château dans un cadre naturel paisible accentue l'impression que rien n'a changé ici depuis le XVIe siècle. La construction en fut ordonnée par Jacques de Brisay, seigneur de Beaumont et de Villegongis, mais également lieutenant du roi en Bourgogne. Faute de sources absolument fiables, on ne connaît pas la date exacte d'ouverture du chantier, mais on peut la situer au cœur de la décennie 1530.

Comme pour d'autres édifices de même nature, c'est à la veuve du maître des lieux, en l'occurrence Avoye de Chabannes, qu'il reviendra de terminer le bâtiment après le décès prématuré de son époux, respectant ainsi son désir de construire un fragment d'univers régi par la paix et par la beauté, en marge des grands troubles agitant alors l'Europe de François Ier et de Charles Quint. ; troubles dont témoignent nombre de forteresses des pays voisins, à l'image du château de Schaffhouse, en Suisse.

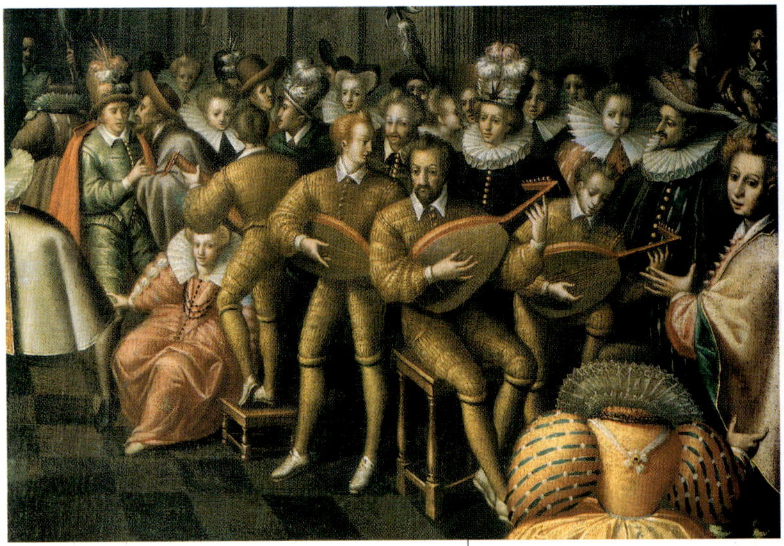

Bal donné au Louvre en présence d'Henri III et de Catherine de Médicis pour le mariage d'Anne, duc de Joyeuse, et de Madame de Lorraine-Vaudréamont (sœur de la reine Louise), le 24 septembre 1581
École française, XVIe siècle
Huile sur toile, 1,20 × 1,85 m
Versailles, musée des Châteaux de Versailles et de Trianon

L'importance de la musique. Ce bal s'apparente à toutes les festivités musicales qui animaient au XVIe siècle les grandes demeures seigneuriales comme Villegongis. Les luthistes y tiennent la première place ; nulle surprise en cela, le luth étant l'instrument aristocratique par excellence au temps de la Renaissance : il sera supplanté, un siècle plus tard, par le clavecin.

La leçon de Chambord

Le nom de l'architecte de Villegongis — à tout le moins de l'auteur du plan — ne nous est pas non plus connu avec certitude. Les spécialistes l'attribuent fréquemment à Pierre Trinqueau, l'un des artisans essentiels du grand chantier de Chambord, tant les nombreuses similitudes entre les deux bâtiments indiquent une assimilation totale de la leçon du prestigieux château royal. Villegongis en est à l'évidence inspiré, avec son corps de logis flanqué de deux tours puissantes et son style décoratif qui utilise un choix de matériaux typiquement français tout en marquant fortement sa référence à l'art italien.

Il semble que le chantier ait connu de grandes difficultés d'achèvement, peut-être liées à des problèmes d'ordre financier. Toujours est-il que, tardivement terminé, le château ne resta pas longtemps la propriété d'Avoye de Chabannes, étant vendu dès 1570 à Madeleine de Launay, épouse de Geoffroy de Neuchèze.

La relative simplicité de l'organisation des espaces intérieurs ne fait que rehausser la splendeur du grand escalier qui assure la distribution des différents niveaux et ouvre sur l'extérieur par une série de petites baies marquant les paliers en façade principale ; les pilastres de ses murs reçoivent la simple décoration d'un disque en creux et son plafond est formé de caissons sculptés aux clefs circulaires pendantes.

Villegongis
Château, vue de la cour
XVIe siècle

Le génie de la simplicité. Du côté de la cour, le bâtiment se présente avec une simplicité accrue du fait du retrait des deux tours d'angle. La trame orthogonale apparaît ici clairement : axes verticaux des croisées du rez-de-chaussée et de l'étage, lucarnes à tympans et pinacles, lignes horizontales de la modénature (ensemble des moulures). La présence de l'escalier intérieur est marquée par la double travée monumentale placée sous la partie du comble dépourvue de lucarne ; cet escalier droit à rampes parallèles est probablement la plus grande réussite de l'agencement intérieur de Villegongis. Seul, le petit édicule en retour, dont on devine l'amorce à l'extrême gauche, trouble la stricte ordonnance de l'ensemble.

Villegongis (Indre)
Château, vue générale
XVIe siècle

Charme et subtilité. Isolé au milieu de ses douves, Villegongis est un château de dimensions modestes, formé d'un seul corps de logis flanqué de deux grosses tours rondes ; les cadres de ses baies, ses hautes lucarnes, ses cheminées abondamment décorées et la répartition équilibrée de ses moulures horizontales rappellent directement Chambord dont il a également repris les losanges en ardoise qui dynamisent les lignes verticales des pilastres. Autre héritage de Chambord, le soin extrême apporté à la décoration sommitale, qui engendre un jeu complexe de lucarnes et de hautes cheminées dominant le grand comble. Mais ce sont quasiment tous les paramètres architecturaux et ornementaux qui seraient à mentionner, tant dans le choix des matériaux que dans l'agencement des formes et la répartition des motifs décoratifs.

Plus encore qu'à Chambord, le charme de la résidence est mis en valeur par son reflet dans l'eau des douves. Les combles sont particulièrement ouvragés ; posés sur une base cylindrique, ils se terminent en pavillons étroits au prix d'une rare virtuosité de conception ; celui de la tour de gauche est désaxé relativement au bâtiment principal, brisant ainsi tout risque de monotonie.

1534 *Gargantua* de Rabelais **Vers 1535 Lieutenant du roi en Bourgogne, Jacques de Brisay, ordonne la construction du château de Villegongis** 1536 Mort de François, fils du roi de France ; son cadet, Henri, devient dauphin

Schaffhouse (Suisse)
Forteresse, vue générale
XVIe siècle

Persistance de la fonction guerrière. Sur cette vue générale de la butte dominée par la tour maîtresse, on mesure l'ingéniosité de la disposition des bâtiments autour de la construction principale, une rampe protégée permettant de hisser les pièces d'artillerie cachées dans les casemates du rez-de-chaussée. La grosse tour cylindrique, érigée de 1564 à 1585, porte le nom de Munot ; elle domine le cours du Rhin à l'est de la petite ville de Schaffhouse (Schaffhausen) et communique avec toutes les fortifications du bourg. Il y a dans cette volonté défensive un contraste saisissant avec l'architecture résidentielle des châteaux d'Île-de-France ou du Val de Loire, ces derniers étant désormais à peu près épargnés par les tumultes guerriers.

Écouen

L'esthétique de la seconde Renaissance

Aucun château ne présente mieux que celui d'Écouen les traces des mutations architecturales en France dans le deuxième tiers du XVIe siècle. S'il apparaît comme un exemple majeur de la seconde Renaissance, celle qui gagne l'Île-de-France après le Val de Loire, c'est en raison de sa disposition originale (galerie de liaison, appartements dans les ailes...) et des modifications profondes de ses façades vers 1555.

Sur une éminence dominant la plaine de France, les Bouchard de Montmorency avaient dressé une forteresse médiévale dont nous ne savons rien. En 1538, Anne de Montmorency (1493-1567) la fait raser et décide d'y élever une demeure digne de son titre de connétable ; l'édifice, entouré de forêts, sera construit à partir de 1538, avec la collaboration d'artisans et d'architectes prestigieux (Jean Bullant, Bernard Palissy, Jean Goujon, peut-être Nicolo Dell'Abate, etc.). Le chantier dura moins de vingt ans.

Le plan d'origine est des plus simples : un quadrilatère cantonné par quatre pavillons, un fossé sec sur trois côtés, franchi par deux ponts-levis sur les côtés est et ouest, et cédant sa place au nord à une vaste terrasse surplombant le paysage. Anne de Montmorency, mécène raffiné et soucieux de modernité, demande une galerie de liaison, au premier étage du bâtiment central, les appartements étant disposés dans les ailes à grand escalier, innovation qui annonce Versailles.

PAVEMENT PROVENANT DU CHÂTEAU D'ÉCOUEN, DÉTAIL

XVIe SIÈCLE

Faïence

Écouen, musée national de la Renaissance française

Le luxe jusque sur le sol. Répondant aux exigences du connétable Anne de Montmorency, les praticiens d'Écouen ont soigné tous les détails de la décoration intérieure et extérieure, spéculant subtilement sur le jeu des matériaux et des nuances chromatiques. L'une des dispositions les plus intéressantes est celle des pavements en carreaux de faïence qui confèrent aux sols le même faste que les murs, couverts de tapisseries, ou les baies, closes par des vitraux en grisaille au jaune d'argent. Les pavements sont dus pour l'essentiel au potier rouennais Masséot Abaquesne ; c'est à son initiative que reviennent les encadrements bleus mettant en exergue les armes des Montmorency (dessin des « A » et « M »), sur fond de guirlandes de fruits. Pour l'époque, il s'agissait là d'un rare témoignage de luxe et d'originalité, les sols étant ordinairement réalisés en simple pierre ou en terre vernissée monochrome.

ÉCOUEN
CHÂTEAU, FAÇADE SUR COUR DE L'AILE NORD
1552

L'évolution des baies. L'un des éléments les plus manifestes de l'évolution architecturale à Écouen se lit au niveau des baies, de plus en plus chargées d'ornements à mesure que le chantier avance. Couronnées de simples frontons semi-circulaires sur la façade externe du corps principal, elles adoptent, sur l'aile sud, le schéma du trapèze en façade et le couronnement tripartite côté cour. En revanche, l'aile nord constitue une véritable apothéose avec ses pilastres doriques sous les lucarnes qui ont probablement été dessinées par Jean Goujon.

ÉCOUEN (VAL-D'OISE)
CHÂTEAU, VUE
GÉNÉRALE CÔTÉ EST
XVIe SIÈCLE

La chapelle préservée. C'est vers 1550 qu'une aile basse avait été érigée sur le flanc est du château d'Écouen. Mais en 1787, les Condé, nouveaux propriétaires, la firent abattre, probablement pour mieux jouir de la vue donnant sur la plaine. En 1807, l'architecte Étienne François Peyre reconstruit un petit corps de bâtiment n'ayant d'autre intérêt que de clore à nouveau la cour. Seul avantage de cette destruction, la chapelle logée dans le pavillon sud-est est superbement mise en valeur.

L'archétype de la Renaissance française

Dès 1538, les quatre pavillons d'angle sont entrepris, ainsi que les ailes sud et ouest, peut-être par le maître d'œuvre Pierre Tâcheron, la galerie du corps central étant aménagée en 1542. La nouvelle demeure, inspirée de la Renaissance des pays de Loire, se présente sous un jour neuf mais austère, à l'image de nombreux édifices de l'époque remaniés selon la manière nouvelle. C'est à partir de 1546 qu'Anne de Montmorency demande expressément à Jean Goujon, puis à Jean Bullant d'y introduire l'esthétique de la Renaissance parisienne. L'aile d'entrée de Goujon, avec sa galerie éclairée, se signalait par son avant-corps comprenant un porche, une loggia et une niche recevant la statue équestre (disparue) du connétable.

Jean Bullant achève en 1552 l'aile nord, destinée aux appartements du roi et de la reine et reconstruit la façade extérieure avec un nouveau décor de pilastres. Côté cour, il dresse un portique décoré de colonnes superposées et de niches. Vers 1555, il ajoute sur la façade ouest un arc de triomphe, rétablissant la symétrie avec l'aile d'entrée. Surtout, vers 1556, il érige le portique colossal dont les quatre colonnes corinthiennes cannelées courent sur toute la hauteur de la façade, ordonnance inédite en France et indice de l'éclosion de seconde phase de la Renaissance, fondée sur l'étude de l'antique.

Quant à l'aile sud, elle accueille les célèbres *Esclaves*, reliefs du gigantesque tombeau commandé par le pape Jules II à Michel-Ange, en 1506. Le tombeau n'ayant jamais été achevé, Robert Strozzi a offert en 1546 ces

ÉCOUEN
CHEMINÉE PEINTE
DE LA CHAMBRE
D'HENRI II
ÉCOLE DE FONTAINEBLEAU
XVIe SIÈCLE
Écouen, musée national de la Renaissance française

Bible et panthéon. Mythologie et Ancien Testament se trouvent curieusement mêlés sur cette cheminée peinte ; la scène principale, qui montre Saül égorgeant ses bœufs, est entourée par les figures de Mars et de Bellone.

deux *Esclaves* à François Ier, qui mourra l'année suivante : son successeur, Henri II, les donne à son tour à Anne de Montmorency. Ces circonstances n'ont pu qu'inciter Bullant à s'inspirer des colonnes corinthiennes cannelées du Panthéon romain. Les niches basses abritant les Esclaves sont dominées par les armoiries du Connétable et de sa femme, l'architecte signant à cette occasion le manifeste de la nouvelle Renaissance.

Un décor intérieur luxueux

Entre les divers appartements, la circulation se fait sans couloir, les pièces se succédant les unes aux autres par des passages ou des portes toujours situés du côté cour, disposition qui a directement influé sur l'emplacement et la forme des escaliers, à volées droites, ou à vis aux extrémités des ailes principales.

Partout, la faïence, le vitrail, la tapisserie et le mobilier précieux témoignent d'un luxe inouï. Les douze cheminées peintes constituent un autre témoignage de ce faste décoratif qui multiplie les cartouches, les cuirs, les guirlandes, les trophées d'armes, etc. Les murs ont conservé des frises peintes à décor de grotesques, de rinceaux, putti et motifs antiques, dans des nuances variées à l'infini, généralement d'un bleu discret chez le connétable, plus colorées chez son épouse. Même la voûte d'ogives très élaborée de la chapelle, peinte des armoiries du connétable, participe de cet éclat.

Rendu à l'État en 1962, devenu musée national de la Renaissance en 1977, Écouen présente ses collections dans le cadre qui fut le leur dès l'origine ; y sont également exposées des œuvres des écoles française, italienne et néerlandaise.

1537 Le 28 décembre, sur ordre de François Ier, création du dépôt légal de chaque ouvrage imprimé **1538 Début de la construction des quatre pavillons d'angle d'Écouen par le maître d'œuvre Pierre Tâcheron** 1538 Le 14 juillet, réconciliation, à Aigues-Mortes, de François Ier et Charles Quint.

ÉCOUEN
CHÂTEAU, FAÇADE SUR COUR DE L'AILE SUD
1556-1557

L'Antiquité de retour. L'aile gauche demeure le chef-d'œuvre de Jean Bullant à Écouen dans le même temps qu'elle assure symboliquement la fusion des goûts français et italien. En 1506, le pape Jules II avait commandé son tombeau à Michel-Ange ; de ce projet gigantesque, le maître toscan ne verra jamais la fin, faute d'un financement suffisant, mais plusieurs statues en sont restées, dont les deux célèbres *Esclaves* offerts en 1546 par Robert Strozzi à François Ier. Henri II, les ayant héritées, s'empresse de les offrir à Anne de Montmorency, lequel demande à Bullant un portique colossal, inspiré de l'entrée du Panthéon romain. Les niches basses reçoivent les Esclaves (les originaux sont conservés au Louvre) surmontés des armoiries du connétable ; ce faisant, Jean Bullant officialise l'introduction en France de la Renaissance antiquisante.

GORDES (VAUCLUSE)
CHÂTEAU, VUE GÉNÉRALE
XVIe SIÈCLE

Une forteresse humanisée. Remanié sur ordre de Bertrand Rambault vers 1537-1541, le château de Gordes a conservé sa structure de forteresse médiévale, mais son extérieur a été repris selon les canons de l'esthétique renaissante (tourelles en échauguette, moulures horizontales, frontons triangulaires, etc.). Nombreux sont les commentateurs qui ont relevé la parenté de cet édifice avec le château voisin de Lourmarin.

ÉCOUEN
CHÂTEAU, FAÇADE EXTÉRIEURE DE L'AILE NORD
VERS 1560

Monumentalité et nouveauté. Le programme architectural de cette façade, fondé sur la superposition des ordres dorique et ionique, est d'une grande nouveauté : un avant-corps très saillant, dont les pilastres, nus au rez-de-chaussée, sont cannelés au premier étage, une baie cintrée, cantonnée de deux plus petites (schéma repris au niveau supérieur), enfin un vaste fronton triangulaire dont la traverse inférieure est rompue en son milieu. Cet ensemble est la dernière vraie contribution renaissante au château d'Écouen ; il a succédé à l'élévation du grand escalier central à deux volées droites, érigé par Jean Bullant pour assurer la distribution des appartements royaux. Les loggias ainsi dégagées ont été vitrées au XVIIIe siècle, permettant de jouir de la vue sans souffrir des effets du froid.

Saint-Germain-en-Laye

La force de la tradition monarchique

Saint-Germain-en-Laye est puissamment ancré dans la tradition monarchique française ; c'est dans sa chapelle, éclairée par une rosace de 10 mètres carrés, que l'empereur latin de Constantinople céda les reliques du Christ à Saint Louis en 1238. François Ier y épousera Claude de France, Louis XIV y sera baptisé.

Aux alentours de l'an 1122, Louis VI le Gros avait fait construire un château fort, le Grand Châtelet, sur le plateau de Laye, couvert de forêts. Puis Philippe Auguste et Saint Louis avaient enrichi cette demeure féodale d'un ensemble de bâtiments, le Petit Châtelet et d'une chapelle, érigée de 1230 à 1238. Détruit en 1346 par les troupes du Prince Noir, il est complètement reconstruit sur ordre de Charles V entre 1364 et 1367. De tout cela, la somptueuse reconstruction souhaitée par François Ier, à partir de mars 1539, n'a presque rien laissé, hormis la tour carrée située à gauche de l'entrée.

Le dernier palais de François Ier

Déjà à l'origine de la construction de Chambord et du réaménagement de Fontainebleau, François Ier décide, en mars 1539, la reconstruction de l'édifice. Les travaux commencent le 22 septembre 1539, sous la direction de

SAINT-GERMAIN-EN-LAYE (YVELINES)
CHÂTEAU, FAÇADE CÔTÉ FORÊT
XVIe SIÈCLE

L'ancien et le nouveau. De la terrasse développée devant le château, il apparaît clairement qu'un double étage a été superposé aux courtines du bâtiment médiéval. La différence de dimensions des baies, notamment, est étonnante. La partie haute du château est tout à la fois soutenue et dominée par une double balustrade à l'italienne, c'est-à-dire une alternance de balustres et de pots à feu qui indique peut-être une influence directe de Serlio, le grand théoricien italien, qui fait à cette époque un séjour à la cour de France. On admirera le caractère épuré de cette façade cantonnée de deux hautes tours et précédée d'un haut portique légèrement désaxé.

SAINT-GERMAIN-EN-LAYE
CHÂTEAU, COUR INTÉRIEURE
XVIe SIÈCLE

Le décor au service de l'unité. La cour de Saint-Germain (récemment restaurée par Bernard Voinchet) est remarquable en ce qu'elle reste tributaire de la conception des deux ailes construites par Pierre Chambiges, tout en proposant un dessin d'une autonomie apparemment totale. Les contreforts chargés de soutenir la voûte du bâtiment ont été aménagés de telle façon que leur fonction est totalement occultée ; réunis l'un à l'autre par une double rangée d'arcades en plein cintre, dont la superposition est révélée par la course des deux balustrades, ils assurent aux façades une unité formelle aussi étonnante que leur animation ornementale.

Pierre Chambiges. Le 19 juin 1544, un marché est signé en faveur de Guillaume Guillain (parent de Pierre Chambiges) et Jean Langlois pour clore le chantier. L'une des plus remarquables réalisations de Chambiges est son grand escalier qui compte quatre rampes droites et autant de paliers couverts de voûtes d'ogives. Ici encore, les praticiens ne reculent pas devant les nouveautés lorsqu'elles sont fonctionnelles, mais refusent d'y sacrifier lorsque l'architecture ne l'exige pas.

À la mort de François Ier (1547), la grande salle de bal (devenue la salle d'archéologie comparée de l'actuel musée) dont il a souhaité la réalisation mesure quelque 500 mètres carrés, mais elle est encore à ciel ouvert. L'élément principal en est la cheminée ornée d'un motif en pierre où figure la salamandre. La salle sera inaugurée le 19 mai 1549 par un grand banquet donné par Henri II à l'occasion du baptême de l'un de ses fils. C'est au XVIIe siècle que Louis XIV la transformera en « salle des Comédies » et l'équipera d'une machinerie permettant à Lully et à Molière de s'y produire devant la cour ; en 1666, Louis XIV dansera lui-même dans le *Ballet des Muses*.

Un château apprécié par Louis XIV

En 1559, le château de Saint-Germain, qui occupe une surface de 8 000 mètres carrés ne compte pas moins de cinquante-cinq « logis », sept chapelles, les cuisines et la grande salle de bal. Dans le sous-sol voûté du donjon, une prison a été aménagée. Sur l'actuelle place du château, cinq corps de bâtiment constituent la basse cour ; au fond des douves sèches, enfin, est aménagé un jeu de paume.

Ce château Vieux sera peu à peu déserté par les souverains, au profit d'une construction voisine plus aimable, le château Neuf, dont le comte d'Artois ordonnera la destruction en 1777 ; n'en subsistent que l'oratoire du Roi, le pavillon du Jardinier, le mur de soutènement et l'escalier sur la terrasse dorique. En 1660, Louis XIV, déjà habité par ses rêves de grandeur, déserte le château

Louis XIV, suivi de Turenne, assistant à une chasse au vol, en vue du château Neuf et des terrasses de Saint-Germain-en-Laye en 1669
Atelier d'Adam F. Van der Meulen (1632-1690)
XVIIe siècle
Versailles, châteaux de Versailles et de Trianon

Les fameuses terrasses. C'est devant les terrasses précédant le château de Saint-Germain-en-Laye que le souverain marque un temps de repos. À ses côtés, le grand Turenne, l'une des « sources de sa gloire » ; de 27 ans plus âgé que le roi, le prestigieux soldat vient de s'illustrer dans la guerre de Dévolution menée contre l'Espagne, qui a permis à la France de récupérer Lille. Pour le Roi-Soleil, ce voisinage avec son fidèle capitaine, distinction suprême, constitue tout à la fois un hommage et un geste de reconnaissance.

Neuf pour s'installer au château Vieux, confiant les travaux d'aménagement à Jules Hardouin-Mansart qui ajoute des pavillons cubiques (jamais terminés et aujourd'hui disparus) aux angles du château ; la chapelle, surélevée d'un étage, est masquée côté sud par un bâtiment.
André Le Nôtre réaménage les jardins (Boulingrin, Grand Parterre) et fait construire la Grande Terrasse — d'une longueur de 2,4 kilomètres — qui domine un grand méandre de la Seine. Commence alors une vie de cour consacrée à la chasse, au théâtre, aux promenades sur la Seine, aux concerts et aux bals. Mais le 20 avril 1682, Louis XIV quitte définitivement Saint-Germain pour Versailles, marquant ainsi la fin d'une tradition prestigieuse.

De château en musée

En 1689, le souverain français offre l'hospitalité à son cousin Jacques II, roi d'Angleterre exilé. Puis le château devient, au gré des événements, prison, hôpital, école de cavalerie, caserne, pénitencier militaire. Par un décret de mars 1862 enfin, Napoléon III décide d'y installer le musée des Antiquités celtiques et gallo-romaines, confiant la restauration du monument à Eugène Millet, élève de Viollet-le-Duc, qui prend le parti de restituer le château tel qu'il était sous François Ier en supprimant tous les ajouts du XVIIe siècle et en reconstruisant les parties manquantes à partir des dessins d'Androuet Du Cerceau et d'Israël Sylvestre. Toute l'extrémité sud de la façade occidentale, cependant, est une création, ainsi que les arcades bordant la chapelle.

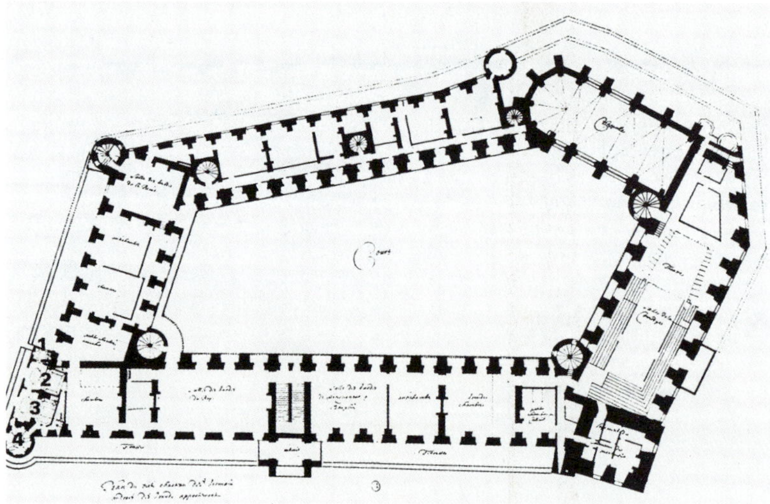

PLAN DU PREMIER ÉTAGE DU CHÂTEAU DE SAINT-GERMAIN-EN-LAYE
XVIe SIÈCLE
Saint-Germain-en-Laye, musée des Antiquités nationales

Un plan directement hérité de la forteresse médiévale. L'originalité de ce plan tient à son caractère pentagonal, résolument étranger à la dictature orthogonale de la plupart des châteaux qui lui sont contemporains.

LE DIEU TARANIS
Ier SIÈCLE (?)
Bronze, hauteur 14 cm
Saint-Germain-en-Laye
musée des Antiquités nationales

Les traces des « temps les plus reculés ». C'est en 1862 que Napoléon III décide la création, au château de Saint-Germain-en-Laye, d'un musée réunissant les pièces « de notre histoire nationale ». Mal conservé, le château est classé le 8 avril 1863 ; sa mutation en musée a permis de le sauvegarder tel qu'il était sous François Ier. Le premier règlement du musée, en 1866, montre le souci pédagogique attaché à la présentation de « l'histoire des races qui ont occupé le territoire de la Gaule depuis les temps les plus reculés jusqu'au règne de Charlemagne ». Les sept premières salles sont inaugurées par l'empereur le 12 mai 1867. Le musée des Antiquités nationales reste le seul établissement consacré entièrement à l'archéologie française, ce qui le distingue des départements archéologiques d'autres musées généralistes. Cette statuette de Taranis montre le dieu tenant dans la main gauche la roue, symbole du ciel dont il est le maître, et brandissant la foudre de la main droite ; il porte à l'épaule droite un cercle sur lequel des « S » symbolisent l'éclair.

L'EMPEREUR BAUDOIN II REMET À SAINT LOUIS LA COURONNE D'ÉPINES, QUI SERA DÉPOSÉE À LA SAINTE-CHAPELLE
VIE ET MIRACLES DE SAINT LOUIS
MANUSCRIT DE LA SECONDE MOITIÉ DU XVe SIÈCLE
Paris, Bibliothèque nationale de France

Sous le signe du sacré. Cet admirable document illustre l'un des événements majeurs de l'histoire de Saint-Germain-en-Laye : la cession des reliques du Christ à Saint Louis par l'empereur de Constantinople, en 1239, dans la chapelle du château. Il s'agit d'un geste décisif au cœur de la trame complexe des croisades, la conservation ou la rétention d'une relique étant fréquemment un *casus belli* entre les monarchies de l'époque.

SAINT-GERMAIN-EN-LAYE
CHÂTEAU, BAIES DE L'ÉTAGE
XVIe SIÈCLE

L'ouverture à la lumière. Les baies, placées au fond de la partie supérieure des arcades creusant de profondes niches, en adoptent le dessin cintré. Mais, dans sa volonté d'harmoniser tous les éléments de la construction, l'architecte a donné le même dessin en courbe aux baies du compartiment inférieur qui sont surmontées d'un fronton triangulaire, à l'inverse de celles de l'attique qui sont directement placées sous la balustrade. Il est remarquable qu'aucun élément purement décoratif n'intervienne ici, les chaînes de brique suffisant à surligner les segments de la structure.

1539 Le 31 août, ordonnance de Villers-Cotterêts qui marque une victoire décisive du pouvoir monarchique sur l'autorité religieuse **1539 Pierre Chambiges, maître des œuvres de maçonnerie de la Ville de Paris, signe un marché pour la reconstruction du château de Saint-Germain-en-Laye** 1543 Le 12 juillet, début de la quatrième guerre entre François Ier et Charles Quint.

LA VOULTE (ARDÈCHE)
CHÂTEAU, FAÇADE SUR COUR
XVIe SIÈCLE

Une aile Renaissance bien intégrée. Commencé en 1319, partiellement détruit en 1944, le château de La Voulte, qui domine la vallée du Rhône, est composé de trois corps de bâtiments datant des époques gothique, renaissante et classique. Remanié en 1578 pour Gilbert de Lévis, apparenté aux Montmorency, l'édifice présente notamment une aile Renaissance d'une très belle qualité de facture. Ses baies, largement espacées sur le mur en appareil rustique et coiffées de frontons alternativement triangulaires et curvilignes, y dominent une galerie rythmée par des colonnes engagées baguées. Les larges arcades en sont constituées de claveaux en bossage qui mettent en valeur la beauté de la pierre.

Ancy-le-Franc

L'influence du génie italien

Jusqu'à la découverte d'un document conservé dans le fonds de la Bibliothèque nationale, le château d'Ancy-le-Franc faisait figure d'archétype italianisant. Fruit de l'invention d'un illustre architecte italien, Sebastiano Serlio, appelé en France par François Ier, il attestait l'influence directe du génie italien sur la construction française.

Les historiens se montrent aujourd'hui plus prudents ; sans remettre en question le rôle décisif de Serlio, qui affirma lui-même sa participation à la genèse de l'édifice, ils s'interrogent, à partir d'un plan du château qui n'est pas de sa main, sur les différences notables entre les dessins du maître italien et l'agencement réel du château. Faut-il y découvrir les effets des exigences particulières du maître des lieux auxquelles se plièrent les constructeurs au fur et à mesure de l'avancée du chantier ?

Une création *ex nihilo*

Contrairement à presque tous les châteaux français, Ancy-le-Franc ne succède à aucune forteresse médiévale, ne reprend les fondations d'aucun bâtiment antérieur. En 1537, héritant de sa mère, Anne de Husson, les terres d'Ancy-le-Franc, Antoine III de Clermont, y souhaita la construction d'un château sur terrain vierge. Ce rêve d'un aristocrate épris de la manière nouvelle venue d'Italie, devait soudain prendre corps grâce à sa rencontre, à la cour de François Ier, avec Serlio.

Il est probable que les travaux ont commencé en 1544 (l'inscription ornant la porte méridionale, « Soli Deo gloria 1546 », marque un état avancé du chantier) pour être menés à terme dès 1550. Ils sont inaugurés par le creusement d'un large fossé, plus tard comblé, dont les remblais permettent l'édification d'une haute terrasse d'où le nouvel édifice dominera les environs. Le plan adopté ressortit au pur classicisme : un carré dont chaque angle est flanqué d'un pavillon quadrangulaire.

Une cour majestueuse et intime

Quant à l'élévation extérieure, elle procède de la même simplicité classique. Côté cour, le rythme des fenêtres à meneaux alternant avec les niches encadrées de pilastres, à l'étage, et des arcades nues au rez-de-chaussée atteste la fusion franco-italienne. *L'architettura* de Serlio, publiée en 1537, est fondée sur les ordres antiques et le cachet vénitien, caractérisé par l'importance accordée à la surface où se déploient les effets de relief et de clair-obscur.

Nul ne conteste ici l'ascendant direct du maître italien qui, exactement à la même époque (1544), édifie à Fontainebleau l'hôtel du Grand Ferrare, modèle du futur hôtel à la française. Ailleurs, en France, le château de Joigny (1569) adoptera le même principe de décoration princière avec le rythme en doubles pilastres de la façade. Les arcades ouvrent sur un péristyle menant aux escaliers placés dans les angles ; à l'étage, la sévérité des fenêtres est atténuée par l'adjonction de tables à couronnement.

1544 Le 19 janvier, naissance à Fontainebleau du futur François II, fils du dauphin Henri **1544 Ouverture probable du chantier d'Ancy-le-Franc** 1545 Le 13 décembre, ouverture du concile de Trente, destiné à combattre le protestantisme ; François Clouet peint le célèbre *Portrait équestre de François Ier*.

Ancy-le-Franc
Chambre des Arts
Décor attribué au Primatice
Milieu du XVIe siècle

Une iconographie intellectuelle. Les peintures murales du château proposent un parcours mythologique et allégorique. La palme revient à la chambre des Arts, ornée de sept médaillons figurant les arts libéraux (logique, rhétorique, géométrie, arithmétique, grammaire et astronomie y entourent la musique) et d'un huitième consacré aux Muses ; la chambre des Arts présente par ailleurs une riche iconographie consacrée au zodiaque.

En marge du château, le domaine est réputé pour sa ferme, ses écuries, ses fabriques du XVIIIe siècle ; passé des Clermont à Louvois en 1683, revenu à sa première famille en 1844, objet de diverses transactions, il bénéficie aujourd'hui d'une restauration exemplaire.

Les fastes décoratifs

Ancy-le-Franc abrite l'un des plus vastes ensembles de peintures murales de la Renaissance. Les experts reconnaissent la main d'un artiste travaillant selon les préceptes du Primatice. Au rez-de-chaussée, la décoration de la salle des Césars remonte à 1578 ; elle présente une série de médaillons portant des portraits d'empereurs romains, la voûte étant ornée de grotesques selon les préceptes introduits par Raphaël dans la Rome du début du XVIe siècle. Également réalisée en 1578, la chambre de Diane propose deux grandes compositions d'une rare splendeur, *Diane au bain surprise par Actéon* et *le Jugement de Pâris*.

À l'étage, les décorations sont moins spectaculaires, mais la salle des Gardes présente encore de très belles poutres peintes, cependant que la galerie des Sacrifices se signale par ses camaïeux antiquisants, tout comme la galerie de Pharsale (attribuée par certains exégètes à Nicolo Dell'Abate). Le décor de la chambre des Arts est un des plus remarquables.

ANCY-LE-FRANC (YONNE)
CHÂTEAU VU DU PARC
XVIe SIÈCLE

Équilibre et unité. Une impression de parfait équilibre se dégage de la vision d'ensemble du château d'Ancy-le-Franc. Les quatre corps de logis dessinent un carré strict renforcé en ses angles par quatre hauts pavillons qui, coiffés d'un lanternon, dressent deux étages au-dessus du rez-de-chaussée, à la différence des ailes à grand comble percé de petites lucarnes ; selon le projet initial de Serlio, ce comble, qui participe à l'unité structurelle de l'édifice en venant brocher sur les pavillons d'angle, aurait dû céder la place à un toit plat. La disposition régulière de l'appareil souligne la beauté de la pierre de Bourgogne, d'une grande subtilité chromatique. L'horizontalité des corniches qui courent sur tout le bâtiment est combattue par la disposition des pilastres encadrant les hautes baies rectangulaires (qui, à l'origine, alternaient avec des trumeaux aveugles, disposition restée en place sur les pavillons).

KERJEAN (FINISTÈRE)
CHÂTEAU, VUE GÉNÉRALE
EN AVANT DU PORTIQUE
D'ENTRÉE
XVIe SIÈCLE

Le parti pris de la grandeur. Bien que les sources précises fassent défaut, on peut dater les travaux de reconstruction du château de Kerjean en 1542. En dépit des dégradations dues au temps, l'édifice conserve grande allure. Protégé par une longue enceinte extérieure, il développe un plan en quadrilatère ; son entrée est marquée par un portique en arc de triomphe (proche de celui d'Anet) placé au milieu d'un mur couronné par un parapet semi-cylindrique.

Anet

Les vestiges d'un archétype de la Renaissance tardive

Du château d'Anet, il ne reste, qu'une assez faible partie, le corps central, érigé sur une terrasse soutenue par des cryptoportiques encore en place, et l'aile droite ayant été rasés à l'extrême fin du XVIIIe siècle. Cependant, tel qu'il nous est parvenu, il demeure l'une des pièces maîtresses de l'architecture française de la Renaissance.

Philibert Delorme, auteur d'un célèbre traité d'architecture paru en 1567, en est le principal artisan; il y travailla de 1547 à1553 pour Diane de Poitiers (1499-1566), maîtresse officielle du roi Henri II.

Le souvenir d'un présent royal

Sur place, un manoir construit en 1470, propriété de Louis de Brézé, époux de Diane de Poitiers, constituait un poste de chasse idéal au sein de forêts giboyeuses. Veuve en 1531, Diane gagne les faveurs du dauphin Henri, roi de France en 1547; aussitôt, les travaux du nouvel édifice commencent. Le corps central commence à s'élever en 1548, les deux ailes et la chapelle en 1549, le pavillon d'entrée en 1552. Ce dernier forme un énorme massif à trois étages superposant les ordres et adoptant la forme générale d'un arc de triomphe dressé à la gloire des occupants. De part et d'autre de la porte principale, deux portiques doriques donnent une rare solennité au grand bronze de Benvenuto Cellini, *la Nymphe au cerf*, offert à Diane — homonyme de la déesse romaine de la Chasse — par son amant royal en 1555.

Le corps central, qui se trouvait au fond de la cour, a complètement disparu, mais son grand portique a été remonté au XIXe siècle dans la cour de l'école nationale des Beaux-Arts, à Paris, où il se trouve toujours. C'est dans ce bâtiment qu'étaient situés les appartements de Diane et du souverain; la célèbre galerie de Diane, décorée de grotesques, avait pris place dans l'aile droite, elle aussi disparue.

La chapelle, en marge de l'édifice résidentiel

C'est avec la chapelle d'Anet, située autrefois contre l'aile droite, que se précise la rupture définitive avec l'héritage médiéval. Fondée sur les figures du cercle et du carré (comme le *Tempietto* romain de Bramante, antérieur d'un demi-siècle), elle reçoit la couverture d'une coupole surmontée d'un lanternon classique; le « D » de Diane et le « H » d'Henri y sont réunis, manifestation d'une morale humaniste qui triomphe des exigences d'une Église sur le déclin.

L'intérieur atteste une maîtrise virtuose de la géométrie dans l'espace; l'extraordinaire pavement de marbres polychromes renvoie directement aux complexités spiralées de la coupole, démonstration d'autant plus saisissante que le reste du décor monumental varie brillamment sur le thème des pilastres à chapiteau floral.

Derrière la chapelle a été récemment reconstituée la fontaine de Diane, l'une des premières académies de la Renaissance française; la belle y apparaît sous un jour mythologique, victorieuse du cerf, roi de la forêt et donc couronné de bois doré.

ANET
CHÂTEAU, AILE D'ENTRÉE
XVIe SIÈCLE

Le triomphe du nouvel esprit de cour. Le portail d'entrée d'Anet signe l'intégration du goût antique dans l'architecture française de la Renaissance. Mise en valeur par un arc triomphal flanqué de deux ouvertures de moindre envergure, cette entrée régie par le canon dorique, comporte aussi des terrasses avec balustrades décorées. La polychromie des marbres, de la pierre de Vernon, des porphyres et du bronze (l'œuvre de Benvenuto Cellini occupe le centre de la composition) participe du nouvel esprit de cour, tourné vers le plaisir plus que vers la prière, vers la chasse plus que vers la guerre. En retrait, l'aile gauche, dont on distingue ici les combles, est le seul grand relief du château disparu. Modifiée côté cour par le maréchal de Vendôme au XVIIe siècle, elle est caractérisée par l'ampleur régulière des baies rectangulaires de l'étage et par l'alternance des frontons (curvilignes ou triangulaires) avec les simples corniches, alternance que l'on retrouve dans la disposition des lucarnes.

GROSBOIS
(VAL-DE-MARNE)
CHÂTEAU, LE LOGIS
VU DE LA COUR
FIN XVIe SIÈCLE

La Renaissance finissante. Recevant à titre de dot la terre de Grosbois en 1596, Nicolas de Harlay, conseiller de Henri III et Henri IV, y fait construire un château dès l'année suivante. L'architecte Florent Fournier érige une fort belle demeure de taille de pierre, de brique et de moellon sur un terre-plein cerné de fossés. La façade principale, au fond de la cour d'honneur, en demeure l'élément le plus original; son corps central, creusé en hémicycle, s'inscrit à la fin d'une succession de pavillons en décrochements successifs, disposition rare en France mais d'un usage courant en Italie. Encore l'effet en serait-il accentué si les baies rectangulaires d'origine n'avaient été remplacées, au XVIIIe siècle, par des fenêtres cintrées plus basses.

1546 Le 3 août, l'imprimeur Étienne Dolet est brûlé pour hérésie, à Paris **1547 Diane de Poitiers demande à Philibert Delorme la construction de son château d'Anet** 1547 Les travaux commencent aussitôt. Le 31 mars, mort de François Ier à Rambouillet ; son fils, Henri II, lui succède.

Anet (Eure-et-Loir)
Château, coupole
de la chapelle
1549

Une spéculation virtuose. La chapelle d'Anet reste un prodigieux tour de force spéculatif. Refusant les principes stricts de la rotonde et du plan en croix, l'architecte Philibert Delorme offre la démonstration de sa science de tous les effets architecturaux de son temps. Et c'est avec une évidente fierté qu'il place l'intelligence savante au service de la foi dévote, en créant un entrelacs de dix-huit cercles (et non pas seize, comme l'a gravé Androuet Du Cerceau), ce qui pose le redoutable problème de la trisection de l'angle, obtenue par le tracé d'une courbe très particulière, dite « conchoïde » et impossible à réaliser avec la seule aide de la règle et du compas.

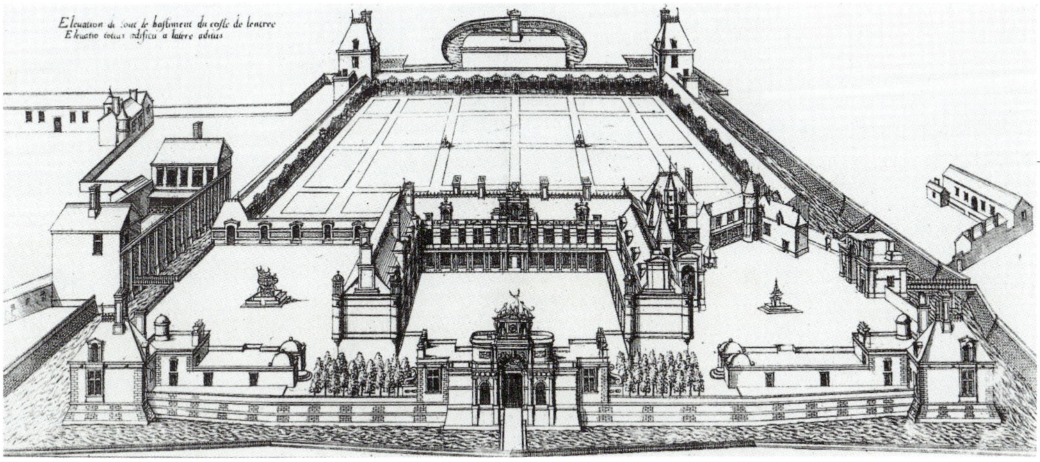

Le château d'Anet
Gravure d'Androuet Du Cerceau
XVIe siècle
Paris, Bibliothèque nationale

Un document irremplaçable. Sans cet extraordinaire témoignage de Du Cerceau (1510-1584), nous aurions le plus grand mal à visualiser l'ensemble d'Anet qui, héritier de la tradition gothique et adepte des canons italianisants, annonce l'éclosion prochaine du classicisme français. Au sein d'une enceinte rectangulaire cantonnée de pavillons, le château était composé de trois corps de logis en fer à cheval : n'en demeure que l'aile gauche.

Grignan

La Renaissance hors du Val de Loire

Aussi éloigné des châteaux du Val de Loire par la géographie que par la rudesse de son implantation, sur une plate-forme rocheuse, le château de Grignan affirme pourtant un même souci de qualité de vie fondée sur le confort et le plaisir.

Attesté en tant que forteresse dès 1035, il présente d'emblée certains caractères définitifs : escarpement de son socle, fortification de la plate-forme dominant la basse cour, enceinte défensive. Au XIIIe siècle, la construction d'un châtelet d'entrée et d'un corps de salle dans le prolongement d'une tour carrée antérieure affirme une volonté défensive, encore renforcée au XIVe siècle par la construction des tours de la poterne occidentale et le renfort du châtelet par la grosse tour semi-circulaire accotée à la tour carrée. Quant au logis seigneurial, il reste formé pour l'essentiel par le corps de salle et flanqué des deux tours méridionales.

Les mutations du XVIe siècle

Les premières phases de transformation en résidence de cette citadelle datent de la fin du XVe siècle. Gaucher Adhémar de Monteil, baron de Grignan, fait doubler le corps de salle après 1478. Puis, de 1495 à 1515, il ordonne l'ouverture d'une galerie reliée à son logis par un large escalier droit voûté d'ogives. Mais c'est son fils Louis Adhémar, ambassadeur à Rome en 1538, qui, entre 1544 et 1558, opère la grande mutation renaissante. L'agrandissement du corps central, le remaniement de la chapelle Saint-Romain et la construction, contre le flanc ouest du site, de l'église Saint-Sauveur (1535-1542) témoignent de cette volonté novatrice. Surtout, le nouveau maître des lieux exige un *cortile* à l'italienne, c'est-à-dire une cour régulière aux façades symétriques ; le projet ne peut être mené à bien, Louis Adhémar étant emprisonné, après enquête sur les massacres de populations hérétiques dont il a été l'instigateur. Libéré après cinq ans d'incarcération, il fait reprendre les travaux à Grignan en 1553, dressant au midi la façade précédée d'une monumentale terrasse.

Les dommages du temps

À la suite de ces mutations, le front oriental du château juxtapose, dans un schéma unitaire, des éléments très divers : tour carrée du XIIe siècle, corps de salle du XIIIe, châtelet renforcé du XIVe, logis de l'escalier droit du début du XVIe, sans compter certaines parties mal documentées, dont ce passage voûté que les experts datent du bas Moyen Âge. Cette disposition sera mise à mal au cours des siècles suivants, du fait de la construction, en 1684-1689, de l'aile des Prélats, dressée en deux phases distinctes par la chronologie et par l'esthétique, d'où un certain déséquilibre formel.

Le XIXe siècle sera difficile pour Grignan, menacé de destruction en décembre 1793, quelque peu pillé par la suite, acquis par divers propriétaires, dont le Conseil général de la Drôme en 1979. Classé en 1993, le château, restauré dès le début du XXe siècle, est devenu le siège d'une intense activité culturelle.

Portrait de Madame de Sévigné
Pierre Mignard (1612-1695)
Vers 1660
Huile sur toile
Paris, musée Carnavalet

Un écrivain jamais publié de son vivant. Ayant reçu une instruction complète, Marie de Rabutin-Chantal (1626-1696) épouse en 1644 le marquis de Sévigné, dont elle a une fille (1646) et un fils (1648). Veuve en 1651, elle mène une brillante vie mondaine, avant de marier, en 1669, sa fille au comte de Grignan, lieutenant général de Provence. Dès lors s'engage entre les deux femmes une correspondance suivie, les fameuses *Lettres* (1671-1696) de la marquise étant publiées après sa mort, survenue le 17 avril 1696, à Grignan, où elle était venue soigner sa fille, malade.

Grignan
Château, grande façade sud
XVIe siècle

Le lointain héritage de Chambord. Les tours rondes des angles du château de Grignan apparaissent comme l'ultime héritage de Chambord. Elles se signalent par la régularité de leur ordonnance qui se lit aussi bien en hauteur qu'horizontalement, les niches alternant avec les croisées et les ordres antiques se succédant verticalement. Une telle disposition reflète les aspirations de l'aristocratie du temps ; tournant le dos aux rigueurs de la condition guerrière, les nouveaux maîtres du royaume se créent un cadre de vie plus confortable et plus aimable. Parmi les occupants les plus célèbres de Grignan, on relève le nom du comte François Adhémar de Monteil, comte de Grignan, qui épousa, en 1669, Françoise Marguerite de Sévigné, que sa noble génitrice devait accabler de lettres aussi ingénieusement méchantes que stylistiquement parfaites.

GRIGNAN (DRÔME)
CHÂTEAU, FAÇADE PRINCIPALE
XVIe SIÈCLE

Une silhouette monumentale sur un socle exigu. La masse du château de Grignan écrase la petite ville de façon presque sacrilège, la terrasse située sur la gauche n'étant autre que la couverture dallée de l'église gothique. Le château a souvent changé d'aspect au cours des siècles, mais ses reconstructeurs, jugeant souvent inutile d'abattre ce qui restait fonctionnel, ont toujours été contraints par l'exiguïté du site, qui constitua, jusqu'à l'aménagement de la terrasse, un obstacle massif à tout élargissement. Ici, le désir d'ouvrir sur les paysages est manifeste, d'autant plus que la façade monumentale est tournée vers la lumière du Sud ; de la terrasse, on peut ainsi admirer la silhouette du mont Ventoux, « géant de Provence ».

LE PAILLY (HAUTE-MARNE)
CHÂTEAU, FAÇADE NORD
XVIe SIÈCLE

Nostalgie médiévale. L'existence d'un château fort est attestée au Pailly dès le XIIe siècle. Occupé par les Anglais pendant la guerre de Cent Ans, il a connu une éclatante réhabilitation à partir de 1563 lorsque Gaspard de Saulx-Tavanne, l'un des plus impitoyables ennemis du protestantisme, le fit complètement réaménager (peut-être par l'architecte Nicolas Ribonnier) selon les canons de la Renaissance. La nouvelle construction respecte le schéma trapézoïdal de l'ancienne forteresse, mais de nombreuses fenêtres sont percées dans les courtines ; les angles restent flanqués des hautes tours rondes héritées du Moyen Âge, à l'exception de celle du sud-ouest, remplacée par un pavillon à plan carré.

1550 Le protestantisme commence à se répandre en France **1553 Louis Adhémar fait entreprendre la construction de la grande façade du château de Grignan** 1556 En guerre depuis 1552, Henri II et Charles Quint concluent une trêve le 15 février.

Tanlay

Au crépuscule de la Renaissance

Magnifique mais assez tardive illustration de la Renaissance architecturale en France, le château de Tanlay a joué un rôle de premier plan durant les guerres de Religion, ses propriétaires l'ayant transformé à cette occasion en foyer de la résistance huguenote au cœur de la Bourgogne.

À Tanlay, une première forteresse médiévale occupa longtemps une hauteur, avant d'être abandonnée par le seigneur local, Guillaume de Courtenay, au XIVe siècle. Ce dernier fait ériger son propre château fort en plaine, aux portes du bourg, assurant sa protection par un système de douves en eau. De ce riche domaine, Louise de Montmorency, veuve de Gaspard de Coligny, maréchal de France, devient propriétaire en 1535. Ses trois fils, Odet de Châtillon, Gaspard II de Coligny et François d'Andelot, prenant fait et cause pour la Réforme, la reconstruction du château sera soumise aux aléas et traverses des conflits qui ensanglantent alors le royaume de France.

La métamorphose renaissante

En 1547, François d'Andelot, âgé de vingt-six ans, entre en possession du domaine acquis par sa mère. Ce jeune homme aux éminentes qualités militaires sera tôt

Tanlay (Yonne)
Château, vue générale
XVIe-XVIIe siècle

L'unité conservée. À Tanlay, il est impossible de s'attacher au détail pour reconstituer le château tel qu'il fut reconstruit sur ordre de François d'Andelot, tant les modifications opérées par Pierre Le Muet au XVIIe siècle ont été considérables. Mais demeure, du fait de la conservation du plan initial et de nombreuses options renaissantes, le caractère de grâce et de majesté mêlées qui marque la toute dernière phase de la Renaissance en France. On relève particulièrement la parfaite intégration de cette architecture pourtant tourmentée dans le paysage qui lui sert d'écrin.

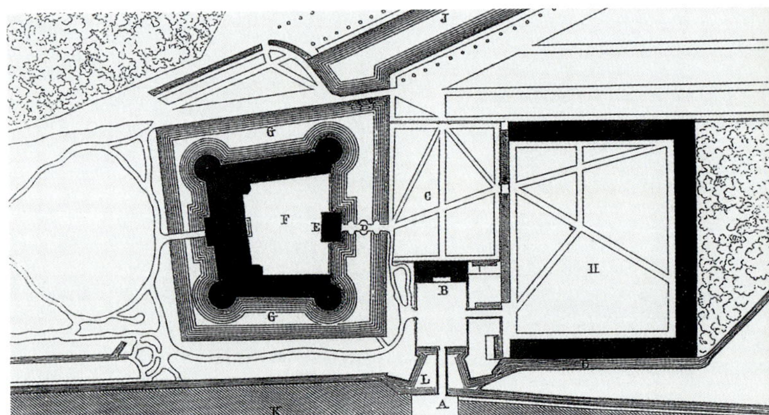

Plan du château de Tanlay (à gauche) et de ses jardins (à droite), dessiné par Sauvageot
XVIe siècle

Un schéma traditionnel. Le plan du château de Tanlay révèle d'emblée la fidélité des constructeurs à la forme quadrangulaire et au principe du cantonnement des angles par quatre tours rondes, deux données directement héritées de l'édifice médiéval. On y distingue par ailleurs clairement la place du châtelet d'entrée au seuil de la cour et le départ des grands axes à partir desquels les jardins ont été dessinés.

1557 Le 24 juillet, l'édit de Compiègne impose la comparution des hérétiques devant les tribunaux royaux et leur condamnation à mort **1559 François d'Andelot lance le chantier de modernisation du château de Tanlay. Le 3 avril, le traité du Cateau-Cambrésis clôt les guerres d'Italie** 1562 Le 1er mars, début de la première guerre de Religion. 1590 Travaux engagés à la citadelle de Sisteron pour l'adapter aux nouvelles conceptions de la cité fortifiée.

Tanlay
Château, châtelet d'entrée
1568

La marque des troubles du temps. Les guerres de Religion sont probablement l'épisode le plus sombre de l'histoire de France, aucun conflit n'ayant occasionné plus d'atrocités que cette guerre civile qui déchira le royaume durant plusieurs décennies. On en trouve ici la trace, avec ce châtelet, érigé pour des raisons de sécurité, à partir de 1568, dans l'axe d'une avenue du bourg tout proche. Il est défendu par les douves, un bastion et un double pont-levis. Partiellement visible à l'extrême gauche, la tour de l'Horloge, de plan hexagonal, est située au fond de la cour d'honneur, à l'angle d'intersection du logis central et de l'aile gauche ; abritant un escalier à vis, elle n'a pas été modifiée par les restaurations du XVIIe siècle et se présente donc comme le plus authentique élément Renaissance du château.

mûri par les épreuves, sur les champs de bataille comme dans les geôles espagnoles puis françaises. Colonel général de l'infanterie à l'âge de trente-cinq ans, il s'attache dès 1559 à la reconstruction complète de son château, sur les reliefs de la forteresse du bas Moyen Âge, qu'il a fait raser mais dont il conserve cependant le plan général.

Les nouveaux logis s'élèvent bientôt, encadrés par les quatre tours rondes coiffées de hautes toitures en bulbe, dont il est difficile de préciser ce qu'elles ont gardé de leur état médiéval. Le plan général est quadrangulaire, déterminant une grande cour entre le logis principal, les deux ailes et le mur bas d'entrée.

La plus belle réalisation de l'ensemble reste probablement la tour de l'Horloge, au fond de la cour d'honneur ; son plan hexagonal et son couronnement illustrent l'esthétique Renaissance dans le même temps que les croisées régulières de ses étages hauts témoignent d'une simplicité qui indique la prochaine transition vers le classicisme des temps absolutistes.

D'ailleurs, ses pilastres lisses et jumelés annoncent si bien le XVIIe siècle que l'architecte Pierre Le Muet en reprendra le dessin, au milieu du Grand Siècle, pour la totalité de la façade redessinée. La tour de droite use de la même disposition, ce qui autorise certains historiens — confortés en cela par la nature des consoles qui soutiennent la corniche et par le flanquement des lucarnes en volutes — à évoquer l'influence directe de Sebastiano Serlio, architecte présumé du château d'Ancy-le-Franc.

Sous le masque mythologique. Au dernier étage de la tour d'angle dite « tour de la Ligue », l'architecte a aménagé une salle circulaire cernée de puissants supports permettant l'agencement de niches décoratives probablement destinées à recevoir des statues antiques. Sa voûte est décorée d'une étonnante composition mythologique à clefs ; sous l'apparence de personnages antiques, parfois traités en académies, les protagonistes locaux des guerres de Religion (Coligny, bien sûr, mais aussi François d'Andelot, Catherine de Médicis et bien d'autres) y apparaissent sous un jour aisément identifiable. Il est difficile d'attribuer cette œuvre à un artiste précis, l'esthétique générale dérivant lointainement de l'école de Fontainebleau.

TANLAY
CHÂTEAU, PEINTURE DE LA SALLE HAUTE DE LA TOUR DE LA LIGUE
XVIe SIÈCLE

Tanlay Château, galerie en trompe-l'œil
XVIIe siècle

Des charmes de l'anachronisme. Ayant acquis en 1642 le château de Tanlay, Michel Particelli n'hésite pas à prendre le risque de l'anachronisme en demandant à l'architecte Pierre Le Muet des remaniements qui dureront de 1643 à 1650. C'est à cette occasion qu'est aménagée, à l'étage, la grande galerie peinte en grisaille et délibérément antiquisante avec son décor de niches aux statues de divinités et aux multiples motifs ornementaux partiellement importés d'Italie.

Entre deux épisodes guerriers plus ou moins heureux, François d'Andelot fait planter le parc en 1566, dresser le châtelet d'entrée en 1568 et tracer l'esplanade de la cour Verte, qui précède le château proprement dit. Les bossages du châtelet et sa décoration monumentale renvoient directement à la vogue maniériste qui, née à Rome après le sac de la capitale chrétienne par les armées impériales en 1527, a désormais gagné presque toute l'Europe ; l'architecte n'en est pas connu, mais le nom de Nicolas Ribonnier a souvent été évoqué. Sous le nom usuel de « Petit Château », cet étrange et séduisant édifice confère une ampleur exceptionnelle à l'ensemble du domaine.

Reste à signaler la magnificence de la décoration intérieure du château, celle notamment des somptueuses cheminées et des peintures murales. Ces dernières sont particulièrement belles dans la salle en rotonde du dernier étage de la tour de la Ligue. La voûte serait l'œuvre d'un artiste répondant au nom de Larme ; François d'Andelot lui a fait verser 110 livres en 1568 pour finir cette décoration monumentale dont on ignore quel était alors l'état d'avancement.

Mutations ultérieures

Au milieu du XVIIe siècle, le richissime Particelli d'Émery, surintendant des Finances, proche du cardinal Mazarin, ayant acquis le château de Tanlay, complétera le projet de François d'Andelot, mort en 1569, sollicitant à cette fin le talent de Pierre Le Muet en 1643-1648 ; ce dernier reprendra tous les aspects extérieurs de l'édifice, mais sans leur ôter tout caractère renaissant. Acquis par de Jean Thevenin, conseiller du roi, fait marquis de Tanlay par Louis XIV, puis transmis à ses héritiers, le domaine accueille aujourd'hui des expositions d'art contemporain.

CASTRIES (HÉRAULT)
CHÂTEAU, AILE OCCIDENTALE
XVIe SIÈCLE

La rigueur horizontale. Du château médiéval que le maître des lieux fit raser pour le remplacer, en 1565, par le nouvel édifice, il ne reste que les salles basses transformées en citernes. Comme Tanlay, Castries, aujourd'hui propriété de l'Académie française, subira de nombreuses modifications au XVIIe siècle, notamment à la suite de l'incendie qui l'a détruit en 1622. Restauré au XIXe siècle, il conserve du XVIe siècle son aile occidentale, sur la gauche de la cour d'honneur. L'horizontalité y est de rigueur, soulignée par les moulures qui encadrent les baies d'une grande pureté de dessin ; à l'extrémité de l'aile, un haut pavillon sur plan carré est couvert d'un toit à deux pentes.

SISTERON
(ALPES-DE-HAUTE-PROVENCE)
CITADELLE, VUE AÉRIENNE
FIN XVIe SIÈCLE

Un complexe prophétique. Enjeu stratégique durant les guerres de Religion, Sisteron a connu un regain d'intérêt à l'occasion du passage de François Ier en 1516, de retour de Marignan. Mais c'est seulement en 1562, que sont mis en place les ouvrages habilement bastionnés précédant l'intervention de Jean Érard, ingénieur militaire du roi Henri IV. De 1590 à 1597, il construit deux enceintes au nord, et trois au midi. Ce chantier lui permet de donner corps à sa vision prophétique de la forteresse des Temps modernes, soit l'élaboration d'un système de fortifications en dents de scie, disposition que reprendra Vauban au XVIIe siècle. Il s'agit d'empêcher le plus possible les canons ennemis d'approcher des murs. D'où un principe complexe d'angles rentrants et saillants, lui-même couvert par un ensemble de terrassements et de fossés retardant l'ennemi. Enfin, lorsque tombent les dernières défenses avancées, les portes bastionnées et des murailles en lignes brisées interdisent une prise immédiate du fort. Une telle citadelle renoue avec le très ancien principe du *castrum*, abstraction faite de tout confort résidentiel.

L'accomplissement du

classicisme

L'accomplissement du

Annoncé par l'Escurial (1562-1582) du roi espagnol Philippe II, le grand palais royal rompt définitivement, dans toute l'Europe, avec le château à vocation défensive. En France, ses deux principales prérogatives — prestige et plaisir — sollicitent toute l'attention de l'architecte. Ainsi du Luxembourg, construit par Salomon de Brosse pour Marie de Médicis, ou des châteaux de Maisons (François Mansart) et Vaux-le-Vicomte (Louis Le Vau), avant-courriers du grand chantier versaillais. La disparition de la cour fermée, par exemple, inaugurée à Cheverny, réduit les deux ailes à de simples pavillons devant lesquels court une large esplanade, l'espace n'étant plus clos que par une simple grille. Une mutation si profonde et si définitive inciterait à penser désormais le château comme une catégorie nouvelle si le châtelain n'y conservait ses privilèges hérités d'une coutume presque millénaire.

Dans le deuxième quart du XVIIe siècle, l'architecture castrale — dont le premier maître n'est autre que François Mansart — sollicite avec la même ferveur les secrets de la tradition et les formules de l'innovation. Simplicité et équilibre y sont à l'honneur, laissant présager l'accomplissement d'une esthétique fondée sur les canons d'une élégante harmonie ; de ce goût, d'autres châteaux que Maisons témoignent superlativement, à l'exemple de Ménars, propriété de la Pompadour. Mais, au milieu du siècle, ces dispositions se nuancent de plus hautes ambitions ; du château devenu palais, il est désormais exigé qu'il flatte le goût de la grandeur tout en opérant une subtile osmose du nouveau et de l'ancien.

Le parc s'inscrit dans cette même perspective, le commanditaire offrant ainsi l'occasion à l'école française du jardin (dominée par André Le Nôtre) de donner toute sa mesure au sein d'immenses espaces où les parterres géométriques, les eaux jaillissantes ou dormantes, les bosquets, les grottes, les pelouses, etc. sont régis par les lois d'une optique labyrinthique qui ne retire jamais au château sa position dominante. Le paradigme de cette nouvelle expression ne se découvre nulle part avec autant de force qu'à Vaux-le-Vicomte, où Le Vau agrège subtilement les propositions classiques héritées d'un Mansart à certains artifices baroques mis au service d'une veine spectaculaire, dont le vaste salon central reste la métaphore grandiose. C'est aussi à Vaux-le-Vicomte que Charles Le Brun élabore le premier grand programme décoratif du nouvel âge classique, régi par la double préoccupation du luxe raffiné et de l'élégance fastueuse au sein d'un cadre profondément unitaire. Tout est prêt alors pour que se produise l'éclosion versaillaise, le gigantesque palais, cadre idéal de l'exercice du pouvoir absolu, étant appelé à construire et à servir le mythe du Roi-Soleil. L'Europe éblouie n'aura garde d'en oublier la leçon et les imitations versaillaises se compteront par centaines au hasard des pays et des régions.

Vers l'affermissement de la règle classique

Dès l'ouverture du XVIIe siècle, nombre de châteaux français, dont la discrétion n'est pas le moindre intérêt, offrent leur contribution à l'idéal classique, de façon aussi plaisante

Le bal et le banquet se donnent dans les salles du château, le tournoi se déroule dans la lice, mais la chasse a besoin de la nature, et plus précisément de la forêt. Celles de Vincennes, de Chambord, de Fontainebleau, de Chantilly restent dans les mémoires, mais ce sont quasiment tous les châteaux qui ont choisi un environnement sylvestre, propice à l'activité cynégétique. De la lointaine nécessité d'approvisionnement remontant à l'ère féodale, on est progressivement passé au cérémonial de la chasse à courre, qui suppose l'entretien d'une meute bien dressée et de vastes territoires sauvages contrastant avec les espaces clos et policés du château.

Louis XV chassant le cerf dans la forêt de Saint-Germain
Jean-Baptiste Oudry (1686-1755)
XVIIIe siècle
Huile sur toile
Toulouse, musée des Augustins

qu'inédite. Lorsque, par exemple, le duc de Lesdiguières décide, en 1611, de faire remplacer la forteresse ruinée de son domaine de Vizille par une résidence plus prestigieuse, il sollicite le talent de bâtisseurs parisiens, au fait des us de l'architecture princière. Ce projet n'a pas d'équivalent dans la France de l'époque, puisqu'il s'agit tout simplement de faire construire une demeure égalant en faste celle du roi !

C'est aussi pour vivre en un cadre digne de son rang et de ses ambitions que Marie de Médicis fait ouvrir le chantier du Luxembourg, à Paris, dès 1615. En zélé et prudent serviteur de la souveraine d'origine italienne, Salomon de Brosse, sous couvert de s'inspirer du palais Pitti de Florence, reste fidèle à la leçon française qui gouverne aussi bien l'ordonnance de l'édifice que la disposition du jardin ! Il revient ainsi à un château plus discret, Cheverny, de préfigurer directement l'architecture classique par son radical éloignement des canons renaissants. Le bâtiment est formé d'un étroit bâtiment central entouré de deux corps de logis encadrés par des pavillons d'angle, plan général dont on trouvait déjà l'annonce au chantier royal du Luxembourg. La décoration intérieure atteste également la victoire des tendances nouvelles sur les règles de l'ère précédente.

C'est ainsi que Cheverny, supprimant les ailes, donc la cour, inaugure l'ultime étape de la carrière du château occidental.

Versailles, l'apogée absolutiste

Le « Grand Siècle » est trop souvent écrasé, dans l'image que nous en avons reconstruite, par le chef-d'œuvre versaillais, symbole lumineux du palais absolutiste ; or, loin de surgir d'un incertain néant, il est le fruit d'une longue préparation, mais aussi du

contexte franco-italien du temps. Le jeune Louis XIV a fait venir le très célèbre Cavalier Bernin à Paris pour y aménager la façade orientale du Louvre, siège de son jeune pouvoir. Or, à la surprise générale, le maître italien est assez vite écarté et le choix du roi s'arrête sur le projet de l'école française : c'est ainsi que, de 1667 à 1670, Claude Perrault transforme cette façade en un ensemble monumental avec corps central surmonté d'un fronton, majestueuse double colonnade et étirement en longueur, annonce directe du palais du Roi-Soleil, lequel abandonnera toute trace d'élément défensif au bénéfice du confort fonctionnel, étant avant tout conçu pour loger la cour. C'est ainsi que la première particularité de la façade sur jardin du château de Versailles reste sa grande démonstration d'autonomie à l'endroit du baroque italien. À l'intérieur, en revanche, la luxuriance décorative, associant le chatoiement des marbres aux dorures des statues ou les ciselures des bronzes au trompe-l'œil des plafonds, renverrait à l'illusion baroque, n'était cette curieuse association de luxe froid et de volupté sensuelle qui indique le strict contrôle de Charles Le Brun.
Cependant, l'avènement classique se lit encore mieux dans l'agencement du parc, triomphe de l'homme sur la nature, certes, dû au génie de Le Nôtre mais avant tout expression de cette nostalgie de l'inaccessible qui éloigne si radicalement l'idéal classique des compromis baroques et ruine l'hypothèse d'un Versailles « baroque », hypothèse fondée sur l'observation superficielle de l'apparat festif (décoration, feu d'artifice, ballet, opéra, labyrinthe, etc.).

Loin des sévérités de l'étiquette versaillaise telle que l'avait fixée Louis XIV, le XVIIIe siècle se plaît à théâtraliser la vie de cour. Ici, le cadre de la fête donnée pour le mariage de Louis, dauphin de France, et de Marie-Thérèse d'Espagne, n'est autre que la galerie des Glaces, pièce maîtresse du nouveau dispositif palatial. Tout participe à ce tourbillon des plaisirs et à cette ostentation de la fortune : les costumes, les miroirs, les déguisements, les lustres, les candélabres, les reflets, jusqu'aux échos disparus de ces fêtes galantes.

Bal masqué à Versailles en février 1745
Charles Nicolas Cochin (le Jeune) (1715-1790)
XVIIIe siècle
Aquarelle, encre brune et mine de plomb
Paris, musée du Louvre

De la Régence aux prémices de la Révolution française

Après Versailles, le nombre de châteaux ne décroît pas ; bien au contraire, chaque bourg se dote, quand il ne la possède pas déjà, d'une vaste et solide bâtisse, le plus souvent à vocation indirectement agricole. Le maître du lieu hérite ainsi le titre de châtelain, signe anachronique d'un régime politique que l'Histoire est en train de frapper d'obsolescence. Dans le même temps, la noblesse n'a pas encore renoncé à se faire construire de nouvelles et opulentes demeures n'ayant rien à envier à leurs devancières en matière de luxe, de raffinement, mais aussi de beauté inventive.
Le château de Dampierre constitue ainsi l'archétype de l'esthétique monumentale classique dans les dernières décennies du Grand Siècle, l'architecte y supprimant le principe de la pierre apparente au profit d'un crépi délimité par les chaînages de brique, afin de se mettre au diapason de la nature environnante. Beaucoup plus ostentatoire du fait de sa proximité immédiate avec Versailles, le Grand Trianon, dit « Trianon de marbre », cherche aussi la fusion avec les jardins « à broderies », havres de fraîcheur et de senteurs au sein desquels sont disposés des groupes sculptés qui finissent d'embellir le refuge du roi lassé des plaisirs de la cour.
À l'aube du XVIIIe siècle, le plus beau chantier castral de France est celui de Lunéville, le « Versailles lorrain », en partie conçu selon le grand modèle imposé par Louis XIV. Contre le goût naissant pour la fantaisie rocaille, c'est encore le classicisme qui triomphe dans toutes les parties de l'édifice : vestibules, appartements, escaliers, jardins, etc.
Pourtant, en dépit de si favorables augures, l'architecture castrale peine évidemment à se renouveler. À Compiègne, par exemple, l'immense façade classique évoque les réalisations de Versailles, même si le principe d'imitation n'y interdit pas une certaine fantaisie. À Champs, l'hésitation est manifeste entre la solution du somptueux hôtel particulier et celle de l'édifice castral proprement dit.
Quant au château de La Motte-Tilly, il se signale par le jeu alterné de la brique et du grès et par l'indépendance de ses toits, mais n'innove pas, ses ailes restant de simples avant-corps et l'agencement de l'intérieur spéculant principalement sur la séduction de l'esthétique rocaille en vogue.
Puis le XVIIIe siècle commence à incliner vers son crépuscule. Si magnifiques que soient les réalisations des quelques décennies qui restent à l'Ancien Régime (Petit Trianon, Bénouville, Moncley...), elles ne sont plus en mesure de revitaliser une catégorie architecturale trop liée à un système politique pour lui survivre dès que l'Histoire le rejettera dans un passé qu'aucune restauration ne pourra réactualiser.
Lorsque le caprice de la reine exige une retraite propice aux plaisirs intimes, ce n'est plus à un édifice castral qu'elle songe, mais à un simple hameau faussement géorgique.
C'est donc peut-être avec l'édifice de Saverne, monumental, voire démesuré dans son modeste environnement pastoral, que nous trouvons la dernière grande occurrence du château apparu peu avant l'an 1000, demeure protégée d'un puissant et de son entourage.

L'accomplissement du

Dates	Histoire, culture, idées	Châteaux
1610	Assassinat d'Henri IV par Ravaillac, le 14 mai ; régence de Marie de Médicis	
1611	Marie de Médicis fait de Concini son favori	
1611-1619		Construction du château de **Vizille** →
1615		Pose de la première pierre du palais du **Luxembourg**
1617	Assassinat de Concini et disgrâce de Marie de Médicis	
1625	Début d'une terrible disette qui provoquera une crise démographique jusqu'en 1633	
1626	Louis XIII ordonne la destruction des châteaux forts non stratégiques	Ouverture du chantier de **Cheverny** →
1627-1628	Siège victorieux de La Rochelle par Richelieu	
1630	La « journée des Dupes » (10 novembre) consacre le triomphe politique de Richelieu	
1634		Début du chantier de **Maisons** à Maisons-Lafitte ; le château est terminé en 1646 ↙
1637	Publication par Descartes de son *Discours de la méthode*, à Leyde	
1642	Mort de Richelieu à Paris le 4 décembre	
1643	Le 14 mai, mort de Louis XIII ; début du règne de Louis XIV, âgé de cinq ans	
1654	Louis XIV est sacré à Reims le 7 juin	
1656		Le projet de Le Vau pour **Vaux-le-Vicomte** est ratifié par Nicolas Fouquet le 2 août ↑
1661	Fête de Vaux-le-Vicomte, pour Louis XIV (le 17 août)	Début de la première campagne de travaux menée par le Vau à **Versailles**↓
1668	« Grand Divertissement royal » dans le parc de Versailles	
1670	Le 11 octobre, mort de Louis Le Vau	
1672	Le 6 avril, Louis XIV déclare la guerre à la Hollande ; il la conclura victorieusement par les traités de Nimègue en 1678-1679	
1675		Début de la construction du château de **Dampierre**
1678-1679	Par les traités de Nimègue, Louis XIV s'affirme le maître de l'Europe	
1682	Louis XIV et la cour s'installent à Versailles, encore en chantier	

classicisme

Dates	*Histoire, culture, idées*	*Châteaux*
1685	L'édit de Fontainebleau révoque, en octobre, celui de Nantes et interdit le culte protestant	
1687		Jules Hardouin-Mansart donne les plans du **Grand Trianon** → 
1688-1697	Guerre de la Ligue d'Augsbourg	
1690	Le 12 février, mort de Charles Le Brun	
1700	Le 15 septembre, mort d'André Le Nôtre	
1701	Alliance de La Haye contre le bloc franco-espagnol	
1703		Ouverture du chantier du château de **Lunéville**
1715	Mort de Louis XIV le 1er septembre	
1737	Début de la guerre de Pologne	
1738		Ouverture du chantier du château de **Compiègne** → 
1741-1748	Guerre de Succession d'Autriche	
1749	Diderot est emprisonné trois mois pour sa *Lettre sur les aveugles*	
1754		Ouverture du chantier de **La Motte-Tilly** → 
1756	Début de la guerre de Sept Ans	
1762		Début de la construction du **Petit Trianon** ↘ 
1763	Le 10 février, le traité de Sept Ans marque la perte des possessions françaises d'Amérique du nord, de l'Inde et du Sénégal au profit de l'Angleterre	
1769		Reconstruction du château de **Bénouville** ↓ 
1774	Le 10 mai, mort de Louis XV : son petit-fils, Louis XVI lui succède	
1778	Mort de Voltaire (30 / 05) et de Rousseau (30 / 07)	
1780		Ouverture du chantier du château de **Saverne**
1783		Richard Mique donne les plans du **hameau de la Reine**
1789	Le 14 juillet, prise de la Bastille ; le 4 août, abolition des privilèges ; le 26 août, Déclaration des droits de l'homme et du citoyen. Débuts de la Révolution française	

Vizille

Le château de la Révolution

Par une singulière ironie de l'histoire, c'est dans ce merveilleux château, construit par un monarchiste exalté ayant tout sacrifié à son roi — même sa foi en la religion réformée — que se tiendra, le 21 juillet 1788, l'Assemblée des députés des trois ordres du Dauphiné, annonce directe de l'épopée révolutionnaire.

L'origine romaine du site est discutable, mais il est certain qu'exista, bien avant le Xe siècle, un lieu nommé Castrum Vigiliae (« camp de la veille »), place forte appartenant à la famille régnant sur la région, les comtes d'Albon ; durant tout le bas Moyen Âge, nombre de dauphins en feront leur résidence principale. Le plus ancien écrit attestant l'existence du château de Vizille remonte à 991, époque à laquelle les comtes du Grésivaudan installent sur le Rocher un premier édifice, entre les murs duquel meurt en 1128 Guigue III, comte d'Albon. De cette forteresse initiale subsistent la tour cylindrique reprise dans la construction ordonnée au début du XVIIe siècle par le duc de Lesdiguières et une partie des murs d'enceinte qui avaient été renforcés au XIIe siècle. En 1349, avec l'annexion du Dauphiné à la France, Vizille devient possession royale ; la forteresse, qui abrite une garnison, voit notamment passer François Ier et son armée partant guerroyer en Italie.

Pouvoir et prestige

Âprement disputé durant les guerres de Religion, l'ensemble fortifié reste aux mains des catholiques, mais le duc de Lesdiguières qui, à la tête des protestants, a pourtant échoué à s'en emparer, le reçoit des mains du roi en 1593. En 1611, seul propriétaire du domaine, il entreprend de faire remplacer la forteresse ruinée par une résidence de prestige plus en rapport avec la réalité de son pouvoir. Ouvert au sein d'un parc de quelque 130 hectares, le chantier est mené à bien de 1611 à 1619.

Pour réaliser son projet, Lesdiguières sollicite le talent de bâtisseurs parisiens, au fait des us de l'architecture princière. Cette entreprise considérable est à peu près sans équivalent dans la France de l'époque ; il s'agit de construire une demeure égalant en faste celle du souverain suprême. Chacun se rappelle ce que cette ambition coûtera à Fouquet, promoteur de Vaux-le-Vicomte, quelques décennies plus tard ! Hélas, deux incendies ont fait disparaître au XIXe siècle les bâtiments du fond et du flanc gauche de la cour d'honneur.

VIZILLE
CHÂTEAU, ESCALIER DE LA COUR D'HONNEUR
1626

Une esthétique princière. Stylistiquement, ce grandiose escalier du château de Vizille se rattache plus au courant et à la façon baroques qu'à l'esprit et à la règle classiques. Placé dans le fond de l'angle rentrant de la façade principale, il est constitué d'étages superposés aux doubles rampes alternativement divergentes et convergentes. Son commanditaire, Charles de Créqui, a su de la sorte donner à sa résidence aristocratique les dimensions d'une demeure princière.

L'ASSEMBLÉE DES TROIS ORDRES DU DAUPHINÉ RÉUNIE DANS LA SALLE DU CHÂTEAU DE VIZILLE
ALEXANDRE DEBELLE (1805-1897), 1862
Huile sur toile
Vizille, musée de la Révolution française

La naissance d'un monde nouveau. Le 21 juillet 1788, l'Assemblée de Vizille réunit les députés des trois ordres de la province du Dauphiné : cinquante ecclésiastiques, cent soixante-cinq nobles et deux cent soixante-seize bourgeois y adoptent des résolutions dénonçant le despotisme ministériel et exigeant la réunion des états de la province ainsi que des états généraux. Ces positions, prises en commun par les trois ordres, constituent un programme politique fédérateur d'une extraordinaire nouveauté. Contraint d'en tenir compte, Louis XVI autorisera, par les arrêts des 2 et 8 août, la réunion des états de la province, annonce directe de la réunion des états généraux le 1er mai 1789.

Mais la partie droite, préservée, témoigne d'une austère grandeur, signe que le principe palatial n'a pas encore complètement supplanté la fonction défensive.

Du château au musée

Successeurs du duc de Lesdiguières, les Créqui et les Villeroi ne montrent qu'un faible intérêt pour le château ; en 1780, un manufacturier grenoblois, Claude Périer, y installe une fabrique d'indiennes (toiles de coton peintes ou imprimées), ce qui entraîne la disparition de la splendide décoration intérieure. Acheté par l'État en 1924, pour 3 millions de francs, résidence du président de la République, le château, cédé en 1970 au département de l'Isère, abrite depuis 1984 le musée de la Révolution française, au sein d'un cadre de verdure enrichi d'un magnifique plan d'eau.

1610 Le 14 mai, assassinat d'Henri IV par Ravaillac : le 27 mai, ce dernier est horriblement supplicié 1611 Le 26 janvier, démission de Sully, Marie de Médicis faisant de Concini son favori **1611-1619 Construction du château de Vizille.**

VIZILLE (ISÈRE)
CHÂTEAU,
VU DE LA COUR D'HONNEUR
XVIIe SIÈCLE

Une composition monumentale. Esthétiquement, le château de Vizille est une indéniable réussite. Les façades de la cour d'honneur sont précédées d'un magnifique escalier qui contribue d'autant plus à lui conférer un caractère de solennité qu'il débouche sur un portail d'esprit baroque ; soutenu par des pilastres à bossage, le fronton brisé y accueille une statue de bronze du connétable. Le jeu des volumes est d'une rare diversité grâce à la confrontation de la haute tour cylindrique de gauche, coiffée d'un toit conique, et du pavillon rectangulaire de droite, couronné d'un haut pignon animé par des lucarnes et des cheminées. Au point d'articulation de cette composition monumentale, la haute tour carrée se termine par un dôme en bulbe quadrangulaire, lui-même rehaussé d'un lanternon.

BRISSAC (MAINE-ET-LOIRE)
CHÂTEAU, FAÇADE DE
CHARLES II DE COSSÉ
XVIIe SIÈCLE

Un édifice singulier. Au premier regard, le château de Brissac est assez déroutant. Cela tient d'une part à son extraordinaire élancement vertical, d'autre part au caractère hétéroclite de ses éléments : la façade principale, dressée à partir de 1606 par l'architecte Jacques Corbineau, s'inscrit entre deux hautes tours rondes du XVe siècle, qui rappellent celles du Plessis-Bourré. La mort du commanditaire, Charles II de Cossé, n'a pas permis l'achèvement de cet édifice singulier, l'un des plus ambitieux de l'époque d'Henri IV.

Palais du Luxembourg

Le château d'une souveraine déchue

C'est pour loger en un palais digne de sa gloire et de son rang que Marie de Médicis fit ouvrir en 1615 le chantier du Luxembourg; elle s'y installa en 1625. Écartée des rouages du pouvoir par son propre fils, Louis XIII, et par Richelieu, dont elle ne perçut pas le génie politique, elle tomba en disgrâce définitive lors de la «journée des Dupes» (11 novembre 1630), et dut s'exiler.

Si le palais du Luxembourg constitue l'exemple rare d'un édifice parfaitement documenté, puisque de création relativement récente, ses origines se situent en deçà de l'an mille. C'est en effet à Robert le Pieux, fils d'Hugues Capet et roi de France de 996 à 1031, que nous devons un premier château, dit «de Vauvert», transformé en couvent par les chartreux au XIIIe siècle et placé sous la protection de Louis IX.

À quelque distance de cette chartreuse, le conseiller Alexandre de La Tourette fit construire, en 1546, un hôtel particulier (aujourd'hui le Petit Luxembourg) qui revint à François de Luxembourg en 1570. Et c'est seulement le 2 avril 1612 que Marie de Médicis, régente du royaume de France après la mort de son époux, Henri IV, fit l'acquisition de cet hôtel — en même temps que du domaine de Vauvert — pour son propre agrément.

Florence à Paris

Sur cette terre, la toute-puissante souveraine décide non seulement de faire construire un palais digne de sa charge, mais aussi de rendre hommage au génie monumental florentin; ayant passé son enfance au palais Pitti, sur la rive gauche de l'Arno, elle exige de l'architecte Salomon de Brosse l'usage du fort bossage (caractéristique du palais-bloc florentin mis au point par

PARIS (ÎLE-DE-FRANCE)
PALAIS DU LUXEMBOURG, VUE AÉRIENNE
XVIIe-XIXe SIÈCLES

Le château initial. Tout à l'arrière de l'édifice, se profile le porche monumental du château, coiffé d'une coupole sur socle octogonal et flanqué de deux pavillons d'angle, rue de Vaugirard. Divisé en deux compartiments, aux supports respectivement à refends (au rez-de-chaussée) et bagués (à l'étage), il ouvre sur la cour d'honneur autour de laquelle sont disposées les deux ailes menant au corps principal de l'édifice, caractérisé par la superposition des ordres toscan, dorique et ionique.

La greffe du XIXe siècle. La vue aérienne permet de distinguer parfaitement l'ancienne disposition du château en simple quadrilatère et l'ajout du XIXe siècle : salle des séances sénatoriales dominée par l'énorme toit en hémicycle et prolongée par deux hauts pavillons, façade sur jardin reconstruite sur le modèle de celle que masquent les nouveaux bâtiments.

1613 Le 19 novembre, Concini, favori de Marie de Médicis, est fait maréchal de France **1615 En août, Marie de Médicis pose la première pierre du palais du Luxembourg** 1617 Le 24 avril, l'assassinat de Concini annonce la disgrâce de Marie de Médicis et la nouvelle autorité de Louis XIII 1642 Mort de Marie de Médicis, en exil à Cologne.

PARIS
PALAIS DU LUXEMBOURG,
FAÇADE SUR LE JARDIN
XVIIe-XIXe SIÈCLES

Reproduction à l'identique de la façade du XVIIe siècle. Construite en 1835 par l'architecte Alphonse de Gisors, la nouvelle façade sur jardin reprend fidèlement la disposition de Salomon de Brosse. Elle se signale par une articulation rigoureuse : deux pavillons d'angle à trois étages y encadrent le corps du logis central, lui-même dominé en son milieu par un dôme quadrangulaire surmonté d'un lanternon. De bas en haut, l'architecte a sollicité les ordres dorique et ionique pour les corniches séparant les étages. Parmi les motifs décoratifs les plus remarquables, le bucrane (crâne de bœuf) rappelle le parti pris italianisant d'un édifice conçu pour la dernière des souveraines issues de la famille Médicis. Au centre de la façade du corps de logis, de hautes colonnes à refends supportent une horloge monumentale sous un fronton curviligne qui reçoit des créatures ailées, déployées autour des signes du zodiaque et des figures allégoriques des Vertus. Sur les façades des pavillons, en revanche, les frontons sont triangulaires et présentent des trophées d'armes à la gloire des occupants du château.

Michelozzo au XVe siècle) et l'érection d'un dôme rehaussé d'or pour symboliser l'éclat de sa régence (bien loin de la sobriété qui, comme au château d'Ansouis, caractérisera la première phase du classicisme) Tout en se pliant aux volontés de sa souveraine, Brosse réalise un ensemble éminemment français par l'ordonnance de l'édifice comme par la disposition du jardin. Pour l'intérieur, la régente passe commande à Rubens d'une suite de toiles (aujourd'hui conservées au Louvre) exaltant sa gloire et destinée à la galerie haute ; en 1625, les travaux du palais sont si avancés qu'elle peut s'y installer.

De l'asile monarchique à la chambre du Sénat

Occupé durant deux siècles par d'illustres personnages (Gaston d'Orléans, la Montpensier, la Maintenon, le futur Louis XVIII), le Luxembourg est transformé en maison nationale de Sûreté en 1793 puis, dès la Restauration, en siège de la chambre des Pairs à laquelle succède le Sénat, sous la IIIe République. Agrandi, l'édifice s'adapte aux besoins de cette assemblée tout en respectant scrupuleusement bâtiments et collections ; si presque toute la décoration intérieure date du XIXe siècle, le salon du Livre d'or restitue l'éclat de la cour de Marie de Médicis.

Enfin, riche de statues et de fontaines, le jardin du Luxembourg a été souvent remodelé, notamment par Boyceau de La Barauderie, ordonnateur des célèbres parterres (1611-1629).

ANSOUIS (VAUCLUSE)
CHÂTEAU,
FAÇADE LOUIS XIII
XVIIe SIÈCLE

La nouvelle simplicité classique. Édifié dès le Xe siècle par les comtes de Forcalquier, sous forme d'un donjon carré qui, bien que remanié, domine toujours l'ensemble, le château d'Ansouis se dresse au bas du versant méridional du Luberon. Au cours des siècles, il a connu de nombreuses transformations, dont une véritable reconstruction dans la première moitié du XVIIe siècle. Ainsi, sa façade principale, qui domine les toits du village se signale par une remarquable économie décorative : de simples frontons curvilignes dominent les hautes baies sous la corniche de l'attique que couvre un toit plat à tuiles romaines. À l'intérieur, l'ornementation a été complètement remaniée au XVIIIe siècle, mais on trouve un magnifique escalier Renaissance à voûte en caissons, rappelant que l'édifice constitue en soi une étonnante leçon d'architecture étirée sur un peu moins d'un millénaire.

Cheverny

Le classicisme en filigrane

Le château de Cheverny s'éloigne radicalement du style Renaissance qui caractérisait depuis plus d'un siècle (l'exemple donné par Amboise remonte à 1492) les grandes demeures aristocratiques des pays de la Loire. Avec ce nouvel édifice, c'est toute l'architecture classique, dont Maisons formera bientôt le premier exemple accompli, qui se trouve ainsi directement préfigurée.

C'est tout juste au sortir du Moyen Âge, dans la première décennie du XVIe siècle, que le seigneur du lieu, Raoul Hurault, futur contrôleur général des finances du roi François Ier, renonçant à la rusticité de sa forteresse féodale au profit du confort de la nouvelle demeure Renaissance, entreprend la construction d'un édifice résidentiel attestant tout à la fois la réalité de son pouvoir et l'étendue de sa fortune.
Son fils, Philippe, dont l'histoire a retenu le nom pour ses fonctions de chancelier du roi, sous les règnes d'Henri III et d'Henri IV, ne se contente pas de voir le jour dans le domaine de Cheverny ; il le fait ériger en comté en 1582, lui adjoignant au passage d'autres territoires. Ainsi, son descendant Henri, futur lieutenant général des armées du roi, hérite un patrimoine enviable à la fin du XVIe siècle.

Au seuil d'une nouvelle tradition

Après mûre réflexion, le nouveau propriétaire des lieux décide de se faire construire un château encore plus fastueux. C'est donc à son initiative et au talent de l'architecte Jacques Bougier, dit Boyer de Blois, que Cheverny doit son actuelle apparence. Il est probable que la seconde épouse d'Henri, Marguerite Gaillard de La Morinière, a joué un rôle de premier plan dans le choix de ce praticien qui avait fait ses premières armes auprès de Salomon de La Brosse (lequel travaille à la même époque pour Marie de Médicis).
Commencée en 1626, l'édification du château est menée à terme dès 1635, hors divers éléments de décoration. Le grand bâtiment, qui n'a subi aucune modification ultérieure digne d'être signalée, se compose d'un étroit bâtiment central entouré de deux corps de logis, eux-mêmes encadrés par des pavillons d'angle, disposition reprise peu ou prou pour divers édifices contemporains, dont les châteaux de Poyanne (Landes) ou d'Annevoie-Rouillon (Belgique). Bien qu'original, le plan général de Cheverny est, pour une part, débiteur du chantier royal du Luxembourg, ouvert une dizaine d'années plus tôt et en bonne voie d'achèvement.
La décoration intérieure n'est pas en reste, les tendances nouvelles l'emportant sur les canons de l'ère précédente. Et cela avec d'autant plus de force que l'essentiel en a été réalisé sous la férule de Cécile, marquise de Montglas, fille d'Henri Hurault, après la mort de ce dernier en 1548. Les deux grands ordonnateurs en ont été le sculpteur-ébéniste Hevras Hammerber et le peintre Jean Mosnier, tous deux originaires de la ville voisine de Blois.

CHEVERNY (LOIR-ET-CHER)
CHÂTEAU, VUE AÉRIENNE DE LA FAÇADE NORD
XVIIe SIÈCLE

L'étirement classique. Cheverny constitue un pas décisif vers l'état terminal du château occidental qui, parti d'une enceinte autour d'un donjon, s'était organisé sous forme d'une cour quadrangulaire que son ouverture avait fini par réduire à un logis principal cantonné par deux ailes en retour. Ici, les ailes ont disparu, et la cour par la même occasion. Ce principe d'étirement, qui régira Versailles, parviendra à son accomplissement, à la fin du XVIIIe siècle, à Saverne (Bas-Rhin), dernier grand château français avant la déferlante révolutionnaire.

CHEVERNY
CHÂTEAU, LE GRAND ESCALIER
XVIIe SIÈCLE

Un nouvel archétype. Le grand escalier qui occupe le pavillon central a largement contribué à fixer les règles du style Louis XIII en matière d'organisation intérieure des espaces. Rompant avec l'ancienne tradition de la spirale, il est à montée droite avec paliers d'une régulière ampleur, entre des rangées de balustres et sous une voûte en berceau. L'ornementation profuse, taillée dans la pierre blanche, dénote un certain italianisme.

CHEVERNY
CHÂTEAU, DÉTAIL DE LA FAÇADE D'HONNEUR
XVIIe SIÈCLE

Symétrie et majesté. Les refends qui créent une perpétuelle et mouvante animation lumineuse sur cette façade méridionale courent sur la totalité de l'édifice ; ils soulignent de la sorte la parfaite symétrie des baies, couronnées de tympans cintrés au rez-de-chaussée et alternées avec douze niches porteuses de bustes d'empereurs romains.

CHEVERNY
CHÂTEAU, FAÇADE D'HONNEUR AU SUD
XVIIe SIÈCLE

La règle symétrique. Le château de Cheverny a été édifié en pierre de Bourré, laquelle a la propriété de blanchir avec le passage du temps, d'où cette étonnante impression de fraîcheur que dégage l'édifice au premier regard. Son agencement repose sur une stricte symétrie qui autorise une lecture en miroir de part et d'autre de l'étroit pavillon central (lointaine survivance de la tour du *castrum* ?). Les pavillons d'angle comptent trois étages (contre deux aux corps de logis) et trois travées, contre une seule au pavillon central. Surtout, les toitures sont indépendantes les unes des autres, les dômes des extrémités écrasant les pignons bien plus modestes de la partie centrale.

De Cheverny à Moulinsart

Il y a seulement vingt ans, il eût été osé de mettre en relation le patrimoine architectural des temps classiques et cet art mineur qu'est la BD. On ne s'émouvait guère qu'Hergé ait fait de la partie centrale du château de Cheverny le manoir des ancêtres du capitaine Haddock, qu'il en ait imaginé l'achat par Tournesol opportunément enrichi et qu'il y ait logé Tintin. Il en va tout autrement aujourd'hui. Grâce à une exposition permanente consacrée, depuis 2001, au petit reporter belge, le château redevient cet objet coupé du monde qu'il fut à l'origine et retrouve l'une de ses toutes premières prérogatives, la prise de distance vis-à-vis de la matérialité du siècle.

1625 Début d'une terrible disette qui provoquera une crise démographique jusqu'en 1633 1626 Le 31 juillet, Louis XIII ordonne la destruction des châteaux forts non stratégiques **1626 Ouverture du chantier du château de Cheverny** 1627-1628 Siège victorieux de La Rochelle, foyer du protestantisme, par Richelieu.

POYANNE (LANDES)
CHÂTEAU, FAÇADE PRINCIPALE
XVIIe SIÈCLE

Le nouvel élan classique. Si les seigneurs de Poyanne avaient ordonné l'édification d'une maison forte dès le tout début du XIVe siècle, c'est vers 1624-1628 que Bernard de Poyanne, lieutenant général du roi de Navarre, a fait construire le château actuel, exactement contemporain de celui de Cheverny – avec lequel il présente plusieurs parallèles, dont le rythme de la façade principale sous le toit en ardoise. Son architecte, Gratien de Lerm, a conçu l'édifice comme un ensemble de pavillons juxtaposés ; le pavillon central, coiffé d'un dôme à lanternon, est flanqué à ses deux extrémités d'un corps de logis et d'un pavillon rectangulaire. Caractéristique du nouvel élan classique, un balcon soutenu par des consoles domine la porte d'entrée encadrée par des pilastres. Propriété du conseil général des Landes, le château a été admirablement remis en valeur.

Cheverny
Château,
la chambre du Roi
XVIIe siècle

Luxe, confort et allégorie. Si les pièces du rez-de-chaussée ont conservé l'essentiel de leur splendide mobilier d'origine, la chambre du Roi, située au premier étage, a bien sûr été l'objet d'une campagne décorative particulièrement soignée de la part du peintre blésois Jean Monier (ou Mosnier, 1600-1656). Les magnifiques tapisseries retracent l'histoire d'Ulysse d'après les toiles de Simon Vouet pour la galerie de l'hôtel de Bullion, à Paris. Quant au compartiment supérieur de la cheminée, il est orné d'un tableau de Jean Mosnier, *Persée pétrifiant ses rivaux avec la tête de Méduse*.

Annevoie-Rouillon (Belgique)
Château, façade côté parc
XVIIe-XVIIIe siècles

Rigueur et distinction. Cette magnifique demeure, tout de rigueur classique et de distinction aristocratique, a été édifiée aux alentours de 1627, mais très largement remaniée de 1758 et 1775 à 1775, surtout en ce qui concerne l'organisation de son parc. Du bâtiment d'origine demeurent cependant la simplicité du plan et l'harmonie des volumes.

Maisons

Le premier chef-d'œuvre classique

C'est à Maisons, premier exemple accompli de l'architecture classique, que nous trouvons le prodrome de Versailles, seuil de l'esthétique des temps nouveaux qui illustrera avec bonheur les desseins absolutistes du souverain français.

Le château du Luxembourg était né de la volonté d'une reine française nostalgique de son Italie natale; celui de Cheverny était le fait d'un aristocrate de province, soucieux d'égaler les fastes de la cour au moment où l'État ne se résumait pas encore à la personne du roi. Ces deux extraordinaires réalisations purent passer, en leur temps, pour le superlatif de l'invention architecturale. Avec le recul, nous voyons qu'elles ne firent que préparer l'éclosion de l'apogée classique, avec Maisons pour premier chef-d'œuvre.

Certes, en matière architecturale, le « Grand Siècle » semble parfois écrasé par le palais versaillais, emblème éclatant de l'absolutisme, résultant d'une longue préparation et de l'avènement de circonstances historiques enfin favorables à sa plénitude. Mais rien n'eût été possible à Versailles sans ces deux étapes essentielles que constituent les châteaux de Maisons et de Vaux-le-Vicomte.

Intuition spéculative et accomplissement esthétique

Conçu selon un plan unitaire, le château de Maisons a été construit en pierre blonde de Chantilly. Sa disposition est des plus simples avec ses deux pavillons en

Château de Maisons et moulin, plan et élévation
1634
Paris, médiathèque du Patrimoine

La leçon de Cheverny. Annoncée à Cheverny, la disparition de la cour d'honneur se vérifie à Maisons; désormais, les deux ailes sont réduites à des pavillons saillants, prolongés par deux modestes constructions à un étage, devant lesquels court une large esplanade, et l'espace n'est plus fermé que par une simple grille. L'idée de l'univers monumental refermé sur lui-même et inaccessible depuis l'extérieur s'enfonce à jamais dans le passé.

Maisons-Laffitte (Yvelines)
Château de Maisons, façade côté jardins
XVIIe siècle

Une mise en espace naturaliste. À la suite des châteaux de la Loire, celui de Maisons intègre le jeu des reflets dans son esthétique et son dessein unitaire. Est ainsi établie une véritable mise en espace du grand édifice, projet favorisé par la proximité immédiate de la Seine; à cette donnée naturelle se conjuguent les efforts de l'homme pour maîtriser la mécanique hydraulique la plus sophistiquée de l'époque. Bien avant la grande machine de Marly qui assurera la mise en eau de Versailles, une installation assurant l'alimentation des bassins est installée par les artisans de Maisons sur l'un des bras du fleuve.

Maisons-Laffitte
Château de Maisons, détail de la façade principale
XVIIe siècle

La variété des ordres contre la monotonie. À Maisons, tout semble converger progressivement vers l'avant-corps central du château, au niveau duquel on accède par un escalier monumental dont la décoration aux motifs italianisants contraste avec la sobre économie de la façade. Sur cette dernière, on distingue ici la superposition des ordres classiques : le dorique règle l'agencement du rez-de-chaussée, l'ionique celui de l'étage et le corinthien articule le haut portique qui couronne l'ensemble. Pour éviter toute monotonie, l'architecte a organisé une alternance des baies et des niches, des colonnes et des pilastres, des formes triangulaires et circulaires.

retour qui encadrent un corps de logis central. Précédant ces pavillons, deux édicules en terrasse ont été établis côté cour, et deux portiques érigés côté jardin — organisation des volumes qui n'est pas sans rappeler le précédent du château de Grosbois (Val-de-Marne), amplifié par l'adjonction de deux pavillons et de deux ailes entre 1597 et 1615.

Bien que François Mansart (1598-1666) n'ait pas inventé la « mansarde », comble brisé que Pierre Lescot avait mis en œuvre auparavant, c'est à lui que revient l'étonnante conception des toitures d'ardoise de Maisons, qui procèdent par ruptures à forte déclivité tout en étant garnies de hautes cheminées et dominées par de discrètes terrasses à balustrade. En pratiquant ici une variation subtile du comble tronqué, droit mais recoupé par le haut et couvert d'une terrasse, le grand architecte français se montre tout à la fois novateur et conservateur, restant attaché à ces toitures pyramidales que le chantier versaillais frappera d'obsolescence au profit de la balustrade rectiligne destinée à souligner l'horizontalité de son immense façade.

Pour Mansart, qui vient d'achever le château de Balleroy en Normandie et que le frère de Louis XIII, exilé à Blois,

MAISONS-LAFFITTE
CHÂTEAU DE MAISONS,
VUE DE LA FAÇADE PRINCIPALE
XVIIe SIÈCLE

Une vision prémonitoire. « Simple en était la noble architecture. / Chaque ornement à sa place arrêté / Y semblait mis par nécessité. / L'œil satisfait embrassait sa structure, / Jamais surpris et toujours enchanté. » La célèbre stance de Voltaire (dans sa préface de *Sémiramis*, 1750) a d'emblée saisi et traduit par les mots ce qui fait le génie du nouvel élan classique dressé en France contre la vague déferlante du baroque italien. Lorsque le philosophe porta ce jugement, il disposait d'un recul historique lui permettant de prendre acte de cette considérable évolution. Probablement est-ce à l'absence de ce recul que Mansart dut ses difficultés à imposer ses conceptions visionnaires.

a sollicité dès 1626 pour la construction de la nouvelle aile dite « de Gaston d'Orléans », Maisons aura été l'occasion de vérifier ses intuitions à échelle monumentale. Cherchant la simplicité et l'équilibre, il parvient sans apparent effort à l'accomplissement d'une esthétique fondée sur les canons d'une élégante harmonie, également à l'honneur au château de Ménars (Loir-et-Cher), propriété de la Pompadour.

Traversée tumultueuse de l'Histoire

Le domaine de Maisons a été acquis en 1602 par la famille de Longueil, après avoir été longtemps une simple dépendance de l'abbaye Saint-Germain-des-Prés, puis la propriété des Capétiens et celle des seigneurs de Poissy. Si René de Longueil choisit de confier l'édification de son nouveau château à Mansart, c'est dans le dessein d'accueillir les chasses du roi Louis XIII. Commencé en 1634, l'édifice est achevé en 1646, et c'est au jeune Louis XIV, accompagné d'Anne d'Autriche, qu'il revient de l'inaugurer. Le parc et de nombreuses dépendances ayant disparu, l'axe de sa perspective paysagère, entre fleuve et forêt, ne rehausse plus cette somptueuse « maison de plaisance ».

Remanié dans la totalité de sa décoration par François-Joseph Bélanger à la fin du XVIIIe siècle, l'édifice sera acquis par le maréchal Lannes (qui en fait transformer les appartements) en 1804, soit à l'apogée de l'Empire. Les années passant, il sera revendu par la veuve du grand soldat au richissime financier Jacques Laffitte en 1818. Peu soucieux de sauvegarde archéologique, ce dernier supprimera les écuries de 1660 et réalisera, en 1833, un lotissement sur le modèle anglais déjà expérimenté à Neuilly, l'appellation Maisons-Laffitte étant officialisée en 1882. Abandonné, menacé de démolition, le château a été fort heureusement racheté par l'État en 1905, classé monument historique et scrupuleusement restauré.

MAISONS-LAFFITTE
CHÂTEAU DE MAISONS, GRAND ESCALIER ET VESTIBULE D'HONNEUR
XVIIe SIÈCLE

La monumentalité décorative. François Mansart a dessiné cet ensemble en habillant les parois de pilastres et de colonnes doriques soutenant un entablement orné d'aigles en haut-relief. Sur le côté part le grand escalier qui développe sa course à l'intérieur d'une tour carrée dominée par une coupole ovale surmontée par un lanternon ; sa rampe, en pierre découpée, abandonne le principe de la balustrade au profit d'un agencement d'entrelacs du plus heureux effet.

1630 À l'issue de la « journée des Dupes » (11 novembre), Marie de Médicis est définitivement éloignée du pouvoir et Louis XIII fait de Richelieu le vrai maître du royaume 1634 **Début du chantier de Maisons ; le château sera terminé en 1646** 1637 En juin, publication par Descartes de son *Discours de la méthode*, à Leyde.

MAISONS-LAFFITTE
CHÂTEAU DE MAISONS,
ANGELOT,
DÉTAIL DU DÉCOR
DU GRAND ESCALIER
XVIIe SIÈCLE

Le retour en force de l'antique. Curieusement, l'esthétique classique puise dans le vocabulaire antiquisant le matériau des défenses qu'elle dresse contre l'assaut baroque. Mais, dans le même temps, elle dynamise les figures mythologiques de la façon la plus théâtrale, subissant peut-être à son insu l'influence des décorateurs venus ou revenus de Rome.

MÉNARS
(LOIR-ET-CHER)
CHÂTEAU, FAÇADE SUD,
CÔTÉ JARDIN
XVIIe SIÈCLE

Légèrement postérieur à Cheverny. Le château de Ménars figure parmi les grandes réalisations classiques des pays de Loire, au même titre que Cheverny. C'est à partir de 1637 que Guillaume Charron fit édifier le grand édifice, constitué d'un corps de logis rectiligne, d'une longueur inaccoutumée ; à chacune des deux extrémités, un pavillon en saillie était couvert d'un toit indépendant. Au XVIIIe siècle, cet ensemble sera repris par Jacques-Ange Gabriel, qui le prolongera par adjonction de deux pavillons plus bas, sur plan rectangulaire. La solennité de la façade est rehaussée par le monumental perron central et par les chaînages verticaux qui rythment l'édifice sur toute sa longueur. Curieusement, ce château eut l'heur de séduire les parvenus puisque, après Charron fait comte de Ménars, il revint à Jeanne Antoinette Poisson, devenue marquise de Pompadour ; l'ayant fait remanier par Gabriel, elle le légua à son frère Marigny, ami de Germain Soufflot, lequel enrichit l'ensemble d'une orangerie, d'un nymphée et d'une rotonde.

Vaux-le-Vicomte

Le miroir d'une ambition démesurée

Après Cheverny et Maisons, le château de Vaux-le-Vicomte apparaît comme le précédent génial de Versailles. Cependant, la coïncidence chronologique ne doit pas abuser : Vaux est au départ une résidence particulière, que Nicolas Fouquet, aspirant au poste de principal ministre, comptait peut-être offrir au jeune Louis XIV ; et rien, à l'époque, ne laissait prévoir que celui-ci reprendrait l'incomparable équipe du surintendant pour construire Versailles.

C'est le 1er février 1641 que Nicolas Fouquet (1615-1680) fait l'acquisition du lieu-dit Vaux-le-Vicomte, sur lequel un manoir était attesté dès 1596. Il est difficile de savoir à quelle date s'est ouvert le chantier de la demeure qu'il a décidé d'y faire construire.

Officiellement, c'est en 1656, qu'il approuve le plan du grand architecte Louis Le Vau et le marché de l'entrepreneur Villedo ; ce choix très sûr est corroboré par celui du jardinier Le Nôtre et du peintre Le Brun, chargés de réaliser, dans leurs domaines respectifs, les plus vastes projets jamais formés en France par un simple particulier, fût-il ministre. La fortune illimitée de Fouquet assure l'avancement très rapide des travaux, notamment pour ce qui concerne le corps principal de l'édifice : ainsi, la couverture du dôme central est achevée dès l'été 1658.

La fin des travaux est marquée par la fatidique fête inaugurale du 17 août 1661, dont Alexandre Dumas fera un récit romancé mais circonstancié dans *le Vicomte de Bragelonne*. Arrivé en fin d'après-midi, Louis XIV parcourt longuement le parc et se divertit en écoutant *les Fâcheux* de Molière. La bonne chère, les meilleurs vins, un admirable feu d'artifice, la musique de Lully, la compagnie de jolies femmes..., « tout combattit pour le plaisir du roi », se plaira à rappeler La Fontaine, qui se garde bien de faire la moindre allusion au terrible silence du souverain, dont l'impassibilité dissimule la fureur de découvrir son ministre infiniment mieux logé que lui !

Moins de trois semaines plus tard, le 5 septembre, Nicolas Fouquet est arrêté ; emprisonné, il ne recouvrera jamais la liberté, mourant le 23 mars 1680 dans la prison de Pignerol , méditant tristement sur l'avènement d'un absolutisme qu'il n'avait pas su prévoir et dont son ennemi juré, Colbert, sera le plus talentueux serviteur.

Les fastes d'une demeure privée

À Vaux-le-Vicomte, Fouquet exige de Louis le Vau, son architecte, la construction d'une demeure princière sans équivalent en son siècle ; à ce sujet, le parallèle est saisissant avec d'autres imposants édifices contemporains, à l'image des châteaux de Barbentane (Bouches-du-Rhône) ou de Modave (Belgique).

Louis Le Vau ne se contente pas de flatter ce goût de la grandeur, mais opère subtilement une osmose du nouveau et de l'ancien, sollicitant même les recettes baroques (en remplaçant, par exemple, la galerie par le salon central), en rupture avec les règles du strict

Fouquet recevant le roi
Maurice Leloir (1853-1940)
1904
Gravure extraite de *Le roy Soleil* de Gustave Toudouze
Collection particulière

Une erreur fatale. Comment un homme aussi avisé que le surintendant Nicolas Fouquet n'a-t-il pas deviné l'excès d'orgueil caractérisant son jeune souverain ? Cette étonnante erreur lui coûtera la liberté et, à plus long terme, la vie.

Château de Vaux-le-Vicomte, façade principale
XVIIe siècle

Une solennelle sévérité. La façade principale de Vaux s'inscrit sous le double signe de la solennité et de l'austérité. La décoration extérieure y est des plus sobres, cultivant ingénieusement la combinaison des ordres dorique et ionique. Les ailes latérales sont en forte saillie, rétablissant le principe d'une cour que le château de Maisons (Yvelines) avait presque fait disparaître.

classicisme telles que semblait les avoir fixées Mansart. Quant au parc, archétype de l'art de Le Nôtre, il se développe sur une surface de quelque 70 hectares, le grand jardinier trouvant enfin un chantier à la mesure de ses ambitions et de son génie. Marquant la vraie naissance du jardin à la française, les différents plans juxtaposent, sur une profondeur d'environ 1,5 kilomètre, parterres géométriques, eaux dormantes ou jaillissantes, bosquets, grottes, pelouses, sans jamais retirer au château sa position dominante. La trame linéaire y est dirigée par les lois d'une perspective labyrinthique aux effets surprenants.

Le décor du nouvel âge classique

Pour les décors peints et sculptés des intérieurs, Fouquet a sollicité le talent de Charles Le Brun et de ses meilleurs disciples et assistants, Michel Anguier, Girardon, Legendre... Le Brun élabore le premier vaste programme décoratif du nouvel âge classique. Ainsi, il saura donner au grand salon du château un décor majestueux : termes, caryatides et autres trophées liés par une glorieuse couronne enrichissent les lieux de réunion aussi bien que les pièces privées ; la chambre de Fouquet est ornée d'une tenture des Gobelins, le cabinet de sa femme est couvert par un plafond bordé de paysages et de femmes ailées.
Luxe et élégance gouvernent également l'agencement de la chambre du Roi et du salon des Muses, pour lesquels Le Brun a réalisé des ensembles d'une admirable unité...

VAUX-LE-VICOMTE (SEINE-ET-MARNE)
FAÇADE SUR LE PARC
XVIIe SIÈCLE

Une ouverture sur l'infini. De la pièce d'eau circulaire, dite « le Rondeau », le château de Vaux-le-Vicomte (dont la rotonde, à moitié hors œuvre au centre, illustre la volonté novatrice de Le Vau) se présente au cœur d'un faisceau de lignes créant une perspective vers l'infini dont la pureté toute classique rompt avec la théâtralisation baroque du parc à l'italienne. Les grands parterres, les canaux et les pièces d'eau participent de cette magie, le jardin abritant d'autres attraits plus secrets, allées discrètes, bosquets intimes, grottes dissimulées.

CHÂTEAU DE VAUX-LE-VICOMTE,
PARTERRE DE BRODERIE
XVIIe SIÈCLE

La nature domestiquée. À mi-chemin entre ceux des Fleurs et de la Couronne, les deux parterres de broderie constituent la seconde aire du parc de Vaux-le-Vicomte, après les jardins adjacents à la construction et redessinés en 1923 par le paysagiste Achille Duchêne. Dans leur agencement complexe, ils attestent la domestication de la nature par l'homme, entre la pure création architecturale du château et les espaces plus libres du fond du parc (pièces d'eau, cascades, vergers, grottes, etc.).

Château de Vaux-le-Vicomte, la chambre du Roi
XVIIe siècle

La prémonition versaillaise. Quand on regarde le château depuis le parc, les appartements du roi occupent la partie droite du rez-de-chaussée. De leur luxe parfois exorbitant, les appartements princiers de Versailles s'inspireront directement. Agrémenté de peintures et de stucs, le plafond à l'italienne est ceinturé par les figures ailées dues à Le Brun. Au sol, un tapis de la Savonnerie, au fond, l'alcôve royale dans laquelle aucun roi de France n'aura finalement jamais dormi ; au-dessus de l'alcôve, l'allégorie de l'Abondance est cernée par les médaillons de Léda et de Diane Chasseresse.

1653 Le 7 février, Fouquet est nommé surintendant des finances de l'État, avec Servien 1654 Le 7 juin, Louis XIV est sacré à Reims **1656 Le 2 août, signature par Nicolas Fouquet du projet de Le Vau pour Vaux-le-Vicomte** 1661 Le 17 août, Fouquet organise à Vaux une fête pour Louis XIV, prélude à sa disgrâce.

Barbentane (Bouches-du-Rhône) Château, façade méridionale
XVIIe siècle

Mutations de la demeure seigneuriale. À son échelle, le château de Barbentane illustre les mutations profondes de la demeure seigneuriale dans la France du XVIIe siècle. C'est en 1653, juste avant le début de la construction de Vaux-le-Vicomte, que Paul François de Puget se fit construire ce simple corps de logis rectangulaire dont la symbolique nobiliaire est soulignée par le fronton cintré qui couronne l'avant-corps central et par la rangée de pots à feu sur la corniche.

Modave (Belgique) Château, vue générale
XVIIe siècle

Le mirage de la gloire immanente. Totalement remanié de 1652 à 1673 sur ordre de Jean Gaspard Ferdinand de Marchin, le château de Modave se présente comme le rêve matérialisé d'un ambitieux notable soucieux de sa gloire immédiate. Un lointain émule de Fouquet, en quelque sorte !

Château de Vaux-le-Vicomte, Grand Salon

XVIIe siècle

Une innovation remarquable. À Vaux, le Grand Salon ovale prend la place traditionnellement accordée à la galerie des demeures nobles. De cette façon, l'architecte sépare le château en deux grands corps de logis. Car le Grand Salon n'est pas une pièce de compagnie ; largement ouvert sur le parc par de grandes baies à simples grilles, il n'était réchauffé par aucune cheminée à la saison froide. En forme de loggia à arcades, il intègre parfaitement la bâtisse dans la perspective des espaces extérieurs. Son programme décoratif est l'œuvre de Le Brun qui a disposé, en partie supérieure, seize figures engainées portant un emblème permettant l'identification avec une constellation du zodiaque ou une allégorie des saisons.

Versailles

La métaphore de l'absolutisme

Pensé dès l'origine comme une énorme « machine de cour », mise au service d'un monarque soucieux d'exercer un contrôle immédiat sur l'aristocratie, le château de Versailles se donne moins à voir comme type architectural du classicisme que comme lieu de contemplation du pouvoir.

Au départ, on trouve un simple rendez-vous de chasse, érigé sur ordre de Louis XIII par un certain Nicolas Huau, à partir de septembre 1623. Les dimensions de ce modeste édifice sont celles de l'actuelle cour de marbre. Pour une raison encore obscure, le souverain acquiert la seigneurie du lieu en 1632 et demande presque aussitôt à l'architecte Le Roy de faire de ce manoir de campagne un véritable petit château, projet mené à bien en 1634. Si l'ensemble est loin d'évoquer le Versailles de Louis XIV, on y trouve déjà nombre de charmants jardins traversés par une allée axiale menant à une pièce d'eau circulaire, celle-là même qui deviendra le célèbre bassin d'Apollon quelques décennies plus tard.

Cependant, en dépit de cette première faveur royale, rien n'annonce le prestigieux destin de Versailles lorsque Louis XIII disparaît, en 1643. Durant la régence du jeune Louis XIV, roi dès l'âge de cinq ans, deux événements marquent les esprits : en premier lieu, les affrontements de la Fronde (1648-1652) qui font craindre pour la personne du petit roi ; ensuite, le délabrement, faute de subsides, du Louvre, devenu le plus incommode des palais royaux.

Or, au moment même où Louis XIV parvient enfin à l'âge du vrai pouvoir, il découvre, à l'occasion de la fête de Vaux-le-Vicomte en 1661, l'univers enchanté d'un château fastueux qu'il enrage de n'avoir pu commander lui-même. Dès lors, les conditions historiques de l'éclosion versaillaise sont réunies et l'arrestation de Fouquet, le 5 septembre 1661, en marque le véritable départ.

Un luxe sans précédent

À peine le malheureux surintendant est-il embastillé, que les terrassiers et les maçons se mettent à l'œuvre à Versailles. Louis XIV, qui connaît le site pour y avoir chassé, entend y affirmer son autorité discrétionnaire. En 1661, il exige de Le Vau un simple embellissement : pavage de la cour, enjolivement du décor, reconstruction des dépendances de l'avant-cour et aménagement de deux appartements intimes.

Par rapport à cette modestie du dessein architectural, la conception monumentale du parc par Le Nôtre offre un saisissant contraste ; achat de terres, travaux de terrassement, création d'une orangerie, d'une ménagerie, rien ne freine l'enthousiasme du souverain qui, dès 1664, ordonne la tenue d'une fête somptueuse, dite des « Plaisirs de l'île enchantée », et destinée à faire à jamais disparaître le souvenir de Vaux-le-Vicomte.

Quant au véritable chantier du nouveau palais, c'est seulement en octobre 1668 que Louis XIV en ordonne l'ouverture, commandant à Le Vau, contre l'avis de Colbert, l'agrégation de l'ancien château au nouveau,

VERSAILLES (YVELINES)
CHÂTEAU, FAÇADE CÔTÉ PARC
XVIIe SIÈCLE

Le triomphe de l'horizontal. L'immensité même de l'édifice versaillais décourage parfois le commentaire. Pourtant, que d'invention et de subtilité dans l'agencement de ces rigoureux volumes ! Du parc, on observe, par exemple, que le risque de monotonie horizontale, accentué par le couronnement de la balustrade, est rompu par les avant-corps flanqués de pilastres ioniques, par les légers décrochements des portiques et par la disposition sommitale des trophées.

1661 En mars-avril, le Conseil du roi est modifié dans le sens d'un renforcement de son autorité personnelle, forme qu'il gardera jusqu'à la Révolution **1661 Début de la première campagne de travaux menée par Le Vau** 1668 Le 18 juillet, le « Grand Divertissement royal » inaugure les splendides effets des jeux d'eau du parc de Versailles 1670 Le 11 octobre, mort de Louis Le Vau 1682 Louis XIV et la cour s'installent à Versailles, encore en chantier 1690 Le 12 février, mort de Charles Le Brun 1693 À l'âge de cinquante-cinq ans, Louis XIV renonce à conduire les campagnes militaires ; désormais, il quittera rarement Versailles 1700 Le 15 septembre, mort d'André Le Nôtre.

PLAN DU REZ-DE-CHAUSSÉE
DU CHÂTEAU DE VERSAILLES
EN 1837, APRÈS LES OUVRAGES
FAITS PAR LE ROI LOUIS-PHILIPPE
CHARLES GAVARD, 1836-1837
Gravure extraite du recueil
Domaine de la Couronne
Versailles, musée des Châteaux
de Versailles et de Trianon

Rigueur et grandeur. Le plan du château apparaît ici dans son double axe, vertical d'ouest en est et horizontal du sud au nord. Au centre de la composition, la cour ouverte rappelle l'ordonnance initiale du premier édifice, héritier de la tradition séculaire du château seigneurial. Mais, de part et d'autre du corps central, les deux immenses ailes attestent que, loin de se limiter à son rôle d'habitat royal, le gigantesque édifice a pour première fonction de loger la cour, c'est-à-dire de mettre à la portée de main du souverain absolutiste tous ceux à qui il confie les leviers du pouvoir.

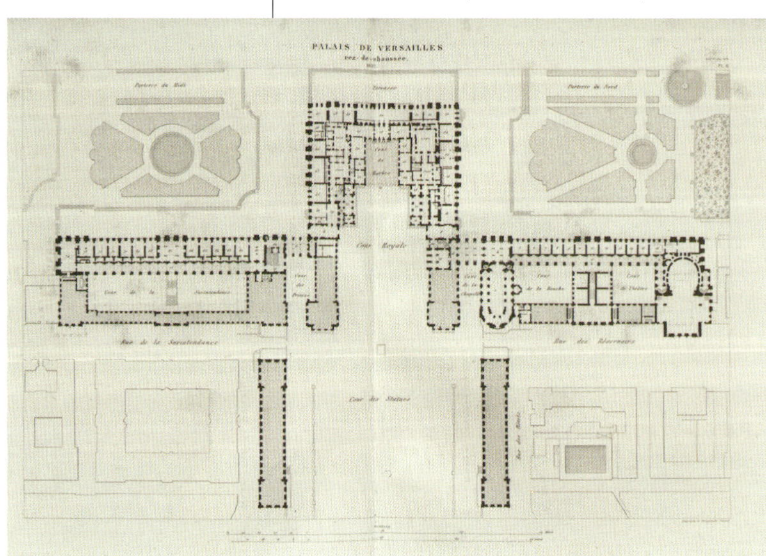

tour de force qui permet à l'architecte — puis à son successeur, d'Orbay — de vêtir la bâtisse d'une noble enveloppe de pierre ; dans le même temps, il repense complètement la distribution intérieure, lui conférant une efficacité fonctionnelle inédite.

Une nouvelle étape, décisive, est franchie en 1677, lorsque Louis XIV décide de fixer sa résidence à Versailles. Jules Hardouin-Mansart reçoit alors l'ordre d'ouvrir une nouvelle campagne de travaux, sous le signe de l'agrandissement gigantesque (cours, ailes du midi, du nord) nécessité par la venue de la cour. C'est à cette occasion que l'emblématique Grande Galerie, au parement continu de glaces, remplace la terrasse de Le Vau. Parallèlement, d'immenses travaux permettent l'alimentation des bassins du parc et le fonctionnement des jeux d'eau, élément magique de l'apparat décoratif royal.

Reste à signaler la dernière campagne, ouverte en 1699, dont la chapelle demeure la plus importante réalisation. Ayant pris son visage presque définitif, Versailles vieillit tristement avec son souverain, dont la dévotion se nuance de bigoterie et dont l'humeur ne cesse de s'assombrir ; au lendemain de la mort du roi, le 1er septembre 1715, l'aristocratie quittera presque aussitôt le grand palais pour regagner ses hôtels parisiens, plus favorables à l'exercice de tous les plaisirs auxquels elle aspire.

VERSAILLES
CHÂTEAU, CHAMBRE DE LA REINE
XVIIe SIÈCLE

De la versatilité des goûts. Les boiseries de style rocaille et le plafond peint par François Boucher ont été voulus, vers 1730, par Louis XV qui entendait ainsi satisfaire les goûts de son épouse. Mais Marie-Antoinette ayant jugé l'ensemble démodé, tout le mobilier fut renouvelé sur son ordre, en particulier les soieries tissées ou brodées de lilas et de plumes de paon, qui tendaient l'alcôve et le vaste lit. La restauration opérée à partir de 1976 permet de découvrir cette pièce telle que la souveraine la quitta en 1789.

La Construction du château de Versailles
Adam Frans Van der Meulen (1632-1690)
Versailles, collection particulière

Le roi premier servi. Le plus frappant dans cette vision de la construction de Versailles est son étroite parenté avec l'imagerie médiévale des constructions de cathédrales. On y découvre le même désordre apparent, la même agrégation des différents corps de métiers, le même principe de présentation des plans face à l'édifice en construction, les mêmes systèmes de levage et de transport des matériaux, etc. Surtout, il apparaît à l'évidence que Dieu n'est plus « premier servi », que désormais tous les efforts du royaume convergent pour glorifier son souverain temporel, même lorsqu'il ne réclame d'autre légitimité que celle du Ciel !

Luxe et volupté

La somptuosité décorative des intérieurs de Versailles est également remarquable. Associant le chatoiement des marbres aux dorures des statues ou les ciselures des bronzes au trompe-l'œil des plafonds, les praticiens de ce prodigieux décor créent un théâtre de l'illusion tout en bridant toute tentation baroquisante. On retrouve ici les traces de l'esthétique classique dont Le Brun s'est fait le champion ; il parvient à conserver à ses réalisations un cachet spécifiquement français, à l'image de ce qu'ont déjà réalisé Le Vau et Le Nôtre pour l'édifice et pour son parc.

Non que les artistes français ignorent le génie italien, bien au contraire. Mais c'est pour servir la gloire de la nation et de son roi qu'ils développent des principes puisés à la source antique, en rupture avec l'esthétique du Bernin, dont le séjour à Paris (juin-octobre 1665) s'est conclu par un grave et double échec : son plan palatial a été refusé et sa statue de Louis XIV reléguée au fond des jardins !

L'importance de l'eau et de ses jeux fut toujours considérable dans cet immense théâtre du pouvoir. Les bassins constituent l'un des charmes majeurs de l'ensemble versaillais. À mi-chemin entre le plus célèbre d'entre eux, celui d'Apollon, et le château, quatre bassins symbolisant les saisons célèbrent la mythologie : à Saturne

Versailles
Château, la cour de marbre
1661

Piété filiale et conservatisme monarchique. La cour de marbre doit son nom à son dallage ; le marbre, chargé dans l'esprit de Le Vau de rehausser la majesté de ce premier édifice, est aussi sollicité pour les colonnes. Mais l'architecte dut renoncer à supprimer l'appareil de pierre et de brique, relief du château de Louis XIII que Louis XIV tint obstinément à conserver. L'attique, la balustrade, les statues des corniches et les toits, dus à Jules Hardouin-Mansart, sont nettement plus tardifs, mais restent fidèles à l'esprit du premier bâtiment.

Concert dans le bosquet de la colonnade de Versailles
Eugène Lami (1800-1890)
Aquarelle
Paris, musée du Louvre, Cabinet des dessins

La musique, servante du plaisir. Dans le parc de Versailles, la musique a toujours été associée aux plaisirs de la cour. Ici, le concert a pour cadre la célèbre colonnade construite par Hardouin-Mansart en 1684, en marbre blanc conjugué à la brèche violette et au bleu turquin, provenant des carrières du Languedoc. L'ensemble, qui se veut français jusque dans ses matériaux, est constitué d'un anneau d'arcades formé de trente-deux colonnes et dressé à la gloire du « plus magnifique prince de la Terre ». Ne reculant devant aucune flatterie, l'architecte lui a donné la forme de ces solennels temples hypètres dont les constructeurs antiques laissaient la cour ouverte sous le ciel.

l'Hiver, à Flore le Printemps, à Cérès l'Été et à Bacchus l'Automne. Quant aux bassins rectangulaires à angles arrondis du parterre d'Eau (1685-1694), ils sont ornés de groupes sculptés figurant les grands fleuves de France, représentés par un homme, et leur principal affluent, illustré par une femme, disposition rappelant celle des frontons antiques.

D'une façon générale, toute la statuaire du parc de Versailles exalte la leçon de l'antique, tout en cherchant à la dépasser selon les préceptes optimistes de penseurs du temps (dont Charles Perrault).

VERSAILLES
CHÂTEAU, LE PARTERRE DE L'ORANGERIE
1684

Le visage exotique de l'absolutisme. Désireux de montrer en tout sa puissance, Louis XIV commande à Jules Hardouin-Mansart la construction d'une orangerie sur un vaste parterre établi en 1684, encadré par les deux grands escaliers des Cent-Marches faisant office de rempart contre le vent et orné en son milieu d'une pièce d'eau circulaire. À l'intérieur de l'Orangerie, 2 000 caisses d'orangers attestaient la puissance du roi, cet arbre exotique, très onéreux, n'ayant été introduit en France qu'au début du XVIe siècle. Ne pouvant être sortis qu'à la saison chaude, ils couvrent, associés aujourd'hui à des palmiers, l'esplanade au-delà de laquelle la pièce d'eau des Suisses prolonge le regard.

VERSAILLES
CHÂTEAU,
LA GALERIE
DES GLACES
1678-1686

La plus célèbre galerie intérieure du monde. Réalisée sous la direction de Charles Le Brun et de Jules Hardouin-Mansart, la Grande Galerie n'a reçu son nom de galerie des Glaces qu'au XIXe siècle. Il est difficile de savoir à qui revient la paternité de cet ensemble ; certains historiens avancent même le nom de François Mansart. Reste qu'il est revenu à Hardouin-Mansart d'installer les miroirs, motif en vogue depuis le début du siècle dans les demeures aristocratiques. Placés en vis-à-vis des fenêtres, ces miroirs reflètent tout à la fois les étendues du parc à la lumière du jour et les illuminations de ses fêtes nocturnes. Pour le peintre, ne restait alors que la voûte ; il en a utilisé toute la longueur (75 mètres) pour offrir, en saisissantes compositions, une vision légendaire du règne de Louis XIV, lointain et digne successeur d'Alexandre le Grand.

VERSAILLES
CHÂTEAU, LE BASSIN D'APOLLON
1668-1671

Le point nodal du parc. Dirigé vers le château, donc vers le souverain qui y loge, le bassin d'Apollon propose la version allégorique du dieu du Soleil jaillissant sur son char. Le bassin offre un cadre idéal au groupe de plomb doré modelé par Jean-Baptiste Tuby, qui a développé le dessin initial de Le Brun, lui-même inspiré du Guide ; de face, on reconnaît aisément le dessin pyramidal du fronton des temples antiques, signe de la force des canons antiquisants au sein du grand foyer versaillais.

Dampierre

Au soir du Grand Siècle

Au cœur de la vallée de Chevreuse, à quelques lieues de Paris entre Versailles et Rambouillet, le château de Dampierre, édifié à partir de 1675 par Jules Hardouin-Mansart, forme l'archétype de l'esthétique monumentale classique dans les dernières décennies du Grand Siècle.

Le plus remarquable à Dampierre reste probablement l'extraordinaire processus fusionnel du grand édifice et de son environnement sylvestre. Les hommes du XVIIe siècle se sont trop peu préoccupés de la nature pour qu'il soit raisonnable d'y découvrir les prémonitions de nos obsessions écologiques, mais il est certain qu'Hardouin-Mansart et Le Nôtre, l'auteur des jardins, se sont attachés à tirer un bénéfice immédiat du décor que leur offrait le site.

Une réalisation majeure de l'architecture privée

Acquéreur du domaine de Dampierre le 16 février 1551, le cardinal de Lorraine avait fait construire un manoir princier sur l'emplacement d'un édifice plus ancien. Restée fameuse pour avoir abrité l'exil de la duchesse de Chevreuse lors de la Fronde (1648-1653), cette construction, rehaussée de fresques italiennes, est presque entièrement rasée, vers 1675, sur ordre d'Honoré d'Albert de Luynes, duc de Chevreuse, ministre d'État et gendre de Colbert, qui passe aussitôt commande d'un nouveau château à Jules Hardouin-Mansart, tout en confiant l'organisation générale des jardins à André Le Nôtre.

Ce dernier exploite la forme particulière de la cuvette au fond de laquelle est construit l'édifice. Loin de chercher à lutter contre la déclivité du coteau boisé placé en retrait de la grande demeure, il en fait la toile de fond de son décor monumental en l'entaillant d'une large ouverture perspective.

DAMPIERRE (YVELINES)
CHÂTEAU, VUE GÉNÉRALE
XVIIe SIÈCLE

Le souvenir de Versailles. Construit pour un aristocrate du XVIIe siècle, mais largement restauré durant le règne de Louis-Philippe, le château de Dampierre dresse son altière silhouette au fond d'une cour d'honneur pavée, ce qui n'est pas sans rappeler le précédent versaillais. D'élégantes balustrades l'isolent des communs qui le flanquent, au-delà de la grille d'apparat placée dans l'axe central, autre souvenir de Versailles. En revanche, la construction en hauteur des combles s'écarte du principe de la balustrade illustré par le prestigieux palais du Roi-Soleil. Couvert d'ardoises, le logis central se signale par la structure de son avant-corps central, classiquement enrichi de quatre colonnes supportant le fronton triangulaire ; aux deux extrémités du bâtiment, les tourelles Renaissance assurent l'équilibre général de la composition tout en atténuant la raideur des arêtes.

1674 Début de la guerre de Hollande, marquée par de nombreuses victoires françaises **1675 Début de la construction du nouveau château de Dampierre** 1678-1679 Les traités de Nimègue font de Louis XIV le maître militaire et diplomatique de l'Europe.

DAMPIERRE
LE CHÂTEAU VU DU PARC
XVIIe SIÈCLE

La demeure en son écrin. Plus encore que son entrée principale, la façade postérieure du château de Dampierre atteste l'exceptionnelle réussite de son intégration au cadre naturel. Les forêts, les prés, les jardins, l'eau, le ciel… tout participe de cet enchantement. La régularité de l'ordre classique, surtout décelable ici dans l'agencement régulier des baies autour du portique central, lui-même précédé par un imposant perron, fait merveille. On observe la disparition de l'attique à l'étage supérieur de la façade ; en lieu et place de cet élément mobile, de nombreuses lucarnes aux formes variées animent le compartiment des combles. Dampierre se place en un moment particulier de l'histoire architecturale ; Versailles semble vouloir épuiser les capacités inventives du temps, ce qui permet paradoxalement à des édifices moins importants de revenir à l'écoute de préceptes antérieurs à l'ère absolutiste.

Ce faisant, il seconde efficacement le dessein de l'architecte qui a supprimé le principe de la pierre apparente au profit de vastes surfaces crépies délimitées par les chaînages de brique, afin d'obtenir un effet d'intimité en osmose avec la singularité de la campagne ambiante. Un bon exemple de ce goût pour le confort bucolique est fourni par les deux fontaines, aussi décoratives que fonctionnelles, qui ouvrent sur l'entrée du château.
De cette aspiration à l'intimité fastueuse, les aménagements intérieurs ont témoigné d'emblée, mais les mutations opérées par la suite (boiseries du XVIIIe siècle, peinture inachevée d'Ingres, etc.) permettent difficilement d'en retrouver l'esprit.

La prolifération des petites résidences campagnardes

Au moment où la résidence aristocratique parvient, comme l'atteste Dampierre, à son accomplissement dans un cadre rustique, nombre de petits châteaux voient le jour au sein des campagnes françaises. Ces demeures discrètes balisent, jusqu'au fond des vallées les plus reculées, le territoire national. Le plus souvent, ces modestes édifices gardent une taille conséquente, mais ne conservent de la signalétique du pouvoir — premier caractère du château — que la présence d'une tour, d'une salle de réception, parfois d'une chapelle privée, et la disposition régulière des ouvertures sur la façade principale.

BRUIS (HAUTES-ALPES)
CHÂTEAU
1669

Le principe du château-ferme. Le petit château de Bruis ne se signale que par la présence d'une tour circulaire à l'angle nord-ouest. Hors cette particularité, il développe un simple corps de logis à étage sur lequel ont été greffées deux ailes de bâtiments communs, la cour étant fermée par un mur en retour qui clôt l'univers castral. De façon significative, il succède, en tant qu'édifice symbolique du pouvoir local, à la tour quadrangulaire du XIIe siècle dressée sur la colline voisine ; construite en pierres plates, cette dernière assura longtemps la protection du village primitif de Bruis situé à ses pieds. Avec l'avènement des Temps modernes, les fortifications s'effacent ainsi au profit de bâtiments qui permettent l'exercice d'une activité agricole assurant au maître des lieux une domination fondée sur la prospérité matérielle et non plus sur les armes.

Le Grand Trianon

Le petit palais du grand roi

Indissociable de celui de Versailles, le nom de Trianon n'est pourtant que celui d'un modeste village acheté en 1668 par Louis XIV, puis aussitôt détruit pour agrandir les terres du domaine royal dans le dessein d'y édifier une maison « à aller faire des collations ». Le projet du souverain n'est autre que l'aménagement d'un espace intime, lui épargnant, à ses heures perdues, le pesant protocole qu'il a lui-même institué.

Dès 1670, Louis Le Vau — qui mourra quelques mois plus tard — est chargé des travaux du premier Trianon, resté dans l'Histoire sous le nom de « Trianon de porcelaine », les contemporains ayant été frappés par la décoration de ses murs habillés de faïences de Delft bleu sur fond blanc, « à la chinoise ». Situé à l'extrémité du bras nord du Grand Canal, le nouvel édifice était constitué d'un pavillon entouré de deux ailes sur cour. Sa fantaisie convenait admirablement aux souhaits juvéniles d'un souverain encore enivré de sa toute-puissance.
Autour de cette demeure surmontée par des toits aux faïences polychromes, de nombreux parterres, arbres fruitiers, berceaux de jasmin, etc. ajoutaient une touche bucolique à ce premier caprice royal auquel succédera, quelques années plus tard, le domaine de Marly, lui aussi promis à la destruction.

Le « Trianon de marbre »

L'actuel Grand Trianon, dit « Trianon de marbre », est plus tardif, étant élevé en 1687 par Jules Hardouin-Mansart, successeur de Le Vau, en lieu et place du Trianon de porcelaine qui ne convient plus à un souverain assombri par le passage des années. Louis XIV exige d'Hardouin-Mansart la construction d'un « petit palais de marbre et de porphyre avec des jardins délicieux » et en surveille de fort près l'agencement. Contre les historiens qui en attribuent la paternité à Robert de Cotte, l'hagiographie royaliste assure même que c'est au souverain que reviendrait l'idée du péristyle à jour conférant une telle majesté à ce ravissant petit palais tout en assurant, du fait de sa transparence, une parfaite agrégation de l'architecture avec les jardins.
Ce sont probablement ces liaisons des deux ailes par le péristyle qui caractérisent au mieux le Grand Trianon ; d'autant plus que cet ensemble est prolongé au nord et au sud par deux ailes symétriques, dont celle du nord est raccordée en équerre à un autre élément, l'aile occidentale de la galerie. Il y a là une évidente volonté de fusion avec les jardins « à broderies » dont les fleurs sont choisies en fonction de l'éclat de leur palette, mais aussi de la prégnance de leurs parfums. Le monarque y fait disposer des groupes sculptés célébrant les activités ludiques de l'enfance. Parmi les plus remarquables dispositions de ces extérieurs, on releva la présence, discrète mais prémonitoire, d'un bosquet parcouru de ruisselets sauvages, en avance d'un siècle sur l'effusion naturaliste prônée par Rousseau au temps des Lumières.

VERSAILLES
GRAND TRIANON,
LE PÉRISTYLE
XVIIe SIÈCLE

Pour l'intimité du monarque. Ce petit palais dont les colonnes et les pilastres sont taillés dans les marbres roses du Languedoc et verts de Campan, constitue un véritable écrin de la souveraineté absolutiste aux heures de l'intimité. Cantonné par ses murs de pierre blonde, il ne développe qu'un seul étage, à l'exception du corps de logis, d'une facture dont la sobriété surprend. L'élément le plus harmonieux en reste le péristyle reliant l'aile sud à celle du nord, galerie ouverte dont Robert de Cotte donna les plans.

VERSAILLES
GRAND TRIANON,
LA GALERIE
DES COTELLES
XVIIe SIÈCLE

Un décor fascinant. Au Grand Trianon, l'aile en retour, réservée à la présidence de la République, propose un ensemble de pièces aux boiseries d'une exceptionnelle finesse d'exécution. L'un des charmes de cet édifice réside précisément dans son décor floral que l'on trouve aussi bien dans les boiseries et dans les peintures que dans les parterres. La galerie des Cotelles ouvre de toutes parts sur la salle des Marronniers, le jardin des Sources, le jardin du Roi, autant de lieux de flânerie rehaussés de groupes sculptés et de fontaines.

Versailles (Yvelines)
Grand Trianon, vue aérienne
XVIIe siècle

Pour le prestige. Le Trianon de marbre, qui eut pour seule vocation de former le refuge d'un monarque vieillissant et las des fastes de la cour, deviendra ensuite la résidence d'hôtes célèbres, dont le premier ne sera autre que le tsar Pierre le Grand en 1717 ; Napoléon l'aménage en 1805, Louis-Philippe l'occupe au temps de la Restauration, la Ve République, enfin, entreprend de le faire complètement et soigneusement restaurer de 1963 à 1966. Désormais, il accueille les chefs d'État étrangers en visite en France et peut, à l'occasion, servir de résidence au président de la République en exercice.

1685 L'édit de Fontainebleau révoque l'édit de Nantes, signe d'un durcissement général de la politique intérieure de Louis XIV
1687 Jules Hardouin-Mansart donne les plans du Grand Trianon
1688-1697 Guerre de la Ligue d'Augsbourg, globalement victorieuse, mais catastrophique pour les finances du royaume et les conditions de vie de la population.

Vue du château de Marly du côté des jardins
École française
XVIIIe siècle
Huile sur toile
Versailles, musée des Châteaux de Versailles et de Trianon

Le mirage bucolique. En 1679, Louis XIV confie à Jules Hardouin-Mansart un réaménagement complet du site de Marly ; il s'agit pour le monarque de se ménager une retraite bucolique, en marge des contraintes de l'étiquette de cour. Aussitôt commencés, les travaux sont suffisamment avancés en 1686 pour autoriser un premier séjour royal. Louis XIV aimera toujours Marly, œuvrant jusqu'à la fin de son règne à l'embellissement de son parc ; c'est à son initiative personnelle que sont dus la Rivière (ou Grande Cascade, 1697) et le Grand Abreuvoir (1698), resté dans l'Histoire grâce à ses chevaux, déplacés au bas des Champs-Élysées. Mais, après 1715, Marly est progressivement délaissé. Louis XV y loge cependant la Pompadour dès 1746, dans son propre appartement. Jugé tout à la fois inutile et coûteux, le parc est modifié, abandonné, vendu enfin, en 1799, à l'industriel Sagniel ; ruiné dès 1806, ce dernier ordonne la démolition du château et ses dépendances pour en vendre les matériaux.

Lunéville

Les reflets du Grand Siècle

Surnommé le « Versailles lorrain », le château de Lunéville figure parmi les chefs-d'œuvre de l'architecture monumentale du XVIIIe siècle. C'est de 1703 à 1723 que le duc de Lorraine Léopold (1679-1729) en organisa la totale reconstruction, sur des plans de Pierre Bourdict, Nicolas d'Orbay et Germain Boffrand.

Pour tout aristocrate européen, le grand modèle du temps était évidemment Louis XIV, qui avait su quitter le vieux Louvre pour se faire construire Versailles. Léopold déserte donc le palais ducal de Nancy et choisit Lunéville pour s'y faire édifier une demeure digne de lui, sur le site d'un ancien manoir.

Le choix final de Germain Boffrand (1676-1754), jeune disciple de Jules Hardouin-Mansart, est révélateur de cette soumission à l'idéal versaillais. Au cœur de la déferlante rocaille, Boffrand dominera, en compagnie de Robert de Cotte et de Jacques Gabriel, l'architecture française de son temps, définissant en 1745 les canons de la nouvelle esthétique dans son *Livre d'architecture*.

Le miroir de l'ambition lorraine

Contre le goût naissant pour la fantaisie rocaille, c'est donc le classicisme qui, comme à Haroué (Meurthe-et-Moselle), triomphe à Lunéville. Accédant au logis central par les deux cours qui le précèdent, le visiteur peut mesurer la grandeur d'un édifice qui illustre la nouvelle ambition lorraine. L'impression en est encore renforcée à l'intérieur par les vastes vestibules conduisant aux appartements du rez-de-chaussée et par les amples escaliers, ouverts à la naissance des ailes, menant à l'étage.

Lorsque la Lorraine revient, par le traité de Vienne (1738), à Stanislas, roi déchu de Pologne et beau-père de Louis XV, les bâtiments sont complétés et les jardins transformés par Emmanuel Héré et Richard Mique. Mais à la mort de Stanislas, en 1776, Lunéville décline ; transformé en caserne, le château voit son mobilier disparaître et la statuaire de son parc subir d'irrémédiables dommages.

Classé monument historique en 1901 (arrêté complété par ceux de 1929, 1992 et 1998), le château appartient désormais au ministère de la Défense et au conseil général de Meurthe-et-Moselle, auquel la ville a transmis depuis 1999 les bâtiments dont elle était propriétaire.

La ruine par le feu

Dans la nuit du 2 au 3 janvier 2003, un terrible incendie se déclare à l'extrémité ouest de la chapelle et se propage vers l'est, ravageant l'ensemble des toitures de la partie sud-est. La destruction de la chapelle royale est presque totale, la chute des charpentes ayant entraîné celle de la voûte en plâtre, de la tribune et des colonnes rythmant l'élévation intérieure. La partie du bâtiment abritant les appartements royaux a perdu sa toiture et nombre de ses planchers. Au sud, la toiture de l'escalier s'est effondrée, entraînant avec elle le garde-corps en pierre moulurée.

Le Roi Stanislas Ier Leszczynski investissant son chancelier Antoine Martin Chaumont de La Galaizière, en 1737
François-André Vincent
(1746-1816)
Vers 1775
Huile sur toile, détail
Nancy, Musée historique lorrain

De la Pologne à la Lorraine. Ayant renoncé au trône de Pologne, Stanislas Ier Leszczynski en est consolé par le gouvernement de la Lorraine qui lui est confié par Louis XV en 1738.
Sur ce document, on le voit remettre tous les pouvoirs administratifs au chancelier Antoine Martin Chaumont de La Galaizière.

1701 Le 7 septembre, la grande alliance de La Haye coalise Empire, Angleterre, Autriche et Hollande contre le bloc formé par la France et l'Espagne **1703 Ouverture du chantier du nouveau château de Lunéville pour Léopold, duc de Lorraine** 1715 Le 1er septembre, la mort de Louis XIV met fin au règne le plus long de l'histoire de France.

Lunéville (Meurthe-et-Moselle)
Château, façade sur cour
Début XVIIIe siècle

L'élégance versaillaise. C'est surtout côté ville que le château de Lunéville évoque irrésistiblement la façade noble de Versailles. Le grand style français s'y manifeste dans toute son harmonie, avec la succession de ses deux grandes esplanades. Au premier plan, l'avant-cour est limitée par des communs qui prolongent discrètement les deux ailes de la cour d'honneur, close au fond par le corps de logis principal ouvert sur les jardins par trois imposantes arcades cintrées d'égale hauteur. Les bâtiments des ailes sont eux-mêmes scindés en deux blocs ; le premier poursuit l'élévation du corps central, le second perd un étage. Au milieu du corps de logis principal, un solennel avant-corps se présente sous forme d'un portique tétrastyle colossal qui supporte un fronton aux armes de la Lorraine ; en partie sommitale, un toit en pyramide tronquée domine le grand comble.

Les premières interventions — sécurisation des personnes, consolidation des ruines et sauvetage du décor épargné — ont été évaluées à 3 millions d'euros. Depuis la présentation d'un premier bilan, le 7 juillet 2003, toutes les aides de la Région, de l'État, voire de l'Europe, sont sollicitées pour redonner son lustre à l'édifice mutilé.

LUNÉVILLE (MEURTHE-ET-MOSELLE)
CHÂTEAU, FAÇADE SUR JARDINS
DÉBUT XVIIIe SIÈCLE

Une métaphore de l'absolutisme. Dessinés de 1711 à 1718 par Yves des Hours, les jardins du château de Lunéville ne cachent pas ce qu'ils doivent au modèle établi par André Le Nôtre à Vaux-le-Vicomte et à Versailles. Mais si les parterres et les allées semblent encore soumis à la férule du canon géométrique, métaphore d'un absolutisme qui entend bien exercer ses effets sur la nature elle-même, l'esprit nouveau est évidemment à l'origine de tous les éléments de fantaisie qui rompent avec la manière ancienne. Agrandis en 1724 et agrémentés d'une abondante statuaire, ils confèrent une allure moins altière à la façade qui les domine ; plus régulière et moins solennelle que celle de la cour, cette dernière atteste cependant la force de la règle classique chez un architecte qui prônera une adhésion raisonnable aux canons de la rocaille.

HAROUÉ (MEURTHE-ET-MOSELLE)
CHÂTEAU, FAÇADE SUR JARDINS
XVIIIe SIÈCLE

Un chef-d'œuvre de l'art lorrain. Le château de Haroué a été construit de 1720 à 1732 par l'architecte Germain Boffrand (1667-1754). Les plus belles contributions à sa réalisation sont dues à des artistes lorrains ; ainsi, les grilles, les balcons et la rampe d'escalier ont été forgés par Jean Lamour (1698-1771) ; la statuaire est l'œuvre de Barthélemy Guibal (1699-1757), déjà auteur des fontaines de la place Stanislas, à Nancy. L'édifice use des données numériques du calendrier, avec ses 365 fenêtres, ses 52 cheminées, ses 12 tours et ses 4 ponts.

Compiègne

Sous le signe impérial de l'antique

Construit autour d'un schéma classique, le château de Compiègne présente une relative disparité qui est symptomatique des grandes mutations post-versaillaises, également décelables à Champs ou Aigremont, et prélude au crépuscule de l'édifice castral.

À quelque 70 kilomètres de Paris, la ville de Compiègne, dont le développement initial remonte au règne de Charles le Chauve (843-877), est entrée dans l'Histoire le 23 mai 1430, lorsque Jeanne d'Arc y fut capturée par les Bourguignons qui finirent par la remettre aux Anglais. Peu de temps auparavant, le 18 août 1429, revenant de Reims où il avait été sacré en présence de la Pucelle, Charles VII y avait fait une entrée solennelle, inaugurant une tradition respectée par la plupart de ses successeurs.

Le château de Compiègne se laisse aujourd'hui difficilement découvrir, la complexité de son plan et la prolifération de ses logis déconcertant souvent le visiteur. En fait, tout part de la cour carrée fondamentale, autour de laquelle se sont développés nombre de bâtiments annexes et au-delà de laquelle passe la grande façade oblique donnant sur le parc.

C'est du XIIe siècle que date la tour de Beauregard, reste du donjon du XIe siècle (dit « tour de Jeanne d'Arc ») qui constituait le dispositif défensif du château capétien chargé de contrôler la navigation de l'Oise toute proche. Antérieure à celle du Louvre de Philippe Auguste, elle est construite en pierres grossièrement appareillées.

L'origine de la résidence de Compiègne coïncide pour une part avec celle de la dynastie mérovingienne ; après avoir changé plusieurs fois d'emplacement, elle a trouvé en 1374 son siège actuel, sur un terrain proche des remparts rachetés par Charles V aux religieux de l'abbaye Saint-Corneille.

Sous la monarchie capétienne, le château connaît de nombreuses heures historiques. Charles VI y réunit les états généraux en 1382, Henri IV y transfère la cour des Monnaies de 1590 à 1594 et y prépare le traité de Vervins, signé le 2 mai 1598 ; le 12 juillet 1624, enfin, dans les premiers temps du règne de Louis XIII, y est signé, entre la France et les Provinces-Unies, le traité de Compiègne.

Mutation résidentielle de l'ancienne forteresse

Sur ordre de Louis XV, qui exige sa mutation en luxueuse résidence, Jacques Gabriel entame le chantier en 1738 ; lui succède, de 1751 à 1788, son propre fils Jacques Ange Gabriel, qui ouvre une immense façade sur les jardins. L'ensemble est complété par Le Dreux de La Châtre, selon les canons néoclassiques. Peu après la proclamation de l'Empire, Napoléon Ier chargera Louis-Martin Berthault de remanier le château de façon à le transformer en « palais » digne d'accueillir, en 1810, sa seconde épouse, l'archiduchesse Marie-Louise d'Autriche.

De l'édifice médiéval, l'actuel bâtiment a conservé quelques murs et le plan triangulaire. Au sortir de la dernière campagne de construction menée sous le règne de Napoléon III, l'ensemble acquiert l'apparence

COMPIÈGNE (OISE)
CHÂTEAU, FAÇADE SUR PARC
XVIIIe SIÈCLE

Le crépuscule de la grandeur classique. Cette immense façade classique, superposant deux étages de baies et une balustrade, évoque certes les grandioses réalisations antérieures de Versailles, mais sans imitation restrictive. La monotonie en est brisée par le sévère fronton triangulaire supporté par quatre hautes colonnes ioniques. Le décalage oblique de cette façade relativement à la cour principale du château s'explique par les contraintes du terrain : établi en 1751 par Jacques Ange Gabriel, le premier projet adaptait en effet un plan triangulaire au socle irrégulier compris entre la place d'Armes et le rempart sur lequel repose cette monumentale réalisation.

VUE DU CHÂTEAU DE COMPIÈGNE
SIMÉON JEAN ANTOINE FORT (1793-1861), VERS 1850
Huile sur toile, détail
Compiègne, musée du Château

Le développement autour d'une cour carrée. Au centre de la composition, on distingue fort bien la cour quadrangulaire ouvrant sur le portique compris entre les deux avant-corps et, en retrait, la grande ligne oblique de la façade postérieure donnant sur le parc.

que nous lui connaissons, toute d'harmonie classique. Régulièrement ordonnées autour de plusieurs cours, les bâtisses présentent une élévation traditionnelle : soubassement, étage noble, attique et toit plat avec balustrade. La cour d'honneur est un grand quadrilatère bordé de hautes façades sur trois côtés et ouvrant sur la place par un grandiose portique dorique à double colonnade. Pour accentuer la monumentalité de la résidence, l'architecte a placé à l'extrémité des deux ailes et sur l'avant-corps médian du bâtiment principal un groupe de quatre colonnes ou pilastres placés sous fronton triangulaire.

L'intérieur a été refait par Charles Percier et Pierre Fontaine au début du XIXe siècle ; la grande salle de bal mesure 45 mètres de long sur 13 de large et son plafond, décoré de scènes de batailles impériales, est soutenu par vingt colonnes corinthiennes aux cannelures dorées. Gabriel avait dessiné les plans d'un jardin à la française entre le château et la forêt, mais, en 1811, Berthault le remplaça par un jardin à l'anglaise reliant le parc à la forêt.

C'est sous le second Empire que Compiègne touche au faîte des honneurs, devenant le siège de la cour réunie par Napoléon III et l'impératrice Eugénie pour des sessions (ou « séries » !) d'une dizaine de jours. Hélas, le goût assez peu sûr de l'impératrice en matière de mobilier est à l'origine de nombreux remaniements qui ont altéré l'unité de l'ensemble.

Avec l'avènement de la IIIe République, le grand édifice, transformé en musée, s'est ouvert aux visites d'un public toujours plus large.

COMPIÈGNE
CHÂTEAU,
GRAND VESTIBULE
XVIIIe SIÈCLE

La vie de cour sous son jour le plus aimable. Dans cet espace, on ne sait ce qui est le plus admirable, de la pureté du matériau, de l'élégance des proportions ou de la perfection de la modénature. L'observateur attentif découvrira ici un héritage formel plusieurs fois séculaire.

COMPIÈGNE (OISE)
CHÂTEAU, COUR D'HONNEUR
XVIIIe SIÈCLE

La trame orthogonale du génie classique. Rez-de-chaussée, étage noble, attique et fronton s'inscrivent dans un espace géométrique déterminé verticalement par les colonnes et horizontalement par les corniches : c'est là la marque achevée d'une esthétique classique bientôt promise à d'imprévisibles mutations sous l'effet du nouvel engouement pour l'antique provoqué par l'ouverture du chantier des fouilles de Pompéi (1748). Cependant, la façade est animée par l'harmonieuse répartition d'ouvertures variées : portes-fenêtres, hautes baies, oculi... ainsi que par l'adoption du bossage pour le revêtement extérieur du rez-de-chaussée.

1737 Début de la guerre de Pologne qui oppose la France à l'alliance austro-russe ; la paix de Vienne y mettra fin le 18 novembre 1738 **1738 Ouverture du chantier du nouveau château de Compiègne** 1741-1748 Guerre de Succession d'Autriche ; malgré ses succès militaires (Fontenoy, Namur, Lawfeld), la France n'y gagne rien, Louis XV rendant les terres conquises.

COMPIÈGNE
CHÂTEAU, AVANT-CORPS CENTRAL
DE LA COUR D'HONNEUR
XVIIIe SIÈCLE

Côté ville, une façade moins austère que côté parc. Si le bossage du rez-de-chaussée marque la persistance d'une certaine influence italienne, le renoncement à l'ordre colossal (les colonnes partent du balcon et non plus du sol) indique une volonté de privilégier l'amabilité aux dépens de la solennité. Compiègne tient ainsi à montrer son visage riant du côté de la ville, au fond de la cour d'honneur, réservant la stricte rigueur classique à la façade côté parc.

Champs (Seine-et-Marne)
Château, façade sur jardins
Début XVIIIe siècle

Harmonie, équilibre, modestie. C'est en 1699 que le trésorier Charles Renouard de La Touane commande à l'architecte Bullet de Chamblain un somptueux hôtel particulier, édifice qui formera le corps central de l'actuel château. L'affaire ayant tourné court à la suite de la banqueroute du commanditaire, le financier Paul Poisson de Bourvalais fait compléter la résidence de 1703 à 1707 ; deux pavillons latéraux sont ajoutés et agrégés au logis central par le haut comble mansardé et un avant-corps central confère une nouvelle majesté à la façade du jardin sur laquelle il donne en saillie arrondie. Saisi par la couronne en 1716, Champs est cédé en 1718 à la princesse de Conti, fille de Louis XIV et de mademoiselle de La Vallière. Passé entre diverses mains, dont celles de la Pompadour en 1757, pour une brève location, le domaine est revenu à l'État en 1935. Son jardin à la française, dessiné par Claude Desgots, neveu de Le Nôtre, se signale par son superbe parterre de broderies de fleurs et ses deux bassins.

Aigremont (Belgique)
Château, rez-de-chaussée
Début XVIIIe siècle

Intimité aristocratique. Dominant les rives de la Meuse, le château d'Aigremont, situé sur la commune de Flémalle, a été construit au tout début du XVIIIe siècle sur l'instance de l'archidiacre Mathias Clercx, selon l'ordonnance classique dérivée du grand exemple versaillais dont Lunéville offrait, à la même époque, une brillante variante. Extérieurement, la beauté du moellon calcaire aux subtiles nuances sert admirablement l'élévation régulière des façades. À l'intérieur, les riches collections mobilières réparties dans un espace tout à la fois monumental et intime achèvent de conférer à ce ravissant édifice le statut de résidence aristocratique majeure. Au-delà des grandes baies s'étend un parc à la française qui nous est parvenu dans son état original.

La Motte-Tilly

Archétype de la belle « maison des champs »

C'est dans un état de conservation exceptionnel que le château de La Motte-Tilly aborde le XXIe siècle, en dépit des turbulences guerrières dont il fut plusieurs fois le théâtre. Formé d'un corps de logis principal sur lequel sont greffées deux ailes en forte saillie, il se signale par une heureuse complémentarité de la brique (réservée aux encadrements des baies) et du grès (chargé de surligner les principales articulations de l'édifice en maçonnerie crépie).

À une ancienne motte féodale, attestée dès 1369, avait succédé un puissant château médiéval chargé de protéger un gué de la Seine (le tracé des douves s'en lit encore à l'extrémité du parc). Ayant perdu tout attrait aux yeux des hommes du XVIIIe siècle, la forteresse tombe sous la pioche des démolisseurs, faisant place nette au nouvel édifice, construit à partir de 1754 sur les plans de François Nicolas Lancret, neveu du peintre Nicolas Lancret. Les commanditaires en sont les frères Terray, dont le plus illustre, l'abbé Joseph Marie Terray, deviendra contrôleur général des finances de Louis XV en 1769.

La règle au service de la douceur de vivre

Constructions et parc sont répartis de part et d'autre de l'axe traversant l'entrée principale du château jusqu'au miroir d'eau rectangulaire, tout près des rives de la Seine. Idéale « maison des champs », le bâtiment témoigne d'une nouvelle conception de la douceur aristocratique de vivre, également manifeste aux châteaux de Bagatelle (Somme) ou d'Attre (Belgique).
Il enchaîne au rez-de-chaussée une série de trois salons exposés au nord (d'où leur fraîcheur délectable à la saison chaude), l'étage étant réservé aux invités. Les communs — certains ont disparu — sont disposés à gauche de la cour carrée, ce qui assure l'efficacité des services tout en épargnant bruits et odeurs aux sens délicats des occupants du lieu.

LA MOTTE-TILLY
CHÂTEAU, CHAMBRE DU PERROQUET
XVIIIe SIÈCLE

Luxe, calme et volupté. La chambre du Perroquet (au premier étage) participe pleinement de cette esthétique de l'intime qui caractérise La Motte-Tilly. De l'alcôve à la grande baie, du lustre aux fauteuils, des moulures du plafond aux lambris des murs, tout ici évoque la maîtrise supérieure d'un discours formel moins attentif aux apparences du luxe qu'à l'harmonie de ses éléments constitutifs.

LA MOTTE-TILLY
CHÂTEAU, FAÇADE PRINCIPALE
XVIIIe SIÈCLE

Une animation théâtrale. La façade principale, orientée au sud, présente deux ailes qui se détachent nettement du corps de logis. Partout, le jeu alterné de la brique et du grès qui jouent sur le fond en crépi assure l'animation des surfaces. En couverture, l'indépendance des toits accentue l'effet de variété volumétrique recherché par l'architecte. Au-dessus de la porte d'entrée, précédée d'un perron et surmontée d'un balcon de fer forgé, l'écu des Terray, rehaussé d'un somptueux décor floral, s'inscrit sous un fronton cintré et brisé d'inspiration rocaille.

La Motte-Tilly (Aube)
Château, façade côté jardins
XVIIIe siècle

Du côté de l'intime. Plus discrète, plus secrète, la façade nord du château domine le cours de la Seine. Les ailes y deviennent de simples avant-corps et le point nodal de la composition n'est autre que le tympan au dessin triangulaire d'un parfait classicisme. De la terrasse, le regard plonge en longue perspective jusqu'au miroir d'eau, bassin rectangulaire situé au-delà de la grande allée et bordé de hautes frondaisons.

Quant au parc, dessiné selon l'esthétique du jardin à la française, il est modifié sur ordre d'Antoine Jean Terray, en 1780 ; pour se plier au goût du jour, ce dernier rompt avec l'ordonnance classique et y substitue un espace paysager, caractérisé par la liberté des formes et par l'exotisme des essences. Le décor intérieur du château subit le contrecoup de cette mutation esthétique, des papiers peints y chantant désormais l'âge d'or d'une antiquité bucolique, en lieu et place d'admirables boiseries du XVIIIe siècle !

Une grande leçon d'élégance française

Pour l'essentiel cependant, les dispositions intérieures restent placées sous le signe d'une esthétique rocaille évoluant insensiblement vers le style Louis XVI et, plus généralement, favorisant l'exercice des commodités intimes. Les petits appartements sont ainsi traités comme autant d'univers dérobés, autonomes, avec de nombreux dégagements vers l'extérieur, d'amples espaces de circulation et un système ouvert pour la distribution. Au château de La Motte-Tilly, contemporain des Lumières, la volonté de se placer en situation de modernité quant aux conditions de vie frappe aussi bien dans l'ingéniosité des aménagements que par le luxe raisonné de tous les éléments du mobilier.

1749 Diderot est emprisonné trois mois pour sa *Lettre sur les aveugles* et Buffon commence à publier son *Histoire naturelle* 1754 **Ouverture du chantier de La Motte-Tilly** 1755 Aggravation subite des rapports franco-anglais. Au Canada, les Anglais déportent d'Arcadie tous les habitants d'origine française, prélude à la catastrophique guerre de Sept Ans.

En dépit d'un certain nombre de transferts, de suppressions, de mutations ou de recompositions, les décors et le mobilier restent des modèles de démonstration de la grande élégance française, qui sert alors de parangon à toute l'Europe. Partout, la virtuosité des peintres décorateurs, des sculpteurs sur bois, des ornemanistes, etc. se manifeste, en marge de tout excès, avec une sorte de miraculeux équilibre obéissant à un rythme subtil et unitaire. Bien que discrets, les changements du goût relativement à une certaine rocaille asymétrique et irrégulière sont patents ; mais ils se manifestent sous la forme d'un apaisement des lignes, d'une sagesse retrouvée des arabesques et d'un refus de toute forme d'exagération, y compris dans le traitement et le choix des matériaux précieux. Les espaces intérieurs de La Motte-Tilly distribuent de la sorte une grande leçon d'esthétique « à la française », à mi-chemin entre les délires d'un baroque dégénéré et les rigueurs d'un néoclassicisme « archéologique ».

Une postérité tourmentée

Après les tumultes de la Révolution, le château est déclaré bien national et son mobilier vendu à la criée. L'édifice retourne à la famille Terray après la chute de Robespierre, mais subit de graves dommages en 1814, à l'occasion de la campagne de France. C'est à partir de 1910 que son nouveau propriétaire, descendant des Terray, engage une campagne de restauration, faisant notamment redessiner le parc. L'occupation des armées allemande et américaine durant la Seconde Guerre mondiale interrompt momentanément ce travail, poursuivi jusqu'en 1972, date du legs de l'édifice à la Caisse nationale des monuments historiques et des sites. Ultime accident, la tempête du 26 décembre 1999 dégrade le parc, provoquant l'ouverture d'un nouveau chantier de reconstitution.

LA MOTTE-TILLY
CHÂTEAU, PIÈCES DU REZ-DE-CHAUSSÉE
XVIIIe SIÈCLE

Le charme de la rocaille. C'est dans l'agencement des trois salons du rez-de-chaussée que joue à plein la séduction de l'esthétique rocaille régissant le décor. En communication directe avec le vestibule, ouvrant sur les jardins, ces pièces ont conservé de merveilleuses boiseries aux délicates nuances bleues qui accentuent le sentiment de confort intime suscité par le mobilier (alcôve, lustre, fauteuils...) et par la douceur de la lumière pénétrant par les grandes baies.

ATTRE (BELGIQUE), CHÂTEAU, FAÇADE CÔTÉ PARC
XVIIIe SIÈCLE

L'attrait de la simplicité. D'une belle simplicité de lignes, le château d'Attre, constitué d'un corps principal encadré de deux brefs retours d'aile, a succédé en 1752 à un édifice médiéval, habité par la famille Franeau d'Hyon, chambellans à la cour des Habsbourg d'Autriche. En conformité avec le nouvel idéal de vie du XVIIIe siècle, son architecte, dont le nom ne nous est pas parvenu, a conféré une profonde unité aux éléments extérieurs et à la décoration intérieure, s'inspirant directement en cela du prestigieux exemple de Jacques François Blondel, auteur de l'article « Architecture » dans l'*Encyclopédie*. Sur la façade côté parc, la symétrie est parfaite autour du corps central dominé par un haut fronton qui se détache devant le comble. La beauté de l'environnement du château, à mi-chemin entre jardin à la française et parc à l'anglaise, ne constitue pas le moindre de ses charmes.

ABBEVILLE (SOMME)
CHÂTEAU, BAGATELLE
SALON D'ÉTÉ
XVIIIe SIÈCLE

Style et délicatesse. Érigé de 1752 à 1755, le château de Bagatelle offre, notamment avec son salon d'été, un bel exemple de mobilier et de boiseries rocaille. Sur les murs de cette pièce si caractéristique, dans sa distinction réservée, du « siècle français », le jeu des lignes est soumis équitablement aux lois des arabesques du style Louis XV et à celles de la géométrie plus sévère du style Louis XVI.

Le Petit Trianon

La fin de l'apparat versaillais

En 1762, sur la suggestion de la marquise de Pompadour et de son frère Marigny, Louis XV passe commande à Jacques Ange Gabriel d'un nouveau château dans le parc de Versailles, sur le site de l'ancien village de Trianon qui, après le Grand Trianon, reçoit ainsi un second palais, qui passera dans l'Histoire sous le nom de Petit Trianon. L'architecte réalise à cette occasion un chef-d'œuvre d'harmonie classique.

Au Petit Trianon, la rupture avec le style rocaille est éclatante, et l'on en trouve partout les effets, y compris à l'intérieur, dans le décor de lambris. Alors que les édifices princiers de la première moitié du XVIIIe siècle étaient caractérisés par le rejet du système des ordres dans l'ordonnance des façades et par l'adoption de dimensions plus modestes pour les aménagements intérieurs, la réaction qui se produit au tournant du siècle favorise un retour à la sobriété des règles classiques.

Extérieurement, le Petit Trianon se signale par le refus de toute forme curviligne : la ligne droite règne sans partage sur ses quatre façades en appareil lisse, à peu près dépourvues de tout motif ornemental. De ce point de vue, le plus révélateur reste probablement la froide rectitude des baies carrées ou rectangulaires dont les emplacements sont réglés par les lois d'une impeccable symétrie. Seule la façade principale se signale par son portique de quatre colonnes corinthiennes qui lui confère une placide majesté ; sur les côtés, le dessin de ces colonnes est repris par de simples pilastres qui assurent tout à la fois l'homogénéité et la hiérarchie des divers éléments de l'ensemble.

Un château de femmes

Conçu pour madame de Pompadour, le prestigieux bâtiment n'accueillera jamais sa destinataire, celle-ci disparaissant peu avant son achèvement, en 1764. Mais, à la cour, rien n'étant plus aisé à remplacer qu'une favorite, il reviendra à la suivante, madame Du Barry, d'en inaugurer les espaces privés. Et lorsque Louis XVI sera à son tour monté sur le trône, il l'offrira à son épouse Marie-Antoinette ; c'est à l'initiative de cette dernière qu'est dû le jardin qui, dessiné par Hubert Robert, sera l'écrin du Hameau et du temple de l'Amour. Marie-Antoinette goûte si bien les plaisirs autorisés par l'intimité discrète du Petit Trianon qu'elle y fait aménager de nouvelles pièces, dont son boudoir, orné de véritables chefs-d'œuvre d'ébénisterie.

Parmi les pièces les mieux agencées de l'édifice, le salon de Compagnie occupe un rang enviable ; cerné par une frise de rinceaux, il développe un décor de boiseries florales aux discrètes moulures. Dans la salle à manger, c'est en revanche le dessin conflictuel de couronnes fleuries et de carquois conformes à l'iconographie mythologique qui crée l'animation des pans de murs entre les baies, loin de l'apparat versaillais. Et nulle part mieux qu'à l'intérieur du Petit Trianon ne se vérifient les effets de la grande mutation intellectuelle et artistique de la société française dans la seconde moitié du XVIIIe siècle.

VERSAILLES
PETIT TRIANON,
CABINET DU ROI
XVIIIe SIÈCLE

La rocaille assagie. Si le style rocaille, éliminé par l'architecte, persiste dans l'esprit décoratif des appartements, c'est sous une forme très assagie par rapport à ses phases antérieures. On observe dans les divers salons et cabinets la persistance des motifs en coquilles, des couronnes de fleurs, des carquois, des feuillages et des volutes, tous caractéristiques de l'esthétique rocaille ; mais leur dessin refuse désormais les subtiles extravagances du style Régence pour se plier aux lois plus sévères d'un classicisme renaissant. Les effets les plus heureux de cette mutation sont peut-être à découvrir dans le cabinet du Roi, dont les panneaux chantournés sacrifient équitablement aux chimères de la fantaisie inventive et aux règles de la mesure élégante.

VERSAILLES
PETIT TRIANON,
LE TEMPLE DE L'AMOUR
XVIIIe SIÈCLE

La nostalgie de la pureté antique. Répondant aux vœux de Marie-Antoinette, un jardin à l'anglaise est dessiné par Richard Mique et Hubert Robert, alternant étangs et ruisseaux dans un cadre bucolique aux pittoresques ouvertures ; c'est là l'ultime étape avant le lyrisme purement géorgique du Hameau dont la pureté supposée s'accordera à celle du très antiquisant temple de l'Amour.

Un chef-d'œuvre sans postérité. Le Petit Trianon est un bâtiment carré à un étage surmonté d'un attique couronné par une balustrade, s'élevant sur un soubassement bordé d'une terrasse et ouvrant sur une cour bordée par une chapelle. Le décor des quatre façades combine de différentes façons pilastres, colonnes corinthiennes et perrons en un ensemble dont l'harmonie et la légèreté demeureront exemplaires. Avec cet édifice de proportions modestes qui puise aux sources de la construction antique et à sa nouvelle interprétation, Gabriel réalise l'un des plus séduisants édifices annonçant l'architecture néoclassique de la fin du XVIIIe siècle. Mais le Petit Trianon marque aussi la fin d'une époque en matière de construction castrale ; dernier édifice versaillais à encore renvoyer directement à la signalétique du pouvoir monarchique, il n'aura pas de véritable descendance et s'inscrira bien plus, dans la mémoire collective, comme le fruit du génie français régénéré par le classicisme et par la latinité que comme le théâtre d'un pouvoir absolutiste irrévocablement — et à court terme — condamné par l'Histoire.

VERSAILLES (YVELINES)
PETIT TRIANON,
FAÇADE SUD
XVIIIe SIÈCLE

1756 Le 9 juin, Louis XV déclare la guerre à l'Angleterre, ouvrant la guerre de Sept Ans **1762 Début de la construction du Petit Trianon par Jacques Ange Gabriel** 1763 Le 10 février, la signature du traité de Paris consacre le triomphe de l'Angleterre ; du fait de l'incurie de Louis XV, la France perd la plupart de ses colonies.

VUE DU CHÂTEAU DE COPPET
LOUIS AUGUSTE BRUN (1758-1815)
1791
Aquarelle
Genève, Bibliothèque publique et universitaire

Entre plaine et montagne, la maîtrise des hommes. Dès le XIIIe siècle, un château existait sur le site de Coppet, en Suisse (canton de Vaud). Mais l'édifice, propriété tardive (1784) du ministre des Finances de Louis XVI, Jacques Necker, a pris son visage actuel entre 1680 et 1730. En 1767, Gaspard De Smeth, l'ayant remanié, a fait apposer ses armes sur le fronton. Depuis, le château a connu nombre d'occupants, dont madame de Staël, héritière de ce goût bucolique qui, déjà sensible au Petit Trianon, ajoutait beaucoup au charme de cette vaste demeure dressée en plaine aux pieds des cimes alpestres.

Bénouville

Invention et liberté au temps des Lumières

Fait exceptionnel, l'édifice de Bénouville est avant tout une œuvre d'architecte, quoique sa qualité de château ne puisse être contestée. Construit d'après les plans de Claude-Nicolas Ledoux, prodigieux inventeur de formes, il présente une ordonnance étonnamment libre et originale, d'autant plus que son commanditaire, le marquis de Livry, semble avoir laissé toute liberté au praticien qui, en dépit de sa jeunesse (trente-trois ans), s'est déjà fait un nom dans les milieux bourgeois et aristocratiques.

Situé en bordure de l'Orne, entre Caen et Ouistreham, le magnifique édifice (aujourd'hui propriété du conseil général du Calvados) se signale par ses deux monumentales façades et par sa conception générale fondée sur la figure du cube. Claude-Nicolas Ledoux a été probablement sollicité par les Livry en 1768, mais la reconstruction de l'ancien château de Bénouville remonte à plusieurs années auparavant, puisque, comme l'attestent les pièces d'un contrat, des chargements de moellon extrait des carrières de Ranville avaient été livrés sur place dès 1765.

Un château du temps des Lumières

À Bénouville, Ledoux n'en est pas à son coup d'essai en matière de construction aristocratique. Ses interventions à Montfermeil (Seine-Saint-Denis) et Maupertuis (Seine-et-Marne) lui ont permis de peaufiner une nouvelle théorie de la demeure seigneuriale. Il élimine les mansardes traditionnelles au profit d'un attique qui a pour charge de dissimuler les toits qui recueillent l'eau de pluie par un faisceau de chêneaux totalement invisibles.

Dans le même temps, il confère une sévérité inattendue à la façade du côté jardin par l'adjonction, à l'attique, de trophées terrestres et maritimes qui marient de façon inattendue cuirasses et proues, ce qui dénote peut-être l'observation attentive de quelques grandes demeures princières en Angleterre. L'effet en est d'autant plus heureux qu'ils se situent au sommet des six pilastres colossaux chargés d'ordonner l'avant-corps en puissantes masses verticales. Nous sommes là très loin des gentilhommières campagnardes du temps !

C'est que le château de Bénouville, certes destiné à un aristocratique commanditaire, s'inscrit dans un contexte global tourmenté et riche de perspectives infinies ; c'est le temps des Lumières où l'on sent déjà bruire dans l'ombre « quelque chose de grand, de sombre et d'inconnu, le Peuple » (Victor Hugo). À ce titre, Bénouville témoigne du génie de l'époque, un génie qui puise directement aux sources de la Rome républicaine et rejette les fastes et délicatesses du temps révolu de la rocaille.

Bénouville (Calvados)
Château, façade sur cour
XVIIIe siècle

Solennité néoclassique. Le portique colossal se signale par la nudité de l'entablement qui, soutenu par quatre hautes colonnes ioniques, porte lui-même un énorme trophée pyramidal ; pièce centrale de ce trophée, l'écu est mis en valeur à la façon romaine, démonstration de l'influence de l'art italien sur le grand architecte des Lumières. En retrait de la colonnade extérieure, quatre colonnes engagées solennisent la grande entrée. Les chapiteaux couronnant les fûts portent une guirlande qui assouplit leur dessin. Si la régularité des ouvertures illustre le principe néoclassique de la régénération de l'architecture par la géométrie, il reste une zone d'ombre au niveau de l'attique que toutes les gravures de l'époque montrent sous un aspect différent, plus léger et mieux en rapport avec la platitude du toit.

Bénouville (Calvados)
Château, escalier central
XVIIIe siècle

Le génie spatial de Ledoux. Au centre de l'édifice, Ledoux a aménagé un vide destiné à recevoir le grand escalier menant du rez-de-chaussée au premier étage, les niveaux supérieurs étant desservis par des escaliers secondaires. Cet escalier est cité dans tous les manuels d'architecture pour sa précocité et pour son ampleur néoclassiques. Sa cage est soumise à une ordonnance ionique, qui en rehausse la majesté sous la haute voûte de la coupole quadrangulaire à caissons ; il comporte trois montées droites et parallèles, la première gagnant le palier éclairé par quatre fenêtres donnant sur les jardins ; de ce palier partent les deux volées suivantes, le tout étant unifié par une longue rampe à balustres portant des écussons aux armes des propriétaires. Cette réalisation témoigne du génie de Ledoux, qui devait se manifester avec éclat dans la conception révolutionnaire du théâtre de Besançon.

À l'intérieur, le grand escalier porte la marque de ce nouveau rassemblement des énergies qui prélude aux turbulences de l'ère révolutionnaire. Mais ailleurs, l'architecte Jean-François Gilet, qui travaille pourtant d'après des dessins de Ledoux, a multiplié les effets d'une pensée décorative plus légère et mieux en harmonie avec la fonction résidentielle de l'édifice. D'où un certain contraste entre un extérieur sévère et les accommodements des espaces intérieurs, caractère que l'on retrouve au château de Moncley (Doubs).

1768 Le 15 mai, la France achète la Corse aux Génois ; un an plus tard, naissance de Napoléon Bonaparte **1769 La reconstruction du château de Bénouville est entamée** 1774 Le 10 mai, mort de Louis XV ; Louis XVI lui succède.

Moncley (Doubs)
Château,
façade principale
Fin XVIIIe siècle

L'exploitation des sources classiques. Plus encore que celui de Bénouville, le château de Moncley incarne l'idéal classique de la France du XVIIIe siècle. Érigé à partir de 1778 par l'architecte Bertrand, à la demande du marquis de Terrier-Santans, président du parlement de Besançon, le bel édifice puise au moins à trois sources : l'Antiquité, Palladio et Claude-Nicolas Ledoux. Le plus remarquable reste peut-être le creusement en hémicycle de la façade d'entrée, entre les hauts pavillons latéraux ; au centre de cette façade, un énorme portique corinthien donne une ampleur inusitée au bâtiment. Ce creusement se retrouve dans la saillie en hémicycle de l'avant-corps situé sur la façade donnant sur le parc. En franchissant le vestibule délimité par un péristyle corinthien, le visiteur se trouve face à un escalier monumental qui conduit à l'étage, les appartements de réception étant regroupés au rez-de-chaussée. En façade comme à l'intérieur, toute la décoration, soumise à la préoccupation unitaire, fait de l'ensemble une des plus belles réalisations du style Louis XV.

Saverne

L'ultime éclat classique

Saverne, fief de l'évêque de Strasbourg du XIIIe siècle à la Révolution, offre l'ultime et grandiose survivance d'une architecture classique ayant illuminé le soir de l'Ancien Régime. À partir de 1780, la construction du château des Rohan semble évoquer rétrospectivement, loin de Versailles ou de Paris, la nostalgie d'un monde qui s'effaçait au moment où les conditions politiques et philosophiques du cycle révolutionnaire étaient déjà réunies.

De l'édifice qui précéda l'actuel château de Saverne — un château fort médiéval transformé en résidence par Robert de Cotte au XVIIIe siècle —, presque toutes les traces sont perdues, le bâtiment ayant été détruit, en trois jours, par l'incendie de 1779 ; son propriétaire, le cardinal Louis René Édouard de Rohan, décide sur-le-champ la construction d'un nouveau palais, plus somptueux que l'ancien. Mais ce curieux homme d'Église se laissera entraîner dans la sombre affaire dite du « collier de la reine », prélude à d'autres désagréments qui le contraindront à terminer en exil une vie mouvementée et aventureuse.

Le long sursis d'un édifice inachevé

Faisant appel à l'architecte Nicolas Salins de Montfort, le cardinal de Rohan fait le choix d'une esthétique classique à son crépuscule. C'est donc tout naturellement qu'il exige un ensemble monumental dont la longueur (140 mètres) paraît démesurée dans son environnement campagnard. La façade colossale qui donne sur le parc n'est pas seulement un chef-d'œuvre d'architecture ; c'est aussi l'élément le mieux conservé du majestueux château. Un édifice que Salins de Montfort ne pourra terminer, la Révolution mettant fin, en 1790, à l'activité du chantier et repoussant à un très long délai l'achèvement des travaux d'aménagement de l'intérieur.
Délaissé jusqu'au Second Empire, le château de Saverne doit sa survie à Napoléon III, qui le fait achever pour y loger les veuves des hauts fonctionnaires décédés dans l'exercice de leur fonction. Un destin capricieux le transformera en caserne allemande dès 1871, puis française en 1918, avant son ultime mutation en 1952, sous forme d'institution municipale polyculturelle.

SAVERNE (BAS-RHIN)
CHÂTEAU, FAÇADE SUR PARC
FIN XVIIIe SIÈCLE

Les derniers feux de l'école versaillaise. Disciple du néoclassicisme, l'architecte Salins de Montfort réalise un chef-d'œuvre d'harmonie. Les analogies avec le palais versaillais sont frappantes, même si la couleur du matériau, un grès rouge local, tempère la majesté de l'ensemble. La façade nord — qui donne sur le parc — comprend quatre étages de trente-cinq baies reliés par de grands pilastres corinthiens. Entre chaque fenêtre, les supports verticalisent l'ordonnance jusqu'à la corniche du dernier étage, lui-même surmonté d'une superbe balustrade. Au centre, un large portique à huit colonnes, également d'ordre corinthien, est dominé de pots-de-flamme et précédé d'un vaste perron. Saverne agrège la végétation du parc, répartie sur de vastes étendues soumises aux transformations cycliques des saisons, à son destin castral. C'en est bien fini de la réalité atemporelle de l'architecture, héritée de la Renaissance et magnifiée par le premier classicisme. Observation scientifique et effusion poétique conduisent au principe fusionnel prémonitoire du temps et de l'espace.

SAVERNE
CHÂTEAU, PAVILLON D'ANGLE
FIN XVIIIe SIÈCLE

La signalétique d'un régime finissant. Les pavillons d'angle du château de Saverne se signalent par les marques distinctives de la solennité, voire de la grandiloquence, comme si, au soir de la tradition monarchique qui a fait du château son premier emblème, les nostalgiques du pouvoir royal tenaient à en exagérer l'éclat. Les trois ouvertures en arcade du rez-de-chaussée sont surmontées d'autant de larges baies dont elles sont cependant séparées par un balcon aux consoles soigneusement ouvragées. Au sommet de la composition, le grand fronton triangulaire se détache du comble assez lourd qui couvre l'édifice.

Nature et architecture

Tous ces réaménagements ne permettent que difficilement d'évaluer l'apport esthétique de Saverne. On relève cependant, dans le cadre qu'il s'est donné et qui triomphera avec le hameau de la Reine à Versailles, la volonté d'associer la nature à l'architecture. Si l'entrée méridionale est dominée par un dôme à quatre pans, les retours en aile, qui accroissent son caractère monumental, sont des ajouts ultérieurs. Il est donc impératif de se placer face à la splendide façade donnant sur le parc pour découvrir la majesté du château. L'ordre colossal est choisi pour relier les étages, un autre élément d'animation étant constitué par les reliefs placés entre les rangées des baies principales ; déplacés par Lejeune au XIXe siècle, ils ont été remplacés par de petites ouvertures.

1778 Morts de Voltaire (30 mai) et de Rousseau (30 juillet) 1780 **Ouverture du chantier du château de Saverne, clos en 1790** 1783 Richard Mique donne les plans du hameau de la Reine 1789 Le 14 juillet, prise de la Bastille ; le 4 août, abolition des privilèges ; le 26 août, Déclaration des droits de l'homme et du citoyen 1803 Mort du cardinal de Rohan en Allemagne, dans le duché de Bade.

La nature chantée… et exclue ! Au crépuscule du XVIIIe siècle, une nouvelle sensibilité bucolique détrône le goût classique dont Saverne aura été le dernier grand exemple. Héritier de la « ferme ornée » de Chantilly, le hameau de la Reine présente ainsi le visage original d'un village aux onze maisons dont les fonctions sont bien déterminées : laiterie, grange, moulin, etc. Autour de ces fausses chaumières, une campagne de poche est créée de toutes pièces, ruisseaux chantants, bosquets obscurs, champs labourés, vallons fleuris… Rien n'y manque, sinon la nature elle-même, dont le visage est ordinairement moins aimable, surtout à la saison froide ! L'un des coups de génie de Richard Mique reste d'avoir ouvert des perspectives sur les campagnes environnantes. L'influence des architectures régionales (normande, flamande, francilienne) est ici patente, caractéristique qui ne fait qu'ajouter au caractère factice d'une réalisation pourtant séduisante, surtout depuis sa récente restauration.

VERSAILLES (YVELINES)
HAMEAU DE LA REINE,
BILLARD ET
MAISON DE LA REINE
FIN XVIIIe SIÈCLE

Disparition du château

Disparition du château ?

La Révolution française marque-t-elle définitivement la fin historique de la construction des châteaux, privilège nobiliaire ? Quand la riche bourgeoisie n'est pas en mesure d'acheter un grand édifice du passé (à l'exemple du banquier Laffitte acquérant le château de Maisons et lui accolant son nom), elle se fait construire de fastueuses demeures — en style troubadour puis néo-Renaissance — qu'elle baptise encore du nom de châteaux. En revanche, Napoléon III, empereur libéral, se contente de compléter l'ordonnance du Louvre ou de commencer la restauration du château de Pierrefonds. Pour ses propres plaisirs, il fait édifier en 1854-1855, à Biarritz, la villa Eugénie, privée de toute ambition palatiale et dédiée à son épouse qui y avait séjourné en ses jeunes années. Le bâtiment est pompeux mais moins protocolaire que les châteaux de Compiègne ou de Fontainebleau, ce qui permet d'y recevoir les bourgeois enrichis que l'étiquette aurait écartés ailleurs.

Le château, en tant que catégorie historique et architecturale, semble donc parvenu au terme de sa course ; peut-être est-il symptomatique, de ce point de vue, que Louis II de Bavière, dernier bâtisseur européen de châteaux (Neuschwanstein date de 1869) ait sombré dans la démence avant de disparaître dans des circonstances jamais élucidées !

Les déformations de la perspective historique

En réalité, l'anéantissement physique du château par la Révolution française relève moins de la réalité historique que du postulat schématique. En revanche, que le château d'après 1789 ne puisse plus être pensé comme celui de l'Ancien Régime ressortit à l'évidence. S'il relève encore un temps de la signalétique du pouvoir, ce n'est certes qu'en termes de sursis, mais ce sursis est loin d'être négligeable. Faut-il rappeler que la France de la première moitié du XIXe siècle, gouvernée dans un premier temps par un empereur, l'est ensuite par des monarques restaurés, jusqu'à 1848 ?

Les inévitables déformations de la perspective historique, laquelle s'inscrit dans un temps contracté, sont à la source de cette méprise quant à la mort précoce du château. Même condamné à terme par l'Histoire, il connaît d'ultimes avatars qui ne manquent pas d'intérêt ; la rupture de son cordon ombilical avec l'ancienne structure seigneuriale (les privilèges sont abolis) ne lui interdit même pas quelques innovations assurant sa persistance.

Héritier de la fonction impériale, Napoléon III ne songe nullement à se faire bâtir un palais qui serait le siège du nouveau pouvoir. En revanche, dès 1854, il achète à Biarritz un vaste terrain destiné à l'édification d'une résidence estivale, surtout destinée à son épouse. La « villa Eugénie » est donc construite en 1854-1855 ; dominant le rivage atlantique, l'édifice n'est rien d'autre que le cadre d'activités dont l'argent est le seul moteur, très loin des complexités de l'emblème castral ; ce n'est pas un hasard si ce monument dont le souverain n'avait pas voulu faire son château est devenu par la suite un simple « hôtel du Palais » ouvert à quiconque sera en mesure d'en acquitter les frais de séjour !

HÔTEL DU PALAIS À BIARRITZ (PYRÉNÉES-ATLANTIQUES)
XIXe SIÈCLE

À défaut de châteaux, des châtelains ?

Pourtant, aucun siècle plus que le XIXe n'aura témoigné une telle faveur au château, aucune époque n'aura été aussi riche de châtelains. S'il faut en croire l'*Annuaire des châteaux* de 1888, ils ne sont pas moins de quarante mille, en France ! Tous soucieux de se démarquer, par le cachet de leur demeure, du *vulgum pecus !* Dussent-ils, pour cela, acheter chèrement leur titre ou en compenser l'absence par la fortune et le déploiement de signes extérieurs de richesse.

Rien de plus révélateur qu'une certaine littérature en la matière. Ainsi du ravissant *Château de ma mère* (1958) de Marcel Pagnol : le boucher enrichi qui s'y présente sous le titre généreux de « baron des Acates » s'entend répondre par son caustique et aristocratique voisin qu'il l'avait cru jusque-là « baron d'agneau » ! À ceux qui brocardent la sotte prétention de bourgeois trop vite enrichis, il est pourtant aisé de répondre que le château — au moins aussi souvent restauré que construit — retrouve ainsi, même légèrement dévoyée, sa vocation première, celle de retrancher le maître local du commun des mortels. D'où cette fureur, que l'on observe un peu partout, de faire ajouter des tourelles d'angle à de grosses demeures (qui en sont les premières surprises) ou de faire redresser des murs que les siècles avaient écroulés et qu'une bienveillante végétation finissait d'engloutir !

Dans ces conditions, il devient malcommode, sinon impossible, de proposer une définition contemporaine du château, parvenu au terme de son destin millénaire ; nul n'a pu le contraindre à quitter la terre des hommes avant l'heure révolutionnaire, nul se sera en mesure de prolonger — sauf à sombrer dans le piège du pastiche — sa destinée longtemps au-delà de cette heure fixée par l'Histoire.

Il est remarquable, à ce sujet, que la confiscation des biens nobiliaires par la Révolution française, pour fait d'émigration essentiellement, n'ait été que très partielle et momentanée. Mieux encore, les aristocrates rentrés en possession de leurs domaines au temps de la Restauration ont aussitôt appliqué une politique de regroupement de leurs terres à l'entour de leur demeure. Propriétaires terriens dans une France qui tarde à s'industrialiser (bien que, en zone manufacturière, les barons d'industrie achètent aussi des châteaux), ils y découvrent le plus sûr moyen d'accroître l'efficacité et le rendement de leur exploitation.

De l'illusion au mirage

Les raisons de cette permanence du château sont inscrites dans son proche et lointain passé. Si la richesse agricole de la France a conduit, dès le XVIIe siècle, le châtelain à souvent passer du statut de guerrier à celui de fermier, les lecteurs de la comtesse de Ségur savent bien que, tout au long du XIXe siècle, l'aristocratie et une part appréciable de la bourgeoisie provinciale vivent de l'exploitation des terres entourant le domaine castral qui forme leur résidence. Par ailleurs, le châtelain ne peut plus user, dans ses rapports avec la population locale, de la brutalité régissant autrefois les liens sociaux ; encore une fois, la littérature (surtout la plus mauvaise !) illustre abondamment la nouveauté de ces rapports. Le château n'est plus inaccessible, on est fier d'y être reçu, fût-ce à l'office ou dans les cuisines ; la vie communale — et surtout paroissiale — y dépend pour une part de la générosité du châtelain, lequel ne dédaigne pas de siéger au conseil municipal, souvent à titre de maire. En cas de conflit,

Aucun bâtiment ne restitue si bien l'utopique vision que le XIXe siècle a voulu se faire du Moyen Âge. Cadre théâtral en forme de château féodal perché sur un nid d'aigle, œuvre d'un décorateur et non d'un architecte, Neuschwanstein est en quelque sorte l'antidote visuel des laideurs supposées de la civilisation industrielle. Ouvert en 1869, le chantier durera plus de quinze ans ; le souverain local, Louis II de Bavière, supervise personnellement les travaux, depuis sa demeure d'Hohenschwangau, située sur une colline proche, le plus souvent à l'aide d'un télescope ! Il est remarquable que ce pastiche anachronique se veuille explicitement la transcription visuelle des monuments sonores que constituent les opéras de Wagner, « musique de l'avenir » dont la nouveauté continue aujourd'hui de stupéfier. Encore un mirage provoqué par la fascination du château !

CHÂTEAU DE NEUSCHWANSTEIN (ALLEMAGNE)
XIXe SIÈCLE

Le dessin de voyage est une attitude spécifiquement romantique, mais Victor Hugo, qui porte constamment sur lui un carnet de dessin en voyage depuis 1821, l'a pratiqué avec un bonheur inégalé. Loin d'être un seul adjuvant de la mémoire pour le romancier, le dessin lui permet de glisser très vite du réel au contemplatif, de faire surgir l'image concrète de ses rêveries sans objet. Si l'architecture, notamment médiévale, est un thème privilégié chez lui et le château un sujet de prédilection, le poète ne vise nullement à la précision archéologique. Grand amateur de Piranèse, il use des techniques les plus diverses (crayon de graphite, crayon gras, fusain, plume, pinceau, lavis, lavis d'encre noire, rehauts de gouache, réserves, etc.) pour faire surgir du château médiéval une image fantastique, susceptible d'accorder plus de place à un sinistre rapace nocturne qu'à l'édifice ruiné !

CHAT-HUANT DEVANT LES RUINES DU CHÂTEAU DE VIANDEN
VICTOR HUGO (1802-1885)
1863
Plume, encre noire et brune et lavis
15 x 23,5 cm
Paris, Bibliothèque nationale de France

par ailleurs, c'est la justice qui est appelée à trancher entre les paysans et le châtelain, et non plus l'ancien droit, universellement reconnu, du plus fort !

Il est donc clair que le château connaît longtemps l'illusion d'une survie après la Révolution française (le véritable coup de grâce lui sera assené, comme à bien d'autres survivances de l'Ancien Régime, par la Première Guerre mondiale), mais il est tout aussi clair que cette survie, du strict point de vue de la typologie architecturale pensée dans sa double dimension historique et générique, relève du mirage. Un château est bien plus qu'une belle demeure, il est un centre de pouvoir local dont l'exercice justifie la conception spatiale et le mode de fonctionnement particulier. Résidence d'une bourgeoisie enrichie ou d'une aristocratie déchue, il ne mérite pas plus de conserver son label castral qu'une gare privée de trains et, par exemple, transformée en musée ne mériterait de garder son rang de station ferroviaire. Qu'aujourd'hui les divas du sport, les stars du rock ou les héros des séries télévisées se fassent construire des demeures pharaoniques ne les transforme pas en souverains politiques, ne fait pas de leurs fastueuses demeures les héritières de Versailles.

Le château et le rêve

Le XIXe siècle a été le premier à condamner, par ses historiens, le château, inadapté à la vie moderne. Condamnation qui peut d'ailleurs se parer des nuances de la nostalgie. Théophile Gautier installe le héros du *Capitaine Fracasse* (1863) dans un castel ruiné et l'en fait sortir pour courir à la rencontre de l'amour et de la fortune ; c'est que cette vieille demeure au délabrement inquiétant serait bien en peine d'assurer à son propriétaire les avantages féodaux dont avaient joui ses ancêtres. Non plus, d'ailleurs, que les joies simples et paisibles d'une belle maison de plaisance, stade ultime du château dans de nombreuses régions d'Europe au XVIIIe siècle.

Le regard porté sur le château par le XIXe siècle est des plus instructifs : demeure aristocratique, logis ancestral, résidence de notable, symbole de réussite sociale, il garde sa valeur

Château de Ferrières (Seine-et-Marne), vue générale
XIXe siècle

Lorsque Joseph Paxton (1803-1865), jardinier, paysagiste et architecte anglais est chargé par la famille Rothschild de construire une demeure à Ferrières, il a déjà derrière lui une prestigieuse carrière. Cet autodidacte de génie a démontré l'étonnante fécondité de l'alliance du verre et du fer pour la réalisation du gigantesque Crystal Palace de Londres, qui provoqua, en 1851, l'enthousiasme de Louis Napoléon Bonaparte, alors président de la République. Cependant, il s'en faut de beaucoup qu'il retrouve ici la même réussite. Comment d'ailleurs y serait-il parvenu, alors que ses commanditaires exigeaient de lui une architecture ostentatoire, signe éclatant d'une fortune insolente et à peu près sans équivalent en Europe ? Néanmoins, le château de Ferrières n'est pas complètement privé de charme du fait de son inscription dans un cadre naturel enchanteur ; il faut rappeler à ce sujet, que l'une des principales exigences de la commission londonienne, en 1851, n'avait été autre que la parfaite intégration du Crystal Palace à l'étendue de Hyde Park. Les reflets à la surface de l'étang, les mouvances des hautes frondaisons et la variété des essences arbustives créent un environnement au sein duquel s'inscrit harmonieusement cette grande bâtisse dont la fonction a été dévoyée, mais dont les commodités illustrent l'avènement d'une nouvelle aristocratie, celle de l'argent.

d'emblème d'un régime disparu, ce qui explique la persistance de la méfiance populaire à son endroit, mais aussi, pour des raisons parentes, l'aveuglement de la noblesse à l'égard de la Révolution, considérée comme un simple accident ayant momentanément rompu l'attachement « naturel » des paysans à leur ancien maître et dont l'inanité serait précisément démontrée par le retour du seigneur au château !

À partir de la Deuxième République, instaurée en 1848, l'évolution de la « demeure de maître » s'accélère. En premier lieu, la multiplication des chantiers est impressionnante, les bénéficiaires de la prospérité du Second Empire se faisant bâtir de somptueuses demeures qui constituent un investissement particulièrement rentable, les foudroyants progrès de l'agriculture assurant la fortune des nouveaux grands propriétaires tout en offrant aux rentiers un cadre de vie des plus agréables.

Il serait erroné de supposer que la chute de Napoléon III met un terme à cette expansion ; c'est même exactement l'inverse qui se produit, la rente formant l'inépuisable vivier de quantité de nouveaux édifices, châteaux de parvenus dont les tours, les pavillons, les hautes toitures et les multiples ornements traduisent assez la soif de reconnaissance sociale. Et l'on voit ainsi, peu à peu, les nouveaux riches s'imposer aux dépens des nobles désargentés et transposer dans leur demeure rurale toutes les commodités et tous les usages de la vie citadine. Lorsque débute le XXe siècle, cette tendance ne fait que croître, source d'un isolement croissant de l'édifice relativement à son environnement rural. Les progrès de l'industrialisation y contribuent dans le même temps, entrepreneurs et dirigeants

Palais idéal du facteur Cheval à Hauterives (Drôme), vue générale
XIXe siècle

Même si le nom de « palais » n'a pas été donné à l'édifice par son auteur, le légendaire facteur Joseph Ferdinand Cheval (1836-1924), il est symptomatique que cet édifice de l'utopie, commencé en 1879, inclassable, inhabitable, concrétisation des rêves d'une longue vie de labeur marquée par d'inoubliables chagrins, forme peut-être l'ultime avatar de l'idée castrale. La façade principale répartit, de part et d'autre de la porte principale, diverses constructions traduisant la volonté du maître d'ouvrage d'inscrire toutes les expressions monumentales du monde dans son projet. On voit ainsi de gauche à droite, abrités dans des niches, se succéder le Temple hindou, le Chalet suisse, la Maison blanche et la Maison carrée d'Alger. Fascinant et déroutant, le chantier ne conserve rien de tout ce qui a gouverné le château durant un millénaire, sauf peut-être son caractère labyrinthique, c'est-à-dire fermé à jamais sur lui-même.

d'usine se préoccupant de moins en moins de faire fructifier un ensemble de terres qui se réduit de plus en plus fréquemment à la seule surface du parc.

Non plus siège du pouvoir local, mais cadre d'existence privilégié, le château ne se signale plus par la puissance de son propriétaire, mais par le mode de vie de ce dernier. L'expression « mener une vie de château » est désormais apurée de toute connotation politique ; elle ne renvoie qu'au rêve globalement informulé d'une vie dont la fortune matérielle résoudrait tous les problèmes.

En ce sens, l'idée même de château continue d'inspirer une forme de vague respect venu du fond des âges. Il est symptomatique de ce point de vue que, dans leur immense majorité, les associations de défense des animaux exigent l'abrogation de la chasse au fusil, loisir populaire, tout en faisant preuve d'une remarquable discrétion quant aux éventuelles nuisances de la chasse à courre. Noblesse oblige !

Arrivisme ou utopie

Dans ce long processus de dilution puis de disparition de tout ce qui fondait l'essence et la nature du château, quelques rapprochements ne laissent pas d'être instructifs. Château et palais restent à l'honneur, mais au prix d'un dévoiement si complet des termes que leur disparition se fait chaque décennie plus inéluctable. Les exemples, en la matière, ne manquent ni en France, ni à l'étranger, d'innombrables constructions y illustrant équitablement l'arrivisme ou l'utopie, du château de Ferrières au Palais idéal du facteur Cheval.

Le château de Ferrières (Seine-et-Marne) est souvent considéré comme le prototype du château du XIXe siècle en France ; parmi les réalisations contemporaines parentes, on relève parfois le château de Hünegg, en Suisse, vaste demeure construite en 1863, et représentative du Jugendstil. Œuvre de l'architecte britannique Joseph Paxton, auteur du Crystal Palace de Londres, Ferrières a été érigé entre 1853 et 1862, sur ordre de la famille des banquiers Rothschild.

Il serait hasardeux de spéculer sur la réussite esthétique de ce disgracieux quadrilatère cantonné de quatre tours sur plan carré dont on a quelque difficulté à identifier le style. L'éclectisme y gouverne la construction aussi bien que la décoration, les traits élisabéthains y voisinant avec les caractères anémiés d'une pseudo-Renaissance italienne revue au goût français ! Mais c'est là le parti d'une époque qui privilégie l'amalgame contre l'unité et entend bien en imposer au visiteur ou à l'hôte. À l'intérieur, la fantaisie décorative du peintre Eugène Lami s'accorde aux intentions du propriétaire.

Quant au parc, espace de repos et d'agrément, « plus beau jardin anglais du continent », il présente, autour de son étang et de ses serres, une ordonnance symétrique d'un parfait classicisme, en singulier contraste avec les libres espaces qui l'entourent. Là encore, le soin apporté au choix des essences dit la préoccupation de plaire à tout prix. Il n'est pas inutile de préciser que l'édifice a été inauguré par Napoléon III lui-même, en 1862, et que Guillaume de Prusse et Bismarck y logèrent durant la guerre de 1870, désastreuse pour la France.

Aux antipodes d'une telle conception, le Palais idéal de Joseph Ferdinand Cheval (1836-1924), facteur à Hauterives (Drôme), échappe à toutes les catégories de l'architecture pour devenir un inhabitable « palais ». Un palais qui relève de l'utopie, les rêves nocturnes du facteur inspiré étant seuls, à partir de 1879, à en dessiner les formes au gré d'un prodigieux cycle de

métamorphoses. « La façade est mesure 26 mètres de longueur, la façade ouest également 26 mètres, celle du nord 14 et celle du sud 12... la hauteur varie suivant les endroits de 8 à 12 mètres. » Ces précisions, Ferdinand Cheval les a consignées par écrit sur le tard, en 1911. Elles rappellent que ce visionnaire avait conscience du caractère démesuré de son édifice et des motifs irrationnels animant son entreprise chimérique.
L'agencement décoratif, l'éclectisme stylistique et l'ampleur monumentale de ce rêve figé dans la pierre ne cessent de renvoyer à sa source onirique. « Je construisais en rêve un palais féerique », écrira Ferdinand Cheval, rappelant qu'il a lancé son chantier à quarante-trois ans, un âge qui n'est plus « celui des folles entreprises et des châteaux en Espagne » !
Évoluant constamment dans ses projets, gagné par une fièvre qui le conduit à opérer par prolifération des formes et des volumes (« Lorsque j'ai commencé, je ne pensais pas arriver à des proportions pareilles, mais je trouvais toujours quelque chose de nouveau dans mes rêves et je construisais à mesure », écrit-il), il agrège au palais de ses mirages fulgurants le « temple égyptien », le « temple hindou », les trois géants « César, Vercingétorix, Archimède », le « Chalet suisse », la « Maison blanche » et la « Maison carrée » d'Alger, etc., souvenirs transfigurés de l'enfant ayant découvert sur les bancs de l'école communale le monde et ses lointains mirages.
De son palais, Cheval avait voulu faire son propre mausolée et celui de sa fille ; en butte aux tracasseries de l'administration, il dut se résoudre à le laisser à jamais inhabité, fût-ce par des morts. C'est en 1912, deux ans avant le déclenchement de la Première Guerre mondiale marquant la fin définitive du château, qu'il ferma son chantier mythique.

Le théâtre de tourments immémoriaux

« C'était le soir tard, lorsque K. arriva. Le village était sous la neige. La colline du Château restait invisible, le brouillard et l'obscurité l'entouraient, il n'y avait pas même une lueur qui indiquât la présence du grand Château. K. s'arrêta longuement sur le pont de bois qui mène de la route au village, et resta les yeux levés vers ce qui semblait être le vide. »
C'est par ces lignes indélébiles que s'ouvre *le Château* de Franz Kafka (1883-1924), probablement le chef-d'œuvre de l'écrivain tchèque. Rien n'est plus éclairant que ce paragraphe quant à l'idée que le XXe siècle européen a fini par se faire du château après sa disparition, vision littéraire autant qu'esthétique, visuelle autant que philosophique, objet tout à la fois concret et imaginaire, par essence inaccessible. Le château apparaît comme une idée disparue, sa silhouette se perd sur le fond du rêve crépusculaire (« le soir tard ») qui place le monde dans la grande indétermination de la nuit tombante. Le noir qui s'installe n'est rien d'autre que la chute progressive des siècles dans un passé par essence dépossédé de toute réalité.
On passe ainsi d'un château à l'autre, d'un monde de pierre et de bois à un univers de songe impalpable. Si c'est tout le patrimoine monumental européen, par exemple, qui bénéficie depuis quelques décennies d'une formidable campagne de restauration et de réhabilitation, le cas du château fort reste spécifique ; ainsi voit-on actuellement s'ouvrir divers chantiers

C'est en 1895, soit seize ans après l'ouverture de son interminable chantier, que Ferdinand Cheval érige les « trois géants » : César, Vercingétorix, Archimède. L'incohérence même du choix de ces trois figures historiques est révélatrice de l'extraordinaire écart qui se dessine entre la catégorie architecturale de l'édifice et la réalité de son agencement. À palais fantastique, souverains fantastiques ! Mais, en l'occurrence, ces trois figures se présentent beaucoup moins comme les autorités reconnues du lieu que comme ses colossales et silencieuses sentinelles, visage triple d'un même mystère.

PALAIS IDÉAL DU FACTEUR CHEVAL, LES TROIS GÉANTS
1895

qui n'ont pas pour seule ambition de reconstruire des châteaux médiévaux, mais de le faire avec les outils, les matériaux et les techniques de l'époque.
Démonstration superlative de ce que le château est beaucoup moins pensé par notre époque comme la survivance d'un temps disparu que comme un théâtre de retrouvailles avec le lointain passé dont il traduisit d'emblée, dans la pierre, toutes les attentes et tous les tourments.

Annexes

Guide des châteaux

Chaque château est ici représenté par un pictogramme et les pages suivantes donnent quelques indications relatives à l'histoire ou à l'environnement de l'édifice, signalent éventuellement le moment le plus propice à la visite, rappellent d'illustres témoignages, attirent l'attention sur un détail méconnu, etc. Si le dessin du pictogramme reste immuable, ses différentes couleurs renvoient à l'époque de la construction du château, en accord avec les six chapitres de l'ouvrage, du IXe au XIXe siècle.

En dépit d'une couverture aussi variée que possible, il apparaît que deux régions se signalent par une richesse parfois pléthorique, les pays de Loire et l'Île-de-France ; pour cette dernière, un encart particulier a même dû être aménagé, par souci de clarté, en marge de la carte générale. On remarque dans le même temps que le patrimoine castral des zones montagneuses n'est pas, sauf exception (la plus glorieuse restant celle des châteaux cathares), aussi florissant que celui des contrées plus propices aux activités agricoles. Rien de plus logique si l'on se rappelle que le château, demeure d'un puissant et de sa famille, est tout à la fois symbole du pouvoir et marque d'une prospérité matérielle étroitement dépendante du rendement des campagnes environnantes.

Une autre observation portera sur certaines coïncidences chronologiques et géographiques : dans les pays de Loire, par exemple, le château renaissant est prépondérant, l'édifice médiéval l'emportant largement ailleurs — dans le Midi pyrénéen par exemple —, tandis que l'Île-de-France propose une échelle complète de l'architecture castrale millénaire. Ce sont là des indications précieuses quant à la complexité de la trame historique lorsqu'elle est appliquée à une nation. On relèvera enfin que la richesse patrimoniale de la Belgique, du Luxembourg et de la Suisse n'a rien à envier à celle de la France, si on la rapporte aux superficies respectives de ces pays.

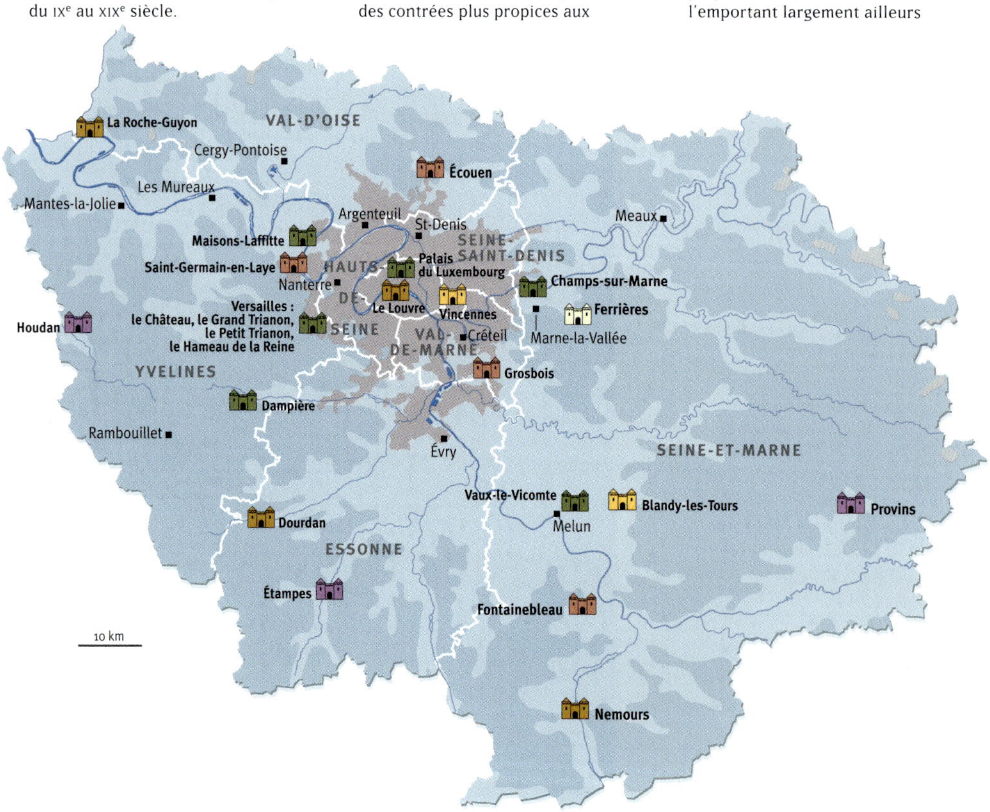

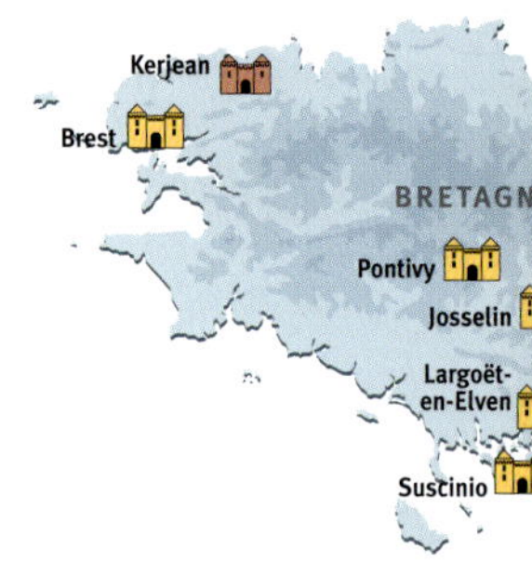

BELGIQUE
Gand
Boulogne-sur-Mer
Beersel
Bruxelles
Lille
Attre
Aigremont
Meuse
Modave
Reinhardstein
NORD-PAS-DE-CALAIS
Annevoie-Rouillon
Bagatelle (Abbeville)
La Roche-en-Ardenne
Rambures
Amiens
Vianden
Bourscheid
PICARDIE
Bouillon
LUXEMBOURG
HAUTE-NORMANDIE
Compiègne
Pierrefonds
Coucy
Luxembourg
Seine
Rouen
Gisors
Bénouville
Senlis
Septmonts
Caen
Château-Gaillard Les Andelys
Chantilly
Fère-en-Tardenois
Saint-Germain-de-Livet
Gaillon
La Ferté-Millon
Metz
Falaise
BASSE-NORMANDIE
Anet
Châlons-sur-Marne
Domfront
ÎLE-DE-FRANCE
CHAMPAGNE-ARDENNE
LORRAINE
Nancy
Saverne
Fougères
Maintenon
Seine
Strasbourg
La Motte-Tilly
Haroué
Lunéville
ALSACE
Vitré
Rhin
Vallery
Haut-Kœnigsbourg
Châteaudun
Yèvre-le-Châtel
Ribeauvillé
PAYS-DE-LA-LOIRE
Talcy
Eguisheim
Orléans
Langeais
Blois
Sully-sur-Loire
Tanlay
Villandry
Ménars
Saint-Fargeau
Ancy-le-Franc
Le Pailly
Angers
Chambord
Saumur
Amboise
Guédelon (en construction)
Montbard
Schaffhouse
Brissac
Ussé
Cheverny
Chaumont-sur-Loire
Bussy-Rabutin
Rhin
Chenonceaux
Druyes-les-Belles-Fontaines
FRANCHE-COMTÉ
Lenzburg
Montreuil-Bellay
Mehun-sur-Yèvre
Loire
Dijon
Moncley
Chinon
Loches
Bourges
BOURGOGNE
Besançon
SUISSE
Oiron
Montbazon
CENTRE
Bressuire
Azay-le-Rideau
Issoudun
Chenaux (Estavayer-le-Lac)
Berne
Parthenay
Meillant
Villegongis
Poitiers
Chauvigny
Thoune
Tarasp
Niort
Sarzay
Bourbon-l'Archambault
La Sarraz
Brancion
Lausanne
Berzé-le-Châtel
Chillon
Coppet
Tourbillon
Aigle
Bellinzona
Allier
Saône
Rhône
POITOU-CHARENTES
Clermont-Ferrand
Limoges
Annecy
LIMOUSIN
Loire
Lyon
Murol
Puyguilhem
Chambéry
Bourdeilles
AUVERGNE
RHÔNE-ALPES
Palais du facteur Cheval (Hauterives)
Saint-Geniez-ô-Merle
Anjony
Saint-Émilion
Rhône
Vizille
Biron
La Voulte-sur-Rhône
Roquetaillade
Bonaguil
Cruas
Crest
Cahors
AQUITAINE
Grignan
Bruis
Najac
Garonne
Sisteron
Uzès
Villeneuve-lès-Avignon
Château-Arnoux
Castelnau-de-Lévis
Albi
Poyanne
Barbentane
Avignon
MIDI-PYRÉNÉES
Beaucaire
Gordes
Castries
Tarascon
Ansouis
Bassoues
Toulouse
Montpellier
Aigues-Mortes
LANGUEDOC-ROUSSILLON
PROVENCE-ALPES-CÔTE-D'AZUR
Marseille
Lagarde
Carcassonne
Garonne
Roquetaillade
Foix
Arques
Montségur
Salses
Puilaurens
CORSE
Peyrepertuse
Perpignan
Ajaccio
50 km

Guédelon

Visiter le chantier d'un château médiéval en construction

Édifier un château fort selon les méthodes mises en œuvre au XIIIe siècle et en usant des matériaux de cette époque, tel est le projet original développé au cœur d'une forêt de Bourgogne, entre Saint-Sauveur-en-Puisaye et Saint-Amand-en-Puisaye, par une équipe de quelque trente-cinq « œuvriers », sous la direction scientifique d'éminents spécialistes de la castellologie (Anne Baud, Christian Corvisier, Philippe Durand, Frédéric Epaud, Florian Renucci, Nicolas Reveyron, etc.).

Commencé en 1997, le chantier reçoit d'innombrables visiteurs (notamment des groupes scolaires) venus y recevoir une leçon vivante d'archéologie médiévale. À l'origine de cette entreprise, Michel Guyot, propriétaire du château voisin de Saint-Fargeau ; habité lui-même par l'idée de faire construire une forteresse médiévale dont le chantier serait ouvert au public, il a commencé par choisir le site de Guédelon, une ancienne carrière de grès ferrugineux entourée de forêts, à proximité du réseau routier.

Aux antipodes de toute restitution folklorique, ce chantier est très vite apparu sous les traits d'un formidable laboratoire grandeur nature de l'architecture castrale. Le public y découvre une ambiance exceptionnelle de travail intense sans précipitation, exigeante sans fétichisme. Le travail des carriers, tailleurs de pierre, essarteurs, bûcherons, charpentiers, charretiers, potiers, cordeliers, vanniers, forgerons, etc. y est constamment scruté par les promoteurs de l'entreprise, soucieux de vérifier par l'expérience la validité de leurs hypothèses d'étude. Architecte en chef des Monuments historiques, Jacques Moulin, a daté virtuellement son plan de l'année 1229 ; autour d'une cour quadrangulaire ceinte de courtines au pied desquelles court un fossé sec, le château est cantonné par quatre tours à plan circulaire, la plus importante, la tour maîtresse, flanquant de près le logis seigneurial.

D'ores et déjà, le chantier de Guédelon a modifié le regard des historiens, plus précisément celui des historiens d'art, quant à la perception contemporaine de l'édifice médiéval. Toutes les étapes de la construction sont archivées et étudiées par divers canaux scientifiques ; interroger ainsi un édifice, non à partir de ses reliefs, mais en partant des techniques adoptées pour sa réalisation est riche de leçons inattendues, le plus souvent nées de la contrainte : « Nous sommes confrontés aux matériaux dans une sorte de passage obligé, qui plus est dans une situation de plein air, donc soumise aux aléas climatiques, ce qui joue beaucoup dans l'organisation du chantier », résume l'un des acteurs de cet étonnant programme.

Au-delà de son intérêt scientifique, l'entreprise de Guédelon, dont l'épilogue n'interviendra pas avant une vingtaine d'années, présente l'immense mérite d'avoir déjà passionné des centaines de milliers de visiteurs, de les avoir éclairés sur la dimension humaine et symbolique de l'édifice féodal, et d'avoir, en conséquence, réactualisé l'intérêt de notre temps pour l'édifice castral du Moyen Âge.

En haut :
Vue aérienne du chantier de Guédelon

Ci-dessus :
Le logis seigneurial

Ci-contre :
Mise en place d'une croisée d'ogives

Chantier médiéval de Guédelon
89520 Treigny
Visites de mars à novembre
Fermeture hebdomadaire le mercredi, sauf en juillet et août
Tél. : 03 86 45 66 66
guedelon@guedelon.fr

Itinéraire par région

ALSACE

Bas-Rhin

Haut-Kœnigsbourg (pages 42-43)
ⓘ *03 88 82 50 60*
À près de 800 mètres d'altitude, la neige ajoute tellement à la poésie de cet immense corps ressuscité que la visite hivernale est conseillée. Mais gare aux morsures du vent glacial dans les étroits espaces ouverts sous le ciel !

Saverne (pages 292-293)
ⓘ *03 88 91 06 28 (château)*
Indépendamment du château des Rohan qui abrite le musée Louise-Weiss et un musée archéologique, tous les édifices intéressants de Saverne sont regroupés à l'intérieur d'un petit périmètre : ancien cloître des Récollets du XIVe siècle, église paroissiale au clocher-porche du XIIe siècle, maisons de bois du XVIIe siècle et le Vieux Palais, qui ajoute une touche Renaissance à la palette locale.

Haut-Rhin

Eguisheim (page 51)
ⓘ *03 89 78 53 15*
Sur la route du vin, qui serpente de Thann à Marlenheim, le château d'Eguisheim semble s'élargir en cercles concentriques pour donner naissance à la petite cité qui rassemble tous les charmes particuliers du génie alsacien.

Ribeauvillé (pages 84-85)
ⓘ *08 20 36 09 22*
Depuis que les chemins ont été soigneusement réaménagés entre les différents sites fortifiés du lieu, le visiteur peut vérifier à quel point le cadre naturel est une donnée décisive de l'architecture castrale ; et aussi mesurer combien la perception de l'espace et du temps s'est transformée depuis le Moyen Âge.

AQUITAINE

Dordogne

Biron (page 187)
ⓘ *05 53 63 13 39 (château)*
Parmi les maîtres les plus célèbres du lieu, Charles de Gontaut combattit toute sa vie sous Henri IV, qui le nomma « le plus tranchant instrument de ses victoires », mais n'hésita pas à le faire décapiter en 1602, le soupçonnant d'avoir traité avec le duc de Savoie.

Bourdeilles (page 81)
ⓘ *05 53 03 42 96 (château)*
Bourdeilles, baronnie du Périgord, vaut autant par la beauté de ses monuments que par son cadre naturel ; découvrir le château, bâti sur une terrasse rocheuse, depuis une embarcation remontant la Dronne demeure une expérience inoubliable.

Puyguilhem (page 201)
ⓘ *05 05 53 54 82 18 (château)*
Le visiteur pourra se délecter des reliefs souterrains du XIIe siècle, des tapisseries flamandes ou aubussonnaises, des plafonds à caissons ou des cheminées, des lucarnes comme des mâchicoulis... voire des allées de tilleuls ombrageant le vaste parc !

Gironde

Blanquefort (pages 122-123)
ⓘ *05 56 95 50 95 (mairie)*
Rien de plus changeant que cet étonnant complexe ruiné, sinistre sous la pluie, riant sous le soleil... ou l'inverse ! Peut-être la citadelle la plus dépendante des humeurs du temps et de la nature, au sein de laquelle elle semble assoupie depuis des siècles.

Roquetaillade (pages 130-131)
ⓘ *05 56 76 14 16*
Ce complexe architectural formé de deux châteaux exige du temps. Il est impossible d'en épuiser les charmes en une seule visite expéditive, tant le jeu des mutations et des restaurations qui en caractérise toutes les parties nourrit la réflexion.

Saint-Émilion (page 101)
ⓘ *05 57 55 28 28*
Indépendamment du château, l'enceinte de la ville présente un grand intérêt, en dépit de son effondrement partiel depuis le XVe siècle. Il en reste plusieurs hectomètres, le long du « chemin des fossés », ainsi que les portes Brunet (d'une hauteur de 9,50 mètres, elle domine la vallée de la Dordogne) et Saint-Martin (un escalier y donne accès au chemin de ronde).

Villandraut (page 127)
ⓘ *05 56 25 31 39*
Les graves destructions de Villandraut ont pour singulière conséquence d'offrir au visiteur une sorte de livre ouvert de l'architecture castrale, une coupe précise, grandeur nature, d'espaces habituellement clos et ici dévoilés par la chute des murs et des voûtes.

Landes

Poyanne (page 258)
ⓘ *05 58 56 86 86*
Parmi les souvenirs historiques du lieu, on note le passage éclair de Joseph Bonaparte, frère de Napoléon et éphémère roi d'Espagne, qui y abrita provisoirement sa fortune en 1813.

Lot-et-Garonne

Bonaguil (pages 182-183)
ⓘ *05 53 71 90 33*
Propriétaire du château, la commune de Fumel était déjà prospère au XIIIe siècle ; son église Saint-Antoine, sa halle aux blés, sa place du Pastel et ses maisons anciennes rappellent son activité de place de foires durant plusieurs siècles.

Pyrénées-Atlantiques

Pau (page 221)
ⓘ *05 59 27 27 08*
Bien qu'elle n'ait probablement pas été celle de la naissance du futur Henri IV, en 1553, la chambre du Roi du château de Pau abrite la célèbre carapace de tortue qui fut le berceau du petit prétendant. Mais c'est le XIXe siècle qui a fait réaliser le décor guerrier exaltant les vertus monarchiques.

AUVERGNE

Allier

Bourbon-l'Archambault (pages 124-125)
ⓘ *04 70 67 09 79*
De l'illustre famille qui, à partir d'Henri IV, présida aux destinées de la France jusqu'à l'avènement de la république, cette bâtisse grandiose mais ruinée propose une métaphore saisissante.

Cantal

Anjony (page 169)
ⓘ *04 71 47 61 67*
Parmi les remarquables curiosités de la décoration intérieure du château, la plus singulière reste probablement l'ensemble des neuf panneaux de la salle haute ; datant du XVIe siècle, ils représentent les neuf Preux, symboles aux significations multiples et témoins majeurs du génie médiéval.

Puy-de-Dôme

Murol (page 157)
ⓘ *04 73 88 67 11 (château)*
À quelques kilomètres de Saint-Nectaire, le château de Murol offre une belle vue sur le puy de Sancy. Initiative des « Compagnons de Gabriel », la reconstitution de la vie quotidienne médiévale est ici réalisée avec un soin louable, serfs, soldats, cuisiniers, troubadours, dames et seigneurs faisant, le temps d'un aimable divertissement, revivre l'illusion d'un passé presque millenaire.

BOURGOGNE

Côte-d'Or

Bussy-Rabutin (page 217)
ⓘ *03 80 96 00 03*
De son plus illustre occupant, Roger de Bussy-Rabutin, le château a conservé une décoration intérieure rappelant tous les fastes déployés par l'auteur de *L'Histoire amoureuse des Gaules* à qui ses écrits sulfureux valurent l'exil et même la Bastille.

Montbard (page 121)
ⓘ *03 80 92 53 81*
Montbard, c'est Buffon. Et Buffon, à Montbard, c'est aussi la forge, ce visionnaire complexe préindustriel dont la visite complète celle du château, par le raccourci qu'elle offre de l'histoire des hommes, du Moyen Âge au temps des Lumières.

Saône-et-Loire

Berzé-le-Châtel (page 167)
ⓘ *03 85 37 71 10 (mairie de Berzé-la-Ville)*
Une visite de la toute proche chapelle de Berzé-la-Ville complétera celle du château de Berzé-le-Châtel ; elle abrite l'une des plus belles fresques de l'âge médiéval ; héritière de la grande tradition byzantine, elle figure le Christ sur l'immensité d'un fond bleu cosmique. L'ancienne abbaye de Cluny et la maison de Lamartine ne sont pas loin non plus.

Brancion (page 79)
ⓘ *03 85 51 11 41 (château)*
Au plein cœur de la Bourgogne méridionale, le château, enchâssé dans son écrin de roches et de verdures, offre de très belles vues sur le bourg médiéval et, au-delà, sur toute la vallée dont il reste la sentinelle millénaire.

Yonne

Ancy-le-Franc (pages 236-237)
ⓘ *03 86 75 14 63*
Les goûts français et italiens réunis, deux siècles avant que cette synthèse ne devienne une mode gouvernant le goût européen. Une discrète curiosité ici, la chambre des Fleurs, qui remonte au début du XVIIe siècle et présente un ensemble de boiseries reproduisant trente espèces de fleurs toutes différentes et bien caractérisées.

Druyes (pages 62-63)
ⓘ *03 86 41 56 72*
Cette forteresse sollicite l'attention particulière des castellologues, qui voient dans son choix du plan quadrangulaire, malaisé à mettre en œuvre, l'application d'un ancien schéma antique (celui de la Jérusalem céleste, par exemple), quête d'un modèle royal appliqué aux demeures des grands officiers du royaume. À méditer !

Saint-Fargeau (page 173)
ⓘ *03 86 74 05 67 (château)*
Les parades historiques utilisant un château pour cadre sont rarement réussies : raison de plus pour saluer la prouesse du Spectacle historique estival, qui restitue ici un millénaire d'histoire (Jeanne d'Arc, la Révolution, etc.).
Non loin de là, le chantier de Guédelon (voir p. 306) mérite aussi une visite.

Tanlay (pages 242-245)
ⓘ *03 86 75 70 61*
Le nom de Gaspard de Coligny (1519-1572) reste lié à ce château qui appartint à sa famille ; meneur d'hommes converti à la religion réformée, haï de Catherine de Médicis, il fut la première victime du massacre de la Saint-Barthélemy, le 24 août 1572.

Vallery (page 223)
ⓘ *03 86 52 06 19*
Née Renée Cordier de Montreuil, parée de toutes les vertus, l'ancienne maîtresse des lieux est passée dans l'Histoire pour avoir épousé le sinistre marquis de Sade et lui avoir donné trois enfants... avant de finir sa vie au monastère des Carmélites de Paris !

BRETAGNE

Côtes-d'Armor

Dinan (pages 156-157)
ⓘ *02 96 87 69 76*
C'est au moment de la « fête des remparts » qu'il faut visiter Dinan et sa forteresse, lorsque de faux chevaliers et manants tentent de restituer l'atmosphère des tournois médiévaux... avec, heureusement, moins de dégâts !

Finistère

Brest (page 171)
ⓘ *02 98 44 24 96*
La mer, bien sûr, la lumière unique de la Bretagne atlantique ! Mais aussi, dès que le regard quitte le château, le souvenir d'une ville massacrée au soir de la Seconde Guerre mondiale. Altéré par les bombardements alliés d'août à septembre 1944, le château a été impeccablement restauré depuis.

Kerjean (page 237)
ⓘ *02 98 69 93 69*
Quelle plus belle occasion de découvrir le vaste parc de Kerjean que l'un de ces

concerts qui y sont régulièrement organisés à la belle saison ? Surtout après une visite complète du château.

Ille-et-Vilaine

Fougères (pages 68-71)
① 02 99 94 12 20
Pour l'amateur de citadelles médiévales, le château de Fougères constitue une sorte de modèle idéal, un livre dont les pages de pierre raconteraient quatre siècles d'architecture militaire, toujours plus efficace et grandiose.

Vitré (pages 52-53)
① 02 99 75 04 46
Vitré constitue l'exemple accompli d'une cité aux multiples richesses architecturales éclipsées par la plus importante d'entre elles : le château. Tout autour, et tout proches, on pourra découvrir les magnifiques remparts de la promenade du Val, les églises Notre-Dame et Sainte-Croix, la place du Marchix, de beaux hôtels Renaissance, etc. Fondé à la fin du XIXe siècle (1876), par Arthur de La Borderie, le musée du château de Vitré témoigne de la curiosité encyclopédique de l'époque, mais aussi de l'intérêt particulier pour un passé local.

Morbihan

Largoët-en-Elven (page 155)
① 02 97 53 35 96
Située non loin de Vannes, la forteresse bretonne et son imposant donjon ont inspiré l'écrivain Octave Feuillet, qui y a trouvé le décor idéal de *Roman d'un jeune homme pauvre* (1858) ; plus récemment, elle a servi de cadre pour plusieurs films se rapportant à l'ère médiévale.

Josselin (pages 186-187)
① 02 97 22 36 45
On se demande si le château de Josselin pourrait se trouver ailleurs qu'en Bretagne, tant la sévérité de son matériau et sa massivité renvoient à ses très incertains ancêtres, les mégalithes. Dans les écuries du château, le musée des Poupées présente une collection commencée au XIXe siècle : plusieurs centaines de spécimens en bois, cire, Celluloïd, porcelaine, chiffon, terre, papier... y figurent avec leurs accessoires, costumes traditionnels et meubles miniatures.

Suscinio (pages 158-159)
① 02 97 45 31 45
Inscrit par Prosper Mérimée sur la liste des monuments historiques en 1840, le château de Suscinio, édifié face à l'océan, a été rénové selon des techniques directement héritées du Moyen Âge, signe d'un intérêt grandissant pour cette époque longtemps négligée.

CENTRE

Cher

Bourges / Palais Jacques-Cœur (pages 168-169)
① 02 48 23 02 60
Au sortir de la visite du palais Jacques-Cœur, Bourges offre encore au visiteur ses hectares de cité médiévale, la cathédrale Saint-Étienne (fin XIIe siècle), les églises Saint-Pierre-le-Guillard, plus ancienne encore, et Notre-Dame, au style composite, l'hôtel des Échevins, l'hôtel Lallemant, la maison Pelvoysin, l'hôtel Cujas, les jardins de l'Archevêché...

Mehun-sur-Yèvre (pages 152-153)
① 02 48 57 35 51
En avril 2005, l'énigme de la mort d'Agnès Sorel (1422-1450) a été décryptée : c'est bien le poison qui a mis fin à la vie de cette jeune femme, maîtresse et dame de beauté de Charles VII, dont elle partageait la couche, dans le magnifique château de Mehun-sur-Yèvre.

Meillant (page 197)
① 02 48 63 32 05
De la somptuosité (salle de réception à cheminée monumentale) à l'horreur (salle du lit de justice) en passant par les nécessités contingentes (cuisine aux cuivres étincelants), le château de Meillant donne au visiteur le sentiment qu'il promène un miroir le long des siècles passés.

Eure-et-Loir

Anet (pages 238-239)
① 02 37 41 90 07
Le château d'Anet déçoit régulièrement ceux qui n'ont pas pris la peine de se renseigner sur ce qu'il en reste ! Pour mesurer ce que fut la splendeur d'Anet, il faut s'isoler dans son extraordinaire chapelle et reconstruire par l'imagination, le temps d'un mirage, les grands corps de logis disparus.

Châteaudun (pages 170-171)
① 02 37 45 22 46
Sur les rives du Loir, la cité, loin de ne valoir que par son château, propose un ensemble rare d'anciennes maisons à pans de bois sculptés et un musée d'une savoureuse originalité. Le sentiment d'une histoire en réduction de la France millénaire.

Maintenon (page 205)
① 02 37 23 00 09
Au premier rang des curiosités autour du château, l'aqueduc de Maintenon, situé au fond du parc, a été construit en 1683 par Vauban à la demande de Louis XIV, pour acheminer l'eau de l'Eure à Versailles ; prévu pour compter trois étages, il est resté inachevé.

Indre

Issoudun (page 83)
① 02 54 21 74 02
Le château d'Issoudun fait figure d'anomalie dans un si paisible paysage. C'est oublier qu'au temps féodal la petite cité occupait une position stratégique de premier ordre au cœur de l'axe double Déols / Argenton et Bourges / Saint-Florent-sur-Cher ; la mémoire des pierres n'est pas seulement fidèle, elle est complexe.

Sarzay (page 181)
① 02 54 21 74 02 *(office de tourisme d'Issoudun)*
« Ce château [...] date de la fin des guerres de féodalité. Cependant la petitesse des portes, la rareté des fenêtres, et les nombreux débris de murailles et de tourelles qui lui servaient d'enceinte, signalent un temps de méfiance où l'on se mettait encore à l'abri d'un coup de main. C'est un castel élégant, un carré long renfermant à tous les étages une seule grande pièce, avec quatre tours » (George Sand, *le Meunier d'Angibault*).

Villegongis (pages 226-227)
① 02 54 34 10 74 *(office de tourisme de Châteauroux)* ou 02 54 36 63 50 *(mairie de Villegongis)*
Le château de Villegongis est beaucoup plus petit que celui de Chambord... mais infiniment moins visité ! Ici naquit, le 17 août 1760, Charles Hélion, marquis de Barbançois, agronome visionnaire qui pensa le premier à un classement fondé sur la généalogie, annonçant ainsi, sans aucun succès auprès de ses compatriotes, la théorie évolutionniste qu'imposera Darwin.

Indre-et-Loire

Amboise (pages 200-201)
① 02 47 57 00 98 *(château)*
Forteresse et palais luxueux, héritage médiéval et ouverture sur la Renaissance, ombres du pouvoir et lumières du génie... tout cela en léger retrait d'une Loire paisible. Pour jouir de tous les charmes de la façade principale, il faut s'éloigner, s'engager sur le pont qui franchit le fleuve et remonter l'île centrale en admirant les jeux infinis de la lumière aurorale ou crépusculaire sur les multiples éléments extérieurs de l'édifice. Non loin de là, le Clos-Lucé est le petit manoir où Léonard de Vinci vécut à partir de 1516, invité par François Ier.

Azay-le-Rideau (pages 212-213)
① 02 47 45 42 04 *(château)*
Admirablement dépeints par Balzac qui vécut à environ 10 kilomètres de là (au château de Saché), les bords de l'Indre, l'élégance romantique du château d'Azay et la basse vallée de la rivière méritent sans nul doute un voyage.
Sous le titre évocateur des « Imaginaires d'Azay-le-Rideau », le spectacle nocturne organisé en été offre un parcours sollicitant les jeux de lumières, la projection d'images et un accompagnement musical, le tout au service d'une évocation de l'époque renaissante.

Chenonceau (pages 208-211)
① 02 47 23 90 07 *(château)*
Très tôt le matin et un jour de léger brouillard, la visite du parc et du château de Chenonceau relèvera de l'enchantement. Hommage à la femme, le musée de Cires de Chenonceau restitue les figures des dames ayant animé le destin du grand édifice : Catherine Briçonnet, Diane de Poitiers, Catherine de Médicis, Marie Stuart, Louise de Lorraine, Mmes Dupin, Pelouze...

Chinon (pages 90-91)
① 02 47 93 17 85 *(château)*
Peu de sites s'expliquent plus aisément par leur position géographique. En avait déjà conscience le grand Rabelais, fils illustre de la petite cité, chez qui l'on trouve ce curieux quatrain : « Chinon, Chinon, Chinon / Petite ville, grand renom / Assise sur pierre ancienne / Au haut, le bois, au pied, la Vienne ».
C'est avant tout pour l'épisode glorieux du passage de Jeanne d'Arc, reçue ici par Charles VII, que le château de Chinon est visité. Pour les amateurs d'architecture castrale, la citadelle, longue d'un demi-kilomètre, reste un extraordinaire laboratoire des formes, du XIe siècle à la fin du XVe.

Langeais / Donjon du XIe (page 33) et château XVe siècle (page 177)
① 02 47 96 72 60
Aucun édifice ne permet, mieux que le donjon de Foulques Nerra, de mesurer l'effort initial du château de pierre, héritier de la motte féodale. « En ce matin glacial du 6 décembre 1491, le roi de France, Charles VIII épouse la duchesse Anne de Bretagne au château de Langeais. » (J. Favier). De cet événement considérable pour l'histoire de France, une reconstitution est ici proposée, avec des personnages de cire.

Loches (pages 34-35)
① 02 47 59 01 32 *(château)*
C'est en hiver qu'il faut visiter ce lugubre édifice militaire, puis carcéral, de façon à mieux mesurer les terribles conditions de vie imposées aux hommes par la nécessité militaire ou par l'arbitraire despotique. Mais Loches ne se résume pas à son château et à son impressionnant donjon. La collégiale Sainte-Ourse aux deux tours couronnées de toitures pyramidales, le Logis royal qui abrite le gisant d'Agnès Sorel ou l'oratoire finement ouvragé d'Anne de Bretagne constituent autant d'heureux compléments à la visite de la forteresse, elle-même prolongée par la double enceinte de la partie haute de la cité.

Montbazon (pages 32-33)
① 02 47 70 37 37 *(office de tourisme de Tours)*
Situé juste au sud de Tours, Montbazon doit sa survie à l'étonnante action d'un soldat américain, William Perry Dudley, architecte paysagiste de son métier et acquéreur des ruines en 1922. Il lui aura fallu trente ans pour remettre en état le château tel qu'il est aujourd'hui, ouvert à des milliers de visiteurs annuels.

Ussé (pages 178-181)
① 02 47 95 54 05
« Mon prince, il y a plus de cinquante ans que j'ai entendu dire de mon père qu'il y avait dans ce château une princesse, la plus belle du monde, qu'elle devait y dormir cent ans, et qu'elle serait réveillée par le fils d'un roi, à qui elle était réservée » (Charles Perrault, *la Belle au bois dormant*).

Villandry (pages 224-225)
① 02 47 50 02 09
Villandry doit une bonne part de sa renommée à ses jardins en terrasses, juxtaposés sur trois niveaux ; jardin d'eau au niveau supérieur, à l'ombre des tilleuls ; jardin décoratif d'agrément qui regroupe le jardin d'Amour, le jardin de la Musique et le jardin des Simples ; jardin potager aux carrés décoratifs, enfin.

Loiret

Sully-sur-Loire (pages 160-161)
① 02 38 36 36 86
À tous ceux qui auront l'occasion de faire coïncider la visite du château avec le festival international de musique classique organisé par la cité (en général à l'approche de l'été), les liens entre architecture et musique sembleront relever de l'évidence.

Yèvre-le-Châtel (pages 152-153)
① 02 38 30 50 02 *(office de tourisme de Pithiviers)*
Le plus parfait exemple du « château fort » tel que nous l'avons tous rêvé à l'âge de l'enfance, bloc formidablement symbolique

d'un pouvoir terrifiant par ses effets, mais rassurant par sa logique de force et de grandeur.

Loir-et-Cher

Blois (pages 202-205)
① 02 54 90 33 32 *(château)*
De considérables travaux ont redonné à la cour centrale du château un aspect plus en rapport avec son passé prestigieux. De notables efforts ont par ailleurs été consentis en matière de documentation et de présentation ; la visite de Blois devient ainsi une vraie leçon d'histoire. Au rez-de-chaussée de l'aile François Ier, le musée lapidaire occupe quatre salles dont les plus belles pièces sont les sculptures des XVIe et XVIIe siècles ainsi que les études et moulages de plâtre restituant l'histoire de la restauration de l'édifice depuis plus d'un siècle.

Chambord (pages 214-217)
① 02 54 50 40 00 *(château)*
Aux courageux, on conseillera la visite de Chambord en hiver. Ils comprendront peut-être pourquoi, en dépit des clôtets de tapisserie et des troncs entiers brûlant dans les cheminées, le souverain qui l'a fait construire a si peu occupé ce château !
En marge des visites ordinaires, Chambord propose, sous la conduite d'un conférencier spécialisé, une découverte exhaustive du bâtiment, mettant à nu toutes les complexités de l'architecture du grand palais. À ne manquer à aucun prix.

Chaumont-sur-Loire (pages 176-177)
① 02 54 51 26 26
Sur place, le visiteur aura peine à croire que le château de Chaumont signifia la revanche de Catherine de Médicis, veuve du roi Henri II, sur sa rivale détestée, Diane de Poitiers, qui dut l'accepter en échange de Chenonceau ; Diane renforça le caractère militaire de l'édifice, mais mourut en 1566 sans avoir le temps de terminer l'aile sud.

Cheverny (pages 256-259)
① 02 54 79 96 29
Cheverny est une demeure privée. On ne la visite donc pas complètement, mais la partie ouverte au public présente un intérêt considérable, d'autant plus que les grandes demeures du XVIIe siècle ne sont pas si fréquentes en pays de Loire.
Ne pas manquer le salon des Tapisseries qui abrite d'admirables tentures des Flandres et de superbes pièces de mobilier Louis XIV et Louis XV.

Ménars (page 263)
① 02 54 50 40 28 *(office de tourisme de Chambord)*
À proximité immédiate du château, l'église Saint-Jean-Baptiste, du XVIIe siècle, conserve un superbe retable en pierre et plusieurs sarcophages armoriés.

Talcy (page 207)
① 02 54 81 03 01 *(château)*
Mignonne, allons voir si la rose / Qui ce matin avait déclose / Sa robe de pourpre au Soleil...
C'est en 1545 que Ronsard a écrit ces vers destinés à « Cassandre », fille du propriétaire de Talcy, et lointaine ancêtre d'Alfred de Musset, et c'est à une autre châtelaine de Talcy que le jeune Agrippa d'Aubigné dédiera *le Printemps*. Un château décidément favorable à la Muse !

CHAMPAGNE -ARDENNE

Aube

La Motte-Tilly (pages 284-287)
① 03 25 39 99 67
Rien ne permet mieux de comprendre l'époque des Lumières que la bibliothèque du château de La Motte-Tilly, élément indispensable de la demeure princière et témoignage de l'aspiration à une culture encyclopédique

Haute-Marne

Le Pailly (page 241)
① 03 25 87 67 67 *(office de tourisme de Langres)*
À une dizaine de kilomètres du château, la petite cité de Langres se signale par ses remparts, par sa cathédrale Saint-Mammès... et par le souvenir de Diderot !

FRANCHE -COMTÉ

Doubs

Moncley (page 291)
① 03 81 80 92 55 *(office de tourisme de Besançon)*
Situé à quelques kilomètres de Besançon, Moncley est l'un des châteaux plus remarquables de la région. Dans une partie retirée du parc, le visiteur pourra découvrir les rares vestiges de l'ancien château.

ÎLE-DE-FRANCE

Paris / Louvre médiéval (pages 72-75) et palais du Luxembourg (pages 254-255)
① 01 40 20 53 17
Les visiteurs de la « crypte » du Louvre évaluent-ils correctement l'exploit technique, la performance archéologique et le chef-d'œuvre pédagogique ici réalisés ? La visite est en tout cas hautement recommandée à tous ceux qui éprouvent parfois quelques doutes quant au bon usage des fonds publics !

Paris / Palais du Luxembourg (pages 254-255)
① 01 44 54 19 49
Le palais peut se visiter lorsque le Sénat ne siège pas. À deux pas, l'ancien musée, qui abrita des collections de sculpture et de peinture du XIXe siècle, est aujourd'hui un lieu d'expositions temporaires programmées par le ministère de la Culture et le Sénat.

Essonne

Étampes (page 47)
① 01 69 92 69 00
Même si, avec ses vieux ponts et ses ruelles médiévales, l'aménagement intérieur d'Étampes est remarquable, c'est la vêture extérieure qui reste souvent dans la mémoire de ses visiteurs, tant l'ostentation de l'appareil monumental y est évidente, surtout par les beaux crépuscules d'été.

Dourdan (pages 98-99)
① 01 64 59 86 97
Bien que très récent (sa vraie naissance remonte à 1977), le musée du château de Dourdan possède un double fonds, remarquable, d'histoire locale (tableaux, armes, livres anciens, archives) et d'archéologie gallo-romaine et médiévale, le tout présenté dans un curieux décor néogothique.

Seine-et-Marne

Blandy-les-Tours (pages 154-155)
① 01 64 52 64 52 *(office de tourisme de Melun)*
Pour qui a connu le site dans les années 1970 et n'y est jamais revenu, la surprise sera considérable face à cette monumentale démonstration d'une restauration-reconstruction, certes soumise au critère scientifique, mais dommageable à l'exercice de la nostalgie !

Champs-sur-Marne (page 283)
① 01 60 05 24 43
Rien ne se prête mieux à la découverte de ce ravissant édifice, proche de Vaux-le-Vicomte, que les concerts qui y sont régulièrement organisés dans le grand salon, face à la perspective descendante du vaste parc.

Ferrières (pages 299-300)
① 01 64 66 34 97
À l'amateur d'architecture déçu, le parc offre une bien plaisante consolation, tant la nature ignore par essence ce mauvais goût si caractéristique des parvenus !

Fontainebleau (pages 218-221)
① 01 60 71 50 70 *(château)*
Au sud du château, le grand parterre, aménagé par Le Nôtre de 1660 à 1664, offre une vue magnifique sur une grande partie du château, depuis la porte Dorée jusqu'à la cour des Offices, en passant par la salle de Bal et la porte Dauphine ; son bassin central reçoit une large vasque du XIXe siècle. Mais le château et la forêt de Fontainebleau ne doivent pas occulter le charme tranquille de la petite ville qui compte de belles demeures (Bellevue, Polignac, Conti, Aligre) et l'église Saint-Louis, caractéristique du XVIIe siècle par son appareillage de pierre et de brique.

Nemours (page 65)
① 01 64 28 03 95
Le cadre de Nemours condense tous les sortilèges de l'Île-de-France, avec son église, la trace lumineuse du Loing, le souvenir de Sisley et, bien sûr, sa forteresse dont l'austérité est singulièrement adoucie par la lumière ambiante, surtout à l'heure qui précède le crépuscule.

Provins (pages 48-49)
① 01 64 60 26 26
À Provins, un effort exceptionnel a été fait pour organiser des spectacles médiévaux « son et lumière », à grand renfort de rapaces domestiqués et de figurants déguisés en manants ou en seigneurs ! Les énormes constructions de la cité y sont ainsi repensées à l'échelle de l'homme. Que cette bourgade ait été longtemps l'une des premières cités d'Europe, voilà qui en étonne plus d'un ! La visite de Provins, hors et dans les murs, reste un *must* pour tous les nostalgiques de la glorieuse Champagne médiévale.

Vaux-le-Vicomte (pages 264-267)
① 01 64 14 41 90 *(château)*
Moins vaste que celui de Versailles, qu'il a préparé, le parc de Vaux-le-Vicomte dégage, avec le jeu régulier de ses lignes finissant aux horizons de l'infini, cette nostalgie de l'inaccessible qui caractérise le grand classicisme français.
Restaurée durant l'hiver 2003, la chambre du Roi se présente aujourd'hui, avec son plafond à voussures, ses stucs dorés et ses peintures, comme l'admirable écrin décoratif d'un somptueux mobilier.

Val-d'Oise

Écouen (pages 228-231)
① 01 34 38 38 50 *(château)*
Le château d'Écouen sert de cadre à l'un des plus beaux musées de France, entièrement consacré à la Renaissance.

La Roche-Guyon (pages 66-67)
① 01 34 79 72 84
Au XIXe siècle, ce site magnifique attira aussi bien Chateaubriand que le jeune Victor Hugo, mais c'est à Lamartine qu'il est revenu, en 1819, d'immortaliser dans ses vers, la chapelle du château creusée dans le roc : « Ici viennent mourir les derniers bruits du monde / Dans le creux du rocher, sous une voûte obscure / S'élève un simple autel... »

Val-de-Marne

Grosbois (page 239)
① 01 45 10 24 24
Due à Napoléon Berthier, fils du maréchal, la bibliothèque de ce château de la fin de la Renaissance, ne laisse jamais de surprendre avec ses milliers d'ouvrages militaires et historiques, ainsi que ses cartes et plans de bataille.

Vincennes (pages 144-149)
① 01 48 08 13 00
L'immensité du château de Vincennes, dont le célèbre donjon n'est qu'une pièce limitrophe, surprend. Car Vincennes se voulut dès l'origine une cité dans la cité, non le simple refuge de la suite royale ; c'est à la mesure du pas humain, non par la seule étude des documents, que cette vérité prend tout son sens. Qui se douterait, avant d'y être allé, que le château de Vincennes développe une ceinture de murailles à peine moins longue que celle de Carcassonne, que la chapelle du lieu peut aisément rivaliser avec celle de l'île de la Cité, qu'une extraordinaire expérience d'archéologie médiévale a été menée ici, que les intérieurs du palais sont les plus suggestifs de toute l'ère médiévale... ?

Yvelines

Dampierre (pages 274-275)
① 01 30 52 53 24
Aucun château d'Île-de-France ne s'inscrit avec un tel bonheur dans son cadre naturel ; une journée de flânerie autour de l'édifice reste le plus sûr moyen d'en être persuadé.

Houdan (pages 44-45)
① 01 30 59 53 86
Deux éléments ne peuvent manquer de frapper ici : la puissante originalité de l'enveloppe extérieure, colossale démonstration d'un pouvoir inébranlable, et l'ingéniosité des dispositifs de circulation à l'intérieur de ce donjon d'apparence monolithique.

Maisons-Laffitte (pages 260-263)
① *01 39 62 01 49 (château)*
L'intérêt de Maisons est avant tout d'ordre esthétique. L'édifice a été pensé pour être beau. Mais il reçoit le secours inattendu d'une nature qui lui offre le cadre d'une forêt magnifique traversée de larges allées. Dans les sous-sols du château, les anciennes salles des communs accueillent le musée du Cheval de course, qui illustre le monde hippique par des tableaux, des documents, des maquettes...

Saint-Germain-en-Laye (pages 232-235)
① *01 34 51 05 12*
L'ancienne résidence royale abrite le musée des Antiquités nationales... Des étrangers nous l'envient presque autant que les vignobles du Bordelais ! La terrasse du château offre une belle vue sur la Seine.

Versailles / Château et parc (pages 268-273)
① *01 39 24 88 88 (office de tourisme) et 01 30 83 78 00 (château)*
Si la visite du château se paie, l'accès au parc est libre. Toutes les saisons y sont belles, tous les bosquets y cachent des surprises, toutes les essences s'y épanouissent. Il faudra cependant attendre quelques années pour que soient totalement dissipés les effets de la tempête de décembre 1999.

Versailles / Hameau de la Reine (page 293)
Il est bien difficile de comprendre les réticences que suscite parfois la restauration du hameau de la Reine. Il faut avoir vu cet ensemble quasiment ruiné, il y a un quart de siècle, pour saluer le travail des artisans de cette renaissance. Si l'architecture du hameau n'en fait pas un chef-d'œuvre, les aménagements intérieurs (boudoir, cabinet chinois...) s'accordent merveilleusement au concept de chaumière d'opérette.

Versailles / Grand Trianon (pages 276-277)
L'aile en retour, réservée au chef de l'État, ne manque jamais de frapper l'imagination par l'extraordinaire finesse de ses boiseries qui en constituent la plus belle décoration.

Versailles / Petit Trianon (pages 288-289)
Le Petit Trianon s'accommode bien du voisinage de son gigantesque et royal voisin et de la proximité immédiate de l'autre Trianon, le Grand. Ce chef-d'œuvre du classicisme tardif ne se conçoit pas sans son écrin de verdure, d'allées et de fabriques ; seule, la visite *in situ* révèle les limites de sa restitution photographique.

LANGUEDOC -ROUSSILLON

Aude

Arques (pages 126-127)
① *04 68 45 40 55*
L'iconographie rend assez mal compte de la situation très particulière du château d'Arques, bloc fortifié et compact au sein d'une vaste cour très largement ruinée et elle-même sise au cœur d'une nature délicatement paisible.

Carcassonne (pages 108-111)
① *04 68 10 24 30*
Nombre de visiteurs de la cité négligent un détour par le château comtal, se privant ainsi non seulement de la pièce la plus médiévale de l'ensemble, mais aussi d'une correcte intelligence de cet énorme ensemble fortifié dont le château, précisément, reste la clef.

Peyrepertuse (pages 118-119)
① *04 68 45 40 55*
« Tuez-les tous, Dieu reconnaîtra les siens. » Bien que cité de façon erronée et attribué à tort à Simon de Montfort, ce mot qu'aurait prononcé le légat pontifical Arnaud Amaury, le 22 juillet 1209 au siège de Béziers, illustre assez bien la violence fanatique qui anima la répression de l'hérésie cathare. Deux bonnes raisons pour visiter pendant la saison froide ce site perché à 800 mètres d'altitude : une relative solitude, et l'ajout des rigueurs du climat à celles de la topographie ! Une grande leçon de sensations « médiévales » assurée.

Puilaurens (pages 94-95)
① *04 68 20 65 26 (office de tourisme de Lapradelle)*
Grâce au moine cistercien Césaire de Heisterbach, nous connaissons assez bien la chronologie du drame cathare. Vaincus malgré leur héroïque défense et leurs solides forteresses, les parfaits expièrent leur crime sur le bûcher, le dernier d'entre eux étant brûlé à Villerouge, petit village des Corbières, en 1321. Si le château est fermé de novembre à février, il accueille tout de même les visiteurs durant les vacances de Noël et pour la Saint-Nicolas. Il faut en profiter, aucune ambiance ne convenant mieux à ces vestiges que celle de la saison hivernale.

Gard

Aigues-Mortes (page 123)
① *04 66 53 73 00*
Malheureusement soumise aux aléas des chantiers de restauration ou des heures d'ouverture, la promenade des remparts conduit le visiteur à constamment osciller des immensités vagues de la Camargue à la vigoureuse trame monumentale de la cité fortifiée.

Beaucaire (pages 106-107)
① *04 66 59 52 26*
On imaginerait difficilement un site naturel plus propre à l'installation d'une forteresse. Tout y est : le fleuve le plus puissant de France, une arête de roches déchiquetées, le mistral en hiver, la canicule en été, les parfums entêtants de la Provence, les rafales brûlantes venues d'Afrique...

Uzès (pages 66-67)
① *04 66 22 68 88*
À l'écart du château, discrètement abrité par un alisier deux fois séculaire, le pavillon Racine n'est autre que l'une des anciennes tours de la cité d'Uzès. Selon une tradition solidement ancrée, Racine aurait vécu en cet édifice et y aurait conçu quelques-uns de ses ouvrages.

Villeneuve-lès-Avignon (pages 128-129)
① *04 90 25 61 33*
L'une des plus belles forteresses de Provence, offrant le visage d'une citadelle dont l'effet ostentatoire s'explique par les aléas géopolitiques de cette région si longtemps frontalière du royaume de France.

Hérault

Castries (page 45)
① *04 67 91 20 39*
Situé à quelques kilomètres de Lunel, le château de Castries accueille chaque année les Rencontres de musique ancienne, qui se déroulent dans le cadre exceptionnel de la salle des États.

LIMOUSIN

Corrèze

Saint-Geniez-ô-Merle (pages 38-39)
① *04 68 10 24 30 (office de tourisme d'Argentat)*
Situé à la frontière de la Corrèze et du Cantal, le site de Merle est l'un des premiers « lotissements » de notre histoire ! À errer par ces ruines, il devient très vite évident que l'ensemble est conçu comme un agrégat de citadelles individuelles, dont le seul ciment était, occasionnellement, le danger commun.

LORRAINE

Meurthe-et-Moselle

Haroué (page 279)
① *03 83 52 40 12*
L'intérieur de ce beau château classique recèle du mobilier Louis XVIII, l'ensemble des tapisseries de la Malgrange et de superbes chinoiseries décorant la tour d'habitation.

Lunéville (pages 278-279)
① *03 83 76 23 57 (château)*
À l'image de la contrée qui le cerne, l'édifice dégage un parfum mélancolique, encore accentué par les blessures infligées en 2003 par un catastrophique incendie.

MIDI-PYRÉNÉES

Ariège

Foix (page 141)
① *05 61 65 12 12*
Au voyageur que les seuls charmes de l'ère médiévale ne satisferaient plus, le petit musée de Foix présente d'admirables collections préhistoriques, dont les plus belles pièces remontent à l'Âge du bronze.

Lagarde (pages 140-141)
① *05 61 68 83 76 (office de tourisme de Mirepoix)*
Le XIXe siècle iconoclaste, notamment sous la Restauration, nous a privés d'un château aux ambitions architecturales dignes d'un souverain ; mais, pour le visiteur sensible, cette disparition est largement compensée par la beauté des ruines qui nous en sont parvenues.

Montségur (pages 86-89)
① *05 61 01 06 94 (château)*
Est-ce la beauté du cadre naturel qui offre un panorama exceptionnel par temps dégagé ? Le souvenir des martyrs de la croisade des albigeois ? La taille de la citadelle assoupie depuis plusieurs siècles ? Toujours est-il que Montségur propose au visiteur une gamme d'émotions d'une inégalable diversité.

Aveyron

Najac (page 117)
① *05 65 29 72 05*
S'il fallait désigner un château dont la valeur symbolique l'emporterait sur toute autre considération, celui de Najac resterait probablement sans rival, avec ses murailles d'une hauteur saisissante, dressées sur un étroit socle rocheux qui domine le village et la vallée.

Gers

Bassoues (page 152)
① *05 62 70 97 34*
Au cœur de la Gascogne, non loin d'Auch, Bassoues reste un bourg typiquement médiéval, sur la route des bastides, mais le XXe siècle l'a rejoint récemment avec les deux festivals réputés et organisés par ses proches voisins, Mirande (country music) et Marciac (jazz).

Lot

Cahors (page 141)
① *05 65 53 20 65*
Si le complexe castral de Cahors peut dérouter par son éclectisme et sa dispersion, il n'en va pas de même, dans la même cité, du pont Valentré, merveille du génie bâtisseur médiéval dont cette surpuissante réalisation reste l'un des fleurons.

Tarn

Albi (page 115)
① *05 63 49 48 80*
La riche collection du musée Toulouse-Lautrec, qui a trouvé ici un cadre idéal, ne doit pas détourner l'attention du visiteur à son seul profit ; le palais de la Berbie est en soi une merveille dont la découverte prolonge l'émerveillement ressenti généralement quelques minutes plus tôt sous les hautes voûtes de la cathédrale Sainte-Cécile.

Castelnau-de-Lévis (page 119)
① *05 63 49 48 80 (office de tourisme d'Albi)*
On vient ici, tout près d'Albi, pour y admirer la plus extraordinaire guette que nous ait léguée l'âge médiéval, dispositif formé d'une tour semi-circulaire du XIIIe siècle, flanquée d'une tourelle carrée du XIVe siècle à l'intérieur de laquelle l'escalier en vis mène à la terrasse sommitale. Un défi au bon sens... et au vertige !

Pyrénées-Orientales

Salses (page 185)
① *04 68 38 60 13*
Significativement, le site de *Salsulæ fons* — source salée, chez les Romains — a été récemment (1986) rebaptisé Salses-le-Château, signe de l'importance croissante du mythe castral, lors même que la citadelle ne fut jamais un véritable château, mais seulement un fort défensif.

NORD -PAS-DE-CALAIS

Pas-de-Calais

Boulogne-sur-Mer (pages 100-101)
① *03 21 10 88 10*
Le vieux château abrite les superbes collections d'un musée particulièrement éclectique : antiquités égyptiennes, vases

grecs, céramique étrusque, pièces gallo-romaines, mérovingiennes, renaissantes, faïences et porcelaines... mais aussi une section des arts et traditions populaires des peuples nordiques de l'Alaska et un fonds précolombien !

NORMANDIE (BASSE-)

Calvados

Bénouville (pages 290-291)

① *02 31 27 14 14 (office de tourisme de Caen)*
Sous l'égide du conseil général du Calvados, le château propose régulièrement de superbes expositions, dont la variété même met en lumière la souplesse des espaces intérieurs.

Falaise (pages 46-47)

① *02 31 90 17 26*
L'immense complexe de Falaise a peu d'équivalents en Europe. Là encore, l'agencement anglo-normand a subi si fortement les effets de la réforme instituée par Philippe Auguste que la forteresse lui doit son plus singulier attrait.

Saint-Germain-de-Livet (page 224)

① *02 31 31 00 03 (château)*
Créé en 1978, le musée du château de Saint-Germain-de-Livet, annexe du musée d'Art et d'Histoire de Lisieux, présente de nombreux objets décoratifs et artistiques, notamment du mobilier des XVIIe et XIXe siècles, des pièces de céramique et de verre, un ensemble unique de Léon Riesener...

Orne

Domfront (page 49)

① *02 33 38 53 97*
L'apparente décrépitude de ce lourd pentagone aux angles renforcés de blocs carrés ne fait qu'en souligner la vigueur, comme un défi au malheur du temps qui passe.

NORMANDIE (HAUTE)

Eure

Château-Gaillard (pages 76-79)

① *02 32 54 41 93 (office de tourisme des Andelys)*
Au pied de la forteresse de Richard Cœur de Lion, on distingue la silhouette des deux églises des Andelys, Saint-Sauveur et Notre-Dame. De récents travaux de restauration ont donné au monumental ensemble castral une curieuse pâleur qui peut choquer au premier regard.

Gaillon (pages 206-207)

① *02 32 54 41 93 (office de tourisme des Andelys)*
Ne pas manquer le pavillon d'entrée, accès principal au château et vestige du château médiéval placé sur l'éperon rocheux dominant la vallée de Seine ; ses colonnes, ses chapiteaux et ses frontons à coquilles marquent nettement la rupture avec le vocabulaire décoratif médiéval.

Gisors (pages 40-41)

① *02 32 55 59 36 (château)*
Peut-être ce château constitue-t-il la frontière la plus étroite entre les génies respectivement français et anglais de la citadelle, la marque de Richard Cœur de Lion n'y cédant en rien à celle de Philippe Auguste. En quittant le château fort, l'occasion est de découvrir l'une des plus remarquables églises de Normandie, Saint-Gervais-Saint-Protais, en retrait de la rue de Vienne, artère principale de la ville. Toits d'ardoise en décrochements sur le chevet, grand portail Renaissance, Vierge à l'Enfant du portail sud, gargouilles gothiques, clefs pendantes et vitraux chatoyants... tout ici concourt à surprendre.

PAYS DE LA LOIRE

Loire-Atlantique

Clisson (pages 172-173)

① *02 40 54 02 95*
À quelques encablures du château féodal, la Garenne Lemot traduit, au début du XIXe siècle, la persistance du rêve italien : la villa Lemot (1824) qui domine la Sèvre, la maison du Jardinier (1811), l'ancienne maison du Portier (1817), le parc, les fabriques (temple de Vesta, temple de l'Amitié), tout ici chante la nostalgie ultramontaine.

Nantes (pages 174-175)

① *02 40 20 60 00*
À Nantes, le palais ducal et la tour de la Couronne d'or sont dus à Mathelin Rodier, architecte de la cathédrale gothique toute proche qui, bombardée en 1944 et incendiée en 1972, a été depuis magistralement restaurée.

Maine-et-Loire

Angers (pages 112-115)

① *02 41 87 43 47 (château)*
Le château d'Angers abrite l'une des plus belles pièces textiles du monde, la célèbre tenture de *l'Apocalypse* due à Hennequin de Bruges, fruit du génie médiéval à son crépuscule, immense ensemble démembré durant des siècles, mais bénéficiant aujourd'hui d'une admirable et somptueuse présentation.

Brissac (page 253)

① *02 41 91 22 21 (château)*
De tous les charmants espaces intérieurs, aucun ne peut rivaliser avec le petit théâtre Belle Époque, salle lyrique offrant tout de même 200 places et due à la mélomanie d'une ancienne propriétaire des lieux, Jeanne Say.

Doué-la-Fontaine (pages 23-24)

① *02 41 59 20 49*
À proximité des vestiges carolingiens, la carrière à piliers tournés fournit très anciennement de nombreux sarcophages mérovingiens. Durant les invasions normandes, ses galeries abritèrent la population locale ; le site a connu une occupation humaine jusqu'au XIXe siècle.

Montreuil-Bellay (pages 196-197)

① *02 41 52 33 06 (château)*
On y découvrira les signes de la grande mutation qui conduit l'homme médiéval à s'entourer d'un cadre ne renvoyant plus qu'à sa condition terrestre. Une condition à laquelle il s'efforcera désormais de donner tous les agréments de son industrie et de son ingéniosité décorative !
Pour prendre conscience de la césure entre la rudesse des fortifications extérieures et le luxe des aménagements intérieurs, rien ne remplace une longue déambulation sur le chemin de ronde aussitôt suivie de la visite des chambres et salons somptueusement meublés.

Plessis-Bourré (le) (pages 198-199)

① *02 41 32 06 01 (château)*
C'est surtout pour sa décoration intérieure que l'on visite le château du Plessis-Bourré. Le raffinement exceptionnel de cette décoration renvoie à ce que le génie français peut produire de meilleur en la matière.
La parfaite conservation de l'édifice lui a valu de servir de cadre à nombre de films, dont *Peau d'Âne*, *le Bossu*, *Fanfan la Tulipe*...

Saumur (pages 150-151)

① *02 41 40 20 60*
Le château de Saumur abrite le musée du Cheval qui retrace l'histoire de l'équitation de l'Antiquité à nos jours. Car Saumur qui, capitale du cheval, reçoit de multiples concours internationaux (attelage ou dressage), propose des collections uniques au monde, notamment en ce qui concerne les techniques d'harnachement.

PICARDIE

Aisne

Coucy (pages 102-105)

① *03 23 52 71 28 (château)*
En dépit de ses irréversibles blessures, le château de Coucy reste une étape obligée pour tout amateur d'architecture castrale ; car tous ses reliefs, même les plus mutilés, portent la trace d'une extraordinaire volonté de puissance et d'innovation, au service d'un idéal aristocratique qui ne craignit pas de défier l'arbitraire monarchique.

Fère-en-Tardenois (pages 92-93)

① *03 23 82 31 57*
Fère n'est pas photogénique. C'est sur place que l'on mesure la réelle ampleur de cette puissante forteresse et, surtout, de son impressionnant pont à deux galeries lancé sur le fossé, préfiguration presque directe de Chenonceau.

Ferté-Milon (La) (page 161)

① *03 23 96 77 42*
Ce château, dont la façade dépasse une largeur de 100 mètres, eut pour ambition d'illustrer la libéralité et la puissance du prince Louis d'Orléans ; il n'en rappelle aujourd'hui que la triste précarité, la mort du commanditaire, en 1407, ayant clos à jamais le chantier.

Septmonts (page 151)

① *03 23 53 17 37 (office de tourisme de Soissons)*
« Poète, romancier, dramaturge, il n'avait que trente-trois ans, était déjà célèbre et amoureux ; voyageant avec Juliette Drouet et souhaitant acquérir le château de Septmonts, il n'y laissa finalement qu'une une inscription gravée dans la pierre » (Victor Hugo, *Juliette*, 29 juillet 1835).

Oise

Chantilly (pages 222-223)

① *03 44 67 37 37*
Le musée Condé de Chantilly, l'un des plus riches d'Europe, bénéficie d'une présentation en rupture avec tous les préceptes contemporains de la conservation ; ce qui explique peut-être le charme que lui découvrent tous les visiteurs !

Compiègne (pages 280-283)

① *03 44 40 01 00*
Résidence royale et impériale, Compiègne, célèbre pour son hôtel de ville, possède bien d'autres constructions prestigieuses, à l'exemple de son château. On en admirera surtout l'immense façade classique, côté parc. Les musées du château (de la Voiture, du Second Empire) comptent parmi les tout premiers du monde dans leurs catégories respectives.

Pierrefonds (pages 162-163)

① *03 44 42 81 44*
Quel que soit l'avis porté sur la pertinence de la restauration opérée par Eugène Viollet-le-Duc, deux observations s'imposent : d'abord, c'est ici que des milliers de visiteurs ont senti naître leur amour pour les châteaux médiévaux ; ensuite, la réussite pédagogique de la présentation de l'édifice est indéniable.

Senlis (page 44)

① *03 44 53 06 40*
En dépit de ses parties ruinées, cet étrange palais royal surprend par la force de ses préoccupations ornementales, en un temps où il nous semble parfois que l'homme ne pensait qu'à sa propre extermination !
Si la cathédrale de Senlis illustre en soi une longue plongée à travers les siècles, le visiteur peut l'approfondir en se rendant au proche amphithéâtre gallo-romain.
Au détour d'une allée bordée de jardins ouvriers, il découvrira cette étonnante ellipse longue de quelque 41,5 mètres, chef-d'œuvre de son genre au nord de la Loire.

Somme

Bagatelle / Abbeville (page 287)

① *03 22 24 02 69 (château)*
En dépit de son caractère de miniature, le château de Bagatelle d'Abbeville surprend toujours par l'ingéniosité de son agencement intérieur et par la richesse raffinée de sa décoration. Le château est à l'écart d'une ville qui compte quelques pures merveilles, à commencer par la façade flamboyante de Saint-Vulfran qui semble moins ressortir à l'architecture qu'à la sculpture monumentale... mais aussi le beffroi du XIIIe siècle, l'Argenterie du XVe et, bien sûr, la manufacture royale des Rames des Van Robais.

Rambures (page 165)

① *03 22 25 10 93*
Associant étroitement les enseignants aux animateurs, les journées pédagogiques de découverte du château constituent un modèle de démonstration, par la qualité et l'éclectisme de l'information fournie aux élèves.

POITOU -CHARENTES

Deux-Sèvres

Bressuire (page 89)
① 05 49 65 10 27
Si le style « Plantagenêt » déroute quelque peu l'amateur d'art qui en distingue difficilement les caractères, le château de Bressuire constitue en soi une démonstration aussi claire que convaincante de ses principes monumentaux.

Coudray-Salbart (le) / Échiré (p 80-81)
① 05 49 25 71 07 *(château)*
Géré par l'association des Amis de Salbart, le château est devenu un foyer de diffusion de la culture historique, plus particulièrement médiévale, grâce à bon nombre de chantiers de bénévoles. La création picturale y trouve aussi sa place au hasard de journées organisées dans le périmètre du château et en bord de Sèvre.

Niort (pages 64-65)
① 05 49 24 18 79
Peut-être le donjon de Niort est-il l'édifice qui donne au visiteur contemporain la plus exacte mesure de tout ce qui le sépare de l'homme médiéval ; d'une sévérité presque sauvage, il transmet la mémoire d'un temps régi par d'autres valeurs que celles de l'humanisme.

Oiron (page 211)
① 05 49 96 51 26 *(mairie)*
La galerie d'art contemporain d'Oiron est la lointaine héritière du cabinet de curiosités dont la pièce maîtresse, à l'aube des Temps modernes, ne fut autre... qu'une introuvable corne de licorne !

Parthenay (pages 82-83)
① 05 49 64 24 24
Autour du château, le quartier médiéval a été parfaitement remis en valeur ; mais le visiteur en goûtera encore mieux les charmes après une promenade dans la campagne environnante, toute de sentiers, de forêts, d'étangs, de vallons et de ruisseaux discrets.

Vienne

Poitiers (page 75)
① 05 49 41 21 24
Sans atteindre la hauteur des cathédrales qui lui sont contemporaines, la grande salle du château de Poitiers, reprise à la fin du XIVe siècle par le duc de Berry, surprend par la monumentalité de son espace, surtout le matin, lorsque la lumière y entre encore de façon discrète.

PROVENCE -ALPES -CÔTE-D'AZUR

Alpes-de-Haute-Provence

Château-Arnoux (page 199)
① 04 92 61 36 50 *(office de tourisme de Sisteron)*
Bâtiment public, donc d'un accès aisé, le château n'exige pas une longue visite, mais il faut veiller à ne manquer aucun des seize écoinçons ornant l'escalier à vis de la tour hexagonale.

Sisteron (page 244)
① 04 92 61 06 00 *(citadelle)*
Située à environ 40 kilomètres de Manosque, la citadelle de Sisteron couronne le formidable étranglement de la Durance au niveau du rocher de la Sainte-Baume. Sisteron ne semble constituée que de ruelles, d'escaliers et d'andrônes (passages voûtés souvent chantés par Paul Arène), à l'exception de sa magnifique et originale cathédrale, Notre-Dame des Pommiers. Chaque été se tiennent à Sisteron les « Nuits de la citadelle », qui offrent au spectateur des vues saisissantes sur l'immense ensemble fortifié.

Hautes-Alpes

Bruis (page 275)
① 04 92 66 04 39
Sur la colline, à mi-chemin entre le château et la tour, les ruines du très ancien village finissent de disparaître sous leur linceul de végétation sauvage : un joli but de promenade... et l'occasion de méditer sur le passage des siècles.

Bouches-du-Rhône

Tarascon (pages 164-165)
① 04 90 91 03 52
Le plus bel ornement du château est la tenture de la Geste de Scipion, suite de tapisseries flamandes du XVIIe siècle réalisées d'après les cartons du peintre Gulio Romano (1499-1546) ; l'occasion de rappeler que la tapisserie renaissante retrouve rarement la grandeur de son aînée gothique.

Barbentane (page 266)
① 04 32 74 32 74 *(office de tourisme d'Avignon)*
Pour compléter la découverte de cette belle demeure seigneuriale, on peut aller contempler, à quelques kilomètres, sur un éperon rocheux de la Montagnette, les belles ruines du château de Boulbon qui transmettent la mémoire d'un ancien édifice (XIIe siècle).

Vaucluse

Avignon / palais des Papes (pages 142-143)
① 04 32 74 32 74 *(office de tourisme)*
ou 04 90 27 50 74 (palais)
Ayant perdu sa fonction pontificale, l'édifice est devenu un formidable conservatoire des arts du XIVe siècle (et des suivants !). La visite du palais dans l'après-midi, un spectacle d'avant-garde le soir (de préférence *off*) : contraste garanti et stimulante expérience sur la pérennité des exigences de la création en marge de toute préoccupation formelle ou chronologique.

Gordes (page 231)
① 04 90 72 02 75
Son église, son château face aux collines du Luberon, ses ruelles, ses hauts murs de pierres plates, les bories (petites maisons circulaires en pierre) sur le plateau du Vaucluse et la sublime abbaye de Sénanque... Gordes est assurément un site privilégié !

Ansouis (page 255)
① 04 90 09 82 70 *(château)*
Le village médiéval d'Ansouis a conservé, dans les ruelles partant de sa grand-place, de nombreuses maisons des XVe et XVIIe siècles, ainsi que son église Saint-Martin ; le tout sur fond de montagne Sainte-Victoire !

RHÔNE-ALPES

Ardèche

Cruas (page 131)
① 04 75 49 59 20 *(office de tourisme de Valence)*
Dominant la splendide vallée du Rhône, défiant le développement urbain de la cité voisine de Valence, le château de Cruas vaut autant par la pureté de ses masses pétrifiées que par son sublime environnement.

La Voulte (page 235)
① 04 75 44 90 40 *(office de tourisme de Valence)*
Pour discret que paraisse le petit château de La Voulte, il offre, au sud de Valence, des vues inoubliables sur la vallée du Rhône dont il fut si longtemps l'une des premières pièces défensives.

Drôme

Crest (pages 166-167)
① 04 75 25 11 38
Le grand édifice se voit de très loin et offre en retour, de sa terrasse sommitale, une vision vertigineuse sur la vallée de la Drôme dont il a longtemps constitué la clef stratégique.

Grignan (pages 240-241)
① 04 75 91 83 50
Ici vint vivre, loin de sa mère, Madame de Sévigné junior, devenue Grignan. « Elle a tant de charme et de grâce ; mais quand on a beaucoup lu, il ne reste rien. Ce sont des œufs à la neige, dont on peut se rassasier sans charger son estomac. » (Napoléon au sujet de Madame de Sévigné ; à faire gémir tous les fantômes du château !).

Hauterives / Palais idéal du facteur Cheval (pages 300-301)
① 04 75 68 81 19
Du Palais idéal, tout est désormais connu, archivé, commenté. Aussi le visiteur en quête de sensations originales a-t-il tout intérêt à diriger ses pas vers le cimetière, pour y méditer devant le tombeau de l'illustre facteur. Mieux encore : tous les guides locaux donnant l'itinéraire de sa tournée quotidienne (30 kilomètres !), les courageux s'assureront six à sept heures de grand rêve solitaire sur les traces lumineuses de notre héros !
« Le mot impossible n'existe plus / Le facteur l'a aussi vaincu / En créant ce rocher j'ai voulu prouver / Ce que peut la volonté » (Ferdinand Cheval, 1911).

Isère

Vizille (pages 252-253)
① 04 76 68 15 16
Le château lui-même, le musée de la Révolution et ses collections méritent le voyage ; on n'en négligera pas pour autant le superbe parc.

Savoie

Chambéry (page 125)
① 04 79 33 42 47
En marge des fortifications proprement dites, la sainte chapelle du château de Chambéry est justement réputée depuis plusieurs siècles pour ses vitraux, actuellement restaurés.
La fontaine des Éléphants fait figure d'emblème de la cité mais, pour se pénétrer de la beauté de cette dernière, le voyageur remontera la rue de la Croix-d'Or aux belles façades et parcourra les « allées couvertes » maillant le centre ou flânera sur la place Saint-Léger bordée de porphyre rose.

Belgique, Luxembourg et Suisse

BELGIQUE

Aigremont (page 283)
① 32 (0) 43 36 16 87
Du château médiéval d'Aigremont (XIVe siècle), il ne reste qu'un fragment de mur qui formait la base de l'ancien donjon circulaire à l'angle sud-ouest de l'édifice et la trace des anciens fossés, ainsi que deux canaux souterrains à l'origine de plusieurs légendes locales.

Annevoie-Rouillon (page 258)
① 082/45 44 60
Autour du château, difficile à visiter, les jardins du XVIIIe siècle marient avec un rare bonheur la rigueur française à la fantaisie italienne.

Attre (page 285)
① 068/45 44 60
Peu de demeures aristocratiques ont si parfaitement conservé leur décoration intérieure, leurs peintures murales et l'ensemble de leur mobilier ; une vraie leçon d'histoire.

Beersel (pages 184-185)
① 32 (0) 23 82 08 32
La découverte de la salle de Justice, de ses chaînes et de ses instruments de torture (dont le sinistre chevalet sur lequel on brisait bras et jambes) ne manquera pas de faire réfléchir tous ceux qui dénoncent un peu légèrement la « barbarie sans égale » de notre temps !

Bouillon (page 30)
① 32 (0) 61 466 257
Ici, au cœur du plus ancien vestige de l'âge féodal en Belgique, on découvre tout à la fois le souvenir, immortalisé par Godefroi, de l'épopée des croisades (restituée grâce aux technologies mises en œuvre dans l'archéoscope et pensée aussi du point de vue musulman !), mais aussi les merveilles du musée ducal, et les ingénieuses combinaisons de la fauconnerie, singulier facteur d'exotisme.

Gand (page 71)
① 32 (0) 9 225 93 06
Seuls les visiteurs ayant fait le choix de la patience peuvent savoir à quel point cet édifice ne cesse de changer d'apparence en fonction de la lumière, de l'aube au crépuscule. Quel malheur que Monet n'ait jamais planté ici son chevalet !

La Roche-en-Ardenne (page 39)
① 084/41 13 42
Sur son roc qui domine la cité et la vallée de l'Ourthe, le château, illuminé à l'occasion de nombreuses manifestations, est l'objet d'une campagne archéologique qui procède par restauration et par réhabilitation de ses différentes parties, d'où l'intérêt toujours accru de ses vestiges.

Modave (page 266)
① 32 (0) 85 41 13 69
La tour au-dessus de laquelle l'eau était montée par la célèbre machine hydraulique locale existe encore dans le parc ; l'occasion de rendre hommage au charpentier Rennequin Sualem qui fut son concepteur.

Reinhardstein (page 163)
① 080/44 68 68
Parce que sa restitution a été intégralement fondée sur l'étude de documents d'archives, le château de Reinhardstein se présente comme un atelier majeur de l'archéologie médiévale ; il abrite par ailleurs une riche collection d'objets illustrant la civilisation des derniers siècles médiévaux.

LUXEMBOURG

Bourscheid (page 30)
① 00352 99 05 70
À Bourscheid, le visiteur devrait partir des rives toutes proches de l'Our, mettant ainsi ses pas dans ceux de Victor Hugo, frappé par cet édifice qui « va du onzième au quinzième siècle », et dont l'âge romantique redécouvrait le charme profond, y découvrant le singulier « bonheur d'être triste ».

Vianden (page 41)
① 00352 84 92 91
Tout semble avoir été dit sur cet édifice enchanteur et ses ruines suggestives. Mais l'amateur de sensations nouvelles goûtera l'atmosphère des concerts qui, sous les voûtes de la grande cave, le transporteront hors du temps, l'espace d'une soirée.

SUISSE

Aigle (page 183)
① 41 (0) 24 466 21 30
Fondé par la confrérie du Guillon en 1971, le musée de la Vigne et du Vin n'use pas moins de dix-sept salles pour présenter les outils (pressoirs, alambics, bouteilles, verres, etc.) illustrant l'histoire locale de la vigne et du vin ; une belle transmission de la mémoire populaire.

Bellinzona (page 116)
① 41 (0) 91 825 21 31
Il ne faut pas songer à épuiser le patrimoine de Bellinzona en une seule visite. Dans ce cadre puissamment suggestif de la haute vallée de la citadelle, les tours et les murailles semblent répondre aux sommets imposants des montages environnantes.

Chenaux (page 93)
① 41 (0) 26 350 11 11
Une fois encore, un château médiéval fait la démonstration de son étonnante aptitude à abriter, dans sa cour comme en son intérieur, les manifestations culturelles les plus diverses : restitutions d'épisodes de la vie médiévale, animations musicales et théâtrales, contes, visites, banquets...

Chillon (page 120)
① 41 (0) 21 966 89 10
Le cachot de Bonnivard selon Daudet : « Quelques marches branlantes, un corridor moisi, sentant la cave, une porte épaisse comme un mur, avec des gonds énormes, un vaste souterrain voûté, au sol battu, aux lourds piliers romains où restent scellés des anneaux de fer enchaînant jadis les prisonniers d'État. Un demi-jour tombait avec le tremblotement, le miroitement du lac à travers d'étroites meurtrières qui ne laissaient voir qu'un peu de ciel. » (*Tartarin sur les Alpes*).

Coppet (page 289)
① 41 (0) 22 776 10 28
Un passage obligé ? Celui par la chambre de madame de Staël, avec son magnifique lit du XVIIIe siècle, couvert de soierie de Lyon et orné d'amours, de colombes, de flambeaux et d'étoiles...

La Sarraz (page 45)
① 41 (0) 21 866 64 23
Le château ne vaut pas par sa seule architecture, mais aussi par sa collection de meubles et de tableaux et par son musée du Cheval, installé dans une grange du XVIIIe siècle.

Lenzburg (page 63)
① 41 (0) 62 888 48 80
Comme nombre d'édifices castraux de Suisse, le château de Lenzburg a désormais pour principale fonction la conservation des collections historiques du canton, dont la richesse n'a d'égale que l'ingéniosité de sa présentation.

Schaffhouse (page 227)
① 41 (0) 52 632 40 20
Ouvrant d'admirables panoramas sur la cité voisine, le château vaut aussi par ses aménagements intérieurs, à commencer par le grand escalier à la cage vertigineuse et la grande salle magnifiquement voûtée.

Tarasp (page 43)
① 41 (0) 81 864 93 68
Dans son superbe cadre naturel, le château de Tarasp apparaît de loin au voyageur et son souvenir hante longuement la mémoire de ceux qui l'ont approché.

Thoune (ou Thun) (page 53)
① 41 (0) 33 225 88 11
La tour maîtresse abrite un musée historique qui rappelle à quel point cette région actuelle de la Suisse a été l'objet de nombreuses convoitises, du fait de sa situation stratégique et de sa prospérité.

Tourbillon (page 129)
① 41 (0) 27 327 77 27
La région cernant le château de Tourbillon est l'une des plus belles d'Europe ; à la parcourir, le voyageur s'émerveille, d'une part de ne jamais perdre de vue le grand édifice protecteur, d'autre part de le découvrir sous des visages étonnamment changeants, au gré de son errance.

Bibliographie

Les ouvrages sélectionnés dans cette bibliographie sont présentés dans leur relation aux chapitres et dans l'ordre selon lequel les édifices sont étudiés à l'intérieur de chaque chapitre.

Les chiffres qui suivent le pictogramme « livre ouvert » renvoient aux pages concernées.

Quelques ouvrages généraux sont également cités en fin de sélection.

Préhistoire, Antiquité, haut Moyen Âge

20, 21

P. R. Giot, J. L'Helgouac'h, J.-L. Monnier, *Préhistoire de la Bretagne*, Rennes, Ouest-France Université, 1979.

« L'Art des mégalithes peints et gravés », *les Dossiers d'archéologie*, n° 230, Dijon, février 1998.

De la place forte au château roman

30, 31

Léon Thomas, *le Siège du château de Bouillon de 1141*, s.l., s. éd., 1996.

« Cahiers de Bourscheid », Les Amis du Château de Bourscheid, A.S.B.L. Luxembourg.

32, 33

Ulysse Jollet, *Loches en Touraine*, Saint-Cyr-sur-Loire, Sutton, 2002.

36, 37

Jacques Duguet, *Petite histoire de Chauvigny*, Geste, La Crêche, 2004.

40, 41

J.-L. Magnier, *Gisors, le château médiéval*, Luneray, Bertout, 1999.

42, 43

Monique Fuchs, *le Château du Haut-Kœnigsbourg*, Paris, Monum, 2001.

Châteaux-forts d'Europe (revue trimestrielle) dont le n° 1 (mars 1997) est consacré au château du Haut-Kœnigsbourg.

44, 45

Thérèse-Paule Martin, *le Vieux Château de Senlis*, Senlis, Th.-P. Martin, 1971.

46, 47

Paul German, *Histoire de Falaise*, Colombelles, Corlet, 1994.

Charles Higounet (dir.), *Étampes*, Paris, CNRS, 1990.

48, 49

P. L. Rifaux, *Provins médiéval*, Provins, Lézarde, 1996.

Michel Bur, *la Formation du comté de Champagne (v. 950-1050)*, Nancy, P.U.N., 1977.

Alain Landurant, *Domfront et le Passais*, Saint-Cyr-sur-Loire, Sutton, 1998.

50, 51

Guy Trendel, *les Châteaux des Vosges*, Sarreguemines, Pierron, 2002.

52, 53

Édouard Frain, *Histoire de Vitré*, Paris, Res Universaris, 1992.

L'époque des grands rois médiévaux

64, 65

Valérie Trouvé, *Niort*, Paris, Éditions du CNRS, 1999.

66, 67

Marie-Lise Laporte, Jacques Roux, *Uzès*, Saint-Rémy-de-Provence, Équinoxe, 1992.

Geneviève Daufresne *et al.*, *le Château de La Roche-Guyon*, Rennes, Ouest-France, 1998.

68 à 71

Charles Higounet (sous la dir. de), *Fougères*, Paris, Éditions du CNRS, 1987.

Jehan Decavele (sous la dir. de), *Gand, 1000 ans d'art et d'histoire*, Paris, Albin Michel, 1989.

72 à 75

Michel Fleury, Venceslas Kruta, *le Château du Louvre*, Paris, Atlas, 1989.

76 à 79

Collectif, *Château-Gaillard : études de castellologie médiévale*, Caen, CRAHM, 1994.

Serge Sochon, *Château-Gaillard*, Condé-sur-Noireau, Corlet, 1985.

80, 81

Dominique Audrerie, *Visiter le château de Bourdeilles*, Bordeaux, Sud-Ouest, 1998.

82, 83

Laurent Fleuret, *Parthenay*, La Crêche, Geste, 2004.

Maria Cavaillès, *le Château de Parthenay*, Congrès Archéologique de France, 2001.

Romain Guignard, *Personnages et monuments d'Issoudun*, Issoudun, Librairie Arts et Loisirs, 1999.

84, 85

Pierre Trendel, *les Châteaux de Ribeauvillé et Riquewihr*, Sarreguemines, Pierron, 2001.

86 à 89

Georges Serrus, Michel Roquebert, *Châteaux cathares*, Balma, Loubatières, 1986.

90, 91

André Boucher, *Chinon, le château et la ville*, Paris, Nouvelles Éditions latines, 1972.

92, 93

Étienne Moreau-Nélaton, *Histoire de Fère-en-Tardenois*, Paris, Le Livre d'Histoire - Lorisse, 2000 [1911].

94, 95

Lucien Bayrou, *le Château de Puilaurens*, Carcassonne, Centre d'archéologie médiévale du Languedoc, 1981.

96, 97

Élisabeth Chalmin-Sirot, *le Château d'Annecy*, Lyon, Presses universitaires de Lyon, 1990.

98, 99

Thierry Ribaldone, *Dourdan*, Paris, Nouvelles éditions latines, 1984.

100, 101

Collectif, *Boulogne-sur-Mer, le château et la haute ville*, Lille, Association Christophe Dieudonné, 1993.

Jean-Pierre Bouchard, Annick Larivière, *Saint-Émilion*, Rennes, Ouest-France, 1989.

102 à 105

Christian Corvisier, *Coucy-le-Châtel, images et mémoires*, Laon, Fédération des sociétés d'histoire et d'archéologie de l'Aisne, 1999.

106, 107

Le Siège de Beaucaire (traduction Claude Fauriel), Beaucaire, Société d'histoire et d'archéologie de Beaucaire, 1997.

108 à 111

Jean-Pierre Panouillé, *Carcassonne*, Paris, CNRS, 1992.

112 à 115

Jean Mesqui, *le Château d'Angers*, Paris, Monum, éditions du Patrimoine, 2001.

Corinne Albaut, *le Château d'Angers*, Paris, Monum, éditions du Patrimoine, 2004.

Didier Poux, *Albi, ville d'art*, Albi, Apa-Poux, 1992.

116, 117

Werner Mayer, *les châteaux de Bellinzona*, Berne, SHAS, 1995.

118, 119

Madeleine Burjade, *le Château de Peyrepertuse*, Carcassonne, Centre d'archéologie médiévale du Languedoc, 1981.

120, 121

Edmond Pidoux, Oswald Ruppen, *le Château de Chillon*, Neuchâtel, Griffon, 1975.

Francine Bonardot, *Montbard et le Montbardois*, Précy-sous-Thil, L'Armançon, 1997.

122, 123

Collectif, *la Forteresse de Blanquefort*, Médoc, Cahiers méduliens, décembre 1980.

Michel Édouard Bellet, *la Cité d'Aigues-Mortes*, Paris, Monum, éditions du Patrimoine, 2001.

📖 **124, 125**

Abbé Jean-Henri Clément, *Bourbon-l'Archambault et ses environs*, Paris, Res Universis 1992 (réédition).

Michèle Brocard et Élisabeth Sirot, *Châteaux et maisons fortes savoyards*, Roanne, Horvath, 1986.

📖 **126, 127**

Véronique Crapella, *Des cathares à Arques*, Nîmes, Lacour-Ollé, 1999.

Léo Drouyn, *Villandraut, histoire militaire*, Pau, Princi Néguer, 2001.

📖 **128, 129**

Bernard Sournia, Louis Vayssettes, *Villeneuve-lès-Avignon*, Paris, Monum, 2001.

📖 **130, 131**

Léo Drouyn, *le Château de Roquetaillade*, Camiac, CLEM, 2000.

Tardieu (et al.), *Cruas, une abbaye bénédictine en Vivarais*, Lavilledieu, Candide, 1985.

Autour de la guerre de Cent Ans

📖 **140, 141**

Joseph Poux, *les Châteaux de Léran et de Lagarde*, Nîmes, Lacour-Ollé, 1997.

Henri Castillon, *Histoire du comté de Foix*, Nîmes, Lacour-Ollé, 2002.

Maurice Scelles, *Cahors médiéval*, Paris, Monum, 1999.

📖 **142, 143**

Dominique Vingtain, *Avignon, le Palais des Papes*, Paris, Zodiaque, 1998.

📖 **144 à 149**

« Vincennes », *Dossiers d'archéologie* n° 289, Dijon, décembre 2003-janvier 2004.

📖 **150, 151**

Sylvie Chevalier, *Saumur*, Rennes, Ouest-France, 1982.

📖 **154, 155**

Collectif, *Blandy-les-Tours*, Quincy-Voisins, Flohic, 1996.

📖 **156, 157**

Stéphane Gesret, *les Remparts de Dinan*, Guingamp, La Plomée, 1998.

Annick Du Halgouet, Philippe Auserve, *Murol, son château, ses environs*, Clermont-Ferrand, Bussac, 1970.

📖 **158, 159**

Florence André, *le Château de Suscinio*, Rennes, Ouest-France, 2004.

📖 **160, 161**

Marie-Madeleine Martin, *Histoire inédite du château de Sully-sur-Loire*, Paris, Picard, 1973.

📖 **162, 163**

Robert Dulau, *le Château de Pierrefonds*, Paris, Monum, 1999.

📖 **164, 165**

Sylvia Pressouyre, *le Château de Tarascon*, Paris, CNMHS, 1982.

Philippe Seydoux, *le Château de Rambures et la guerre au XVe siècle en Picardie*, Paris, La Morande, 1974.

📖 **168, 169**

Jean Favier, *l'Hôtel Jacques-Cœur à Bourges*, Paris, CNMHS, Picard, 1992.

Henry de Bussac, *le Château d'Anjony*, Clermont-Ferrand, Bussac, 1977.

📖 **170, 171**

Monique Chatenet, *le Château de Châteaudun*, Paris, Monum, éditions du Patrimoine, 1999.

Jean Peter, *Vauban et Brest*, Paris, Economica, 1998.

📖 **172, 173**

Paul de Berthou, *Clisson et ses monuments*, Autremencourt, Le Livre d'histoire, 1999.

Yvonne Lanhers, *Archives du château de Saint-Fargeau*, Paris, Archives nationales, 1981.

📖 **174, 175**

Collectif, *Nantes, le château des ducs de Bretagne*, Nantes, Coiffard, 2001.

📖 **176, 177**

Germain Loisel *et al.*, *le Château de Chaumont*, Paris, Monum, 2003.

📖 **178 à 181**

Paul Jacques Levêque, *le Château d'Ussé*, Chambray-lès-Tours, CLD, 1981.

📖 **182, 183**

Philippe Lauzun, *le Château de Bonaguil en Agenais : description et histoire*, Nîmes, Lacour-Ollé, 2002.

📖 **184, 185**

Lucien Bayrou, *la Forteresse de Salses*, Paris, Monum, 1998.

📖 **186, 187**

Antoinette de Rohan, *Château de Josselin*, Rennes, Ouest-France, 2002.

Anne-Marie Cocula, *Visiter le château de Biron*, Bordeaux, Sud-Ouest, 1999.

Renaissance française

📖 **196, 197**

Chantal Thuy, *Montreuil-Bellay*, Rennes, Ouest-France, 1995.

Jean Ferragut, *Châteaux du Cher*, Paris, Nouvelles Éditions latines, 1972.

Le Château de Meillant, Combier, Saint-Martin-Belle-Roche, 1996.

📖 **200, 201**

Jean-Pierre Babelon, *le Château d'Amboise*, Arles, Actes Sud, 2004.

📖 **202 à 205**

Thierry Crépin-Leblon, *le Château de Blois*, Paris, Monum, éditions du Patrimoine, 2002.

Geneviève de Noailles, *le Château de Maintenon*, Paris, Delmas, 1983.

📖 **206, 207**

Jean Mineray, *Gaillon : un château, des villages, des histoires*, Dieppe, Bertout, 1984.

Jacques Houlet, *le Château de Talcy*, Paris, Monum, éditions du Patrimoine, 1967.

📖 **208 à 211**

Jean-Pierre Babelon, *Chenonceau*, Paris, Adam Biro, 2002.

Magali Béline, *le Château d'Oiron*, Paris, Monum, éditions du Patrimoine, 2000.

Jean Guillaume, « le Château de Valençay », dans *Congrès archéologique de France*, 1984 (parution 1987), p. 363-374.

📖 **212, 213**

Corinne Albaut, *le Château d'Azay-le-Rideau*, Paris, Monum, éditions du Patrimoine, 2004.

📖 **214 à 217**

Christian Trézin, *Château de Chambord*, Paris, Monum, éditions du Patrimoine, 1999.

Judith Kagan, *le Château de Bussy-Rabutin*, Paris, Monum, éditions du Patrimoine, 2003.

📖 **218 à 221**

Françoise Bourdon, Jean Blécon, *le Château de Fontainebleau de François Ier à Henri IV*, Paris, Picard, 1998.

Raymond Ritter, *le Château de Pau : étude historique et archéologique*, Pau, Librairie des Pyrénées et de Gascogne, 2001.

📖 **222, 223**

Raoul de Broglie, *le Château de Chantilly*, Paris, Calmann-Lévy, 1975.

📖 **224, 225**

Henri Carvallo, Jean-Baptiste Leroux, *le Château de Villandry*, Paris, Plume, 1999.

Louis Michel Nourry, *les Jardins de Villandry*, Paris, Belin, 2002.

Yves Lescroart, *les Manoirs du pays d'Auge*, Paris, Place des Victoires, 2003.

Bernard Beck (sous la dir. de), *l'Architecture de la Renaissance en Normandie*, 2 tomes, Caen, P.U.C., 2003.

📖 **226, 227**

Jean Guillaume, « le Château de Villegongis », dans *Congrès archéologique de France*, p. 375-384, 1987.

📖 **228 à 231**

Collectif, *Musée national de la Renaissance, château d'Écouen*, Paris, RMN, 2000.

Jean-Louis Morand, *Gordes, notes d'histoire*, Gordes, Mairie, 1987.

232 à 235

Claude Mourthé, *Saint-Germain-en-Laye : une promenade royale*, Paris, Presses franciliennes, 2003.

Albin Mazon, *Notice sur la baronnie de La Voulte*, Valence, La Bouquinière, 1991.

236, 237

Jules Veuillot, *Histoire d'Ancy-le-Franc*, Paris, Res Universis, 1993.

Collectif, *Kerjean : les travaux et les jours d'une baronnie bretonne*, Kerjean, Association pour l'histoire du château, 1997.

238, 239

Daniel Leloup, *le Château d'Anet : l'amour de Diane de Poitiers et d'Henri II*, Paris, Belin / Herscher, 2001.

240, 241

Guy Issanjou, *Château de Grignan : l'esprit du lieu*, Paris, Scala, 2002.

Christian Trezin, « le Château de Grignan au XVIe siècle », dans *Congrès archéologique*, Paris, Société française d'archéologie, 1996, p. 165-191.

242 à 245

René de Castries, *le Château de Castries*, Paris, Lanore, 1975.

Édouard de La Plane, *Histoire de Sisteron tirée de ses archives*, Marseille, Jeanne Laffitte, 1974.

L'accomplissement du classicisme

252, 253

Séverin Batfroi et Alain Chevallier, *Vizille, un château et une Révolution*, Veurey, Le Dauphiné, 2002.

Ch. Gautier, *Histoire de Brissac, de son château*, Paris, Le Livre d'histoire, 2001.

254, 255

Philippe Martial, *le Sénat et le palais du Luxembourg*, Paris, Fayard, 2001.

Raoul Bérenguier, *Ansouis*, Paris, Nouvelles Éditions latines, 1976.

256 à 259

Magdeleine Blancher-Le Bourhis, *le Château de Cheverny*, Paris, Lanore, 1925.

260 à 263

Claude Mignot, *le Château de Maisons*, Paris, éditions du Patrimoine, 1998.

Jean-Pierre Babelon, Claude Mignot, *François Mansart, 1598-1666*, Paris, Gallimard, 1998.

Frédéric Lesueur, *Ménars, le château, les jardins et les collections*, Marseille, Jeanne Laffitte, 1980.

264 à 267

Jean-Marie Pérouse de Montclos, *Vaux-le-Vicomte*, Paris, Éditions Scala, 1997.

Joseph Rey, *Barbentane*, Barbentane, Équinoxe, 1993.

268 à 273

Jean-Marie Pérouse de Montclos, *Versailles*, Paris, Place des Victoires, 2001.

Bruno de Cessole *et al.*, *Versailles*, Paris, Chêne, 2002.

Pierre-André Lablaude, *Jardins de Versailles*, Paris, Scala, 1998.

Jean-Pierre Babelon, *Jardins à la française*, Paris, Imprimerie nationale, 1999.

276, 277

Raoul Bérenguier, *le Grand Trianon*, Paris, Morancé, 1967.

Denise Ledoux-Lebard, *le Grand Trianon*, Paris, De Nobele, 1975.

Vincent Maroteaux, *Marly, l'autre palais du soleil*, Genève, Vogele, 2002.

278, 279

Jacques Charles-Gaffiot (sous la dir. de), *Lunéville : fastes du Versailles lorrain*, Paris, Carpentier, 2003.

Thierry Frantz, *le Château de Haroué*, Paris, Messene, 2000.

280 à 283

Jean-Marie Moulin, *le Château de Compiègne*, Paris, RMN, 1987.

Jean-Claude Menou, *le Château de Champs*, Paris, Monum, éditions du Patrimoine, 2001.

284 à 287

Gérard Franck, *Château de La Motte-Tilly*, Moisenay, Gaud, 1993.

Le Château de Bagatelle à Abbeville, Paris, Éditions de la Morande, 1995.

J. Delmelle, *le Château d'Attre*, Mons, FPTH, 1992.

288, 289

Gérald van der Kemp, *Versailles, le Petit Trianon et le Hameau de Marie-Antoinette*, Paris, éditions Albert (Morancé), 1966.

Denise Ledoux-Lebard, le *Petit Trianon*, Paris, Éditions de l'Amateur, 1989.

290, 291

Valérie-Noëlle Jouffre, *le Château de Bénouville*, Arc-et-Senans, Fonds Claude-Nicolas Ledoux, 1988.

292, 293

C. G. Klein, *Saverne et ses environs*, Paris, Res Universis, 1991.

Les Jardins de Versailles et de Trianon : d'André Le Nôtre à Richard Mique, Catalogue d'exposition, RMN, Paris, 1992.

Disparition du château ?

Collectif, *Château et pouvoir*, université Bordeaux III, université du Mans, 1996.

Philippe Grandcoing, *les Demeures de la distinction. Le phénomène châtelain dans le département de la Haute-Vienne au XIXe siècle*, Limoges, PULIM, 1999.

Philippe Grandcoing, *le Siècle d'or des châteaux. Haute-Vienne : 1800-1914*, Limoges, Culture et Patrimoine en Limousin, 2002.

Jean-Pierre Jouve, Claude et Clovis Prévost, *le Palais idéal du facteur Cheval : quand le songe devient réalité*, Hédouville, Arié, 1994.

Ouvrages généraux

Jean-Pierre Babelon, *le Château en France*, Paris, Berger-Levrault / CNMHS, 1986.

Michel Bur, *la Maison forte au Moyen Âge*, Paris, CNRS, 1986.

Michel Bur, *Le Château*, Louvain, Brepols Turnhout-Belgium, 1999.

Le Château et la tour, actes du premier colloque de castellologie, Flaran, 1983.

André Chatelain, *Châteaux forts, images de pierre des guerres médiévales*, Cahors, Rempart, 1983.

Ivan Cloulas, *les Châteaux de la Loire au temps de la Renaissance*, Paris, Hachette, 1999.

Georges-Henri Dumont, *Châteaux en Belgique et au grand-duché de Luxembourg*, Bruxelles, Paul Merckx, 1994.

Philippe Durand, *le Château fort*, Paris, Gisserot, 1999.

Jose F. Fino, *Forteresses de la France médiévale*, Paris, Picard, 1970.

Gabriel Fournier, *le Château dans la France médiévale*, Poitiers, Aubier-Montaigne, 1978.

Jacques Gardelles, *les Châteaux du Moyen Âge dans la France du Sud-Ouest*, Genève, Droz, 1972.

Luc Fr. Genicot, *le Grand livre des châteaux de Belgique*, Bruxelles, Vokaer, 1975.

Stéphane W. Gondoin, *les Châteaux forts : le siècle des grands Capétiens*, Apt, Harnois, 2002.

Jean Mesqui, *les Châteaux forts, de la guerre à la paix*, Paris, Gallimard, « Découvertes », 1995 ; *Châteaux forts et fortifications en France*, Paris, Flammarion, 1997

Pierre Rocolle, *le Temps des châteaux forts, Xe-XVe siècle*, Paris, Armand Colin, 1994 ; *2000 Ans de fortification française*, Paris, Charles Lavauzelle, 1973.

Charles Laurent Salch, *Dictionnaire des châteaux et des fortifications du Moyen Âge en France*, Strasbourg, Publitotal, 1979.

Viollet-le-Duc, *Dictionnaire raisonné de l'architecture française du XIe au XVIe siècle*, Paris, Gründ, s.d.

Actes du congrès des Sociétés historiques et archéologiques de Normandie (Domfront, Orne, 16-19 octobre 2003) : *Construire, reconstruire, aménager le château en Normandie* (Château médiéval — Annexes et dépendances du château — Châteaux des Lumières — Images et imaginaire du château — Restauration et rénovation des châteaux — Le château à l'époque révolutionnaire — Le château à l'époque contemporaine).

Index général

Les folios en romain maigre renvoient à une mention dans le texte ou sous une illustration, en romain gras à un développement principal ; les folios en italique gras à la légende d'une illustration.

Crédits photographiques

p. 20 Ph. Hubert Josse © Archives Larbor - p. 21 ht g Collection Archives Nathan - p. 21 m Ph. Coll. Archives Nathan - p. 21 ht d Ph. © Collection Roger-Viollet - p. 22 Ph. © Stiftsbibliothek St Gallen, Suisse / Archives Nathan - p. 23 Ph. © Akg - p. 24 Ph. © Office de tourisme de Doué-la-Fontaine (Maine-et-Loire) - p. 25 Ph. © Jacques Maréchal - p. 26 Ph. © Archivo Iconografico / Corbis - p. 27 Ph. © British Museum / Archives Larbor - p. 30 ht Ph. © Anthony Dehez / Syndicat d'initiative de Bouillon (Belgique) - p. 30 bas Ph. © Barry Lewis / Network / Rapho - p. 31 ht et reprise p. 28 -Ph. © M. Busselle / Corbis - p. 31 bas Ph. © Photos12.com / Hachedé - p. 32 ht Ph. © Giraudon / Bridgeman Art Library - p. 32 bas Ph. © Jules Catala / Association de la Confrérie du donjon de Montbazon - p. 33 ht Ph. © Jules Catala / Association de la Confrérie du donjon de Montbazon - p. 33 bas Ph. © F. Jalain / Scope - p. 34 ht Ph. © G. Dagli Orti - p. 34 bas Ph. © CMN, Paris - p. 35 ht Ph. © G. Sioen / Top / Rapho - p. 35 bas Ph. © G. Dagli Orti - p. 36 ht Arch. Phot © CMN, Paris - p. 36 bas Ph. © Sylvie Clément / Musées de Chauvigny - p. 37 ht Ph. © Studio Ludo / Musées de Chauvigny - p. 37 bas Ph. © J. Ch. Cédelle / Musées de Chauvigny - p. 38 ht et p. 39 - Ph. © Michel Merchadou / Mairie de St-Geniez-Ô-Merle - p. 38 bas Ph. © D. Repérant / Hoa Qui - p. 39 bas Ph. © Olivier Lefevre / Syndicat d'initiative de La Roche-en-Ardenne - p. 40 ht Arch. Phot © CMN, Paris - p. 40 bas reprise p. 29 Ph. © H. Champollion / Top - p. 41 ht Ph. © L. Maisant / Corbis - p. 41 bas Ph. © B. Wojtek / Hoa Qui - p. 42 ht Ph. Gaël Clariana © CMN, Paris - p. 42 bas Arch. Phot © CMN, Paris - p. 43 ht Ph. © F. Lechenet / Scope - p. 43 bas Ph. © B. Wassman / Rapho - p. 44 ht Arch. Phot © CMN, Paris - p. 44 bas Ph. © J. Guillard / Scope - p. 45 ht Ph. © C. Bibollet / Top - p. 45 bas Ph. © E. et S. Mols / Société des Amis du château de La Sarraz (Suisse) - p. 46 ht Ph. © ND / Roger-Viollet - p. 46 bas © D.R. - p. 47 Ph. © Ph. Beuzen / Scope - p. 47 ht Ph. © F. Lechenet / Scope - p. 48 ht Ph. Coll. Archives Nathan - p. 48 bas Ph. © Jalain / Explorer / Hoa Qui - p. 49 ht et reprise p. 29 - Ph. © G. Azumendi / Age / Hoa Qui - p. 49 bas Ph. © H. Champollion / Top - p. 50 ht Ph. © M. Guillard / Scope - p. 50 bas Ph. © Y. Arthus-Bertrand / Altitude - p. 51 ht Ph. © casteland.com - p. 51 bas Coll. MAP / reproduction Philippe Berthé © CMN, Paris - p. 52 Ph. © J. Guillard / Scope - p. 53 ht et reprise p. 28 - Ph. © H. Champollion / Top - p. 53 m d Ph. Pierre Pitrou © CMN, Paris - p. 53 bas g Ph. © G. Gerster / Rapho - p. 56 Ph. Coll. Archives Nathan - p. 57 Ph. Coll. Archives Nathan - p. 59 Ph. © Archivo iconogaphico / Corbis - p. 62 et p. 63 - Ph. Champollion / Top - p. 62 Ph. © Les Amis du château de Druyes (89) - p. 63 Ph. © Château de Lenzburg (Suisse) - p. 64 ht Ph. © J. Guillard / Scope - p. 64 bas Ph. © British Library / AKG - p. 65 ht et reprise p. 60 Ph. © D. Taulin-Hommel / Scope - p. 65 bas Ph. © C. Bibollet / Top - p. 66 et p. 67 - Ph. © F. Jourdan / Explorer / Hoa Qui - p. 66 bas Ph. © F. Lechenet / Scope - p. 67 bas Ph. Ellebé © Archives Larbor - p. 68 Ph. © Ch. Boisvieux / Hoa Qui - p. 69 ht et reprise p. 60 Ph. © Ch. Boisvieux / Hoa Qui - p. 69 bas Ph. © Richard Busch - p. 70 ht Ph. © Huber / Rapho - p. 70 bas Ph. © casteland.com - p. 71 ht Ph. © J. Guillard / Scope - p. 71 bas Ph. © Jarry / Tripelon / Top - p. 72 Ph. © Guillo / Archives CDA / AKG - p. 73 ht Ph. © C. Rose / RMN - p. 73 bas Fouilles de la cour Carrée du Louvre, Paris - © Archives Larbor - p. 74 ht Ph. © casteland.com - p. 74 bas Ph. © C. Rose / RMN - p. 75 Ph. © Studio Ludo / Office de tourisme de Poitiers - p. 76 ht Ph. © J. Guillard / Scope - p. 76 bas Ph. © British Library / AKG, Paris - p. 77 ht Ph. © D. Scott / Age / Hoa Qui - p. 77 bas Ph. Patrick Léger © CMN, Paris - p. 78 ht Ph. © Balzer / Scope - p. 78 bas Ph. © J. Guillard / Scope - p. 79 ht Ph. J. Cèdre / Grandeur Nature / Hoa Qui - p. 79 bas Ph. © Hoa Qui - p. 80 ht Ph. © J. Guillard / Scope - p. 80 bas Ph. © F. Ducasse / Rapho - p. 81 ht Ph. © J. D. Sudres / Top - p. 81 bas Ph. Coll. Archives Larbor - p. 82 ht Ph. Coll. Archives Nathan - p. 82 bas Ph. © Marie-Pierre Parthenay - p. 83 ht Ph. © Sandrine Nicolet - p. 83 bas Ph. © Stéphane William Gondoin - p. 84 Ph. © J. Guillard / Scope - p. 85 ht Ph. © J. Guillard / Scope - p. 85 m Ph. © R. Mattes / Explorer / Hoa Qui - p. 85 bas Ph. © D. Bringard / Explorer / Hoa Qui - p. 86 ht Ph. © AKG - p. 86 bas Ph. © H. Champollion / Top - p. 87 ht Ph. © G. Sioen / Rapho - p. 87 bas Ph. © G. Sioen / Rapho - p. 88 ht Ph. © N. Pasquel / Scope - p. 88 bas Ph. © C. Bibollet / Top - p. 89 ht Ph. © G. Sioen / Rapho - p. 89 bas Ph. © J. Guillard / Scope - p. 90 ht Ph. © S. Chirol / T - p. 90 bas Ph. © Leroux / Hoa Qui - p. 91 ht et reprise p. 60 - Ph. © C. Bibollet / Top - p. 91 bas © Archives Larbor - p. 92 Ph. © J. Guillard / Scope - p. 93 ht Ph. © Stéphane William Gondoin - p. 93 bas Ph. © Rémy Gindroz - p. 94 ht Ph. © C. Entzmann / Corbis Sygma - p. 94 bas Ph. © C. Entzmann / Corbis Sygma - p. 95 ht et reprise p. 60 - Ph. © G. Sioen / Rapho - p. 95 bas Ph. © R. Nourry / Scope - p. 96 ht Ph. © RMN - p. 96 bas Ph. © Musées d'Annecy - p. 97 ht Ph. © Musées d'Annecy - p. 97 bas Ph. © Musées d'Annecy - p. 98 ht et reprise p. 61 Ph. © J. Guillard / Scope - p. 98 bas Ph. © R. G. Ojeda / RMN - p. 99 ht Ph. © Jacques Maréchal - p. 99 bas Ph. © M. Gotin / Scope - p. 100 ht Ph. Coll. Archives Larbor - p. 100 bas Ph. © B. Wojtek / Hoa Qui - p. 101 ht Ph. B. Wojtek / Hoa Qui - p. 101 bas Ph. © Jarry / Tripelon / Top - p. 102 ht Ph. © Philippe Berté / CMN, Paris - p. 102 bas Ph. © Gaël Clariana / CMN, Paris - p. 103 ht Ph. © F. Lechenet / Scope - p. 103 bas Ph. Coll. Archives Larousse - p. 104 ht Ph. © G. Clariana / CMN, Paris - p. 104 bas British Library / AKG, Paris - p. 105 ht Ph. Philippe Berté / CMN, Paris - p. 105 bas Ph. © Philippe Berté / CMN, Paris - p. 106 ht Ph. © D. Faure / Top - p. 106 bas Ph. Coll. Archives Larbor - p. 107 Ph. © J. Guillard / Scope - p. 108 ht Ph. Jeanbor © Archives Larbor - p. 108 bas Ph. Jeanbor © Archives Larbor - p. 109 ht Ph. © G. Sioen / Rapho - p. 109 bas Ph. © F. Lechenet / Scope - p. 110 ht Ph. Á O. Martel / Hoa Qui - p. 110 bas Ph. © A. Lonchampt / CMN, Paris - p. 111 ht Ph. A. Lonchampt / CMN, Paris - p. 111 bas g Ph ; © C. Entzmann / Corbis - p. 111 bas d Ph. © A. Lonchampt / CMN, Paris - p. 112 ht Arch. Phot © CMN, Paris - p. 112 bas Ph. P. Joly / CMN, Paris - p. 113 ht Ph. © F. Jalain / Explorer / Hoa Qui / T - p. 113 bas Ph. © BNF, Paris - p. 114 ht Ph. © Ph. Berthé / CMN, Paris - p. 114 bas Ph. © E. Lessing / AKG - p. 115 ht Ph. © Ph. Berthé / CMN, Paris - p. 115 bas Ph. © H. Champollion / Top - p. 116 ht Ph. G. Rossi / Altitude - p. 116 bas Ph. © J. Damase / Explorer / Hoa Qui - p. 117 ht Ph. © G. Rossi / Altitude -p. 117 bas Ph. © S. Vannini / Corbis - p. 118 ht Ph. Coll. Archives Larousse - p. 118 bas Ph. © J. L. Barde / Scope - p. 119 ht Ph. © G. Sioen / Rapho - p. 119 bas Ph. © G. Sioen / Rapho - p. 120 ht Ph. © E. Lessing / AKG - p. 120 bas Ph. © E. Lessing / AKG - p. 121 et reprise p. 61 Ph. E. Lessing / AKG - p. 121 bas Ph. © J. Guillard / Scope - p. 122 ht Ph. © J. Guillard / Scope - p. 122 bas Ph. © AKG - p. 123 ht Ph. © Groupe d'Archéologie et d'Histoire de Blanquefort (Gironde) - p. 123 bas Ph. © D. Faure / Top - p. 124 ht et bas Ph. © M. Grenouilleau / Association pour la mise en valeur du site du château des Ducs de Bourbon-l'Archambault - p. 125 ht Ph. © F. Lechenet / Scope - p. 125 bas Ph. © Conservation départementale du Patrimoine / cg Savoie - p. 126 ht Ph. © VMF / Galeron / Scope - p. 126 bas Ph. © VMF / Galeron / Scope - p. 127 Ph. © G. Sioen / Rapho - p. 127 bas Ph. © J. L. Barde / Scope - p. 128 ht Ph. © Caroline Rose / CMN, Paris - p. 128 bas Ph. © Patrick Cadet / CMN, Paris - p. 129 ht Ph. © J. Guillard / Scope - p. 129 bas Ph. © S. Vanini / Corbis - p. 130 ht Ph. © Château de Roquetaillade - p. 130 bas Ph. © J.L. Barde / Scope - p. 131 ht et reprise p. 61 - Ph. © J. Guillard / Scope - p. 131 bas Ph. © J. Guillard / Scope - p. 134 Ph. Coll. Archives Nathan - p. 135 Ph. © R.G. Ojéda / RMN - p. 136 Ph. Jeanbor © Archives Larousse - p. 137 Ph. Coll. Archives Larbor - p. 140 British Library / AKG - p. 140 bas Ph. © J.L. Barde / SCOPE - p. 141 ht Ph. © G. Sioen / Rapho - p. 141 bas et reprise p. 138 Ph. © G. Sioen / Rapho - p. 142 Ph. © P. Escudero / Hoa Qui - p. 143 ht et reprise p. 138 - Ph. © J. Sierpinski / Top - p. 143 bas Dessin Pierre Bon - Archives Larousse - p. 144 Ph. © G. Thouvenin / Explorer / Hoa Qui - p. 145 © Archives Larbor - p. 146 ht © Archives Larbor - p. 146 bas Ph. Coll. Archives Larousse - p. 147 ht Ph. © P. Müller / CMN, Paris - p. 147 bas Ph. © P. Müller / CMN, Paris - p. 148 ht Ph. © C. Rose / CMN, Paris - p. 148 bas Ph. © H. Champollion / Top - p. 149 Ph. Coll. Archives Larbor - p. 150 ht Ph. © N. Hautemanière / Scope - p. 150 bas Ph. © Ph. Giraud / Corbis Sygma - p. 151 ht et reprise p. 138 Ph. © J. Guillard / Scope - p. 151 bas Ph. © B. Wojtek / Hoa Qui - p. 152 ht Ph. © ND / Roger-Viollet - p. 152 bas Ph. © J.L. Barde / Scope - p. 153 Ph. © R.G. Ojeda / RMN - p. 154 ht Ph. © N. Pasquel / Scope - p. 154 bas Ph. © N. Pasquel / Scope - p. 155 ht Ph. © H. Hiscocks / Altitude - p. 155 bas Ph. © B. Wojtek / Hoa Qui - p. 156 Ph. © Leonard de Selva / Corbis - p. 157 ht Ph. © J. D. Sudres / Top - p. 157 bas Ph. © D. Gouldouneix / Explorer / Hoa Qui - p. 158 ht Ph. © H. Champollion / Top - p. 158 bas Ph. © H. Champollion / Top - p. 159 ht Ph. © N. Hautemanière / Scope - p. 159 bas Ph. Coll. Archives Nathan - p. 160 ht Ph ; © C. Bibollet / Top - p. 160 bas Ph. © C. Bibollet / Top - p. 161 ht et reprise p. 138 Ph. © C. Bibollet / Top - p. 161 bas Ph. © A. Autenzio / Explorer / Hoa Qui - p. 162 ht Ph. © M. Listri / Corbis - p. 162 bas Ph. © B. Wojtek / Hoa Qui - p. 163 ht Ph. © F. Thomas / Hoa Qui - p. 163 bas Ph. © Château de Reinhardstein (Belgique) - p. 164 ht Ph. © Ch. & J. Lenars / Corbis - p. 164 bas Ph. © D. Faure / Top - p. 165 ht et reprise p. 138 Ph. © D. Faure / Top - p. 165 bas Ph. © Ch. Valentin / Hoa Qui - p. 166 ht Ph. © Claude Huot - p. 166 bas Ph. © Tour de Crest (Drôme) - p. 167 ht Ph. © Claude Huot - p. 167 bas Ph. © H. Champollion / Top - p. 168 ht et reprise p. 139 Ph. S. Chirol / T - p. 168 bas Ph. © J. L. Barde / Scope - p. 169 ht Ph. © F. Lechenet / Scope - p. 169 bas Ph. © J.L. Barde / Scope - p. 170 ht Ph. © C. Bibollet / Hoa Qui - p. 170 bas Ph. © C. Rose / CMN, Paris - p. 171 ht Ph. © P. Lemaître / CMN, Paris - p. 171 bas Ph. © Balzer / Scope - p. 172 ht et reprise p. 139 Ph. © J. Guillard / Scope - p. 172 bas Ph. © M. Baret / Rapho - p. 173 ht Ph. © M. Baret / Rapho - p. 173 bas Ph. © H. Champollion / Top - p. 174 ht Ph. © J. P. Lescourret / Explorer / Hoa Qui - p. 174 bas Ph. © N. Hautemanière / Scope - p. 175 ht Ph. Studio Madec © Archives Larbor - p. 175 bas Ph. © B. Wojtek / Hoa Qui - p. 176 ht Ph. © Targa / Age / Hoa Qui - p. 176 bas Ph. © J. Guillard / Scope - p. 177 ht Ph. © H. Champollion / Top - p. 177 bas Ph. © D. Scott / Age / Hoa Qui - p. 178 ht Ph. © H. Champollion / Top - p. 178 bas Ph. © M. Guillard / Scope - p. 179 ht Ph. © H. Champollion / Top - p. 179 bas Ph. © H. Champollion / Top - p. 180 Ph. © C. Bibollet / Top - p. 181 ht Ph. Coll. Archives Larbor - p. 181 bas Ph. © D. Repérant / Explorer / Hoa Qui - p. 182 ht Ph. © J.L. Barde / Scope - p. 182 bas Ph. © Collection Roger-Viollet - p. 183 ht et reprise p. 139 Ph. © E. Valentin / Hoa Qui - p. 183 bas Ph. © Goldman / Rapho - p. 184 Ph. © Association royale des Demeures historiques de Belgique - p. 185 ht Ph. © Association royale des Demeures historiques de Belgique - p. 185 bas Ph. © F. Jourdan / Hoa Qui - p. 186 Ph. © AKG - p. 187 ht et reprise p. 139 Ph. © J. Guillard / Scope - p. 187 bas g Ph. © J. Guillard / Scope - p. 187 bas d Ph. © P. Escudero / Hoa Qui - p. 190 Ph. © J. da Cuunha / AKG - p. 191 Ph L. Joubert © Archives Larbor - p. 192 Ph. © E. Lessing / AKG - p. 193 Ph. © G. Blot / RMN - p. 196 ht Ph. © Coll. De Thuy - p. 196 bas Ph. © H. Champollion / Top - p. 196 ht et p. 197 Ph. © R. Tixador / Top - p. 197 bas Ph. © S. Weiss / Rapho - p. 198 ht Ph. © H. Champollion / Top - p. 198 bas Ph. © R. Tixador / Top - p. 199 ht Ph. © R. Tixador / Top - p. 199 bas Ph. © J. Sierpinski / Top - p. 200 ht Ph. © AKG - p. 200 bas Ph. © B. Wojtek / Hoa Qui - p. 201 ht et reprise p. 194 Ph. © H. Champollion / Top - p. 201 bas Ph.© C. Sappa / Hoa Qui - p. 202 ht Ph. © A. Wolf / Hoa Qui - p. 202 bas Ph. © P. Müller / CMN, Paris - p. 203 ht et reprise p. 194 - Ph. © C. Bibollet / Top - p. 203 bas Ph. © Bulloz / RMN - p. 204 ht Ph. © P. Hinous / Top - p. 204 bas Ph. © H. Champollion / Top - p. 205 ht Ph. © P. Hinous / Top - p. 205 bas Ph. © H. Champollion / Top - p. 206 ht Ph. © J. G. Berizzi / RMN - p. 206 bas Ph. Coll. Archives Larousse - p. 207 ht Ph. © H. Champollion / Top - p. 207 bas Ph. Bernard Acloque © CMN, Paris - p. 208 Ph. © B. Wojtek / Hoa Qui - p. 209 ht Ph. © C. Sappa / Hoa Qui - p. 209 bas Ph. © B. Wojtek / Hoa Qui - p. 210 ht Ph. Coll. MAP © CMN, Paris - p. 210 bas Ph. © Th. Perrin / Hoa Qui - p. 211 ht Ph. Pascal Lemaître © CMN, Paris - p. 211 bas Ph. © Archives Larbor - p. 212 ht Ph. Béatrice Hatala © CMN, Paris - p. 212 bas Ph. © H. Champollion / Top - p. 213 ht Ph. Patrick Müller © CMN, Paris - p. 213 bas Ph. © C. Bibollet / Top - p. 214 Ph. Coll. Archives Larbor - p. 215 ht Ph. © H. Champollion / Top - p. 215 bas Ph. © B. Wojtek / Hoa Qui - p. 216 ht Ph. © C. Bibollet / Top - p. 216 bas Ph. Patrick Cadet © CMN, Paris - p. 217 ht Ph. G. Sioen / Rapho - p. 217 bas Ph. © D. Reperant / Hoa Qui - p. 218 et p. 219 - Ph © N. Pasquel / Scope - p. 218 Ph. © Gérard Blot / RMN - p. 219 Ph. Patrick Cadet © CMN, Paris - p. 220 ht Ph. P. Molle © CMN, Paris - p. 220 bas Ph. © B. Wojtek / Hoa Qui - p. 221 ht et reprise p. 194 Ph. © Tétrel / Explorer / Hoa Qui - p. 221 bas Ph. Coll. Archives Larousse - p. 222 Ph. © J. Marthelot / Scope - p. 222 et p. 223 et reprise p. 195 Ph. © Pierre Berenger / Top - p. 223 bas g Ph. © P. Leroux / Hoa Qui - p. 223 bas d Ph. © D. Repérant / Hoa Qui - p. 224 ht Ph. © Mike Southern-Eye Ubiquitous / Corbis - p. 224 bas Ph. © H. Champollion / Top - p. 225 Ph. © B. Wojtek / Hoa Qui - p. 226 ht Ph. © Arnaudet / RMN - p. 226 bas Ph. © J. Ducange / Top - p. 227 ht et reprise p. 195 Ph. © J. Guillard / Scope - p. 227 bas Ph. © Sandro Vannini / Corbis - p. 228 ht Ph. © G. Blot / RMN - p. 228 bas Ph. © J. Schormans / RMN - p. 229 ht Ph. © H. Champollion / Top - p. 229 bas Ph. © G. Blot / RMN - p. 230 Ph. © G. Blot / RMN - p. 231 ht Ph. © G. Blot / RMN - p. 231 bas Ph. © F. Jourdan / Explorer / Hoa Qui - p. 232 Ph. C. Varin / Archives Larousse - p. 233 ht Ph. © M. Renaudeau / Hoa Qui - p. 233 bas Ph. © G. Blot / RMN - p. 234 m Ph. Luc Joubert © Archives Larbor - p. 234 bas Ph. © BNF, Paris - p. 235 ht Ph. C. Varin / Coll. Archives Larousse - p. 235 bas Ph. © Cl. Fougeirol - p. 236 ht Ph. © H. Champollion / Top - p. 236 bas Ph. © F. Jalain / Explorer / Hoa Qui - p. 237 ht Ph. © J.P. Lescourret / Explorer / Hoa Qui - p. 237 bas Ph. © H. Champollion / Top - p. 238 ht Ph. © J.L. Bohin / Hoa Qui - p. 238 bas Ph. © H. Champollion / Top - p. 239 ht et reprise p. 195 Ph. © C. Bibollet / Top - p. 239 bas Ph. Coll. Archives Larousse - p. 240 ht Ph. Jeanbor © Archives Larbor - p. 240 bas Ph. © D. Repérant / Explorer / Hoa Qui - p. 241 ht Ph. © D. Faure / Top - p. 241 bas Ph. © J. F. Tripelon et M. J. Jarry / Top - p. 242 m Ph. Droits Réservés - p. 242 bas Ph. © H. Champollion / Top - p. 243 ht et reprise p. 195 - Ph. © D. Repérant / Explorer / Hoa Qui - p. 243 bas Ph. © H. Champollion / Top - p. 244 Ph. © F. Jalain / Hoa Qui - p. 245 ht Ph. © Jeannine Debarge - p. 245 bas Ph. © Ph. Guignard / Urba / air Images / T - p. 248 Ph. Coll. Archives Larousse - p. 249 Ph. © M. Bellot / RMN - p. 252 ht Ph. © J. Sierpinski / Top - p. 252 bas Ph. © Musée de la Révolution française - Archives Larbor - p. 253 ht et reprise p. 250 Ph. © C. Sappa / Hoa Qui - p. 253 bas Ph. © J.D. Sudres / Top - p. 254 Ph. Gérard Butet / Sénat - p. 255 ht Ph. © Y. Arthus-Bertrand / Corbis - p. 255 bas Ph. © J. Sierpinski / Top - p. 256 ht Ph. © P. Hurlin / Explorer / Hoa Qui - p. 256 bas Ph. © Ph. Body / Hoa Qui - p. 257 P h. © P. Lemaître / CMN - p. 258 ht Ph. © C. Bibollet / Top - p. 258 bas g Ph. Sébastien Zambon - cg40 - p. 258 bas d Ph. © Château d'Annevoie-Rouillon - p. 259 Ph. © B / Wojtek / Hoa Qui - p. 259 ht Ph. © Archives Nathan - p. 260 ht Ph. Arch. Phot. © CMN - p. 260 bas Ph. © P. Lemaître / CMN - p. 261 ht Ph. © P. Lemaître / CMN - p. 261 bas Ph. © P. Lemaître / CMN, Paris - p. 262 ht Ph. © P. Lemaître / CMN, Paris - p. 262 bas Ph. © B. Acloque / CMN, Paris - p. 263 ht Ph. © P. Lemaître / CMN, Paris - p. 263 bas Ph. © C. Bibollet / Top - p. 264 ht Ph. © Coll. Archives Larbor / DR - p. 264 bas Ph. © J.L. Bohin / Explorer / Hoa Qui - p. 265 ht Ph. © P. Müller / CMN, Paris - p. 265 bas Ph. © J. Brun / Explorer / Hoa Qui - p. 266 ht Ph © P. Müller / CMN, Paris - p. 266 bas d Ph. © Château de Modave (Belgique) - p. 266 bas g Ph. © H. Champollion / Top - p. 267 Ph. © S. Chirol / T - p. 268 ht et p. 269 et reprise p. 250 Ph. © Archives Nathan - p. 268 bas Ph. © G. Blot / RMN - p. 269 Ph. © Jarry / Tripelon / Top - p. 270 The Royal Collection Enterprises © Her Majesty Queen Elisabeth / Archives Larbor - p. 271 ht Ph. Hubert Josse © Archives Larbor - p. 271 bas Ph. © T. Klassen / Age / Hoa Qui - p. 272 Ph. © J. Derenne / RMN - p. 273 ht Ph. © J. Derenne / RMN - p. 273 bas Ph. © B. Wojtek / Hoa Qui - p. 274 Ph. © Ch. Valentin / Hoa Qui - p. 275 ht © Karel / Nature / Hoa Qui - p. 275 bas Ph. © Gérard Denizeau - p. 276 ht Ph. © G. Blot / RMN - p. 276 bas Ph. © J. Derenne / RMN - p. 277 ht Ph. © R. Polidori / RMN - p. 277 bas Ph. © Arnaudet / RMN - p. 278 ht Ph. Coll. Archives Larbor - p. 278 bas Ph. A. George © Inventaire général des Monuments et des Richesses de la France © ADAGP, Paris 2005 - p. 279 ht et reprise p. 251 Ph. D. Bastien © Inventaire général des Monuments et des Richesses artistiques © ADAGP, Paris 2005 - p. 279 bas Ph. © B. Wojteck / Hoa Qui - p. 280 ht et p. 281 - Ph. © F. Thomas / Hoa Qui - p. 280 bas Ph. © Arnaudet / RMN - p. 281 bas Ph. Age / Hoa Qui - p. 282 ht et reprise p. 251 Ph. © Age Fotostock / Hoa Qui - p. 282 bas Ph. © Arnaudet / RMN - p. 283 ht Ph. © P. Cadet / CMN, Paris - p. 283 bas Ph. © B. Wojtek / Explorer / Hoa Qui - p. 284 ht Ph. © A. Lonchampt / CMN, Paris - p. 284 bas Ph. © P. Müller / CMN, Paris - p. 285 Ph. © P. Müller / CMN, Paris - p. 286 Ph. © P. Müller / CMN, Paris - p. 287 ht Ph. © M. Cambazard / Explorer / Hoa Qui - p. 287 bas Ph. © Château d'Attre - p. 288 Ph. © A. Février / RMN - p. 288 bas Ph. © RMN - p. 289 ht Ph. © Arnaudet / RMN - p. 289 bas Ph. François Martin © Archives Larbor - p. 290 et p. 291 et reprise p. 251 Ph. © D. Lefranc / Hoa Qui - p. 290 bas Ph. Denis Paillard © Conseil général du Calvados - p. 291 bas Ph. © Le Toquin / Explorer / Hoa Qui - p. 292 ht et p. 293 - Ph. © R. Mattes / Explorer / Hoa Qui - p. 292 bas Ph. © R. Mattes / Explorer / Hoa Qui - p. 293 bas Ph. © J.G. Berizzi / RMN - p. 296 Ph. © Á J. Le Cordier / Hoa Qui - p. 297 Ph. © Ch; Bowman / Fotostock / Hoa Qui - p. 298 Ph. Coll. Archives Larbor - p. 299 Ph. © J. Brun / Explorer / Hoa Qui - p. 300 Ph. © Rue des Archives - p. 301 Ph. © P. Forestier / Corbis - p. 306 ht Ph. © Fr. Folcher - p. 306 m et bas Ph. © Guédelon Chantier médiéval (Yonne - 89520).

Ouvertures des chapitres et sommaire

Pages 18-19 et reprise page 5
Tapisserie de Bayeux (détail) ; les Bretons succombent à Dinan sous l'attaque des Normands. Remise des clefs de la ville.
Fin du XIe siècle. Ph. © Coll. Ville de Bayeux / Centre Guillaume le Conquérant.

Pages 54-55 et reprise page 5
Miniature médiévale représentant l'attaque d'un château fort. 1290. Ph. © BNF, Paris.

Pages 132-133 et reprise page 6
Miniature de Loysert Liedet représentant la prise de Caen en 1343, extraite des *Grandes Chroniques de Froissart* (1333-1404).
Ph. Coll. Archives Larbor.

Pages 188-189 et reprise page 7
Tapisserie du début du XVIe siècle (détail) ; le départ de l'Enfant prodige.
Paris, musée du Moyen Âge - Cluny. Ph. © J. Blot / RMN.

Pages 246-247 et reprise p. 8
Pierre Patel (1605-1676), *Vue du château de Versailles en 1668*, huile sur toile, 1,15 x 1,61 m.
Versailles, musées des Châteaux de Versailles et de Trianon. Ph. © G. Blot / RMN.

Pages 294-295 et reprise page 8
Victor Hugo (1802-1885), *Château de Vianden*, 7 août 1871, plume, lavis d'encre brune et noire, aquarelle et gouache, 25 x 33 cm.
Paris, musée Victor-Hugo. Ph. © AKG, Paris.

Pages 302-303
Dessin pour la chanson de Garin de Monglane, héros de la chanson de geste de la fin du XIIIe siècle-début du XIVe siècle. XVe siècle.
Paris, Bibliothèque nationale de France. Ph. Coll. Archives Larbor.

Achevé d'imprimer en mars 2008 par Macrolibros (Espagne)
Dépôt légal : mars 2008
SAP 301 954 - N° de projet : 110 06 830